PAUL RASSINIER

WAS IST WAHRHEIT?

Die Juden und das Dritte Reich

PAUL RASSINIER

WAS IST WAHRHEIT?

Die Juden und das Dritte Reich

DRUFFEL-VERLAG
LEONI AM STARNBERGER SEE

Autorisierte Übersetzung aus dem Französischen.
Titel der Originalausgabe:
»Le véritable procès Eichmann ou les vainqueurs incorrigibles«.

ISBN 3 8061 0911 7
Dritte Auflage 1978

Gesamtherstellung: Landsberger Verlagsanstalt Martin Neumeyer, Museumstraße 14, Landsberg a. L.

INHALTSVERZEICHNIS

Hinweis:

Die Anmerkungen des Verfassers sind mit Nummern, die des Übersetzers mit * bezeichnet. Zitate nach den Protokollbänden des Internationalen Militär-Tribunals Nürnberg sind mit dem abgekürzten Quellenvermerk IMT versehen. Die angegebenen Fundstellen beziehen sich auf die deutsche Ausgabe der IMT-Veröffentlichung.

ZWEI BRIEFE DES VERLAGES

Die beiden nachstehend wiedergegebenen Briefe des Verlages unterrichten den Leser über die Vorgeschichte der deutschen Ausgabe des vorliegenden Buches:

Leoni, den 31. Januar 1963

An den Verlag
„Les Sept Couleurs"
Paris 6

Sehr geehrte Herren!

Durch zollamtliche Behandlung verzögert, erreichte uns Ihre Einschreibsendung vom 25. Januar: "Le véritable procès Eichmann ou les vainqueurs incorrigibles" von Professor Paul Rassinier.
Da uns ein Lektor für die französische Sprache nicht zur Verfügung steht, können wir uns zunächst mit dem Inhalt der übersandten Schrift nicht vertraut machen. Die flüchtige Durchsicht zeigt jedoch, daß der Autor mit offenbar starker Eindringlichkeit einen Themenkreis behandelt, der uns Deutsche in besonderer Weise angeht und beschäftigt.
Wenn Professor Rassinier als französischer Publizist, der einst wegen seiner ablehnenden Einstellung gegenüber der damaligen Besatzungsmacht lange Zeit in einem deutschen Konzentrationslager interniert war, zu so wichtigen und tragischen Angelegenheiten Stellung nimmt, so scheint es angezeigt, daß seine Darlegungen der deutschen Öffentlichkeit jedenfalls übermittelt werden — und sei es nur, um eine Diskussion zu ermöglichen.
Sie appellieren an uns, nachdem Ihre anderweitigen Bemühungen, eine deutschsprachige Ausgabe der Schrift zu veranlassen, gescheitert sind. Wir müssen anerkennen, daß in diesem Fall für einen deutschen Verlag eine Art Verpflichtung vorliegt — gleichgültig, ob wir mit Professor Rassiniers Thesen und Ansichten übereinstimmen.
Wir werden uns also um eine Übersetzung der Schrift bemühen und sie dem gegenüber diesem Thema gewiß besonders kritischen Leserpublikum des deutschen Sprachraumes vorlegen — ohne Zutat oder

Kürzung an der in Ihrem Verlag erschienenen Originalausgabe. Als selbstverständlich setzen wir voraus, daß die Texte zu den in der Bundesrepublik Deutschland geltenden gesetzlichen Vorschriften für die Verbreitung von Druckschriften nicht in Widerspruch stehen.

Mit verbindlicher Empfehlung
DRUFFEL-VERLAG

*

Leoni, den 7. März 1963

Herrn
Professor Paul Rassinier
Asnières/Seine

Sehr geehrter Herr Professor!

Der Verlag "Les Sept Couleurs" wird Sie vom Inhalt unseres Schreibens vom 31. 1. unterrichtet haben. Inzwischen liegt uns nun eine Übersetzung Ihrer Schrift vor. Wenn sie auch noch nicht in allen Einzelheiten ausgefeilt ist, so konnten wir uns nun doch eine genauere Vorstellung vom Inhalt verschaffen. Wir mußten dabei feststellen, daß Sie an zahlreichen Stellen Ihrer Schrift Erwägungen und Argumente vorbringen, die wir von unserer Seite aus weder so noch ähnlich anführen oder ausdrücken würden. Wir vermuten, daß Ihre Ausführungen manchen ernsten Widerspruch hervorrufen werden. Andererseits konnten wir nicht unberührt bleiben von der inneren Leidenschaft ehrenhafter Wahrheitssuche, mit der Sie Ihre oft verblüffenden Thesen dem Leser vor Augen führen. Textstellen, die mit den in der Bundesrepublik geltenden gesetzlichen Vorschriften in Widerspruch stünden, waren nicht festzustellen.
Es bleibt also bei unserer Stellungnahme vom 31. Januar — wir werden Ihre Schrift der deutschen Öffentlichkeit übermitteln, wobei wir uns allerdings fast versucht fühlen, an das berühmte Wort Ihres Landsmannes Voltaire zu erinnern: „Ich denke nicht wie Du, aber ich verteidige Dein Recht, zu sagen, was Du denkst . . ."

Mit aufrichtiger Empfehlung
Ihr DRUFFEL-VERLAG

P. S. Der Haupttitel Ihrer Schrift hat sich als schwer übersetzbar erwiesen. Wir erbitten Ihr Einverständnis, die deutsche Ausgabe unter einem Titel herauszubringen, der an die Pilatus-Frage erinnert: „Zum Fall Eichmann — was ist Wahrheit?".

VORWORT

BANKROTT DER LINKS-INTELLEKTUELLEN

1867: Die europäischen Staatsmänner streben nach Europa und hoffen es dadurch zu verwirklichen, daß sie jedem Volk sein eigenes Wohngebiet innerhalb klarer natürlicher Grenzen zuerkennen; auf der anderen Seite strebt die sozialistische Bewegung nach Europa und hofft es auf dem Wege der Internationale zu erreichen. Für die Intellektuellen ist Europa eine der wesentlichsten Aufgaben des Humanismus. Für die Kaufleute ist es die Frage der Geschäftsbeziehungen über die Grenzen hinweg, ob es nun natürliche oder nichtnatürliche sind.

Bei den Kaufleuten ist der Sinn für das Praktische am besten entwickelt: wenn die Völker ihre industriellen und ihre künstlerischen Leistungen vergleichen, können sie nicht umhin, sich kennen und schätzen zu lernen. Die Staatsmänner fördern diese Entwicklung, weil sie ihren Einfluß vergrößern möchten, die Intellektuellen aus Prinzip. Seit 1850 werden zu diesem Zweck Weltausstellungen organisiert[1]*: 1851 in London, 1855 in Paris, 1862 wieder in London . . . Die Achse London—Paris.*

1867 ist Paris wieder an der Reihe. Und damit die ausländischen Besucher noch etwas mehr sehen können als das, was innerhalb der Umzäunungen auf dem Camp de Mars und der Insel von Billancourt an Sehenswertem gesammelt ist — kurz, damit Paris den Gästen einen viel ausgedehnteren Kontakt mit Frankreich vermitteln könnte, veröffentlichten die Organisatoren der Ausstellung eine Liste von allem, was es in Paris zu sehen gab — oder wenigstens von allem, was sie zeigen möchten: „Paris-Guide", den Führer durch Paris. Da man Victor Hugo beauftragt hatte, das Vorwort zu schreiben zu dieser Inventur aller Schätze, die Paris zu bieten hatte, möchte ich dieses Vorwort hier anführen, denn es gibt die Idee hinter dem ganzen Unternehmen so gut wieder:

„Das Zwanzigste Jahrhundert wird die Geburt einer außergewöhnlichen Nation erleben. Sie wird groß sein aber trotzdem frei. Sie wird herrlich, reich, intelligent, friedlich und liebenswert der übrigen Menschheit begegnen. Sie wird mit dem milden Ernst einer älteren Schwester auftreten. (. . . . .)

---

1 In Wirklichkeit war die Idee schon älter: das erste Ereignis dieser Art — obwohl in bescheidenerem Rahmen — hatte 1791 in Prag stattgefunden. Aber infolge der napoleanischen Kriege und ihrer Nachwirkungen wurde der Gedanke erst 1851 wiederaufgenommen.

Eine Schlacht zwischen Italienern und Deutschen, zwischen Engländern und Russen, zwischen Preußen und Franzosen wird in ihren Augen das gleiche sein wie für uns eine Schlacht zwischen den Einwohnern französischer Provinzen — zwischen Pikarden und Burgundern. Sie sieht nicht ein, wozu man Menschenblut vergeuden sollte. Sie hält die Bewunderung angesichts einer großen Zahl getöteter Männer für eine recht primitive Regung. So wie wir die Schultern zucken, wenn von der Inquisition die Rede ist, macht sie es wenn vom Krieg gesprochen wird. Sie wird die Schlacht von Sadowa mit denselben Augen betrachten wie wir die Quemadero von Sevilla. Sie wird es nur als einen Ausdruck des menschlichen Stumpfsinns betrachten können, daß jeder Sieg, kaum errungen, wieder infragegestellt wird — daß dann nach kurzer Zeit unweigerlich das Gleichgewicht wiederhergestellt wird und zwar mit den traurigsten Mitteln; daß auf den Sieg von Austerlitz immer die Niederlage von Waterloo folgen muß.

Diese Nation wird für die Autorität etwa den gleichen Respekt empfinden wie wir für die Orthodoxie: ein Prozeß gegen ein Presseorgan wird für sie so etwas sein wie für uns ein Prozeß gegen einen Ketzer — und sie wird ebensowenig verstehen, warum der patriotische Dichter Béranger eingesperrt werden sollte, wie, warum Galilei ins Gefängnis geworfen werden müßte . . .

Eine gemeinsame Sprache, eine gemeinsame Währung, ein gemeinsames System der Maße und Gewichte, ein Meridian, ein gemeinsames Gesetzbuch; der Geldumlauf auf dem Höhepunkt: der Wert des Sozialprodukts in unvorstellbarem Maße gestiegen durch die Ausschaltung allen Schmarotzertums; niemand wird mehr untätig sein müssen, weil er seine Waffe festzuhalten habe, gewaltige Summen werden eingespart, weil niemand mehr Posten stehen muß; die vier Milliarden, die der Bürger jetzt für die stehenden Heere opfern muß, bleiben dann in seiner Tasche; die vier Millionen junger Arbeitskräfte, die jetzt Uniform tragen und sich so in ehrenwerter Weise dem Handel, der Landwirtschaft und der Industrie entzogen sehen, werden dann wieder mitarbeiten können. Überall werden die Schwerter und die Ketten zu Pflügen umgeschmiedet sein. Der Friede, jene Göttin mit acht Brüsten, wird ihre erhabene Herrschaft über die Menschen errichtet haben.

Statt des Krieges gibt es den friedlichen Wettkampf. Die denkenden Menschen werden aufgebrochen sein und schreiten dem Sonnenaufgang entgegen. Die ungeduldige Sehnsucht nach dem Guten wird alle Irrtümer, jegliche schüchterne Zurückhaltung überwunden haben. Jedes andere Eifern wird verschwunden sein. Ein Volk wird die Grenzen der Nacht erforschen und dabei zum Nutzen der ganzen Menschenart einen unermeßlichen Schatz von Licht hervorstrahlen lassen. So wird sie sein, die kommende Nation. Und diese Nation wird Europa heißen."

Daß Europa in Wirklichkeit, zu Anfang der zweiten Hälfte dieses Zwanzigsten Jahrhundert, viel mehr erfüllt ist von der Angst vor einer Slawisierung — und einer Sowjetisierung — als von einer Hoffnung auf solche Errungenschaften, das besagt deutlich genug, wie wenig Glück Victor Hugo beschieden war, als er eine Prophezeiung wagte. Wir brauchen daher nicht weiter darauf einzugehen.

Von der großen Hoffnung, die der Dichter in Worte kleidet, brauchen wir nur den edlen Willen zu behalten und den erhabenen Standpunkt, den er einnimmt. Vor allem die Höhe seines Standpunktes, wie weit er schaute: wenn man ihm gesagt hätte, daß er die Nationalitäten, die natürlichen Grenzen, die deutsche Einheit, die italienische Einheit usw. . . . unerwähnt gelassen hätte, so könnte ich mir vorstellen, daß Hugo mit dem gleichen Schulterzucken geantwortet hätte wie auf den Vorschlag hin, er möchte doch den Streit zwischen den Welfen und Ghibellinen, den Provinzen Armagnac und Burgund — er spricht übrigens von Pikardien und Burgund — ein für allemal schlichten. Oder den Kampf zwischen Richelieu und dem Hause Habsburg, den Hundertjährigen Krieg (1337 — 1453) oder was sonst noch, die Königsweihe des Frankenkönigs Clovis zum Beispiel, (481).

Und trotzdem . . . Als Europa versuchte, sich auf dem Wege über die Nationalitäten und die natürlichen Grenzen zu verwirklichen, befand es sich auf einem geistigen Niveau, das, verglichen mit der Ebene, auf der jetzt eine Einigung gesucht wird, verhältnismäßig hoch erscheint. Ich möchte hier weder von jenen Staatsmännern reden, die sich nur ein in mindestens zwei Teile zerrissenes Europa vorstellen können. Ich will auch nicht von jenen Kaufleuten sprechen, deren einziger Wunsch zu sein scheint, daß es viele Grenzen geben möge — weil das Spiel mit den Einfuhr- oder Ausfuhrlizenzen Schwarzmärkte für Gold und Devisen entstehen läßt, die gerade durch ihre große Zahl um so ertragreicher sind: in den modernen Nationen gehören die Staatsmänner und die Kaufleute nicht oder nicht mehr zu den Eliten. Aber was soll man von den Intellektuellen denken?

Es trifft zu, daß die Intellektuellen nach dem Ende des Zweiten Weltkrieges wieder angefangen haben, die europäische Idee zu loben, aber in neunundneunzig von hundert Fällen haben sie dabei systematisch Behauptungen vorgebracht, die als Gründe g e g e n die Schaffung Europas gelten könnten, und n u r solche: man spricht von den deutschen Verbrechen, von den deutschen Konzentrationslagern, weiß eine Unzahl von Oradours aufzuzählen, spricht vom preußischen Militarismus usw. . . .

In allerletzter Zeit wurde sogar schon versucht, die öffentliche Meinung der ganzen Welt zu mobilisieren aus Anlaß der Handlungen, die ein einfacher deutscher Oberstleutnant im Kriege begangen hatte, kurz, es hieß immer wieder: das ewige Deutschland, das unverbesserliche räudige Wesen, das alle Schlechtigkeiten überhaupt auf dem Gewissen hat, das man nur in ständig knieendem Zustand erhalten muß, oder auf dem Rücken liegend mit dem Messer an der Kehle!

Es ist vollkommen klar, daß derartige öffentliche Diskussionen, auf solchem Niveau, über so vorsintflutliche Themen, die in offenbarem

Widerspruch zu den Tatsachen stehen, die alten Fehden nur am Leben erhalten können, nicht sie beenden und daß Europa dabei überhaupt keine Aussicht hat, sich seiner selbst bewußt zu werden. Diese Diskussionen könnten nur dann ein anderes Ergebnis zeitigen, wenn ein Europa nicht nur o h n e Deutschland, sondern g e g e n Deutschland möglich wäre!

Das Allerschlimmste aber ist, daß die Intellektuellen des Jahres 1962 nicht einsehen:

— daß einerseits die Deutschen diese Vorwürfe leicht beantworten könnten, indem sie auf Dresden, Leipzig und Hamburg hinwiesen (tragische Gegenstücke zu Oradour), auf den französischen (oder russischen) Militarismus, auf die Konzentrationslager in Algerien (von denen das Internationale Rote Kreuz bewies, daß sie in keiner Hinsicht besser waren, als die in Deutschland) oder auf die Lager in Rußland (Margarete Buber-Neumann erzählt, daß der italienische Kommunist Navareno Scarioli, der 1925 nach Moskau floh und der diese Lager von 1937 — 1954 kennenlernte, davon in der römischen Zeitschrift V i t a vom 23. November 1961 eine Beschreibung gibt, die an Grauen alles übertrifft, was die ehemaligen Insassen der deutschen Lager berichten konnten, sogar jene, die am schlimmsten übertrieben);

— daß es andererseits keinen Krieg gibt, keinen Krieg geben kann, ohne Konzentrationslager und Oradours auf beiden Seiten und ebensowenig ohne gehorchende und eifrige Oberstleutnants vom Typ Eichmann — auch auf b e i d e n Seiten;

— daß schließlich, wenn es sich um die Verantwortung für den Zweiten Weltkrieg handelt, festgestellt werden muß, daß dieser Krieg nur eine Folge des völlig verfehlten Vertrages von V e r s a i l l e s gewesen ist, so daß die Väter dieses Vertrages die erste Schuld und gleichzeitig die Hauptschuld an diesem Zweiten Weltkrieg tragen!

In den Tagen nach dem Ersten Weltkrieg stellten diese Punkte für die überwiegende Mehrzahl der Intellektuellen noch unbestreitbare Wahrheiten dar. Und jene unter ihnen, die ich in meiner feurigen und begeisterten Jugend immer wieder aufsuchte und mit deren Werken ich mich immer wieder beschäftigte, die Menschen, die sich selbst als Intellektuelle der Linken einstuften, äußerten sich am entschiedensten in diesem Sinne: Hermann Hesse, der geistige Erbe der Bertha von Suttner, Harry E. Barnes, Sidney B. Fay, Romain Rolland, Alain, Matthias Morhardt, Victor-Marguéritte, Anatole France, Félicien Challaye, Jean Giono, Georges Demartial, René Gérin, Georges Michon, Barthélémy de Ligt, Lucien Roth, das Ehepaar Alexandre, usw. Diesen Menschen vermochte niemand weiszumachen, daß es nur auf e i n e r Seite Kriegsgreuel und Kriegsschuld gegeben hätte: sie durchleuchteten alles und machten den Vätern des Versailler Vertra-

ges das Leben recht schwer, jenen Leuten, die nur noch verteidigt wurden von einer Handvoll altgewordener, müder oder verknöcherter Rechtsintellektueller, die nicht einmal mehr mit der Unterstützung ihrer eigenen Parteifreunde rechnen konnten.
Wenn es nach dem Ende des Zweiten Weltkrieges auch nur wenige gab, die meinten, daß die Greuel des Krieges und die Schuldfrage nachgeprüft werden müßten, so ist es doch bemerkenswert, daß es sich hierbei vor allem um r e c h t s stehende Menschen handelte und daß diese sich dabei stützten auf jene Grundsätze, in deren Namen die Intellektuellen der L i n k e n fünfundzwanzig Jahre vordem den Vertrag von Versailles abgelehnt hatten. Demgegenüber, was nicht weniger bemerkenswert ist, hielt es jetzt — nach 1945 — die überwältigende Mehrheit der Linksintellektuellen für erforderlich, Nürnberg zu bejahen und zu verherrlichen und zwar auf Grund von Prinzipien, die damals von der Linken als reaktionär verworfen wurden. Es gab hier jedenfalls einen ganz erstaunlichen Frontwechsel und dieser Frontwechsel brachte auch für mich persönlich ein Drama mit sich. Obwohl ich politisch gebunden war, blieb ich den Kategorien der Geschichtswissenschaft treu. Die Linke war meine geistige Heimat. Mein Verstand fühlte sich zu Hause in einem Sozialismus, der vor allem humanistisch eingestellt war, der seine Hoffnung schöpfte aus einer Deutung der historischen Tatsachen, der versuchte, durch ruhige Beobachtung zu einem objektiven Bild vom Weltgeschehen zu gelangen. Ich weiß nicht, welcher Teufel die Linksintellektuellen dazu bewegte, sich zuerst angesichts des Krieges, dann in der Widerstandsbewegung, jene nationalistischen Auffassungen zu eigen zu machen, die die Intellektuellen der Rechten, sogar die der äußersten Rechten, schon lange aufgegeben hatten — aber als das geschah, litt ich darunter ebensosehr als ob meine eigene Familie irgendeine niederträchtige Handlung begangen hätte.
Hatten die Linksintellektuellen den Verstand verloren angesichts der drohenden Gefahr oder war es eine bewußte Selbstverneinung?
Da ich ohne Hoffnung nicht leben konnte, entschied ich mich für die erste Möglichkeit. Aber als die Gefahr vorüber war — als wir den Preis bezahlt hatten, den wir durch die Haltung dieser Linksintellektuellen hatten bezahlen müssen, das heißt, als wir den Krieg ertragen hatten — als dann die Stunde der Abrechnung gekommen war und ich entdeckte, daß diese Menschen, weit davon entfernt, zu ihren Traditionen und ihren Grundsätzen zurückzukehren, nur versuchten, durch unhaltbare Thesen die unhaltbaren politischen Stellungen, die sie eingenommen hatten, zu verteidigen — daß sie nicht zögerten, die historischen Tatsachen zu entstellen und sogar bei Dokumenten vor Hineininterpretieren, vor spitzfindigem Auslegen, vor Fälschungen

und vor der Fabrikation von Schriftstücken nicht Halt machten, da wußte ich, daß meine Hoffnung getrogen hatte und daß sie tatsächlich sich selbst bewußt verneint hatten!

Im gleichen Augenblick wußte ich auch, daß weder meine politische und philosophische Überzeugung, noch mein Respekt vor der geschichtlichen Wahrheit und vor mir selber es mir je erlauben würden, an dieser Selbstverneinung teilzunehmen — oder auch nur den Schein zuzulassen, daß ich daran Anteil gehabt hätte.

Es war ein Zusammenbruch. Auf ethischem und geistigem Gebiet ebenso total wie auf wirtschaftlichem und gesellschaftlichem. In jeder Hinsicht mußte wieder bei Null angefangen werden: die Tatsachen mußten Stück für Stück betrachtet werden, ihr Wahrheitsgehalt mußte untersucht werden, um sie dann in ihren richtigen geschichtlichen Rahmen zu stellen. Das ist eine Arbeit, die eine Generation dauern wird, dachte ich, denn noch immer wollte ich hoffen. Wenn ich sofort mit der Arbeit anfange, fügte ich hinzu, dann kann ich vielleicht . . . Ich begann daher mit jener geschichtlichen Tatsache, über die ich glaubte, am besten informiert zu sein, weil ich sie am eigenen Leibe erfahren hatte: das Phänomen der Konzentrationslager. Da es im Mittelpunkt des öffentlichen Interesses stand, da alle Diskussionen immer wieder darauf zurückkamen, wird man begreifen, daß ich den Augenblick dazu für einmalig geeignet hielt. Mein Buch „Le Mensonge d'Ulysse" war daher die erste Tat, mit der ich meine Treue gegenüber den Grundsätzen der Linken aus dem Jahr 1919 unter Beweis stellte. Nach zehn Jahren folgte als zweiter Beweis die Ergänzung, „Ulysse trahi par les siens".**

Hier ist nun der dritte.

Nach der Analyse die Synthese: in dem vorliegenden Buch habe ich versucht, das Phänomen der Konzentrationslager wieder in die geschichtlichen Zusammenhänge einzusetzen, in die es gehört, also in den Rahmen des Zweiten Weltkrieges. Weil in meinen Augen die Urteile, die sich auf Dokumente stützen, die zuverlässigsten sind, war ich der Ansicht, daß diese Zusammenhänge am klarsten aus einer Gegenüberstellung der Materie der dreizehn Nürnberger Prozesse — sowie des vierzehnten, den man in Jerusalem abhielt — und des Versailler Vertrages, deutlich werden.

Um es dem Leser leichter zu machen, berichte ich nicht chronologisch, sondern indem ich den Strom der Geschichte zurückverfolge.

Paris, Februar 1962 *Paul Rassinier*

* „Le Mensonge d'Ulysse", deutsch: „Die Lüge des Odysseus", „Ulysse trahi par les siens", deutsch: „Was nun, Odysseus?", beide Damm-Verlag, München.

TEIL I: NÜRNBERG

1. VON STALINGRAD NACH NÜRNBERG

Frühling 1942. Die Wiederaufnahme der Großoffensive — vor Moskau seit Dezember liegengeblieben — ist im Gang. Alles ist bis ins einzelne vorbereitet, — zumindest haben Hitler und sein Generalstab auch nicht die leisteste Befürchtung, daß es sich diesmal anders entwickeln könnte.

In der Tat, die Wiederaufnahme und der Gesamtplan der Operationen sind gut durchdacht. Etwas wagemutig, wenn nicht gar verwegen oder ehrgeizig, — alles in einem: Auf Hitlers Art — und ist die nicht erprobt?

Es stimmt, es gab jenen Rückschlag vor Moskau. Ohne daß sie es allzu ernst nehmen, geben die Bestinformierten die Schuld daran dem anarchischen und unerwarteten Einschreiten Mussolinis in Griechenland; dieser italienische Feldzug hat im letzten Augenblick die rechte Flanke des ursprünglichen Plans entblößt. Einen Monat lang waren die deutschen Armeen damit beschäftigt, Schäden auszubessern; um die gleiche Zeitspanne wurde der Anfang der Operationen verzögert und dadurch konnte der russische Winter die Panzer des General Guderian überrunden. Nichtinformierte Kreise, das heißt das Volk, glauben nicht einmal an einen Rückschlag; schlimmstenfalls sehen sie darin einen banalen, kaum ernstzunehmenden Zwischenfall. Um die Popularität und das Vertrauen, das Hitler bei den Deutschen genießt, anzutasten, ist viel mehr nötig: Der vernichtende Münchener Putsch 1923 hat es nicht vermocht, und in den seither verflossenen zwanzig Jahren hat er eine ununterbrochene Folge eklatanter, häufig spektakulärer Siege aneinander gereiht. Unbesiegt ist er, unbesiegbar, was er auch anfangen möge . . .

Zuerst werden sich also die deutschen Armeen auf die Linie Murmansk — Moskau — Stalingrad — Astrachan zu bewegen. Und die Russen? Abgeschnitten von dem Nachschub an Material, Verpflegung und Medikamenten, der ihnen von den Alliierten über Murmansk und besonders auf der Wolga über Iran und das Kaspische Meer[1] geliefert wird, ihrer Energiequellen im Kaukasus beraubt, werden die russischen Armeen angesichts der Einbrüche in ihre Front und der Desorganisation ihres Verteidigungs-Systems keine andere Wahl haben als sich abzusetzen und keine andere Hoffnung, als sich neuformieren zu können, — am Ural — ihrer letzten (und nächsten) strategischen Rückzugsstellung und gleichzeitig ihrem letzten Lebenszentrum. Aber diese Absetzbewegung will der deutsche Generalstab von Anfang an in eine Niederlage verwandeln: Den Ural werden Guderians Panzer vor den Russen erreichen. Wenn die russische Armee nach Sibirien abgedrängt und mit all ihrem Material gefangen ist, ob mit oder ohne Kapitulation, wird das eroberte Rußland kampfunfähig sein.

Für den Durchbruch ist Stalingrad, Riegel zum Kaspischen Meer und Angelpunkt der russischen Strategie, vorgesehen. Dann sollen den Westmächten wieder Friedensverhandlungen angeboten werden und wenn diese ebensowenig angenommen werden wie 1940 von den Engländern, wird von Stalingrad aus die zweite Stufe der Operationen beginnen mit dem Ziel, die in Rußland kämpfenden Armeen in Basra am Persischen Golf mit den in Nordafrika unter Marschall Rommel operierenden zu vereinigen.

Hitler hofft natürlich, nicht bis nach Basra gehen zu müssen, um die Entscheidung zu erzwingen: Nach der Zerschmetterung Rußlands würde England, um den Verlust des mittleren Orients und Ägyptens zu vermeiden (was den Zusammenbruch seines Commonwealth herbeiführen und es zu einem bloßen amerikanischen Brückenkopf herabdrücken würde) um so sicherer das Knie beugen, da es in diesem Falle kaum denkbar ist, daß Amerika den Krieg fortsetzen würde.

Deutsche Truppen am Ural und in Basra: das bedeutet in der Tat die Beseitigung der letzten Bedenken Spaniens, Frankreichs und folglich auch Nordafrikas. Wirtschaftlich: Eine ungeheure Masse von nahezu 700 Millionen Menschen, die — unter deutscher Kontrolle — über mehr als die Hälfte der Reichtümer der Welt verfügt. Dabei findet ihr Produktionsüberschuß einen natürlichen Markt in Afrika und besonders in dem eroberten Asien. Schutz vor Amerika bietet Japan. Militärisch: 700 Millionen Lebewesen in eisernem Harnisch, sicher verschanzt hinter Atlantikwällen und Siegfriedlinien aller Art. Auch im Atomzeitalter eine uneinnehmbare Festung, an der die stärksten angelsächsischen Angriffswellen zusammenbrechen oder an Erschöpfung sterben. Alles in allem: Die Weltherrschaft.

---

1 Engländer und Russen hatten den Iran besetzt, um für Rußland die Nachschublinie durch den Persischen Golf zu sichern. Dabei verletzten sie die gleichen Rechtsgrundsätze, die so häufig verletzt zu haben, sie Deutschland zum Vorwurf machten.

Oder doch nicht? Wenn England gegen alles anrennt, würde Amerika ihm nicht in diesem Wahnsinn folgen.
So ist Hitlers Rechnung: Kühn, verwegen und ehrgeizig. Aber geht sie tatsächlich auf? Die Zerschmetterung Rußlands würde den Krieg beenden. Anscheinend liegt sie im Bereich seiner Mittel . . .
Anscheinend!

*

Die deutsche Taktik ist nicht konventionell. Hitler hat, obwohl militärischer Dilettant, das Verdienst, begriffen zu haben, daß die übermäßige Länge der Fronten, die so charakteristisch für einen modernen Krieg und das Schreckgespenst der Generalstäbe ist, es nicht zuläßt, eine Offensive in Form einer Kombination harmonisch gegliederter Bewegungen auf ein Zentrum und seine beiden Flügel zu planen, wie dies für die klassische Strategie Tradition ist. Auf einer Front von 2000 Kilometern, wie sie als Basis für die Invasion in Rußland im Juni 1941 diente, waren die drei klassischen strategischen Punkte voneinander über Distanzen von 1000 Kilometern entfernt. Offensichtlich ist dies zu weit, als daß sie sich gegenseitig und wechselseitig als Stütze dienen könnten. Mit den Anforderungen eines Blitzkrieges war es unvereinbar, diese Front in drei oder vier selbständige Gruppen aufzuteilen, mit dem Auftrag, nach den Regeln der Kunst, in aufeinanderfolgenden sprunghaften Vormärschen und Frontbegradigungen vorzurücken. Hitler wußte, daß sich der Faktor Zeit in ökonomischer Hinsicht zu seinen Ungunsten auswirken würde. Er bildete daher eine ununterbrochene Linie von Stützpunkten, die solide im Boden befestigt waren, aus denen pfeilartig Panzerkolonnen hervorschießen und keilartig durch die Stellungen des Gegners dringen konnten, um sich schließlich 200 und mehr Kilometer hinter seinem Rücken zu vereinigen. Gleichzeitig wurde dieser Gegner frontal durch Infanterie angegriffen und durch die Bomber der Luftwaffe zerschmettert.
Die Ergebnisse waren außergewöhnlich, nicht nur in Polen und Frankreich, wo die Fronten immer verhältnismäßig kurz blieben, sondern auch in Rußland: Mit einem durchschnittlichen Raumgewinn von etwa 1000 Kilometern in 6 Monaten auf der ganzen Breite dieser immensen Front vorrückend, hatten die deutschen Armeen auf ihrer Habenseite: zwei Millionen russische Kriegsgefangene, 9000 Kampfwagen, 17 000 Geschütze. Bei der russischen Luftwaffe waren dank dem Überraschungseffekt mehrere tausend Flugzeuge am ersten Tage durch die konzentrierten Bombardements der Luftwaffe am Boden zerstört worden.
Rußlands außerordentliche Hilfsquellen an Menschen und Material

waren bekannt; daß dieses Land aber imstande war, sich von einer solchen Katastrophe zu erholen, hätte keiner der militärischen Fachleute der ganzen Welt geglaubt. Tatsache ist, daß es sich wiederaufraffte und daß man noch einmal anfangen mußte.

Die gerade Linie zwischen Astrachan und Murmansk ist 2700 Kilometer lang, militärisch entwickelt nahezu 3500 Kilometer. Als Hitler sich diese Aufgabe stellte, wußte er sehr wohl, daß die Verlängerung einer Front von 2000 Kilometern um weitere 1500 zuallererst das Problem der zahlenmäßigen Truppenstärke aufwarf. Diesem Problem gab er darum auch den Vorrang. Er beschloß zunächst, in der Kriegsindustrie Gefangene und zivile Arbeiter aus der Bevölkerung der besetzten Gebiete einzusetzen, um so zum Nutzen der Front das Höchstmaß an deutschen Spezialkräften freistellen zu können. Zur Durchführung dieses Entschlusses war Speer im Februar 1942 zum Minister für Bewaffnung und Munition und, auf dessen Vorschlag, Sauckel am 21. März zum Generalbevollmächtigten für den Arbeitseinsatz ernannt worden.

Hier war eine kleine völkerrechtliche Schwierigkeit zu überwinden, die Konventionen von Genf und Den Haag verbieten nämlich den Einsatz dieser Arbeitskräfte in der Kriegsindustrie und in militärischen Diensten.[2]

---

2 Die Konventionen von Genf und Den Haag, auf die sich die Staatsanwälte und Richter in Nürnberg so häufig beziehen, sind — wenigstens die Haager Beschlüsse — ziemlich unbekannt. Es ist daher vielleicht sinnvoll, einen Überblick über den Inhalt dieser Konventionen zu geben. Man kann sie wie folgt zusammenfassen:

A Auf Initiative Rußlands und der Vereinigten Staaten, die die Frage der Rüstungsbeschränkung zu Lande und zur See und die der friedlichen Regelung internationaler Streitigkeiten einer Lösung zuführen wollten, fanden in Den Haag in den Jahren 1899 (18. Mai bis 29. Juli) und 1907 (15. Juni bis 18. Oktober) internationale Konferenzen statt.

B An der ersten Konferenz (auf Veranlassung Zar Nikolaus II. zusammengerufen) beteiligten sich alle europäischen sowie einige amerikanische und asiatische Staaten, insgesamt 27 Nationen.

Folgende Konventionen wurden angenommen:

a) über die Gesetze und Bräuche des Landkrieges
b) über die Anwendung der Genfer Grundsätze vom 22. August 1864 im Seekrieg,
c) über die friedliche Beilegung internationaler Streitigkeiten.

Diese Konventionen wurden durch Deklarationen vervollständigt, die ebenfalls angenommen wurden, nämlich: Verbot des Abschusses von Geschossen aus Ballons; Verbot von erstickend wirkenden und tödlichen Gasen; Verbot von Geschossen, die im menschlichen Körper explodieren. Außerdem wurde ein ständiger Internationaler Schiedsgerichtshof (Cour permanente de Justice internationale) gegründet.

C Auf der zweiten Konferenz (abgehalten auf Veranlassung von Theodore Roosevelt; 44 teilnehmende Staaten) wurden 13 weitere Konventionen angenommen, deren wichtigste zum Inhalt haben: Obligatorisches Schiedsgericht bei internationalen Streitigkeiten; Landkrieg; Seekrieg; Eröffnung der Feindseligkeiten; Prisen auf See; Besetzung feindlichen Gebietes usw. Eine Deklaration bezüglich des Abschusses von Geschossen aus Ballons bestätigte die von 1899. Weiter wurde ein Prisengericht vorgeschlagen aber nicht verwirklicht.

Die Lösung war ziemlich einfach: Rußland hatte sich seinerzeit geweigert, diese Bestimmungen anzuerkennen und hatte sie infolgedessen auch nicht eingehalten, weder in Polen, noch in den Baltischen Staaten; nun konnte es sich anstandshalber auch nicht darauf berufen. Bezüglich der Länder, die unterzeichnet hatten, wurde die Frage schon im Oktober 1941 juristisch durch Verträge auf Regierungsebene geregelt, die erst zum Aufbau von Freiwilligenorganisationen führten, und dann zur gesetzlichen Einführung der Arbeitsdienstpflicht.[3]
Zu den so gewonnenen Arbeitskräften konnte man von vornherein, bei fortschreitender Besetzung Europas, ein bedeutendes Kontingent an Oppositionellen, Widerstandskämpfern und Partisanen hinzurechnen, — Leute also, die sich selbst außerhalb der Genfer und Haager Konventionen gestellt hatten. Sie wurden von keinem internationalen Statut mehr geschützt und konnten daher deportiert und in Arbeitslagern eingesetzt werden. In der Tat begannen im März 1942 Massenverschickungen, deren Zahl Eugen Kogon auf Grund offizieller Unterlagen auf 2 791 000 Deportierte aller Nationalitäten beziffert hat.[4]
Weiter verfügte die Regierung auch noch über die vier- bis viereinhalb Millionen Juden, die innerhalb des von den deutschen Armeen besetzten Gebietes in Europa lebten, und nahezu zur Hälfte arbeitsfähig waren. Die Lage der Juden war sowohl in juristischer als auch materieller Hinsicht traurig. Seit 1933 waren gegen sie zahlreiche Maßnahmen zunächst auf Grund des in München am 24. Februar 1920 proklamierten Parteiprogramms ergriffen worden, dann auf Grund der Rassengesetze, die sich aus den Beschlüssen des Nürnberger Parteikongresses vom September 1935 ergaben. Hierdurch nahm ihnen das Dritte Reich nach und nach ihre deutsche Staatsangehörigkeit. Da es keinen jüdischen Staat gab, mit dem man bilaterale Verträge oder — auf Basis von Genf und Den Haag — internationale Verträge ab-

---

D In den Jahren 1929 und 1930 fanden in Den Haag zwei weitere Konferenzen über die Regelung der Kriegsschulden von 1914—1918 statt: auf ihnen wurde der Young-Plan angenommen und die Räumung des Rheinlands beschlossen.

E 1945 wurde der Ständige Internationale Gerichtshof aufgelöst und durch den Internationalen Gerichtshof (Cour de Justice internationale) ersetzt, der durch die Charta der Vereinten Nationen eingerichtet wurde. Über den Ständigen Internationalen Schiedsgerichtshof, der erhalten blieb, ist zu sagen, daß er in Wirklichkeit nur aus einer Liste von Schiedsrichtern besteht, aus denen streitende Parteien ein Tribunal auswählen. Aber ihm ist ein Internationales Bureau und ein Verwaltungsrat — beide ständig — zur Seite gestellt. Außerdem gibt es das Seeprisen-Gericht, das 1907 geschaffen wurde. Es ist ein Berufungsgericht zur Prüfung von Entscheidungen nationaler Gerichte, die beauftragt sind, über Seeprisen in Kriegszeiten zu urteilen und festzustellen, ob die Entscheidungen dieser Gerichte in Übereinstimmung mit den Prisenkonventionen sind. Für das Verständnis dieses Buches mußte dies gesagt werden.

3 In Frankreich wurden die Gesetze über den Arbeitsdienst erst im Oktober 1942 erlassen.

4 Nicht einbegriffen sind die Deportationen aus rassischen Gründen und die etwa 640 000 Zwangsverschickten der ersten 5 Monate des Jahres 1945.

schließen konnte, und da andererseits trotz der wiederholten Angebote der nationalsozialistischen Regierung kein Land bereit war, sie einwandern zu lassen, oder wenigstens ihren Schutz zu übernehmen, so lebten sie in Deutschland bis zur Kriegserklärung nur als ungeschützte Staatenlose. Denn die Staatenlosen waren — und sind auch heute noch — in allen Ländern der Erde der Willkür der Machthaber ausgeliefert. Im November 1938 entfachte der Mord an dem Gesandtschaftsrat vom Rath in Paris durch den Juden Grynspan in ganz Deutschland eine — im übrigen von oben her gesteuerte — Welle der Entrüstung, und so hatte man sie dem öffentlichen Wunsche nach Sühne als Opfer vorgeworfen. Ihnen gegenüber wurden — bis dahin unübliche — Enteignungs-Maßnahmen ergriffen und alle Möglichkeiten genutzt, sie zu einer nichtoffiziellen, halb geheimen Auswanderung zu zwingen. Zu Beginn der Feindseligkeiten im September 1939 hatten die offiziellen Vertreter des Jüdischen Weltkongresses — wohl um den Engländern und Franzosen ihr langes Zögern vorzuhalten — daran erinnert, daß „die Juden der ganzen Welt seit 1933 Deutschland den Wirtschafts- und Finanzkrieg erklärt hätten" und daß sie „entschlossen seien, diesen Vernichtungskrieg bis zum Ende durchzuführen". Dadurch hatten sie Hitler das Recht gegeben, alle die Juden, die sich im deutschen Machtsbereich befanden, ins Konzentrationslager zu stecken, wie das im Kriegsfalle bei allen Staaten gegenüber feindlichen Ausländern üblich ist. Als der Krieg dann weitere Teile Europas in seinen Bann zog, wurden die dort lebenden Juden wie die deutschen Juden behandelt. Als keine Hoffnung mehr bestand, sie aus Europa auswandern zu lassen — die letzte erlosch Ende 1940 mit dem Scheitern des Madagaskar-Plans — da entschloß man sich, sie in einem einzigen, gewaltigen Ghetto zusammenzufassen, das nach dem Einmarsch in Rußland in den sogenannten Ostgebieten, in der Nähe der ehemaligen russisch-polnischen Grenze lag: Auschwitz, Chelmno, Belzec, Maidanek, Treblinka usw. Dort sollten sie das Ende des Krieges und die Wiederaufnahme internationaler Gespräche abwarten, die ihr Schicksal entscheiden würden. Die Ausführungsbestimmungen waren auf der berühmten interministeriellen Konferenz in Berlin-Wannsee am 20. Januar 1942 festgelegt worden. Der Transfer hatte im März begonnen. Wenn man berücksichtigt, daß es in Deutschland im Frühling 1942 mindestens 4 Millionen französische, russische, polnische, jugoslawische Kriegsgefangene gab und an die Menschen-Reserven des bereits eroberten Rußland denkt, dann konnte Hitler mit vollem Recht auf gut 20 Millionen ausländischer Arbeiter zählen.

Genug, um Deutschlands Kriegswirtschaft und seine Armee vor jedem Menschenmangel zu schützen.

Zur größeren Sicherheit hatte man zu den 178 ursprünglich im Juni 1941 an der Ostfront eingesetzten Divisionen weitere 14 Infanterie- und 2 Panzerdivisionen herangezogen, die angesichts der angloamerikanischen Untätigkeit im Westen nicht notwendig zu sein schienen. Die Finnen steuerten 14 Divisionen, die Rumänen 22, die Ungarn 13, die Italiener 10, die Slowaken und Spanier je eine bei, sind 255 Divisionen. Ausführung: Nördlich Moskau wird ein starker Stoßkeil, bestehend aus zwei Armeen, die feindlichen Stellungen bis auf Gorki (Nishni-Nowgorod) an der Wolga durchstoßen; im Süden soll der andere Flügel, dessen Ziel Stalingrad ist, außerdem die Aufgabe haben, den Kaukasus zu säubern. Längs der Wolga wird sich die Zange dann schließen im Rücken der überraschten russischen Armeen, denen sicher nicht mehr die Zeit bleibt, sich abzusetzen. Die Stärke des zweiten Zangenarms war darauf berechnet: 115 Divisionen, beinahe 2 000 000 Mann, 7000 Panzer. Um ihn zu stärken — so wußte man später zu sagen — hätten Hitler und das OKW der Mitte und dem Nordflügel Kräfte entziehen müssen: und tatsächlich . . .

Die Schwierigkeiten begannen vor der Stunde des Angriffs. Gegen jede Erwartung versuchten die Russen der Offensive zuvorzukommen, indem sie in den Aufstellungsraum hineinstießen. Im Süden brachte ihnen eine Aktion, die sie mit aller Macht gegen Charkow unternahmen, zwar eine blutige Niederlage ein — sie verloren 240 000 Gefangene, mehr als 2000 Geschütze und nahezu 1500 Panzer — aber es gelang ihnen dadurch, den Beginn der Offensive bis zum 3. Juli 1942 hinauszuschieben, was Stalingrad zwei Monate Zeit gab, sich auf seine Verteidigung vorzubereiten. Im Norden waren die Erfolge, die sie im Sommer und Herbst errangen, für den Fortgang der Operationen entscheidend. Nachdem es ihnen gelungen war, durch die Eroberung von Schlüsselburg das eingekreiste Leningrad zu entsetzen, konnten sie bis auf Welikje Luki hinter den Waldai-Höhen vorrücken und sich dort verschanzen. Dadurch war es den beiden deutschen Armeen, die als Stoßkeil auf Gorki vorrücken sollten, nicht mehr möglich, vorwärts zu kommen. Hier wurde der erste Rechenfehler Hitlers sichtbar: die Unterschätzung des russischen Kriegspotentials, bedingt durch eine Unterschätzung der angloamerikanischen Hilfeleistungen und der Kapazität der von Stalin an den Ural und nach Sibirien rückverlegten Rüstungsindustrie, die nach Angaben von Major Bauer in seinem Buch "La guerre des blindés", (Paris 1948) seit Sommer 1942 monatlich 1500 Panzer erzeugen konnten. Darunter waren zwei neue Typen, der T 35 von 40 Tonnen (3 Geschütze, 3 Maschinengewehre, 10 Mann Besatzung) und der KW (Klim Woroschilow) von 43 Tonnen, der mit einem 152 mm-Geschütz und 4 schweren Maschinengewehren bestückt war.

Inzwischen war die Offensive der Südarmeen trotzdem mit durchschlagendem Erfolg in Gang gekommen: Am ersten Tage (3. Juli) war eine 100 Kilometer breite Bresche geschlagen worden, durch die der dafür vorgesehene Stoßkeil beinahe 500 Kilometer tief in die feindlichen Stellungen eingebrochen war. Aus dem rechten Flügel drängte dann eine Kolonne in Richtung auf den Kaukasus, nach Grosny, wo sie sich mit einer anderen vereinigen sollte, die geradewegs von der Halbinsel Kertsch kam, aus der die Russen Anfang Juni ins Meer geworfen waren. Von dort sollten die beiden Kolonnen frontal bis auf Baku vordringen, das Erdölgebiet vom Feinde säubern, an den Ufern des Kaspischen Meeres bis zur Wolgamündung, und dann wolgaaufwärts nach Stalingrad marschieren.
Rostow fällt am 24. Juli. Am 11. August weht die Hakenkreuzflagge über dem Elbrus. Am 20. August sprengen die Panzer des Generals von Paulus die äußeren Verteidigungslinien von Stalingrad und bemächtigen sich der Flugplätze in den Vororten. Am 27. August sind die Bohrtürme von Grosny in Sicht. Eine Meldung des Deutschen Nachrichten-Büros berichtet triumphierend über die Gefangennahme von 590 000 Mann und die Vernichtung von 5271 Panzern und 6142 Geschützen seit Beginn der Offensive.
Dieser gigantische Mechanismus hatte bis dahin wie ein Uhrwerk funktioniert. Plötzlich steht alles still, als ob ein Sandkorn ins Getriebe geraten sei und neue unvorhergesehene Schwierigkeiten entwickeln sich in Kettenreaktionen. In Wirklichkeit gab es sogar mehrere Sandkörner. Zunächst bemerkte man, daß man nach Stalingrad praktisch nur zu Fuß hinein konnte: Da die Stadt aus sehr großen Gebäuden aus Eisenbeton bestand, hatten die Bombardements der Luftwaffe in den Straßen enorme Betonberge aufgehäuft, die den Panzern die Durchfahrt versperrten oder ihren Einsatz nur in sehr beschränkter Anzahl gestatteten.
Da Stalin in einem verzweifelten Tagesbefehl „den Kampf bis zum Tode nach dem Beispiel der Soldaten Alexanders und Kutusows" befohlen hatte, war die gut mit Waffen und Munition versehene Garnison nicht evakuiert worden. Die Gegenseite mußte sich auf eine Eroberung, Ruine nach Ruine, mit Messer und Handgranate, gefaßt machen, wozu geeignete zusätzliche Kräfte und viel Zeit notwendig sein würden. In der Tat verwendete man den Monat September zur Vorbereitung des Angriffs und den Oktober zu seiner Durchführung.
Zu der gleichen Zeit waren die Kaukasus-Kolonnen durch ein noch weniger erwartetes Hindernis aufgehalten worden: Die Weite des russischen Raumes. 150 Kilometer vor Grosny, einige Tage vor der Hissung der Fahne auf dem Elbrus, telegraphierte der die Operation kommandierende General von Kleist an das O.K.W.: „Vor mir kein

Feind, hinter mir kein Nachschub". Krise des rollenden Materials oder Krise der Produktion und wahrscheinlich bereits schon beide zugleich: Lebensmittel, Munition und besonders der für die Panzer notwendige Treibstoff blieben aus. Hier hatten sich die Russen mit Fahrgeschwindigkeit abgesetzt. Später erfuhr man, daß sie sich auf eine Stahl-Front von mehr als 100 Kilometer Tiefe zurückziehen wollten, die sich an das Kaspische Meer anlehnte und deren zwei äußere Grenzen die Linie Grosny-Baku im Süden und die Wolga von Stalingrad bis zur Mündung im Norden waren.

Die so geschaffene Lage gab Probleme auf. Da die Nordoffensive nicht in Richtung auf Gorki vorgetrieben werden konnte, waren die Russen nicht gezwungen, sich im Sektor Moskau zurückzuziehen, und der tiefe Keil von Stalingrad, der gleicherweise zu lang und zu schmal geworden war, fand sich nun zwischen den zwei Armen einer Zange, deren Griff um die aus 19 Divisionen — 330 000 Mann! — bestehende Vorhut des Generals von Paulus nur durch eine beträchtliche Verstärkung der Truppen, des Artillerieschutzes und der Luftwaffeneinsätze hätte gelöst werden können.

Schon als der Oberkommandierende der Südfront, von Bock, zum ersten Mal Verstärkungen anforderte, wurde klar, daß nicht genug Truppen, Material, Waffen und Munition zur Verfügung standen.

Um nur ein Beispiel anzuführen: Die Luftwaffe, deren Rolle entscheidend war, hatte die Luftherrschaft verloren . . . Es gab nur eine Möglichkeit: Den Rückzug. Die Verantwortlichen auf dem Kriegsschauplatz sahen keine andere Lösung, und auch später sind alle Strategen der Welt der Ansicht gewesen, daß es keine andere gab. Selbst ein Rückzug hätte den weiteren Verlauf der Ereignisse nicht wesentlich mehr ändern können, außer in Hinblick auf die Dauer des deutschen Zusammenbruchs, die höchstens verzögert werden konnte. Hitler dekretierte jedoch, daß es sich nur um eine Anpassung der Gesamtproduktion an die militärischen Notwendigkeiten handele, daß das Problem einfach sei, daß es in kurzer Zeit gelöst werde und daß man sich bis dahin mit Improvisationen durchhelfen müsse.

Das Problem war tatsächlich ziemlich einfach. Aber es handelte sich um ein politisches Problem und es scheint, daß Hitler, obwohl von Natur aus wenig für politische Mittel eingenommen, die Gegebenheiten erkannte, während die Männer, die er damit beauftragte, an Ort und Stelle die nötigen Konsequenzen zu ziehen, diese — politischen — Tatsachen garnicht berücksichtigten. Wenn man dem Tagebuch des Generals Halder Glauben schenken will, hätte Hitler in einer Rede am 30. März 1941, vor einer Versammlung von Generalen seine politischen Absichten in Rußland so definiert: „Nordrußland wird an Finnland angegliedert. Protektorate: Die Baltischen Staaten, die Ukraine,

Weißrußland." Und am 17. Juli 1941, nachdem der deutsch-russische Krieg ausgebrochen war, präzisierte Rosenberg bei der Übernahme seines Postens als Minister für die besetzten Ostgebiete, daß das Ziel sei: „die Zergliederung Rußlands in seine Bestandteile, die unabhängigen Staaten oder Bundesstaaten Ukraine, Ruthenien, Rußland und Kaukasus". Im Absatz *Besondere Fälle* bestimmte die Richtlinie 21 (Fall Barbarossa: Plan der Besetzung Rußlands): „In den russischen Gebieten sollen, sobald dort keine Kämpfe mehr stattfinden, Staaten mit eigener Regierung gemäß besonderen Richtlinien konstituiert werden."

Diese Erklärungen und Anweisungen wurden durch die Dienststellen Rosenbergs und die Geheimagenten Canaris' unter der Bevölkeruung verbreitet und weckten bei den traditionell moskaufeindlichen und noch mehr antibolschewistischen Balten, Ruthenen, Ukrainern und Kaukasiern die Hoffnung auf die Gewinnung oder Wiedergewinnung ihrer Unabhängigkeit durch die Deutschen. Diese wurden daher zuerst als Befreier begrüßt. In der Praxis hätten diese Staaten nicht nur der deutschen Wirtschaft die Arbeitskräfte, mit denen Hitler rechnete, sondern auch unabhängige Legionen, die an seiner Seite gekämpft hätten, geliefert. Das war eine beinahe unerschöpfliche Quelle für Freiwillige. Sie war es am Anfang. Man schickte die Leute nach Deutschland mit Kontrakten auf 9 Monate oder ein Jahr. Doch dann wurden es immer weniger und dann kehrten diejenigen, die auf Urlaub in die Heimat kamen, nicht wieder nach Deutschland zurück, denn die Versicherungen Rosenbergs und die Anweisungen Hitlers waren Papier geblieben. Die Lebensbedingungen, die den Völkern im Osten seitens der Polizei-Dienststellen Himmlers, der Gauleiter und Protektoratsleiter zugestanden wurden, bewirkten einen Umschwung der öffentlichen Meinung und verwandelten die Sympathie in Feindschaft.

Dies um so mehr, als man auf Veranlassung des Wirtschaftsministeriums und des Ministeriums für den Vierjahresplan die bolschewistischen Besitzverhältnisse in der Landwirtschaft (Kolchosen und Sowchosen), die diesen Völkern ein Greuel waren, beibehalten hatte. Aus allen diesen Gründen und noch anderen, wie die Ablehnung selbständiger Truppenteile (der übergelaufene General Wlassow mußte beispielsweise zwei ganze Jahre verhandeln, bevor er die Erlaubnis bekam, zwei Armeen in der Ukraine auszuheben) mußten die Dienststellen Sauckels, die dort mit der Anwerbung von Arbeitskräften beauftragt waren, wahre Menschenjagden veranstalten. Und das gleiche galt für den Westen, wenn auch aus ganz anderen Gründen. Als der sowjetische Staatsanwalt Alexandrow am 31. Mai 1946 in Nürnberg den Generalbevollmächtigten für den Arbeitseinsatz

Sauckel verhörte, erklärte dieser, daß sich unter den 30 Millionen ständig in der deutschen Kriegswirtschaft beschäftigten Personen zu keiner Zeit mehr als 5 Millionen Fremdarbeiter befunden hätten (ohne die Kriegsgefangenen und Konzentrationslagerinsassen). Am Tage vorher hatte er 10 Millionen zugeben sollen, aber diese Ziffer hatte er nur unter der Bedingung akzeptiert, daß in ihr die Kriegsgefangenen miteingeschlossen sein sollten. Da sichere Unterlagen fehlen, riskiert man nichts, wenn man annimmt, daß der Ankläger mit Absicht übertrieb, während der Angeklagte Interesse hatte, die Zahl zu verkleinern. Wenn wir selbst eine ungefähre Schätzung machen und dabei die Konzentrationslagerinsassen berücksichtigen, dann möchten wir sagen, daß es zu einer gegebenen Zeit in Deutschland zwischen 12 und 13 Millionen Fremdarbeiter gegeben hat, d. h. etwas mehr als $^2/_5$ und etwas weniger als die Hälfte der gesamten Arbeitskräfte. Mit dieser Schätzung liegen wir höchstwahrscheinlich nicht weit von der Wirklichkeit. Das war schon außerordentlich viel, aber entsprach doch bei weitem nicht Hitlers Hoffnungen und den vorhandenen Möglichkeiten.

Eine weitere Unannehmlichkeit: Zur nicht genügenden Zahl kam die ungenügende Qualität. Diese von überall her zusammengerafften Arbeitskräfte waren keine gelernten Arbeiter und es war nicht möglich, aus ihnen eine ausreichende Anzahl Spezialisten zu gewinnen um jene zu ersetzen, die infolge des Menschenbedarfs der Front fehlten. Was schließlich die Produktion angeht, so war die Leistung der Kriegsgefangenen im großen und ganzen zwar nicht sehr weit von der Norm entfernt aber doch unterdurchschnittlich; die Leistung der Zwangsarbeiter, die außerdem noch den Polizeimaßnahmen Himmlers ausgesetzt waren, war sehr gering — und die Leistung der KZ-Insassen, die unter schauderhaften Bedingungen lebten, war fast gleich Null. Dazu kam noch die Sabotage . . .

Einerseits also wurde Sauckels Aufgabe zu einem halben Mißerfolg, andererseits leistete ein so bedeutender Teil der Arbeiter sehr wenig, — sei es, weil es sich nicht um qualifizierte Kräfte handelte, sei es, weil das Regime die Menschen unter solchen Bedingungen leben ließ, daß sie einfach nicht viel leisten konnten, sei es, daß sie aus verständlichen Gründen zur Sabotage neigten. Angesichts dieser schweren Behinderungen war es klar, daß man jede Hoffnung abschreiben mußte, jemals solche Menschenmassen für die Front freizumachen und solche Produktionszahlen zu erzielen, wie es so gewaltige militärische Operationen erforderten. Ein weiterer Grund, warum sich diese gewaltigen Sollzahlen nicht erreichen ließen, war die unerhörte Vergeudung von Arbeitskräften, deren sich das Regime — jedenfalls bei der Durchführung der Anordnungen — bewußt schuldig machte: die nicht aus rassischen Gründen eingesperrten KZ-Häftlinge starben in einem katastrophalen Tempo — nicht durch die Arbeit, zu der sie gezwungen wurden, sondern durch die schlechte Behandlung; und während sich für den deutschen Produktionsapparat sehr schwere Belastungen ergaben aus den Maßnahmen gegen die vier bis viereinhalb Millionen Juden, wurde die Arbeitskraft dieser Menschen im Rahmen dieses Produktionsapparates nie richtig eingesetzt.

*

Auf der russischen Seite dagegen war die Erholung seit Oktober 1942 offensichtlich: Den 255 Divisionen der Achse konnte sie beinahe 300 ganz frische und ebenso gut, wenn nicht besser ausgerüstete Einheiten entgegenstellen. Ihre Luftwaffe beherrschte den Himmel. Bei der Artillerie hatten sie eine sehr wirksame Taktik der konzentrierten Feuerüberfälle entwickelt, die von dem General Woronow vorgeschlagen war; das war für das deutsche Oberkommando der Wehrmacht eine sehr schmerzliche Überraschung.

General Woronow erklärte seit langem, daß die Artillerie, solange sie auf Armee- oder Divisionsebene zur Vorbereitung und zum Feuerschutz eingesetzt wurde, nie die Rolle spielen konnte, die man von ihr erwarten durfte. Wenn man sie aber beispielsweise in selbständige Divisionen zusammenfaßte und dem direkten Befehl des Oberbefehlshabers unterstellte, dann könnte man sie, da sie beweglicher wäre, leichter im Bereich der ganzen Front einsetzen und sie vor allem als Sperrartillerie verwenden, deren Aufgabe es war, vor den feindlichen Kolonnen undurchdringliche „Artillerie-Mauern" zu errichten.

Das russische Oberkommando studierte Woronows Theorie mit dem Ergebnis, daß der General Ende Oktober 1942 an der Spitze von einigen zehn Divisionen — genau 34 Regimentern Artillerie — gestellt wurde, die den Befehl hatten, sofort mit der Abschnürung des feindlichen Stoßkeils vor Stalingrad auf dem rechten Don-Ufer zu beginnen. Für einen Probeschuß war es ein Meisterschuß. Unter dem Schutze der errichteten „Mauer", die Paulus radikal von seinen Versorgungsbasen abschnitt, konnten sich 150 russische Divisionen, teils aus dem Norden, teils aus dem Süden unter dem Kommando von Woroschilow am Don in Höhe von Stalingrad, vereinigen. Am 22. November war die Operation beendet und die 19 Divisionen unter von Paulus (darunter 8 Panzerdivisionen) fanden sich zwischen Don und Wolga eingekesselt, der Vernichtung geweiht, wenn es nicht gelang, sie zu entsetzen.

Das OKW versuchte, dies zu tun und zwar am 12. Dezember 1942 mit nur 8 unter großen Mühen zusammengezogenen Divisionen, die Woroschilow im Handumdrehen erledigen konnte. Zu gleicher Zeit überquerten die Russen den zugefrorenen Don nördlich von Stalingrad, trieben die Deutschen und Italiener um 100 Kilometer zurück und zerschlugen damit für immer jede Hoffnung, Paulus zu befreien. Diesem blieb von nun an nur noch die Kapitulation übrig . . . Jedoch, Kapitulieren bedeutete große russische Massen frei zu machen und es ihnen zu ermöglichen, die schon schwer erschütterte Front anzugreifen. Sie konnten beispielsweise auf Rostow zustoßen, es nehmen und auf diese Weise die Kaukasus-Armeen von ihren Basen abschneiden. Hitler indessen hatte nicht die Hoffnung verloren, die Lage ziemlich rasch wieder zu verbessern. Seiner Ansicht nach genügte es, wenn Paulus die verhältnismäßig kurze Zeit standhielte, die nötig war, um alles in Ordnung zu bringen. Er gab daher den Befehl: „Standhalten bis zum letzten Mann".

Von allem abgeschnitten und in einer Weltuntergangsstimmung hielt Paulus bis zum Äußersten stand, obwohl er durch das konzentrierte Feuer Woronows und die russischen Bomber zermalmt wurde und Verpflegung, Treibstoff, Munition und Medikamente fehlten. Am 2. Februar 1943, nach 5 Monaten wütender Kämpfe, davon zweieinhalb in einem höllischen Kessel eingesperrt, kapitulierte die Armee Paulus und ließ 240 000 Gefallene auf dem Felde; sie war bis auf 90 000 Mann (darunter 23 Generale) aufgerieben und verlor 1600 Panzer, 6700 Geschütze, 70 000 Last- und Personenwagen.

Von da ab überstürzten sich die Ereignisse. Man mußte den Kaukasus in Gewaltmärschen und ohne Halt räumen um zu verhindern, daß die Truppen von Kleists ihrerseits durch die unvermeidbare Einnahme von Rostow abgeschnitten wurden; Rostow fiel am 13. Februar, am 16. rückten die Russen im Triumphzug in Charkow ein, das die Deutschen später mit übermenschlicher Anstrengung und ohne je weiter vorrücken zu können, Anfang März noch einmal einnehmen, wobei sie 22 Divisionen einsetzen, die sie recht unvorsichtigerweise von der Westfront abgezogen haben; am 31. März hatte die Rote Armee die Wehrmacht weit über ihre Ausgangsstellungen vom Frühling 1942 zurückgeworfen.

Inzwischen haben die amerikanischen Truppen, die am 8. November 1942 unter dem Oberbefehl von General Eisenhower ohne einen Schuß in Nordafrika gelandet waren, Tunis erreicht und haben die Verbindung mit dem schwarzen Afrika hergestellt. Das deutsche Afrika-Korps unter Rommel hatte die Engländer bis Sollum auf ägyptischen Boden zurückgedrängt, aber nach zweimaligem Hin und Her zwischen Tripolis und Benghasi (in Afrika funktionierte der Nachschub nicht besser als im Kaukasus), wurde es zum dritten Mal zurückgedrängt, diesmal von den Engländern unter Montgomery und bis zur tunesischen Grenze. Dort fand es sich nun zwischen zwei Feuern und war nach kurzer Zeit unwiderruflich zur Einschiffung nach Sizilien und Italien verurteilt.

Im Pazifik hatten die Amerikaner zuerst 1941 eine Reihe schmerzlicher Schläge von den Japanern einstecken müssen, dann aber im Laufe des Jahres 1942 ihre See-Überlegenheit wiedergefunden. An der europäischen Westfront ist Deutschland nicht mehr imstande, sie daran zu hindern, England zum Brückenkopf auszubauen, von dem die Flüge der schweren Bomber, der Liberators, ausgehen, die sofort berühmt werden durch ihre Taktik, die sich mit dem Wort „Bombenteppich" umschreiben läßt.

Anfang April 1943 ist der Krieg von den Alliierten praktisch gewonnen, sie können jedenfalls sicher sein, daß sie gewinnen — und es ist Zeit für sie, an die Organisation des Nachkriegseuropa und der Nachkriegswelt zu denken: Die Aera der Konferenzen beginnt. Der Wahrheit gemäß ist festzustellen, daß man bereits viel früher versucht hatte, diese Aera anbrechen zu lassen. Es ist kaum übertrieben zu sagen, daß der erste Gegenstoß der Vereinigten Staaten auf die Kriegserklärung Japans und später Deutschlands eine Manifestation in dieser Richtung war: Am 1. Januar 1942 findet eine Konferenz der Vertreter von fünfundzwanzig Nationen statt, die entweder den Achsenmächten den Krieg schon erklärt haben oder aber dazu bereit sind — und diese Nationen bilden den Kern der späteren Vereinten Nationen.

An diesem Tage war es nicht möglich gewesen, über eine „gemeinsame und feierliche Verpflichtung, den Krieg gegen die Achsenmächte solidarisch und bis zum Ende zu führen" hinauszukommen. Seitdem war nichts mehr in diesem Sinne versucht worden. Die so verpflichteten Alliierten hatten sich in der Praxis als viel weniger „feierlich und solidarisch" erwiesen, als sie erklärt hatten. Auf den Anglo-Amerikanern lastete in der Tat die Erinnerung an den deutsch-russischen Vertrag, und sie hatten das begründete Gefühl, daß Stalin zu allen politischen Schlichen fähig wäre. Erst nach dem Kriege hat man durch diskrete Anspielungen einiger hochgestellter Zeugen und durch die Enthüllungen Peter Kleists[5] erfahren, daß Stalin während des ganzen Jahres 1942 und sogar nach Stalingrad mehrfach versucht hat, Separatfriedensverhandlungen mit Deutschland über Finnland oder Schweden anzubahnen und daß die Anglo-Amerikaner davon Wind bekommen hatten. Die Russen waren sich vollkommen klar über die Tatsache, daß Hitler, am Ende seiner Weisheit, ihnen nur den Krieg

5 Dr. Peter Kleist „Zwischen Hitler und Stalin 1939—1945", Bonn 1950.

erklärt hatte, um den Westen zu einem Kompromiß zu zwingen; selbst nach der amerikanischen Landung in Nordafrika rechneten sie noch immer mit der Möglichkeit eines deutschen Erfolges, umsomehr als die Anglo-Amerikaner offensichtlich zögerten, ernsthaft eine zweite Front im Westen zu errichten. Erst im Frühling 1943 fand diese zweideutige Situation ein Ende, da die Achse von da an offensichtlich die militärische Initiative nicht mehr an sich reißen konnte und praktisch besiegt war. Trotzdem mußte man noch die Bestätigung dieser Gewißheit durch die Vertreibung der Deutschen und Italiener aus Afrika und durch die Landung der Anglo-Amerikaner in Sizilien abwarten, wodurch dann in Italien der Sturz Mussolinis ausgelöst wurde. Erst im Oktober 1943 konnte man eine neue Konferenz zusammenrufen, von der man, angesichts des deutschen Zusammenbruchs, positive Lösungen für Europa erhoffen durfte.

Diese erneute Fühlungnahme fand vom 19. bis 30. Oktober 1943 in Moskau zwischen den Außenministern der UdSSR (Molotow), England (Eden) und USA (Cordell Hull) statt. Ihr folgten andere: vom 22. bis 26. November in Kairo (Roosevelt—Churchill—Tschiang-Kai-Schek), vom 28. November bis 1. Dezember in Teheran (Roosevelt — Churchill — Stalin) — die erste Begegnung der „Drei Großen". Dann gab es Jalta und endlich Potsdam . . . Am 30. Oktober 1943 schloß die Moskauer Konferenz mit einer Erklärung der Regierungen Großbritanniens, der Vereinigten Staaten und der Sowjetunion, in der es hieß:

„daß die deutschen Offiziere und Soldaten sowie die Parteimitglieder, die für Grausamkeiten und Verbrechen im besetzten Europa verantwortlich sind oder freiwillig an ihrer Ausführung teilgenommen haben, an die Länder ausgeliefert werden, in denen sie ihre schändlichen Taten verübt haben, damit sie nach den Gesetzen dieser befreiten Länder und der dort eingesetzten freien Regierungen abgeurteilt und bestraft werden können."

Wenn man sich auch über kein anderes Nachkriegsproblem einigen konnte — in einem Punkt bestand totale Übereinstimmung: alle wollten Rache, Rache, zuerst und vor allem Rache!

Man hat seitdem nicht mehr aufgehört, sich zu rächen und das ist auch der Grund, warum der auffälligste Charakterzug der Nachkriegswelt jenes offensichtliche Bedürfnis ist, mit seinem Nächsten abzurechnen — ein Bedürfnis, das man sonst in dieser ausgeprägten Form nur in der Verbrecherwelt findet.

In welcher anderen Hinsicht hätte man sich auch einigen, was hätte man sonst zusammen auch unternehmen können? Die Ehe zwischen dem Bolschewismus und den westlichen Demokratien war mindestens ebenso widernatürlich wie die zwischen dem Nationalsozialismus und

dem Bolschewismus und es gab eben keinen anderen Punkt, über den sich beide Systeme einigen konnten.
Und erst jetzt sieht man, daß Ost und West, als sie glaubten, ein für allemal mit Deutschland abgerechnet zu haben, auch schon einen Anfang gemacht hatten mit jener anderen Abrechnung, der Abrechnung unter sich, deren Notwendigkeit sie inzwischen auch entdeckten. In seinen Memoiren über den Zweiten Weltkrieg erzählt Churchill wie einen Monat später, als auf der Konferenz von Teheran die Stunde der Trinksprüche angebrochen war, die die Abkommen zu besiegeln pflegen, in den Sekt- und Wodkadämpfen jene Moskauer Erklärung erneut heraufbeschworen wurde. Stalin hatte sich zu Roosevelt gebeugt und ihm zugeflüstert, daß es reichen würde einfach 50 000 Offiziere und bedeutende Persönlichkeiten erschießen zu lassen.
„— 49 500!" hatte der andere geantwortet.
Diese Worte umrissen klar das Verantwortungsgefühl jener Männer, von denen das Schicksal der Welt abhing. Und sie zeigten, worauf man sich gefaßt machen mußte.

2. DER NÜRNBERGER PROZESS

A. Definition des Verbrechens und des Verbrechers

Als der Krieg praktisch schon von den Alliierten gewonnen war, zog sich sein letzter Abschnitt trotzdem noch fast zwei Jahre lang hin, weil der Krieg nach der Moskauer Erklärung eben nur noch mit der totalen Vernichtung der unterliegenden Seite enden konnte.
Belastet mit allen Ressentiments aus diesem Kampf ohne Dimensionen, ohne Maß und ohne Gnade, fanden sich die Vereinigten Staaten, England und Rußland (denen sich zuzugesellen auch Frankreich gestattet war) als Sieger am 8. August 1945 in London, um „die Verfolgung und Bestrafung der Hauptkriegsverbrecher der europäischen Achse" einzuleiten, anders gesagt um die praktischen Folgerungen aus der Moskauer Erklärung zu ziehen. Wie man sieht, läßt sich die Formulierung auf verschiedene Menschengruppen anwenden: Es handelt sich nicht mehr um die Deutschen allein, sondern um die Angehörigen „der Achsenmächte" und nicht mehr um „Offiziere, Soldaten und Mitglieder der Nazipartei, die für Verbrechen verantwortlich sind oder freiwillig an ihrer Ausführung teilgenommen haben", sondern schlicht um „Hauptkriegsverbrecher" ohne nähere Angaben. Dadurch konnte

die Verfolgung von der Einzelperson auf alle Angehörigen der Gruppe ausgedehnt werden und konnte in dem Vertrag, der damals gerade ausgearbeitet wurde, der Begriff der Kollektivbestrafung eingeführt werden. Dieser Vertrag, der die Unterschrift der folgenden fünf Juristen trägt: Robert Falco (Vertreter der Provisorischen Regierung der französischen Republik), Robert H. Jackson (USA), Jowitt (Großbritannien und Irland), I. Nikitschenko und A. Traïnine (UdSSR) umfaßt 7 Artikel und bestimmt, daß

a) ein Internationales Militärtribunal gebildet werden soll zur Aburteilung von solchen Kriegsverbrechen, für deren Verbrechen ein geographisch bestimmter Tatort nicht vorhanden ist, gleichgültig ob sie als Einzelperson angeklagt werden oder in ihrer Eigenschaft als Mitglieder bestimmter Organisationen oder Gruppen, oder auch aus beiden Gründen (Art. 1);
b) die anderen Kriegsverbrecher an die Länder ausgeliefert werden sollen, in denen sie ihr Verbrechen begangen haben (Art. 4);
c) für die letzteren die bereits bestehenden oder noch zu bildenden „nationalen Gerichte" zuständig sein sollten (Art. 6);
d) der Vertrag mit dem Tag seiner Unterzeichnung in Kraft trat, während eines Jahres gültig blieb und sich dann verlängerte unter Vorbehalt des Rechts eines jeden Unterzeichners, ihn mit einmonatiger Frist auf diplomatischem Weg zu kündigen (Art. 7).

Ein Artikel 2 präzisiert, daß „die Verfassung, die Zuständigkeit und die Aufgaben des Internationalen Militärgerichtshofs in einem dem Vertrag beigefügten Statut bestimmt sind" und daß dieses Statut ein „integrierender Bestandteil" des Vertrages ist.
Artikel 3 ordnet Menschenjagd in der ganzen Welt an und verlangt, von den Siegermächten, daß sie „alle Schritte unternehmen, um diejenigen Hauptkriegsverbrecher, die sich nicht innerhalb der Staatsgrenzen eines der Signatarmächte befinden, für die Untersuchung der Anklagepunkte wie für den Prozeß des Internationalen Militärgerichtshofes zur Verfügung zu stellen". Artikel 5 gibt „allen Regierungen der Vereinten Nationen die Möglichkeit, durch eine Mitteilung auf diplomatischem Wege an die britische Regierung dem Vertrag beizutreten; und diese Regierung wird dann jeden Beitritt den anderen Signatarmächten zur Kenntnis bringen." Nur 19 Länder haben von dieser Möglichkeit Gebrauch gemacht: Griechenland, Dänemark, Jugoslawien, Niederlande, Tschechoslowakei, Polen, Belgien, Aethiopien, Australien, Honduras, Norwegen, Panama, Luxemburg, Haiti, Neuseeland, Indien, Venezuela, Uruguay und Paraguay. Insgesamt unterzeichneten 23 von den etwa 50 Nationen, die es damals in der Welt gab: in Washington waren am 1. Januar 1942 25 Nationen vertreten . . . Im August 1945 bemerkten die Vorkämpfer dieser Sache noch nicht, daß die Entwicklung, die sich in diesen Zahlen ausdrückte,

in den Augen vieler denkenden Menschen wie ein Tadel aussehen mußte.

Aber die in Artikel 2 dieses Vertrages und dem zugehörigen Statut vorgesehene praktische Nutzanwendung war nicht weniger seltsam: Seltsames kann eben nur wieder Seltsames gebären und vervielfacht so in seinem Wirken die seltsamen Dinge dieser Welt. Daß die sogenannten Kulturvölker nicht zurückschreckten vor der sehr großen und sehr heiklen Aufgabe, ohne historische oder juristische Quellen gleichzeitig ein neuartiges Gericht, ein neues Recht und eine neue Prozeßordnung zu schaffen, läßt sich nur aus den Wirrnissen jener Zeit erklären, als man sich auf die Stufe der Völker ohne Kultur oder Erfahrung hatte hinunterdrücken lassen. Um dieses Phänomen zu verstehen, braucht man nur jenes Gesetz der Massenpsychologie heranzuziehen, das besagt, daß die geistige Reife einer Gruppe in dem Maße sinkt, wie ihre Zahl zunimmt: die Lage ist klar, wenn man bedenkt, daß die Gruppe, die ihre Meinung hier durch einige der ihrigen ausdrückte, aus einigen hundert Millionen Personen bestand.

Was enthielt denn dieses beigefügte Statut, daß es ein so strenges Urteil verdiente? Hier folgt zuerst die Definition der Verbrechen auf die sich das Statut bezog — zitiert nach Titel II, Artikel 6 des Statuts:

a) *Verbrechen gegen den Frieden:* nämlich Planung, Vorbereitung, Einleitung oder Durchführung eines Angriffskrieges oder eines Krieges unter Verletzung internationaler Verträge, Vereinbarungen oder Zusicherungen, oder Teilnahme an einem gemeinsamen Plan oder einer Verschwörung zur Ausführung einer der vorgenannten Handlungen;

b) *Kriegsverbrechen:* nämlich Verletzungen des Kriegsrechtes oder der Kriegsgebräuche. Solche Verletzungen umfassen, ohne jedoch darauf beschränkt zu sein, Ermordung, Mißhandlung oder Verschleppung der entweder aus einem besetzten Gebiet stammenden oder dort befindlichen Zivilbevölkerung zur Zwangsarbeit oder zu irgendeinem anderen Zwecke, Ermordung oder Mißhandlung von Kriegsgefangenen oder Personen auf hoher See, Tötung von Geiseln, Raub öffentlichen oder privaten Eigentums, mutwillige Zerstörung von Städten, Märkten und Dörfern oder jede durch militärische Notwendigkeit nicht gerechtfertigte Verwüstung.

c) *Verbrechen gegen die Menschlichkeit:* nämlich Ermordung, Ausrottung, Versklavung, Verschleppung oder andere an der Zivilbevölkerung begangene unmenschliche Handlungen, oder Verfolgung aus politischen, rassischen oder religiösen Gründen in Ausführung eines Verbrechens oder in Verbindung mit einem Verbrechen, für das der Gerichtshof zuständig ist, unabhängig davon, ob die Handlung gegen das Recht des Landes, in dem sie begangen wurde verstieß oder nicht.

In der Anklageschrift spaltet sich der erste Teil in das *„Verbrechen gegen den Frieden"* und die *„Verschwörung" mit der Absicht, dieses Verbrechen zu begehen* — was also die Existenz einer Verbrecherbande voraussetzt (das französische Recht spricht in einem solchen Falle von „association de malfaiteurs"). Zweifelsohne wollten die Verfasser des Statuts es der Anklagebehörde ermöglichen, den Vorsatz festzustellen, womit also ein belastender Umstand gegeben wäre. Durch die Teilung wird nun aber der belastende Umstand wieder zu einem gesonderten Verbrechen.

Was die beiden anderen Hauptanklagepunkte betraf, so lag hierfür in den Konventionen von Den Haag und Genf immerhin eine Art von geschriebenem Recht vor, die ersten — wenn auch bescheidenen — Anfänge einer einschlägigen Gesetzgebung:

Die Kriegsführenden verpflichteten sich darin, untereinander im Krieg keine allgemein als unehrenhaft angesehene Praktiken anzuwenden, durch die der Krieg seines ritterlichen Charakters beraubt würde, oder die eine als kriminell anzusehende Verletzung der Gesetze der Menschlichkeit darstellen würden. Beispiele: Die Zivilbevölkerung war gegen Bombardierungen, gegen Vergewaltigungen und Plünderungen geschützt; die Kriegsgefangenen durften von der Gewahrsamsmacht nicht als Soldaten oder Rüstungsarbeiter verwendet werden; man hatte nicht das Recht, einen Verwundeten zu töten oder zu quälen — aber Franktireure und Spione waren durch keinen Paragraphen geschützt . . . Das alles lief unter der Rubrik „Kriegsverbrechen"; das Nürnberger Statut trennte davon die „Verbrechen gegen die Menschlichkeit" ab, aber das war nur ein neues Wort, kein neuer Begriff, denn die beiden Tatbestände unterschieden sich nicht in der Sache.

Was die Ausführungsbestimmungen und die Befolgung dieser Gesetze betraf, so war jeder der Kriegsführenden gehalten, darüber zu wachen, daß in den eigenen Reihen solche Gesetzesübertretungen nicht vorkamen und daß sie — wenn sie doch stattfanden — bestraft wurden. Machte ein Staat das nicht, so konnte er als Pflichtvergessener angeprangert werden.

Kein Mensch sah je ein, daß dieses Erbstück der Ritterturniere und der Bilderbuchschlachten à la Fontenoy* immerhin nicht unbesehen auf die modernen Massenschlachten mit Mordwaffen zu Lande, zur See und in der Luft anwendbar war — und so lieferte dann diese noble Theorie eine Schablone gültig für alle Kriege und alle Kriegsführenden, ein unschätzbares Mittel zur allseitigen Erhaltung der

* Anmerkung des Übersetzers:
In der Schlacht von Fontenoy 1745 besiegten die Franzosen die Engländer und Holländer. Die formelle Höflichkeit wurde hier so weit getrieben, daß der englische Befehlshaber die Franzosen aufforderte zu schießen — der Franzose aber darauf bestand, den Engländern diese Ehre zu überlassen. Die Leidtragenden waren die Soldaten in der ersten Linie der Franzosen.

Kampfmoral: jede Seite konnte ihre Kriegsteilnahme dadurch rechtfertigen, daß sie erklärte, der Gegner habe die Konventionen oder den Geist der Konventionen verletzt — jede konnte ihre sittliche Verpflichtung zur Fortsetzung des Krieges beweisen indem sie ihren Feind beschuldigte, er habe zugelassen, daß seine Soldaten Kriegsverbrechen verübten.

So entschuldigte ein tatsächlicher oder angeblicher Verstoß der einen Seite eine Grausamkeit auf der anderen Seite — worauf dann diese Grausamkeit des Feindes wieder ein Verbrechen der eigenen Seite als weniger abscheulich erscheinen ließ. Das Ergebnis war jene entsetzliche Kette, in der die abgehackten Händchen eines belgischen Kindes, die Vernichtungslager, die Bombenteppiche auf Wohnbezirken, die Bombardements von Dresden, Leipzig, Hiroshima, Nagasaki nur einige der Glieder sind . . .

Nach dem Kriege erinnerte sich das Weltgewissen nur der Missetaten der unterlegenen Seite. Es fand also eine Art moderner Auflage jener mittelalterlicher Gottesurteile statt: damals war derjenige unschuldig, der die Feuer- oder Wasserprobe überstand — jetzt war es derjenige, der den Krieg überstanden hatte.

Der Krieg selbst — als Urheber dieser alles in allem nur kleineren Verbrechen, die er zwangsläufig mit sich brachte — wurde indessen nicht als ein Verbrechen betrachtet, das gerichtliche Maßnahmen auslösen mußte: das Schicksal der Besiegten fiel unter die Zuständigkeit der Staatsgewalt der Sieger. In der öffentlichen Meinung des siegreichen Landes wurden zwar sarkastische Beleidigungen laut und es wurde sogar, wie in alter Zeit bei Stammesfehden, die Bestrafung der Anführer der unterlegenen Seite gefordert, aber hinter solchen Äußerungen steckte vielleicht ein Siegerkomplex, vielleicht das Bedürfnis, sich abzureagieren, kaum wirklicher Rachedurst. Die Staatsgewalt ihrerseits hielt es für unvereinbar mit ihrer Ehre, zu den allgemein verurteilten Sitten früherer Tage zurückzukehren, eines Julius Cäsar, der Vercingetorix im Gefängnis erdrosseln ließ, oder jener Ritter des Mittelalters, die, wenn sie siegten, ihre Feinde auf Lebenszeit in Kerkern einsperrten: Seit langem begnügte man sich damit, die besiegten Führer zu verbannen, falls sie nicht von sich aus emigrierten. 1919 hatten die Alliierten verlangt, daß Kaiser Wilhelm II. ihnen ausgeliefert werden sollte. Man wollte ihn aburteilen als Verantwortlichen für einen Krieg, der durch seine Länge, seine Ausweitung und den bis dahin unbekannten mörderischen Charakter seiner Schlachten den Stempel des Verbrechens trug. Durch die Forderung nach Auslieferung waren Waffenstillstandskonvention und Versailler Vertrag, mit denen der Erste Weltkrieg besiegelt wurde, in Richtung auf die Schaffung einer Sondergerichtsinstanz einen Schritt gegangen, den weder 1815 die Wiener Beschlüsse gegen Napoleon I noch 1871 der Vertrag zu Frankfurt gegen Napoleon III gewagt hatten. Aber 1919 war das geistige Niveau der Lenker der Völker noch nicht allzu tief gesunken und man hatte den Plan fallengelassen. Hervorzuheben wäre übrigens, daß 1919 in der öffentlichen Meinung eine starke Strömung bestand, die Führer aller Sieger und aller Besiegten in gleicher Weise zu verurteilen, und diese Ansicht hat sich damals fast durchsetzen können.

Wenn dem Nürnberger Statut also irgendwelche Urheberrechte bezüglich der Kodifizierung von Rechtsbegriffen zukommt, so höchstens insofern, als es das Verbrechen gegen den Frieden von der Verschwörung zur Durchführung jenes Verbrechens abgetrennt hat, also die Vorbereitung von der Ausführung (Abs. a des Art. 6).

Die moralische und rechtliche Verwerflichkeit dieser Neuerung ist freilich nicht dadurch bedingt, daß sie in Form eines vorher nie kodifizierten Gesetzes erscheint, sondern dadurch, daß dieses Gesetz ausgedacht wurde um unrechtmäßigerweise eine Anzahl Handlungen zu bestrafen, die nach bestehenden Gesetzen nicht geahndet werden konnten.

Unrechtmäßigerweise aus mehreren Gründen, am offensichtlichsten aber, und wohl vor allem, weil diese Übertretungen stattgefunden hatten, *bevor das Gesetz erging.* Der Rechtssatz, daß es keine Gesetze mit rückwirkender Kraft gibt, gehört zu den geheiligten Grundsätzen unserer Kultur. Und wenn unsere Moral verlangt, daß der Satz „Unkenntnis der Gesetze schützt nicht vor Strafe" gilt, so muß sie auch zugeben, daß da, wo kein Gesetz existiert, es auch kein Delikt, kein Verbrechen und konsequenterweise auch keine Strafe geben kann. „Nulla poena sine lege". Das Weltgewissen preist sich noch heute glücklich, daß sich dieser Grundsatz im Erbe der Römer fand. Diese hatten ihn zum Grundstein ihres Rechts gemacht und noch heute, nach mehr als zweitausend Jahren, bildet er den einzigen — recht bescheidenen — Schutz des Individuums vor Willkür seitens der Inhaber der Macht.

„Das ist alles nur reiner Formalismus, das hat gar nichts zu sagen, denn diese Leute sind sowieso Verbrecher und haben keinen Anspruch auf soviel Rücksicht", hieß es, als die obengenannten Vorbehalte gemacht wurden und fünfzehn Jahre später fand dann der Eichmann-Prozeß statt, eine üblere Neuinszenierung Nürnbergs, in einer Atmosphäre, die, unleugbar, allgemeine Mißbilligung auslöste. Und dieser Prozeß zeigte dann noch deutlicher, daß die Frage alles andere als gelöst war durch die Definitionen, die das Statut für das Verbrechen und den Verbrecher gegeben hatte: das Böse mußte eben fortzeugend Böses gebären.

Daß die Anhänger der Nürnberger Praktiken jeden Einwand ablehnten, ist ohne Bedeutung. Denn ein Verstoß gegen ein geltendes Rechtsprinzip — gegen wen auch immer verübt — schafft einen Präzedenzfall durch den sich dann in der Folge andere Verstöße rechtfertigen lassen. Da das Gesetz nur Gesetz sein kann, wenn vor ihm alle Menschen gleich sind, hat es auch für den Verbrecher zu gelten und zwar auch dem Buchstaben nach. Gerade die Unantastbarkeit der kodifizierten Form stellt ja einen Grundsatz dar, über den sich die Ethik und das Recht einig sind und der daher der Kern des Rechtes überhaupt ist.

Man kann natürlich einwenden, daß fünf Jahre Massaker apokalyptischen Ausmaßes alle Menschen in eine so tiefe Verwirrung gestürzt haben, daß auch die besten sich diesem fürchterlichen Einfluß nicht entziehen konnten, so daß auch in ihren Herzen die moralischen Kategorien hinsichtlich der Prinzipien etwas ins Wanken geraten waren. Aber wie abgrundtief mußte die Verwirrung sein, daß die moralischen Kategorien bei fast allen Menschen, auch bei den Eliten, angeschlagen waren und die Erfahrungen einer langen Geschichte vergessen. Denn es gibt in der Geschichte eine überaus große Zahl von Verbrechern, die von der Nachwelt nicht als Verbrecher akzeptiert wurden und eine Unzahl von Gelegenheitsurteilen, die von der Nachwelt als Unrecht abgetan wurden.

*

In einem Buch, das seinerzeit einen gewissen Widerhall fand, und seinem Verfasser eine Stunde der Berühmtheit brachte, entwickelte ein großer französischer Denker, der zu früh verstorbene Philosoph Jean-Marie Guyau (1854—1884) die Grundlagen einer Ethik ohne Zwang oder Vergeltungen, die auf das Gebiet der Rechtspflege übertragen „Richter, Folter, Galgen und Henker" völlig nutzlos und selbst schädlich erscheinen läßt.

Wenn Jean-Marie Guyau heute beinahe vergessen ist, so hat man am Ausgang des letzten Jahrhunderts und zu Anfang des unsrigen viel über seine Ethik gesprochen und geschrieben — auch manche Dummheiten. Die Anarchisten, deren Stern damals im Steigen begriffen war, haben sich von Anfang an zu dieser Lehre bekannt, und nicht nur die Anarchisten, sondern auch ein bedeutender Teil der Liberalen erklärte sich mit dem Prinzip einverstanden. Der Präsident der Französischen Republik Fallières hatte die Todesstrafe auf dem Umweg über das Begnadigungsrecht, von dem er während seiner siebenjährigen Regierungszeit systematisch Gebrauch machte, praktisch abgeschafft.

Anatole France dagegen, dessen Aphorismen nicht immer glücklich waren, verdammte lautstark die Todestrafe für kriminelle Straftaten, wollte sie aber gleichzeitig für politische Delikte beibehalten wissen. Viele denkende Menschen jener Zeit pflichteten sowohl Fallières wie Anatole France bei, unter Berufung auf Guyau. Sie hatten aber Unrecht, denn Guyau wollte keineswegs eine bestimmte Strafe abschaffen: in seinem Buch „Une morale sans obligations ni sanctions" („Eine Ethik ohne Zwang oder Strafe") befürwortet er eine Gesellschaft, die überhaupt keinen Zwang und keine Strafe kannte.

Aber wie dem auch sei, mir scheinen sich folgende Leitgedanken in diesem bemerkenswerten Buch abzuzeichnen: Das individuelle Gewissen ist die einzige Rechtsquelle von bleibendem Wert, denn es ist der einzige Maßstab für die Gerechtigkeit. Das Gesetz aber wendet sich nicht an das Gewissen des Einzelnen, sondern an das kollektive Gewissen und ist dessen Ausdruck. Das Gesetz ist daher ein Produkt der Umstände und kann nur bestimmte Interessen vertreten. Damit ist es eine Vorschrift, die ihre Rechtfertigung nicht aus irgendwelchen ewigen Quellen schöpft — und die formelle Gesetzestreue kann nur durch Androhung von Zwang erreicht werden. Zwang aber bedingt Widerstand und in jedem Widerstand drückt sich das Kräfteverhältnis zwischen der Gesellschaft und den Einzelnen aus. Hier wird die ganze Schwere des Problems spürbar: da dieses Verhältnis im Grunde die einzige Quelle des Gesetzes ist und dieses Verhältnis unaufhörlich im Fluß ist, sich in jedem Augenblick unter dem Druck der unaufhörlich wechselnden Umstände neu bildet, wird das Gesetz nach und nach alle Kategorien des Gewissens zur Seite schieben und es den Umständen überlassen, zu bestimmen, was gut ist und was böse, wobei — in moralischer Hinsicht — der Unterschied zwischen dem Missetäter und dem anständigen Menschen mehr und mehr verwischt wird.

Und hiermit sind wir wieder beim Nürnberger Prozeß. Die Rolle des Individuums — im Sinne Guyau's — wurde dort von Deutschland gespielt, personifiziert durch seine *de-facto*-Vertreter (wieviele Völker haben schon *de-jure*-Vertreter?) und die Rolle der Gesellschaft übernahm die Gruppe der Siegernationen, die Deutschland unter Anklage stellte nachdem sie es in die Knie gezwungen hatte. Alles wurde daher von den Umständen und von dem Kräfteverhältnis bestimmt. Wer wird beispielsweise leugnen, daß der Prozeß im Falle einer anderen Entscheidung des Waffenglücks ebensogut und genau so hätte stattfinden können, mit dem bloßen Unterschied, daß dann die Alliierten auf der Bank der Angeklagten gesessen hätten und Deutschland auf dem Platz des Richters?

Wenn man Hans Frank („Im Angesicht des Galgens"; von seiner Witwe 1955 veröffentlicht) Glauben schenken darf, hätte Hitler beschlossen, nach seinem Siege Roosevelt, Churchill usw. wegen

„Kriegsverbrechen" vor Gericht zu stellen. Zweifelsohne wäre seine Definition des Verbrechens nicht formgerechter ausgefallen und die des Verbrechers nicht weniger einseitig.
Artikels 6 des Statuts von Nürnberg beschreibt die Verbrecher wie folgt: Anführer, Organisatoren, Anstifter und Helfershelfer, die an der Fassung oder Ausführung eines gemeinsamen Planes oder einer gemeinsamen Verschwörung zur Begehung eines der vorgenannten Verbrechen teilgenommen haben.
Und der erste Gedanke, der sich hier aufdrängt ist: Wenn nach dem Willen der Verfasser dieses Textes auch nur die Deutschen betroffen sein sollten, die solche Handlungen begangen hätten — was schon einen vernunftwidrigen Prozentsatz an Kriminellen in einem Volke ergeben würde — so ließ sich der Text, dem Buchstaben nach, ebenso auf andere Völker anwenden, was bedeutet, daß es überall in der Welt einen gleichen Prozentsatz an Verbrechern gäbe, was noch unsinniger ist.
Als die Anklageschrift am 18. Oktober 1945 vorlag und sich das Gericht in Berlin zu einer ersten öffentlichen Sitzung versammelte, um die letzte Hand an die Vorbereitungen zum Prozeß zu legen, mußte man die Verbrecher namentlich nennen „für deren Verbrechen ein geographisch bestimmter Tatort nicht vorhanden war", und man fand folgende:

„Hermann Wilhelm Goering, Rudolf Heß, Joachim von Ribbentrop, Robert Ley, Wilhelm Keitel, Ernst Kaltenbrunner, Alfred Rosenberg, Hans Frank, Wilhelm Frick, Julius Streicher, Walter Funk, Hjalmar Schacht, Gustav Krupp von Bohlen und Halbach, Karl Dönitz, Erich Raeder, Baldur von Schirach, Fritz Sauckel, Alfred Jodl, Martin Bormann, Franz von Papen, Arthur Seyß-Inquart, Albert Speer, Constantin von Neurath und Hans Fritzsche, und zwar als Einzelpersonen sowie als Mitglieder folgender Gruppen und Organisationen, soweit sie ihnen angehörten: der Reichsregierung; des Korps der Politischen Leiter der Nationalsozialistischen Deutschen Arbeiterpartei; der Schutzstaffel der NSDAP (allgemein bekannt als ‚SS') einschließlich des Sicherheitsdienstes (allgemein bekannt als ‚SD'); der Geheimen Staatspolizei (allgemein bekannt als ‚Gestapo'); der Sturmabteilungen der NSDAP (allgemein bekannt als ‚SA') und des Generalstabes und der Oberkommandos der deutschen Wehrmacht; jeweils gemäß ihrer Begriffsbestimmungen im Anhang B zur Anklageschrift."

Auch die „Komplizen" werden durch diesen Text erfaßt. Um mutmaßlicher Komplize im Sinne dieses Textes zu sein, genügt es, der SS angehört zu haben, die bis zu drei Millionen Personen zählte (Komplizen Himmlers), oder der Hitler-Jugend, die bis zu dreizehn Millionen umfaßte (Komplizen Baldur von Schirachs) oder der Organisation „Kraft durch Freude", die den französischen *Amis de le*

nature („Naturfreunde") entsprach und bis zu dreißig Millionen Mitglieder hatte (Komplizen von Ley) usw. . . .
Da durch die aufgeführten Tatbestandsmerkmale das Verbrechen zu einem Kollektivverbrechen wurde, hatte sich durch diesen Text die Kollektivbestrafung wieder in das internationale Recht eingeschlichen, jene Kollektivbestrafung, die von jeder Ethik in der Welt mit Ausnahme der primitivsten Stammesmoral verabscheut und verdammt wird. Und der weltberühmte französische Rechtsgelehrte Raymond de Geouffre de la Pradelle hat sie erst 1953 wieder austreiben können, nach acht Jahren unermüdlicher Anstrengungen.
Nahezu ganz Deutschland, habe ich gesagt. Praktisch zählt Deutschland heute nach 15 Jahren, in denen sich die Alterspyramide von der Basis aus weitgehend erneuert hat, immer noch nur eine unbedeutende Minderheit Menschen, bei denen nicht Vater oder Großvater, Mutter oder Großmutter, Onkel oder Tante, Vetter oder Kusine, Bruder oder Schwester, d. h. mindestens ein sehr naher Verwandter durch die Entnazifizierungs-Gerichte verurteilt worden ist, und zwar sehr häufig zu recht schweren Strafen. Andererseits genügt es, die Protokolle der dreizehn Nürnberger Prozesse zu lesen, um festzustellen, daß die Anklageschrift wie die Anklagereden der Staatsanwälte sich über die Angeklagten hinweg, gegen ganz Deutschland richteten — und daß durch die Urteile ganz Deutschland verurteilt wurde. Kein Staatsanwalt, kein Richter verstand, daß die 70 Millionen Menschen, die man zu 70 Millionen Verbrechern erklären wollte, nichts anders sein konnten als 70 Millionen Unschuldige, daß die ungeheure Zahl der Verbrecher die Ungeheuerlichkeit und damit die Unhaltbarkeit der Anklage bewies, keiner der Staatsanwälte oder Richter verstand, daß wenn man die Weltmeinung dazu bringen könnte, dieses Gericht und dieses Urteil zu akzeptieren, dann nur unter Ausnutzung des Überraschungsmoments. Und daß, so oder so, weder die Ethik noch die Geschichte dieses Urteil bekräftigen würden.
Es bleibt noch immer die Frage, durch welche Risse in der Mauer der Unvernunft die Ethik und die Geschichte sich mit Erfolg haben hindurchzwängen können — und diese Frage wird sicher doch einmal erörtert werden. Aber bei zweien dieser Risse ist eindeutig klar, daß sie unter dem Druck der politischen Notwendigkeiten entstanden; es steht auch eindeutig fest, wem man das Entstehen dieser Risse zu verdanken hat: Rußland und Israel.
Es war Rußland, das dem zu Nürnberg so mühselig errichteten Rechtsgebäude den ersten Schlag mit der Spitzhacke versetzte. Eines Tages nämlich entschloß sich die UdSSR, um ihre Bemühungen zur politischen Isolierung Westdeutschlands zu rechtfertigen, es hinzustellen als die geistige Heimat aller Leute, die dem Nationalsozialismus

nachtrauern, aller unverbesserlichen Militaristen, aller amerikahörigen Revanchisten. Und um den Kontrast deutlicher und nutzbringender herauszuarbeiten, wurde gleichzeitig erklärt, daß die 18 bis 20 Millionen Deutschen der Sowjetzone nicht schuldig gewesen wären, daß die damals gehandelt hätten ohne die Folgen ihrer Taten zu übersehen, daß es sich hierbei also um 18 bis 20 Millionen Unschuldige handelte. Es ist klar, daß die Gegenseite nur das gleiche Argumentat zugunsten der Bevölkerung Westdeutschlands vorbringen mußte, um hier plötzlich über 50 bis 52 Millionen Unschuldige zu verfügen. Und wenn man dann noch zugibt, daß die Führer der Völker die Folgen ihrer Taten nicht viel besser übersehen als die Völker selber — und auch darüber dürfte es kaum Meinungsverschiedenheiten geben — so sind nicht einmal die Gehenkten von Nürnberg mehr in die Gruppe der Schuldigen eingestuft.

Machen wir uns nichts vor: Die Nachwelt wird in diesem Sinne entscheiden. Schon heute glaubt niemand mehr, daß die Angeklagten wieder gehängt werden würden, wenn man den Nürnberger Prozeß wiederholte. In seinem *"Nuremberg Diary"* schilderte sie der „Psychologe" des Prozesses, Dr. G. M. Gilbert, der ein Jahr damit verbrachte, die Angeklagten in ihrer Zelle zu studieren und der in dieser Eigenschaft im Jerusalemer Eichmann-Prozeß als Zeuge auftrat, als Leute, die sich in nichts unterschieden von der Masse der anständigen Menschen, die man in allen Straßen der Welt und auf jeder sozialen Stufe trifft. Er versichert, daß das, was in Deutschland geschehen ist, sich auch sonst überall ereignen kann, denn die menschliche Natur kann unter bestimmten Umständen weitere Beispiele der in Nürnberg verdammten Handlungen liefern. Man kann es nicht besser ausdrükken: ein Verbrechen, das sich aus der menschlichen Natur ergibt und das, unter gewissen Umständen von jedem beliebigen Menschen an jedem beliebigen Ort verübt werden kann, ist eben kein Verbrechen. Sonst sind wir alle Verbrecher und es ist keiner unter uns, der den Richter abgeben könnte.

Der Fall Israel unterscheidet sich kaum vom Fall Rußland. Tag und Nacht, seit fünfzehn Jahren, am Fuße einer Art Klagemauer versammelt, die auf den Maßstab der Erdkugel vergrößert ist, hören die Zionisten der ganzen Welt — glücklicherweise sind nicht alle Israeliten Zionisten[6] — nicht auf, in täglich schrecklicherer Form immer ent-

---

6 Man schätzt, daß die jüdische Bevölkerung der Erde augenblicklich ungefähr 17 Millionen beträgt, (lt. L'Education Nationale — offizielles Organ des Ministeriums gleichen Namens — vom Oktober 1960). Artur Koestler („L'Ombre du Dinosaure") behauptet, daß nur 11½ Millionen davon, das heißt zwei Drittel, bei den Synagogen eingeschrieben ist und fortfährt „Im nächsten Jahr in Jerusalem" zu singen, jedoch ohne Überzeugung und ohne den geringsten Wunsch, sich dort dauernd niederzulassen. Da der Staat Israel 20 000 Quadratkilometer umfaßt, müßte er eine Bevölkerungsdichte von 850 je Quadratkilometer errei-

setzlichere Schmerzensschreie auszustoßen, damit die Weltöffentlichkeit das in zionistischen Augen apokalyptische Ausmaß der Mißhandlungen anerkennt, die die jüdische Welt seitens der Nationalsozialisten erleiden mußte — und damit die deutschen Reparationen an den Staat Israel entsprechend heraufgesetzt werden.

Es handelt sich hier um eine ziemlich schmutzige Geldangelegenheit ("d'une assez sordide affaire d'argent"). Als es 1956 klar wurde, daß sich die öffentliche Weltmeinung weigerte, den internationalen Zionismus zu unterstützen in seinem Bestreben, aus Deutschland eine Art immerwährende Milchkuh für den Staat Israel zu machen, veröffentlichte ein gewisser Alex Weißberg ein Buch unter dem Titel: *„Die Geschichte von Joel Brand"*, in der französischen Ausgabe mit einem Untertitel des Inhalts: *„Ein ungeheuerlicher Tausch, eine Million Juden für zehntausend Lastwagen"*. Aus dem Gesichtswinkel des Absatzes c der Definition des Verbrechens im Nürnberger Statut war es eine richtige Anklageschrift gegen England und die Vereinigten Staaten, die von der Zionistischen Bewegung für das Scheitern des Tauschgeschäftes verantwortlich gemacht wurden. Der Erpressungsversuch war offensichtlich. Nichtsdestoweniger beruhte die Angelegenheit auf Tatsachen. England und die Vereinigten Staaten regten sich aber darüber nicht auf.

Grob gesehen lautete die These so: England müßte für die Judenmorde mitverantwortlich gemacht werden, weil es sich, selbst nach 1933, der Auswanderung der europäischen Juden nach Palästina in Anwendung der *Balfour-Erklärung* widersetzt hatte, und besonders auch deshalb, weil es Dr. Schacht abgewiesen hatte, als dieser im Dezember 1938 als Abgesandter Hitlers in London Verhandlungen über ihren massierten Abtransport nach Palästina vorgeschlagen hatte. Es war aber noch stärker belastet durch die Tatsache, daß es 1944 eine Initiative Himmlers zum Scheitern brachte, durch die ein Weg der Rettung für eine Million Juden gebahnt worden wäre. Die Vereinigten Staaten ihrerseits waren deshalb verantwortlich, weil sie diese Politik Englands uneingeschränkt unterstützt hatten. Ja sogar Frankreich wurde angeklagt, wenn auch nicht im gleichen Maße wie die anderen Staaten: 1940/41 hatte es den Plan zur Überführung aller europäischen Juden nach Madagaskar scheitern lassen. Die Angelegenheit mit den Lastwagen, die 1956 großes Aufsehen erregt

---

chen, wenn sich alle 17 Millionen Israeliten der ganzen Welt dort niederlassen würden, was die Wirtschaft des Landes nicht aushalten dürfte, soweit man nicht mit Erfolg, auf Kosten der altansässigen arabischen Bevölkerung jenseits der Grenzen eine Lebensraumpolitik nach dem genauen Vorbild des deutschen Nationalsozialismus treiben will. Denn schon unter den augenblicklichen Bedingungen, bei einer Einwohnerzahl von 2 250 000, also einer Bevölkerungsdichte von wenig mehr als 100 auf den Quadratkilometer, ist die wirtschaftliche Lage Israels ungemein schwierig.

hatte, wurde im Mai 1961 im Verlauf des Eichmann-Prozesses wieder vorgebracht und zwar in einer Form, daß viele kluge Köpfe sich fragen mußten, ob hier nicht eines der Hauptziele dieses Prozesses zu suchen war. Jedenfalls ist es Tatsache, daß gleichzeitig für Ende Mai 1961 zwei Ereignisse angekündigt wurden; erstens würde Joel Brand, der überlebende Hauptakteur der Verhandlungen, die den Austausch von zehntausend Lastwagen gegen eine Million Juden zum Ziel hatten, als Zeuge im Jerusalemer Prozeß aussagen und es würden bisher unveröffentlichte Unterlagen über die in diesem Zusammenhang geführten Gespräche erscheinen; sie würden eine überaus scharfe Anklageschrift gegen England und die Vereinigten Staaten darstellen; und zweitens . . . eine Reise, die Präsident Ben Gurion privatim „nach Frankreich und Kanada unternehmen mußte, wobei er die Gelegenheit benutzen wollte, um von Paris aus einen offiziellen Besuch in London und von Ottawa aus einen in Washington abzustatten." (Nach den Zeitungen des 24. Mai 1961). Damals verfehlte man nicht, einen Zusammenhang der Umstände hervorzuheben und ihn als beabsichtigt zu bezeichnen. Waren die wirklichen Reiseziele des Herrn Ben Gurion vielleicht doch nicht Paris und Ottawa sondern London und Washington, wohin er sich zu begeben wünschte, um über ein etwaiges Stillschweigen seinerseits zu verhandeln?!

England und die Vereinigten Staaten regten sich nicht stärker auf als 1956. Ben Gurion wurde weder nach London noch nach Washington eingeladen und man unterließ es auch jetzt nicht, seine Tarnkappe zu lüften.

Vor den Schranken des Jerusalemer Gerichts packte Joel Brand am 29. und 30. Mai 1961 aus. Der Staatsanwalt fand noch stärkere Worte und griff — um niemand eifersüchtig zu machen — auch Rußland an. Rußland hatte die gleiche Haltung eingenommen wie England und die Vereinigten Staaten, indem es ein Bombardement der Gaskammern von Auschwitz, das von den führenden Juden in Palästina 1944 gefordert worden war, als „undurchführbar aus technischen Gründen" abgelehnt hatte. Wie sollte man auch durch Luftbombardements die Gaskammern zerstören ohne gleichzeitig einen großen, wenn nicht den größten Teil der angeblich 500 000 Häftlinge[7] des Lagers, in der Hauptsache Juden, zu vernichten? Dieser Fall gehörte übrigens zu denen, für die es einfach keine befriedigende Lösung gab: hätten sie nämlich damals der Bitte der jüdischen Führer entsprochen, so hätte es später heißen können, die Alliierten wären Deutschland bei der

7 Diese von der jüdischen Propaganda angegebene Zahl ist niemals statistisch belegt worden und kann nicht als sicher angesehen werden. Auf alle Fälle erscheint sie sehr übertrieben: es ist zu bezweifeln, daß sich jemals gleichzeitig 500 000 Personen in Auschwitz-Birkenau befanden.

Vernichtung der Juden behilflich gewesen — und zwar unter dem Vorwand, sie hätten die Gaskammern treffen wollen — hätten diese dann aber, wie soviele andere Ziele im Laufe des Krieges, verfehlt ... „mit Absicht" hätten die Ankläger dann noch hinzugefügt.
Soweit sind wir also schon: durch einen ungeschickten taktischen Zug der Russen wird die deutsche Schuld plötzlich stark verringert — und gleichzeitig verweist die internationale zionistische Bewegung durch einen ebenso ungeschickten taktischen Zug die Alliierten auf die Bank der Angeklagten neben Deutschland. Die Russen werden ihre Erklärung nicht mehr zurückziehen können. Bei der zionistischen Anklage kann man zwar bedauern, daß sie mit einer Erpressung zusammenhängt und daß neben richtigen Argumenten auch vollkommen wertlose vorgebracht wurden, aber im großen und ganzen gelangte man doch zu durchaus richtigen Schlußfolgerungen, besonders auch mit Bezug auf das Nürnberger Statut. Jedenfalls haben beide Erklärungen zusammen wesentlich dazu beigetragen, die Welt über die Kriegsschuldfrage aufzuklären — und haben damit den Weg gezeigt zu der nach dem Ersten Weltkrieg allgemeinen Erkenntnis, daß bei allen Kriegen *alle* kriegsführenden Nationen zusammen schuld sind.
So erfreulich dieses Ergebnis auch sein mag, so dürfen wir doch nicht vergessen, daß der Staat Israel und die zionistische Bewegung die Alliierten nur der Verbrechen gegen die Menschlichkeit (im Sinne des Absatz c des Artikels 6 des Statuts) schuldiggesprochen haben; Deutschland bleibt in ihren Augen allein schuldig, Verbrechen im Sinne des Absatz b (Kriegsverbrechen) und a (Verbrechen gegen den Frieden) begangen zu haben.
Es wird jetzt Aufgabe des Historikers sein, festzustellen, ob die Handlungen der Alliierten vor dem Kriege und während des Krieges auch nach den beiden anderen Paragraphen des Statuts zu verurteilen sind.

B. Die Kriegsverbrechen

Wenn man die Maßstäbe der Konventionen von Genf und Den Haag anlegt, wird man sogleich feststellen, daß sich die Ansichten über die Anwendungsmöglichkeiten des Begriffs „Kriegsverbrechen" seit 1945 recht wesentlich geändert haben. Tatsächlich waren die Körper der elf Gehenkten von Nürnberg kaum kalt, als das Weltgewissen schon anfing, daran zu zweifeln, ob die Alliierten wirklich das Recht gehabt hätten, sich zu Richtern aufzuwerfen und die andere Seite zu verurteilen. Da diese Zweifel von den vorzüglichsten Männern ausgesprochen wurden, war es vom ersten Augenblick an unmöglich, sie zu überhören. In ihren Reihen standen so allgemein anerkannte Leute wie

Professor Gilbert Murray, der bekannteste britische Hellenist; der Dekan von Rhodes House, beide von der Universität Oxford; der Militärkritiker Liddell Hart; der jüdische Verleger Victor Gollancz, ein Mann mit Sympathien für den Anarchismus; der Unterhaus-Abgeordnete R. R. Stokes; Lord Hankey, von 1912—1938 Sekretär des berühmten Verteidigungskomitees des Empire, Mitglied des englischen Kabinetts von 1920—1921; der amerikanische Richter Wennerstrum vom Obersten Gerichtshof des Staates Iowa, der, in das Nürnberger Gericht berufen, nach wenigen Monaten die Tür zuknallte und seinen Posten hinwarf; Senator Taft; der Lordbischof von Chichester, der am 23. Juni 1948 sehr scharf in die Oberhausdebatte eingriff; der Berliner Bischof Dibelius usw. Die meisten von ihnen hatten übrigens schon lange bevor die Körper der Gehenkten kalt waren, protestiert, sogar schon bevor das Urteil gefällt wurde, die sehr gut Informierten unter ihnen bereits zu Anfang des Jahres 1944, als die Alliierten bekanntgaben, daß sie einen solchen Prozeß aufziehen wollten. Aber man hatte ihre Proteste totgeschwiegen und die Öffentlichkeit hörte erst viel später davon. In diese Gruppe gehörten nur wenige Deutsche. Der widerliche antideutsche Pressefeldzug hatte es fertiggebracht, aus jedem von ihnen einen Angeklagten zu machen; und es hatte den Eindruck, als beugten sie den Rücken unter den Schlägen. Für jeden anständigen Menschen, der Presse und Literatur jener Zeit durchsieht, ist es ganz klar, daß die Verteidiger der Angeklagten im Prozeß gegen die Hauptkriegsverbrecher einen wahren Akt des Heroismus vollbrachten. Da das Statut und die Verfahrensordnung ihnen bei der Erfüllung ihrer Aufgabe ständig die Hände fesselten — und die Presse ihre Worte in der gemeinsten Weise verdrehte, erscheinen ihre Interventionen und Plädoyers oft sehr schüchtern und manchmal unzusammenhängend. Trotzdem wird eines Tages die klassische Größe vieler ihrer Worte anerkannt werden. Ich denke vor allem an ihren gemeinsamen Antrag, das Gericht für unzuständig zu erklären. Er wurde im Namen aller Verteidiger von Görings Anwalt Dr. Stahmer gleich zu Anfang des Prozesses am 19. November 1945 vorgelegt* und am 21. November verworfen: „insofern er eine Einrede gegen die Zuständigkeit des Gerichts darstellt, steht er im Widerspruch gegen Artikel 3 des Statuts". Artikel 3 erklärte endgültig und entscheidend:

„Weder das Gericht, noch seine Mitglieder oder Stellvertreter können von der Anklagebehörde oder dem Angeklagten oder seinem Verteidiger abgelehnt werden."

Ich denke auch an die Interventionen des Dr. Sauter, Verteidiger

---

* Siehe Anhang Anlage 1

Ribbentrops, über den Versailler Vertrag, an die der Professoren Exner und Jahreiß, Verteidiger von Jodl, über die Verletzungen des internationalen Rechts des Flottenrichters Kranzbühler, Verteidiger des Großadmirals Dönitz, über das Seerecht des Dr. Robert Servatius, Verteidiger von Sauckel, über das Prozeßverfahren und über die Zwangsarbeit, und einiger anderer noch, die zwar bescheidener auftraten, aber dennoch ein Niveau bewiesen, das weit über dem der Richter und Ankläger lag.

In Frankreich sind eigentlich nur jene zwei bewunderungswürdigen Bücher von Maurice Bardèche: "Nuremberg ou la Terre Promise" und "Nuremberg II ou les Faux-Monnayeurs" erwähnenswert.* Die an der Macht befindliche französische Linke nahm aus diesen beiden Büchern nur die politischen Ansichten ihres Verfassers zur Kenntnis, der sich offen und verwegen Faschist nannte. Sie errichtete um diese Bücher einen undurchdringlichen Wall; das erste wurde schändlicherweise sogar verboten. Und dabei besagen seine, sehr objektiven, Thesen genau das, was zur Zeit meiner Jugend von den sozialistischen Parteien Europas und von der Linken der ganzen Welt einmütig vertreten und zwischen 1918 und 1933 beinahe zum Allgemeingut wurde. Unsere Vorbilder waren Bertrand Russell, Matthias Morhardt, Romain Rolland, Anatole France, Jeanne und Michel Alexandre. Es wäre leicht zu zeigen, daß diese Thesen, die auf eine recht lange Tradition zurückblicken können, tatsächlich Thesen der Linken sind. Über diesen Stellungswechsel vor dem Phänomen Krieg, wodurch die Linke die althergebrachten Stellungen der Rechten besetzte, während die Rechte die der Linken einnahm, wäre vieles zu sagen, aber hier muß der Historiker die Feder dem Soziologen überlassen.

Ich will daher nur eine Tatsache anführen, die in diesem Zusammenhang interessante Vergleiche erlaubt: Auch 1914 hatte sich die Linke die Auffassungen der Rechten über den Krieg zu eigen gemacht, aber 1918 war sie wieder zur Linken geworden. Die arrogante und unbeeinflußbare Rechte war während der ganzen Zeit geistlos und halsstarrig bei ihren Dogmen aus einem vergangenen Zeitalter geblieben. Heutzutage hingegen klammert sich die Linke ebenso geistlos und halsstarrig an solche Dogmen einer vergangenen Welt.

Und dieses historische Geschaukel ist mindestens eine bemerkenswerte Tatsache. Kurz: Welches Verbrechen Deutschland und den Deutschen auch angekreidet wurde und wer es auch war, der dagegen Einspruch erhob, alle Proteste waren sich darin einig, daß das gleiche Verbrechen auch den Alliierten vorgeworfen werden konnte. Infolge-

---

* = „Nürnberg oder das Gelobte Land" und „Nürnberg II oder die Falschmünzer". Das letztgenannte Buch erschien 1957 in deutscher Übersetzung im Verlag Karl Heinz Priester, Wiesbaden, jetzt: Damm-Verlag, München.

dessen hätten alle betroffenen Parteien ohne Unterschied auf die Anklagebank geschickt werden können, wenn man mit Gewalt einen Prozeß hätte machen wollen, wobei die Ankläger und Richter nur unter den Neutralen ausgewählt werden durften, — aber die ließen keinen Zweifel daran, daß sie beide Seiten verurteilt hätten.

Wegen Kriegsverbrechen und Verbrechen gegen die Menschlichkeit hätte man recht fundierte Gegenanklagen formulieren können. Zuerst gegen die Russen im Zusammenhang mit den deutschen Verschleppungsaktionen und Konzentrationslagern, zwei Komplexe, die von der riesigen alliierten Propagandamaschine mit Vorliebe gebraucht worden waren um die öffentliche Meinung gegen die Deutschen aufzubringen.

Am 21. März 1946, als er von dem russischen Ankläger General Rudenko, verhört wurde, hatte Reichsmarschall Göring geantwortet, daß die UdSSR aus den von ihr besetzten Gebieten 1 500 000 Polen und Ukrainer nach dem Osten der Sowjetunion sowie nach dem Fernen Osten verschleppt hätten. (Protokoll der IMT-Verhandlungen Band IX Seite 703) worauf er weder seine Quellen hatte nennen dürfen, noch überhaupt weitersprechen. Die erste polnische Exilregierung in London hatte jedoch ein Dokument veröffentlicht, laut dem die Anzahl der verschleppten Polen zwischen 1 Million und 1 600 000 lag, von denen 400 000 während ihrer Fahrt ins Innere Rußlands umkamen, darunter 77 834 von den 144 000 Kindern . . . Dies ereignete sich wie es scheint im Februar, April, Juni 1940 und Juni 1941. Und Montgomery Belgion, der als Quelle die erste polnische Regierung in London angibt, fügt hinzu, daß die Russen (nach Auskünften des Amerikanischen Roten Kreuzes an Miss Keren und nach dem Buch eines polnischen Autors "The dark Side of the Moon", London 1943) in den baltischen Ländern nicht anders vorgingen: 60 940 Esten, 60 000 Letten und 70 000 Litauer verschwanden.

Soll ich noch hinzufügen, daß der große französische Jurist Raymond de Geouffre de la Pradelle 1958 in einem kleinen Buch "Le Problème de la Silésie et le Droit" * anhand der Angaben des Statistischen Jahrbuchs 1947 des Zentralbüros für Statistik in Warschau (veröffentlicht von der polnischen Regierung unter Sowjetkontrolle) nachweist, daß die Russen zwischen dem 1. Juli 1945 und dem 1. Januar 1947 7 300 000 Deutsche aus Schlesien nach dem Restdeutschland trieben, in Durchführung einer anglo-amerikanisch-sowjetischen Vereinbarung über den Bevölkerungsaustausch?

In der Zeitschrift "Revue des Deux Mondes" (Paris) vom15. 5. 1952 ver-

---

* Die deutsche Übersetzung ist enthalten in dem Sammelband „Verjagt — beraubt — erschlagen", Damm-Verlag, München.

öffentlichte Jean de Pange eine Untersuchung über diese unmenschliche Aktion, die unter genauso entsetzlichen Bedingungen stattfand, wie, während des Krieges, unsere Verschleppung in die deutschen Zwangslager — und erklärt, daß die russischen Maßnahmen über vier Millionen Menschenleben gefordert haben.

Aber das Statut verbot offenbar, daß das Nürnberger Gericht sich dieses Falles annahm.

Auf dem russischen Schuldkonto stehen auch: die Massengräber von Katyn, für die ein beträchtlicher Teil der Weltpresse noch immer die Deutschen verantwortlich macht, obwohl das Nürnberger Gericht das ablehnte, und obwohl heute einwandfrei feststeht, daß sie das russische Gewissen belasten; die Repressalien von 1944 gegen die ukrainische und polnische Zivilbevölkerung, die 1941 die Deutschen als Befreier begrüßt hatte; die Behandlung der deutschen Kriegsgefangenen; die Vergewaltigungen, Plünderungen und Massaker[8], die in jeder deutschen Stadt den Einmarsch der russischen Truppen begleiteten usw. . . .

Der Krieg an der Ostfront war wild, grausam und unmenschlich. Weder die Deutschen noch die Russen kümmerten sich im geringsten um die internationalen Konventionen. Hier stießen nicht nur zwei Armeen, sondern auch noch zwei Ideologien zusammen. Der Partisanenkrieg zum Beispiel, den die internationalen Konventionen verboten hatten, war in russischen Augen ein heiliges Dogma — der Ausdruck der Emanzipation der Massen oder der Nation.

Die Forderung „Auge um Auge, Zahn um Zahn" ist vollkommen unmoralisch; niemand hat das Recht, sich selbst Gerechtigkeit zu verschaffen; dies umsoweniger, wenn er eine Rechtsinstanz anerkennt, die für alle zuständig ist. Die „Einsatzgruppen", der Befehl „für einen ermordeten deutschen Soldaten 50 bis 100 Geiseln zu erschießen" (Keitel am 16. September 1941), die Erschießungen der russischen Politkommissare, die als Partisanen, nicht als Soldaten angesehen wurden, usw.: so schwerwiegend diese Missetaten sind, sie müssen trotzdem auch als Gegenmaßnahmen der Deutschen angesichts der Verletzung der internationalen Abmachungen durch die Russen beurteilt werden.

Als die Sowjets 1939 jenen Teil Polens besetzten, den ihnen die

---

8 Im Oktober 1944 schrieb der russisch-kamäleonistische Schriftsteller Ilja Ehrenburg in einem „Appell an die Rote Armee" — er wurde nicht vor das Nürnberger Gericht zitiert —:

„Tötet, tötet! Es gibt nichts, was an den Deutschen unschuldig ist, an den Lebenden nicht und nicht an den Ungeborenen! Folgt der Weisung des Genossen Stalin und zerstampft für immer das faschistische Tier in seiner Höhle. Brecht mit Gewalt den Rassenhochmut der germanischen Frauen. Nehmt sie als rechtmäßige Beute. Tötet, ihr tapferen vorwärtsstürmenden Rotarmisten!"

(Zitiert von Großadmiral Dönitz in seinem Buch „Zehn Jahre und zwanzig Tage". Seite 431)

deutsch-russischen Abmachungen zugesprochen hatten, waren die Deutschen Augenzeugen. Sie wußten daher, wie die Russen in einem solchen Falle vorgingen und diese Erfahrungen waren mitbestimmend für die Haltung, die das Oberkommando der Wehrmacht später einnahm. Die Angloamerikaner und Franzosen aber hatten ebenso schwere absichtliche Verletzungen der Kriegsgesetze und Kriegsbräuche verübt und waren darum ebensowenig berechtigt, sich zu Richtern aufzuwerfen wie die Russen.[9]

Die angloamerikanischen Bomber hatten Vernichtungsangriffe gegen die Zivilbevölkerung fast aller deutschen Städte durchgeführt indem sie ihre „Bombenteppiche" warfen. Selber nannten sie dies „obliteration bombing" und diese Angriffe waren, wie schon der englische Ausdruck besagt, geeignet, ganze Städte „auszuradieren", einschließlich ihrer Bevölkerung. Umsomehr, als oft Phosphorbomben geworfen wurden. In Dresden, Leipzig und Hamburg starben in einer einzigen Nacht Zehntausende von Unglücklichen, die entweder lebendig begraben wurden unter den zusammenstürzenden Mauern oder lebendig verbrannten in nichtzulöschenden Riesenfeuersbrünsten — oder als gleichfalls nichtzulöschende menschliche Fackeln brüllend umherrannten auf der Suche nach Wasser, das oft unerreichbar war, oder nicht reichte um sie zu retten.

Die Männer, die sich gegen Nürnberg wandten, führten auch noch den Abwurf von Atombomben auf Nagasaki und Hiroshima an, Kriegsverbrechen, wie man sie sich damals nicht entsetzlicher und zynischer vorstellen konnte. Sie erwähnten auch die Tatsache, daß deutsche Unterseeboote und andere Kriegsschiffe bei der Rettung Schiffbrüchiger bombardiert worden waren — und zwar nachdem sie diese Rettungsaktion in Klarspruch auf der internationalen Welle bekanntgegeben hatten.

Ein besonders typischer Fall waren die Angriffe auf U 156, U 506 und U 507, die am 13. September 1942 entsprechend den Hochseegebräuchen begonnen hatten, die Bemannung und Passagiere der „Laconia" zu retten, nachdem das Schiff von U 156 torpediert worden war. Die „Laconia" war ein Handelsschiff, bewaffnet mit 14 Geschützen, darunter zwei von 150 mm, sowie mit Flak, Wurfminen usw., also eine einwandfreie Prise.

Die Vorwürfe gegen die Franzosen waren nicht viel weniger schwer: der Widerstand und der Partisanenkrieg, die von keiner internationalen Konvention zugelassen waren; die zahllosen Morde an deut-

---

9 Der Fall Rußland ist einzigartig. Am 14. Dezember 1939 war es vom Völkerbund als Angreifer Polens und Finnlands verurteilt worden. Daß man in Nürnberg Vertreter der Sowjetunion als Richter wiederfindet, beweist zumindest, welche erstaunliche Entwicklung das internationale Recht zwischen 1939 und 1945 durchgemacht hat.

schen Soldaten, rücklings erstochen von unsichtbaren Feinden; die Massaker von Kriegsgefangenen, die unter dem Schutz der Genfer Konvention standen, wie zum Beispiel am 19. August 1944 in Annecy (Savoie) und in vielen anderen Lagern in Frankreich nach Mai 1945, so daß schließlich das Internationale Rote Kreuz intervenierte und erreichte, daß General Eisenhower persönlich eingriff.
All diese Verletzungen der Konventionen von Genf und Den Haag, d. h. des geschriebenen Rechts, entlasten Deutschland sicherlich nicht, das seinen Teil der Schuld zu tragen hat. Wenn ich mich hier auf eine Zusammenfassung der Verfehlungen der anderen beschränkt habe, so nur, um zu beweisen, daß

1. solche Verletzungen von beiden Seiten begangen wurden,
2. wenn Deutschland gerichtet werden mußte, diese Richter dazu nicht qualifiziert waren,
3. ein qualifiziertes Gericht auch gegen Rußland, England, Amerika und Frankreich hätte Anklage erheben müssen.

Artikel 3 des Statuts bestimmte indirekt, daß Verfehlungen seitens der Sieger als Argument unzulässig seien — die Nürnberger Richter nannten es „das Argument tu quoque“, „auch Du“ — weil dadurch die vorausgesetzte Zuständigkeit des Gerichts infragegestellt würde. Aber auch Artikel 18 verbot es, denn man wollte schnell vorwärtskommen. Artikel 18 machte dem Gericht zur Auflage:

a) den Prozeß streng auf eine beschleunigte Verhandlung der von der Anklage erhobenen Punkte zu beschränken;
b) strenge Maßnahmen zu ergreifen, um jede Handlung zu vermeiden, die eine unnötige Verzögerung verursachen könnte — und unerhebliche Fragen und Erklärungen jedweder Art abzulehnen.

Nun, eine Gerechtigkeit, die von vornherein bestimmte unbewiesene Behauptungen für wahr erklärt und keine Diskussion über deren Richtigkeit zuläßt, wird immer mit einem schnellen Urteil dienen können — und eine Gerechtigkeit, die schnell urteilt, ist eben keine Gerechtigkeit mehr.

*

Wenn ich gerade den Fall der „Laconia“ ausgewählt und ihn für typisch erklärt habe, so deshalb, weil kaum ein anderer Fall so deutlich die macchiavellistische Taktik der Anklage demonstriert — weil die ganze Behandlung des Falles geradezu charakteristisch ist für diesen Macchiavellismus.
Die „Laconia“ war ein Handelsschiff, das von der englischen Admiralität zu einem Truppentransporter umgebaut worden war. Die bloße

Tatsache, daß das Schiff mit Angriffswaffen versehen war, sowie mit den nötigen Geräten zur Ortung feindlicher Unterseeboote, und daß es beauftragt war, diese sofort nach ihrer Ortung zu melden — das allein reichte, um die „Laconia" im Sinne der internationalen Konventionen zu einem Schiff zu machen, das vom Gegner torpediert werden durfte. Daher wurde, meines Wissens, auch nie bestritten, daß die U 156 durchaus berechtigt war, den Dampfer zu torpedieren — wenigstens von offizieller Seite wurde das nicht versucht. Man bemühte sich zwar die öffentliche Meinung zu beeinflussen, indem man auf die 80 Frauen und Kinder hinwies, die sich an Bord befanden — hielt sich aber auch dabei ziemlich zurück, denn es lag zu sehr auf der Hand, daß die Behörden, die diese 80 Frauen und Kinder an Bord nahmen, damit selber die internationalen Konventionen verletzt hatten; die Lage war etwa die einer Truppe, die Frauen und Kinder vorausgeschickt hätte, damit der Feind nicht schießen könnte.

Was dann aber in Nürnberg diskutiert wurde, war der Befehl des Großadmirals Dönitz, der die logische Schlußfolgerung gezogen hatte aus der Haltung der Amerikaner (die ohne Rücksicht auf die große Tradition der Seefahrt, Retter wie Schiffsbrüchige beschossen hatten, auch Frauen und Kinder und Freund wie Feind[10]).

Der Befehl des Großadmirals lautete:

„Jegliche Rettungsversuche von Angehörigen versenkter Schiffe, also auch Auffischen von Schwimmenden und Anbordgabe auf Rettungsboote, Aufrichten gekenterten Rettungsboote, Abgabe von Nahrungsmitteln und Wasser haben zu unterbleiben, Rettung widerspricht den primitivsten Forderungen der Kriegsführung nach Vernichtung feindlicher Schiffe und Besatzungen."

Der britische Ankläger, Sir David Maxwell-Fyfe, hielt es für erforderlich, sich sofort auf diesen Befehl zu stürzen und zu behaupten, daß er „zur vorsätzlichen Tötung von Schiffbrüchigen" aufforderte. Die ganze Verhandlung wurde schließlich so geführt, daß die Angloamerikaner, nachdem sie die Deutschen gezwungen hatten, die Rettung Schiffbrüchiger einzustellen, nun die unumgänglichen Folgen dieses Verbrechens den Deutschen anzulasten versuchten, wobei sie mittels rabulistischer Beweisführung diese Folgen ins Ungeheuerliche vergrößerten, gleichzeitig aber sorgfältig darüber wachten, daß das Verbrechen selbst nicht erwähnt wurde.

Glücklicherweise erklärte ein mutiger Zeuge, der amerikanische Großadmiral Nimitz, Flottenchef der Vereinigten Staaten, folgendes:

---

10 Die „Laconia" transportierte u. a. auch 1800 italienische Kriegsgefangene. Diese behaupteten später, wie Großadmiral Dönitz („Zehn Jahre und zwanzig Tage", Seite 257) berichtet, daß die Briten die Luken zu den Schiffsräumen, in denen die Italiener sich befanden, im Augenblick der Torpedierung schlossen. Mit Waffengewalt hinderte man sie daran, in die Boote zu steigen, die von den Deutschen allen Schiffbrüchigen zur Verfügung gestellt waren. Für ein Kriegsverbrechen gibt es kaum ein besseres Beispiel.

„Im allgemeinen haben die US-Unterseeboote feindliche Überlebende nicht gerettet, wenn es für das Unterseeboot eine ungewöhnliche, zusätzliche Gefahr bedeutete oder das Unterseeboot dadurch an der weiteren Durchführung seiner Aufgabe gehindert wurde." (Sitzung vom 2. Juli 1946; IMT, Bd. XVII S. 389.)

In dieser Zeugenaussage erwähnte Großadmiral Nimitz außerdem den Befehl der amerikanischen Seekriegsführung vom 7. Dez. 1941, japanische Handelsschiffe ohne Vorwarnung anzugreifen unter dem Vorwand, daß sie „gewöhnlich bewaffnet seien".

Dieser Vorwurf wurde daraufhin vom Nürnberger Gerichtshof gegen den Großadmiral Dönitz nicht mehr aufrechterhalten und folglich auch nicht gegen Deutschland. Die Presse indessen, die in ihren Berichten über den Prozeßverlauf in Millionen von Exemplaren über die ganze Welt verbreitet hatte, daß Großadmiral Dönitz das absichtliche Massakrieren der Besatzung torpedierter Schiffe befohlen hätte, informierte die Weltöffentlichkeit niemals über diesen Rückzieher. Noch heute vollbringt ein bemerkenswert großer Teil dieser Presse wahre Wunder bei der Behandlung dieses Falles.

Der Macchiavellismus, mit dem die Ankläger die Dokumente und Tatsachen im Fall „Laconia" behandelt haben, scheint auch bei der Behandlung aller anderen Dokumente im ganzen weiteren Verlauf des Prozesses die Regel gewesen zu sein. Man findet ihn wieder bei der Frage der Vernichtungsangriffe, des *"obliteration bombing"*, von der bereits kurz gesprochen wurde. Es ist aber von Interesse zu erfahren, was die Engländer und später die Amerikaner zu diesen Vernichtungsangriffen veranlaßte.

Hierüber gibt es zwei Auffassungen: Die erste ist allgemein anerkannt und wird von William L. Shirer in seinem Buch *„Aufstieg und Fall des Dritten Reiches"* wieder präsentiert, die andere bringt J. M. Spaight, Ministerialdirektor im britischen Luftfahrtministerium, in seinem Buch *"Bombing Vindicated"*. Beiden kommt es im übrigen nur darauf an zu klären, wer eigentlich damit angefangen hat. Moralisch gesehen ist diese Frage ohne Gewicht — aber vom Standpunkt der Haager Konvention ist es von entscheidender Bedeutung, zu wissen, ob diese Repressalien von den Angloamerikanern oder den Deutschen ausgegangen sind.

Hier folgt, was William L. Shirer als die offizielle Lesart präsentiert:

„In der Nacht vom 23. August kam ein Dutzend deutscher Bomber, das in den Außenbezirken Londons Flugzeugfabriken und Öltanks bombardieren sollte, vom Kurs ab und warf seine Bombenlast über dem Zentrum der englischen Hauptstadt ab, wodurch eine Reihe Wohnhäuser zerstört und eine Anzahl Zivilisten getötet wurden. Die Engländer sahen darin eine Absicht und unternahmen in der nächsten Nacht einen Vergeltungsangriff auf Berlin . . . In der Nacht vom 28. zum 29. August flog die RAF mit einem stärkeren Geschwader ein . . . Nach den amtlichen Angaben betrugen die Verluste zehn Tote und 29 Verwundete."

Daß man diesen offiziell zugegebenen Navigationsirrtum im ersten Augenblick als eine absichtliche Aktion der Deutschen ansah, die dann als sofortigen Gegenschlag in der folgenden Nacht einen englischen Angriff auf Berlin auslöste, kann man leicht verstehen und sogar verzeihen. Daß sie einige Tage später mit starken Kräften nachstießen, ohne daß die Deutschen ihnen einen neuen Anlaß gegeben hätten, kann man schon weniger gut verstehen. Vollkommen unverständlich und vollkommen unentschuldbar ist aber die Tatsache, daß die Engländer die Bombardements solange fortgesetzt haben — die offizielle These und W. L. Shirer schweigen darüber — bis sie die deutschen Vergeltungsangriffe auf Coventry, Birmingham, Sheffield und Southampton provoziert hatten, mit denen dann die Engländer wieder Dresden, Leipzig und Hamburg entschuldigten.

Die Lesart des Ministerialdirektors des britischen Luftfahrtministeriums klingt wesentlich anders und wirft ein anderes Licht auf die Angelegenheit.

Er erklärt, daß die Anfänge dieser Angriffe viel weiter zurückliegen, daß sie nicht vom 23. August 1940 datieren, sondern genau vom 11. Mai. An diesem Tage seien sie vom Generalstab der Admiralität beschlossen worden, und am gleichen Abend hätten 18 Whitley-Bomber in mehreren Wellen angreifend, Bombenteppiche auf Eisenbahnanlagen an der Ruhr abgeworfen und dabei, wie nicht anders zu erwarten, einer nicht unbeträchtlichen Zahl von Zivilisten den Tod gebracht. Dann hätten sie ihre Angriffe soweit fortgesetzt, wie es ihnen die deutsche Flak gestattete.

„Wir befürchteten damals eine ungünstige psychologische Reaktion auf unsere Erklärung, daß *wir* die Initiative zu diesem strategischen Bombardement ergriffen hätten und unterließen es deshalb, unseren großartigen Beschluß vom 11. Mai 1940 die Publizität zu geben, die er verdiente", schreibt J. M. Spaight. „Dieses Schweigen war aus taktischen Gründen erforderlich, denn der Beschluß war hervorragend. Er war ebenso heroisch, ebenso selbstlos wie die russische Entscheidung zur Durchführung der *Politik der verbrannten Erde*. Unser Beschluß kostete uns Coventry und Birmingham, Sheffield und Southampton; er gab uns das Recht, Kiew und Charkow, Stalingrad und Sewastopol in die Augen zu schauen. Unsere sowjetischen Verbündeten hätten 1942 unsere Untätigkeit weniger streng beurteilt, wenn sie die Größe unserer Leistung verstanden hätten." ("Bombing Vindicated" S. 74.)

Die Deutschen allerdings schlugen erst zurück, nachdem viele Bomben auf Berlin gefallen waren. Am 31. August und 1. September, sagt W. L. Shirer, „nachdem die englischen Flugzeuge eine Woche lang Nacht für Nacht ihre Bombenlast über Deutschland abgeworfen hat-

ten“, zeigten die meisten Tageszeitungen der deutschen Hauptstadt Schlagzeilen wie: *„Feiger Angriff der Engländer“* und *„Britische Luftpiraten über Berlin“*.
Erst am 4. September antwortete Hitler und brachte in seiner Rede zur Eröffnung des Winterhilfswerks die Begeisterung der entrüsteten Menge zur Siedehitze als er erklärte:

„Drei Monate lang habe ich nicht zurückgeschlagen, weil ich glaubte, daß dieser Wahnsinn aufhören würde. Herr Churchill hat dies als ein Zeichen von Schwäche aufgefaßt. Von jetzt an werden wir Nacht für Nacht zurückschlagen. Für 200 oder 300 oder 400 Kilo Bomben, die die englische Luftwaffe abwirft, werden wir in einer Nacht 150 000, 200 000, 300 000 oder 400 000 Kilo abwerfen.“

Bis dahin hatte die deutsche Luftwaffe wirklich nicht zurückgeschlagen, wenn man von dem bei W. L. Shirer erwähnten Navigationsirrtum absieht. Nun wurden Coventry, Birmingham, Sheffield, Southampton und sogar London angegriffen. Es folgte Schlag auf Schlag, bis 1944 der Schrecken seinen Höhepunkt erreichte mit Dresden, Leipzig, Hamburg und anderen deutschen Städten. Aber 1944 konnte Deutschland nicht mehr zurückschlagen, und die Bombenteppiche fielen auf einen Feind, der bereits auf dem Rücken lag . . .
Sowohl nach W. L. Shirer als auch nach J. M. Spaight wurde dieser verbrecherische Mechanismus, an dem beide Teile, Richter wie Angeklagte, in gleicher Weise schuldig sind, durch den Generalstab der britischen Admiralität in Bewegung gesetzt. Das Gericht in Nürnberg befaßte sich aber nur mit einem Detail der deutschen Reaktion, nämlich mit den Maßnahmen gegenüber angloamerikanischen Fliegern, die aus irgend einem Grunde auf deutschem Boden notlanden mußten, die man sozusagen auf frischer Tat ertappt hatte.
Die bekannteste dieser Maßnahmen, diejenige, die am meisten Aufsehen erregte, weil sie als die unmenschlichste angesehen wurde, fand sich in Form einer Notiz in den Akten des OKW und trug das Datum des 21. Mai 1944. Es handelte sich um eine Entscheidung Hitlers, daß die Besatzungen englischer und amerikanischer Flugzeuge, die bestimmte, genau festgelegte Handlungen begangen hatten, ohne gerichtliches Urteil zu erschießen seien. (Nürnberger Dokument PS 731, IMT Bd. XXVI S. 275—276).

Nach der hier erwähnten Quelle lautete die Notiz wie folgt:

„Der Führer hat beschlossen, in besonderen Fällen gegenüber angloamerikanischen Flugzeugbesatzungen die folgenden Maßnahmen anzuwenden: Abgeschossene feindliche Flieger sind ohne Standgericht zu erschießen in folgenden Fällen:

1. bei Beschuß von am Fallschirm hängenden abgeschossenen *eigenen* (deutschen) Flugzeugbesatzungen;

2. bei Bordwaffenangriffen auf notgelandete deutsche Flugzeuge, in deren unmittelbarer Nähe sich Angehörige der Besatzungen befinden;
3. bei Angriffen auf Eisenbahnzüge des öffentlichen Verkehrs;
4. bei Bordwaffen-Tiefangriffen auf einzelne Zivilpersonen (Bauern, Arbeiter, Einzelfahrzeuge usw.)"

Aus dieser *Notiz* machte man einen *Befehl,* von dem kein Grund bestand anzunehmen, daß er nicht ausgeführt worden sei. Als diese Notiz am 20. März 1946 und den folgenden Tagen vor Gericht zur Sprache kam, wurde sie von der zur Berichterstattung über den Prozeß zugelassenen Presse mit einem Kranz von Verwünschungen gegen das „ewige und unmenschliche Deutschland . . ." ausgeschmückt und mit anderen Notizen ähnlicher Art und aus dem Zusammenhang gerissenen Texten zusammengeworfen — mehr schrieb die Presse nicht. Wenn man aber das Protokoll über das Verhör Görings (am gleichen Tage) nachliest, dann erfährt man, daß die Notiz mit Randbemerkungen von Warlimont (Stellvertreter des Generalstabschefs der Wehrmacht), von Keitel, von Jodl und einem General Korten usw. versehen ist, daß es sich um die Prüfung eines *Vorschlages* zu einem Führerbefehl, nicht um den Befehl selbst handelte. Das Verhör Keitels (am 8. April 1946, Nürnberger Prozeß Bd. XI, S. 22) ergab, daß es sich um „Hin- und Hererörterungen über eine von Hitler gewünschte Maßnahme" handelte, „die dann — Gott sei Dank — nicht zur Tatsache wurde, weil entsprechende Anweisungen nicht erteilt wurden."
Das Gericht mußte sich den Tatsachen beugen. Das tat es auch. Die Presse aber nicht. Noch heute bringen viele Propagandisten eines nachträglichen Antinazismus, die sich selbst als Historiker bezeichnen, in der Presse und in Büchern diese Notiz, aus der sie inzwischen einen Befehl gemacht haben, der wirklich und zwar in einer ganzen Reihe von Fällen befolgt worden sei. Tatsächlich ist es vorgekommen, daß angloamerikanische Flieger gelyncht oder umgebracht wurden von einer wütenden Menge, die sich auf sie stürzte sobald sie die Erde erreicht hatten. Aber das ist eine andere Sache, — eine Herdenreaktion, die ohne Zweifel verwerflich war, aber sicher auch begreiflich. Die Anklage wollte es so darstellen, als ob diese Herdenreaktion durch die Führer des Dritten Reiches ferngesteuert worden wäre. Um dies zu beweisen, wurden dem Gericht noch andere Unterlagen vorgelegt. In erster Linie Aufzeichnungen des Generals Warlimont, des Mitarbeiters Keitels, nämlich die Dokumente PS 735 und PS 740 (IMT Band XXVI S. 276 und 279).

Diese beiden Dokumente belasteten Göring und Ribbentrop im Zusammenhang mit einer Konferenz, die einige Zeit vor dem 6. Juni 1944 auf Schloß Kleßheim stattgefunden haben sollte und in der diese Herren gemeinsam mit Himmler eine Haltung eingenommen hätten, die sich mit dem Inhalt der von der Anklage vorgelegten Notiz vom 21. Mai deckt. Unglücklicherweise hat dieses Zusammentreffen in Kleßheim nur in der Phantasie Warlimonts stattgefunden, der notierte, er habe die Auskunft von Kaltenbrunner. Man weiß nicht, woher Kaltenbrunner sie hatte. Obendrein bewiesen Ribbentrop und Kaltenbrunner eindeutig, daß sie hinsichtlich der Behandlung der angloamerikanischen Flieger, selbst derer, die Terrorakte begangen hatten, ebenso wenig wie Keitel die Ansichten teilten, die Hitler sich diesbezüglich offenbar gebildet hatte.

Als nun das belastende Material immer fadenscheiniger wurde, wollte die Anklage trotzdem mit Gewalt ihr Ziel erreichen und zögerte nicht, einen Befehl anzuführen, den Rudolf Heß am 13. April 1940 erteilt hatte, worin es sich um Anweisung an die Zivilbevölkerung über die Maßnahmen handelte, die bei der Landung feindlicher Flugzeuge oder feindlicher Fallschirmjäger auf deutschem Boden zu treffen seien. (Dokument PS 062, IMT Band XXV, S. 119).

Im vierten Absatz war gesagt, daß „die feindlichen Fallschirmjäger sofort festgenommen oder unschädlich gemacht werden sollen." Der Ankläger Jackson übersetzte „unschädlich machen" mit „liquidieren", wohl deshalb, weil dieser Ausdruck damals Mode war, und seine Übersetzung wandert noch heute munter durch die Presse vieler Länder.

Dann kam ein Befehl Himmlers vom 10. Aug. 1943 (Dokument R 110, IMT Bd. XXXVIII S. 313/314). Darin teilt Himmler allen höheren Offizieren der SS und des Einsatzdienstes der Polizei mit: „Es ist nicht Aufgabe der Polizei, sich in Auseinandersetzungen zwischen deutschen Volksgenossen und abgesprungenen englischen und amerikanischen Terrorfliegern einzumischen." Die Anklage übersetzt: „Es wurde befohlen, daß gefangenen englischen und amerikanischen Fliegern nicht länger die Stellung von Kriegsgefangenen zugebilligt werden solle. Sie sollten als Verbrecher behandelt werden, und die Wehrmacht wurde angewiesen, sie gegen Lynchakte der Bevölkerung nicht zu schützen (R 118). Die Nazi-Regierung bemühte sich, die Zivilbevölkerung durch ihre Polizei und Propagandastellen dazu aufzustacheln, Flieger, die abgestürzt oder abgesprungen waren, anzugreifen und zu töten." (Sitzung vom 21. November 1945; IMT Bd. II, S. 161).

In seinem Plädoyer erklärt dann aber Dr. Gawlik (Verteidiger des SD seit dem 18. März 1946), daß erstens dieser Befehl sich nur auf die Polizei bezog — was man immerhin dem Text entnehmen kann — und daß zweitens der Schutz solcher Flieger nicht in die Kompetenz der Polizei fiel, sondern in die des SD, dem auch weiterhin dieser Schutz oblag; und daß, im Gegensatz zu den Behauptungen der Anklage, der SD niemals die Zivilbevölkerung aufgestachelt hätte, abgestürzte oder abgesprungene Flieger anzugreifen oder zu töten. (Sitzung vom 27. August 1946, IMT Bd. XXII, Seite 41).

Dann kam der Befehl Hitlers vom 18. Oktober 1942 über Vernichtung von Kommandotrupps und Fallschirmabspringern (Dokument PS 498, IMT Bd. XXVI, S. 100f.). Wenigstens wird die Übersetzung dieses Befehls von der Anklage-Vertretung unter diesem Titel vorgelegt. Man braucht jedoch nur nachzulesen, um zu erkennen, daß es sich hier weder um Fallschirmjäger noch um einfache Einsatzgruppen handelt, sondern vielmehr um mittels Fallschirmen hinter der Kampflinie abgesetzte Gruppen, die dort einen von den Genfer Konventionen strengstens verbotenen Krieg führen wollten. Bilden Sie sich bitte selbst ein Urteil an Hand der drei wichtigsten Punkte, die hier wortgetreu wiedergegeben werden:

„1. Schon seit längerer Zeit bedienen sich unsere Gegner in ihrer Kriegsführung Methoden, die außerhalb der internationalen Abmachungen von Genf stehen. Besonders brutal und hinterhältig benehmen sich die Angehörigen der sogenannten Kommandos, die sich selbst, wie feststeht, teilweise sogar aus Kreisen von den Feindländern freigelassener krimineller Verbrecher rekrutieren. Aus erbeuteten Befehlen geht hervor, daß sie beauftragt sind, nicht nur Gefangene zu fesseln, sondern auch wehrlose Gefangene kurzerhand zu töten im Moment, in dem sie glauben, daß diese bei der weiteren Verfolgung ihrer Zwecke als Gefangene einen Ballast darstellen oder sonst ein Hindernis sein könnten. Es sind endlich Befehle gefunden worden, in denen grundsätzlich die Tötung der Gefangenen verlangt worden ist.

2. Aus diesem Anlaß wurde in einem Zusatz zum Wehrmachtsbericht vom 7. Oktober 1942 bereits angekündigt, daß in Zukunft Deutschland gegenüber diesen Sabotagetrupps der Briten und ihren Helfershelfern zum gleichen Verfahren greifen wird, das heißt: daß sie durch die deutschen Truppen, wo immer sie auch auftreten, rücksichtslos im Kampf niedergemacht werden.

3. Ich befehle daher: Von jetzt ab sind alle bei sogenannten Kommandounternehmungen in Europa oder in Afrika von deutschen Truppen gestellte Gegner, auch wenn es sich äußerlich um Soldaten in Uniform oder Zerstörertrupps mit und ohne Waffen handelt, im Kampf oder auf der Flucht bis auf den letzten Mann niederzumachen. Es ist dabei ganz gleich, ob sie zu ihren Aktionen durch Schiffe und Flugzeuge angelandet werden oder mittels Fallschirmen abspringen. Selbst wenn diese Subjekte bei ihrer Auffindung scheinbar Anstalten machen sollten, sich gefangen zu geben, ist ihnen grundsätzlich jeder Pardon zu verweigern. Hierüber ist in jedem Einzelfall zur Bekanntgabe im Wehrmachtsbericht eine eingehende Meldung an das OKW. zu erstatten."

Drei weitere Abschnitte legten noch fest, daß falls bestimmte Spione und Saboteure von der Armee festgenommen werden sollten, sie sofort dem SD überstellt werden mußten, — daß dieser Befehl nicht für feindliche Soldaten galt, die im Rahmen normaler Kampfhandlungen, Großangriffe, Großlandunggsoperationen und Großluftlandeunternehmungen gefangen genommen werden oder sich ergeben —, daß Einheitsführer und Offiziere vor ein Kriegsgericht gestellt werden konnten, wenn sie sich bei der Durchführung des Befehls eine Nachlässigkeit hätten zuschulden kommen lassen.

Außerdem erläuterte ein ergänzender Führerbefehl vom gleichen Tag (PS 503 IMT Band XXXI, Seite 117) noch einmal die Gründe für den Absatz 1 des eigentlichen Befehls.

Es stimmt, daß dieser Befehl in mancher Hinsicht im Widerspruch zu den Konventionen von Genf und Den Haag steht, aber wenn man formaljuristisch gesehen, diese Tatsache nicht leugnen kann, so wird man auch zugeben müssen, daß es sich um eine Rechtsverletzung handelt, die durch eine andere Rechtsverletzung bedingt war und daher gemeinsam mit dieser beurteilt werden muß. Nun war nach Artikel 18 des Statuts die ursprüngliche Rechtsverletzung „prozeßfern"; infolgedessen befaßte man sich nur mit der zweiten.

Und in allen Veröffentlichungen wurden bestimmte Ausdrücke besonders hervorgehoben, wie „Soldaten mit oder ohne Uniform" (diese Einsatzgruppen hatten Uniformen bei sich, für den Fall, daß sie bei der Erfüllung ihres Auftrages gefangengenommen würden — und Zivilkleidung um nach Erfüllung ihres Auftrages leichter fliehen zu können). „Mit oder ohne Waffen", (wenn sie Zivil anzogen, warfen sie ihre Waffen weg).

Obwohl der Befehl ausdrücklich sagte, daß er sich nicht auf Angehörige regulärer Truppen bezog, ließen die ganzen Berichte in der Presse diese Angaben aus und weckten so den Eindruck, als ob alle Soldaten gemeint wären.

Wenn ich oben sagte, daß der genannte Befehl die Genfer und die Haager Konvensionen in mancher Hinsicht verletzte, so sicher insofern als bei unbewaffneten Zivilpersonen die Frage, ob sie schuldig seien, nur durch eine gerichtliche Untersuchung und ein gerichtliches Urteil geklärt werden konnte. Aber jedenfalls hat die Angelegenheit der „durch Fallschirm abgesetzten Einsatzgruppen" nichts zu tun mit dem Fall der Flugzeugbesatzungen, mit dem sie in einen Topf geworfen wurde — und gerade in dem hier konstruierten Zusammenhang steckt wieder der Macchiavellismus.

Es muß auch noch hervorgehoben werden, daß das Dokument den deutschen Angeklagten in deutscher Sprache vorgelesen wurde, daß es als „Geheime Kommandosache" bezeichnet wurde unter besonderem Hinweis auf die Tatsache, daß es sich hier um Personen handelte, die „durch Schiffe und Flugzeuge angelandet oder mittels

Fallschirme abgesprungen" seien, so daß die Angeklagten die Echtheit nur bestätigen konnten. Die Übersetzung in allen anderen Sprachen aber behauptete, es handele sich hier um eine „Geheimsache der Kommandos" (= Einsatzgruppen) „und der Fallschirmspringer", damit man Verbindungen herstellen könnte, die es in Wirklichkeit garnicht gegeben hatte — und auch hierin liegt ein gut Teil Macchiavellismus.

Aber es gab auch eine richtige angloamerikanische Fliegeraffäre: Die Flucht von 76 Offizieren der RAF aus dem Luft-Stalag III bei Sagan (Schlesien). Diese 76 waren in der Nacht vom 24. zum 25. März 1944 aus diesem Spezial-Gefangenenlager für alliierte Luftwaffenangehörige entwichen. Mit Ausnahme von dreien wurden alle wieder ergriffen. 23 kamen nicht über die nächste Umgebung des Lagers hinaus und wurden im Laufe des Tages von der Wehrmachtsstreife zurückgebracht. Die anderen 50 fielen innerhalb 48 Stunden an verschiedenen Orten Deutschlands in die Hände der Polizei und wurden erschossen. Das Internationale Rote Kreuz und die diplomatische Schutzmacht, in diesem Falle die Schweiz, nahmen sich des Falles an. Eden hielt eine Protestrede im Unterhaus. Am 12. Juni 1944 erhielt der schweizerische Gesandte in Berlin vom Reichsaußenminister eine offizielle Note, laut welcher diese 50 Flüchtlinge „teils wegen Widerstandes bei ihrer Festnahme, teils wegen erneuter Fluchtversuche" von der Polizei erschossen worden seien. Aber eine Untersuchung durch das Internationale Rote Kreuz und durch die Schutzmacht ergab einwandfrei, daß das nicht stimmte. Sie waren hingerichtet worden infolge eines von Hitler an Himmler gegebenen Befehls, und zwar gegen den Willen aller anderen Nürnberger Angeklagten mit Ausnahme Kaltenbrunners. Kaltenbrunner hatte diesen Befehl an die Exekutionskommandos des Reichssicherheitshauptamtes, dessen Chef er war, weitergegeben. Hier liegt eine offenkundige Verletzung der Genfer Konvention vor (die das Recht zur Flucht ja anerkennt). Daß Hitler diesen Befehl wirklich gegeben hat, bestätigen alle Zeugenaussagen übereinstimmend. Keitel (IMT Band XI, S. 8ff.) und Göring (Bd. IX S. 399ff.), denen man die Verantwortung für den Fall zuschieben wollte, äußerten sich mit großer Offenheit darüber. Beide bewiesen unwiderleglich, daß sie mit der Angelegenheit nichts zu tun hatten und daß sie auch nichts hatten verhindern können: Hitler hatte über Keitels Kopf hinweg gehandelt, und Göring wurde zu spät informiert. Kaltenbrunner erklärte, er habe nur von seinem Vorgesetzten einen Befehl, auf den er keinen Einfluß hatte, erhalten und weitergeleitet. Ribbentrop teilte die Erklärung mit, die er damals erhalten hatte und von der ihm gesagt wurde, sie sei das Ergebnis einer gerichtlichen Untersuchung.

Soweit mir bekannt ist, hat man den Angloamerikanern bei der Behandlung von Kriegsgefangenen keine Rechtsbrüche dieser Art vorwerfen können. Aber ich habe schon gezeigt, daß sie andere verübt hatten, die um nichts weniger abscheulich waren. Bei den Russen, die die Konventionen von Genf und Den Haag nicht unterzeichnet hatten und sich infolgedessen alles erlaubten, hat man weit Schlimmeres aufgedeckt. Selbst die Franzosen sind keine Unschuldslämmer. Mindestens in einem Falle (Annecy) hat man nicht erst einen Fluchtversuch der Kriegsgefangenen abgewartet, um sie massenweise zu erschießen.

Abschließend sei festgestellt, daß es in Deutschland nach den vorhandenen Unterlagen die Regel war, abgeschossene Flugzeugbesatzungen in ein Kriegsgefangenenlager einzuliefern. Ausnahmen bildeten die sogenannten Terroristen, die zunächst der Polizei übergeben und dann in einem Schnellgerichtsverfahren zum Tode verurteilt oder in ein Konzentrationslager gesteckt wurden. Zu dieser Gruppe der „Terroristen" gehörten auch die, von denen Hitler gewünscht hatte (ohne indes sich durchsetzen zu können, wie oben gezeigt), daß sie ohne Verfahren füsiliert würden; wenn man der Notiz vom 21. Mai 1944 aus den Akten des OKW Glauben schenken darf. Göring sagte in Nürnberg über diese Gruppe der „Terroristen" (IMT Band IX, Seite 401), daß ihnen, wie aus den Aussagen anderer gefangener Flieger hervorging, von ihren Regierungen Handlungen der Art, die sie begangen hatten, verboten worden waren, daß es sich hier also um Kriegsverbrechen im vollen Sinne des Wortes handelte.

Die Alliierten reagierten übrigens nicht anders: Als der Kapitänleutnant Eyck, Kommandant von U 582, der die Trümmer und Schiffsbrüchigen eines von ihm torpedierten Frachters beschossen hatte, selbst nach Verlust seines Bootes in englische Gefangenschaft geriet, verurteilte ein britisches Kriegsgericht ihn und alle Offiziere seines Schiffes zum Tode und ließ sie am 30. November 1945 erschießen.

Die oben angeführten konkreten Beispiele beweisen, daß der Vorwurf, Kriegsverbrechen begangen zu haben, den in Nürnberg richtenden Nationen ebenso wie den Angeklagten gemacht werden konnte. Woraus sich einwandfrei ergibt, daß das Gericht nach dem damals geltenden internationalen Recht unzuständig war.

C. Die Verbrechen gegen den Frieden

Laut der Definition im Absatz a) des Artikels 6 des Statuts war das charakteristische Merkmal der Verbrechen gegen den Frieden, der erschwerende Umstand, daß eine Verschwörung bestanden hätte mit dem ausschließlichen Zweck, solche Verbrechen zu begehen: die Anklage mußte also, wie bereits erwähnt, den Vorsatz nachweisen.

Daher lautete die These der Anklage in großen Zügen etwa wie folgt: im Laufe der Jahre 1919 und 1920 hatte sich eine Anzahl zweifelhafter Personen aus allen Teilen Deutschlands an verschiedenen Orten, aber hauptsächlich in München zusammengetan mit der Absicht, Angriffskriege gegen die Nachbarstaaten Deutschlands vom Zaun zu brechen. Zu diesem Zweck hätten sie sich zu einer Verbrecherbande zusammengeschlossen, und 1921 war Hitler deren Führer geworden .

Allem Anschein nach waren sie recht verschlagen, denn sie brachten es fertig, diese Bande, die sie NSDAP nannten, als politische Partei zu tarnen. Ziemlich intelligent müssen sie auch gewesen sein, denn sie hatten verstanden, daß sie, um Angriffskriege gegen die Nachbarstaaten Deutschlands vom Zaun brechen zu können, das unbedingt im Namen Deutschlands tun müßten, was also erst einmal voraussetzte, daß sie die Macht eroberten. Daher bedingte diese „Verschwörung gegen den Frieden" — die man heutzutage in mehr diplomatischer Sprache vielleicht als Verschwörung „gegen die kollektive Sicherheit" bezeichnen würde — selber wieder eine Verschwörung gegen die innere Sicherheit des Staates. Der Vorsatz erstreckte sich über fast zwanzig Jahre: und man wird zugeben müssen, daß es selten Kriminelle gegeben hat, die über mehr Zeit verfügten um ihr Gewissen sprechen zu lassen: daß ihre Schuld also auch außerordentlich groß war.

In chronologischer Reihenfolge hatte das Gericht also zuerst die Art zu verurteilen, in der die Angeklagten die Macht in Deutschland erobert hatten, dann wie sie ihre Position ausgebaut hatten, wie sie an der Macht geblieben waren, dann die Mittel, die sie angewandt hatten, vor allem den Terror, mit dem sie Umstürze durchgeführt hatten, dann die Ideologie, von der sie ausgegangen waren, usw.

Meine Leser mögen mich richtig verstehen: auch ich verurteile den Nationalsozialismus, den Faschismus, den Bolschewismus, kurz alle jene Ideologien, die unter dem Vorwand, sie handelten im Geiste der Revolution, den bewaffneten Aufstand predigen und den Terror als Mittel, den Umsturz und ihre Machtergreifung herbeizuführen — um dann, wenn sie nach schrecklichem Blutvergießen ihr Ziel erreicht haben, durch offene oder versteckte, aber immer blutige, Tyrannei an der Macht zu bleiben.

Aber meine Verurteilung ist eine rein philosophische — sie hat nichts gemeinsames mit einer gerichtlichen Verurteilung. So sehr ich die Ansichten und die Methoden dieser Systeme ablehne, so wenig bin ich bereit, hinzunehmen, daß man auf den Nationalsozialisten, den Bolschewisten, den Faschisten usw. Druck ausübt, um es ihm unmöglich zu machen, seine Meinung zu sagen, oder daß man diese Menschen in den Tod schickt, wenn sie die Entscheidungsschlacht verlieren, nachdem sie die ersten Kämpfe gewonnen hatten. Im Namen jener kuriosen Freiheit, die nur denen zusteht, die sie erobert haben, hat Saint-Just die Französische Revolution umgebracht. Die Freiheit aber ist ein unveräußerlicher Besitz aller Menschen, einschließlich der Gegner der Freiheit. Obendrein sind diese ganzen irrenden Menschen nur die Produkte irrender gesellschaftlicher Systeme, ob es sich um Spartakus oder Hitler, Mussolini oder Castro, Lenin oder Franco handelt.

Wenn man die einen zu Verbrechern, die anderen zu Wohltätern der Menschheit erklärt, bringt man nur eine politische Meinung zum Ausdruck, die objektiv gesehen ohne Wert ist.

Für die Anhänger dieser ganzen Ideologien gilt, daß sie ein soziologisches Problem darstellen, daß ihre Einstellung sowohl ethisch wie philosophisch zu verurteilen ist, daß sie aber juristisch gesehen als Menschen unschuldig sind. Von jenen gesellschaftlichen Formen aber muß man feststellen, daß sie alle sowohl vom ethischen wie vom philosophischen und vom juristischen Standpunkt zu verurteilen sind. Solange es Gesellschaftsformen gibt, die Menschen unterdrücken, wird es Rebellen geben, die mit Gewalt dagegen vorgehen — wobei es leider immer viel mehr Rebellen geben wird, die sich selbst für Revolutionäre halten, als echte Revolutionäre.

Man muß also die Gesellschaftsformen, nicht die Menschen zur Rechenschaft ziehen. Die Erfahrung aller Völker lehrt, daß die Guillotine den Verbrecher vernichten kann — nicht das Verbrechen.

Aber diese Betrachtungen sind rein subjektiv — und die Objektivität verlangt, daß festgestellt wird, daß unter den Richtern einer saß, der überhaupt kein Recht hatte, die Wurzeln, die Ansichten und die Methoden des Nationalsozialismus zu verurteilen, weil die Wurzeln die Ansichten und Methoden des Systems, an das dieser Richter glaubte, sich in nichts von denen des Nationalsozialismus unterschieden. Aus diesen Gründen hätte dieser Richter auf der Anklagebank sitzen müssen, nicht unter den Richtern. Es muß weiter festgestellt werden, daß die anderen Richter kaum ausreichendere Qualifikationen aufweisen konnten. — Und was die Wurzeln, die Ansichten und die Methoden der Verbrecherbande betraf, so waren die Nationen dieser Richter früher garnicht so streng gewesen, denn bis 1939 hatte diese Bande anerkannte und geschätzte Botschaften und Gesandte in allen Hauptstädten dieser Welt, also auch bei jeder der jetzt richtenden Nationen — und auch in Genf beim Völkerbund, deren Mitglieder damals sogar so höflich gewesen waren, es nachdrücklich zu bedauern, als die Verbrecherbande unter lautem Türenknallen aus dem Völkerbund austrat.

Was ging das alles übrigens die anderen an?

Seit wann hat das Völkerrecht zu bestimmen, ob die Regierung, die sich ein Volk gegeben hat — oder die es erträgt, — richtig ist oder nicht? Das internationale Recht hat doch nur die Formen des Verkehrs zwischen den Staaten festzulegen; es hat doch nur den Regierungen die Anerkennung oder Nichtanerkennung, die Aufnahme oder Nichtaufnahme von Beziehungen zu ermöglichen. Zur Not hätte man verstanden, daß das deutsche Volk darüber richtet, ob seine Regierung richtig wäre oder nicht, insofern als die Tradition will, daß siegreiche Aufständische die besiegten Machthaber umbringen — oder umgekehrt, die Machthaber die Führer eines gescheiterten Aufstandes — das ist Tradition, kein Recht oder nur primitives Stammesrecht. Aber daß ein Gericht — auch noch ein internationales dazu! — nur gewählt vom Waffenglück und kraft eigener Machtvollkommenheit sich zuständig erklärt, darüber zu urteilen, ob eine Regierung rechtens besteht oder nicht — das ist doch wohl vollkommen unverständlich. Soviel ich weiß, ist noch nie die Rede davon gewesen, und wird hoffentlich auch nie die Rede davon sein, loszumarschieren, um die Russen von Chruschtschow zu befreien, die Kubaner von Castro oder die Spanier von Franco. Wir leben nicht mehr in den Zeiten Metternichs, des Wiener Kongresses und der Heiligen Allianz.

Und was die Eroberung der Macht mittels eines Umsturzes betrifft, so muß gesagt werden, daß die Methoden, die man den Angeklagten vorwirft, zu keiner Zeit verglichen werden konnten mit denen, die Chruschtschow in Ungarn, Fidel Castro auf Kuba oder Franco in Spanien angewandt hat.

Nur bis zum Münchner Putsch vom 8. November 1923 hat die NSDAP einen Umsturz durch Gewaltanwendung herbeiführen wollen; von diesem Datum an hat sie nur mit konstitutionellen und legalen Mitteln nach der Eroberung der Macht gestrebt. Daß ihre Propaganda immer einen gewalttätigen Charakter trug, daß ihre öffentlichen Versammlungen unter dem Schutz ihrer eigenen Ordnungsdienste stattfanden, läßt sich sicher nicht bestreiten und sicher ebensowenig, daß ihre Sturmabteilungen (SA) und Schutzstaffeln (SS), durch ihre militärische Ausbildung und Disziplin, ihr schnelles und sehr hartes Zuschlagen eine ungeheure Waffe darstellten, auch dann, wenn sie keine anderen Waffen trugen. Aber auch dabei muß man berücksichtigen, daß es sich seitens der NSDAP um eine Gegenmaßnahme handelte gegen die erklärte Absicht ihrer Gegner von links, diese Versammlungen mit Gewalt zu sprengen — und daß diese Gegner, um diese Versammlungen unmöglich zu machen, ebenso ausgebildete und disziplinierte Anhänger hineinschickten, die nicht weniger schnell und hart zuschlugen; denen man außerdem noch den Vorwurf machen mußte, daß sie mit provokatorischen Absichten dort erschienen.

Die Methoden mit denen die NSDAP ihren Kampf um die Macht führte, waren also mit Ausnahme eines Punktes — zu dem sie sich außerdem noch nicht aus freien Stücken, sondern unter dem Druck ihrer Gegner entschieden hatte — dieselben, die jede andere Partei anwendet, in jedem Lande, wo Parteien zugelassen sind: durch Teilnahme an den Wahlen.

Daß es sich trotzdem um einen Umsturz handelte, werde *ich* sicher nicht bestreiten, da ja, meines Erachtens in allen demokratischen Ländern der Erde, jene gewinnen, die Geld besitzen — und von den Geldbesitzern wieder jene, die die größten Summen aufwenden können um die öffentliche Meinung durch die geschriebene oder gesprochene Presse umzustimmen —also um die größte Anzahl Zeitungen zu kaufen.

Bis 1930 gehörte die NSDAP nicht zu den reichen Parteien und bis dahin waren ihre Wahlergebnisse nicht glänzend. Aber von 1930 an begann die Schwerindustrie sich für sie zu interessieren; alles änderte sich, wie man aus den Ergebnissen der Reichstagswahlen von 1924 bis 1933 ersehen kann. (Daneben steht die jeweilige Zahl der Arbeitslosen zur Zeit der Wahlen).

I. Von 1924 bis 1930

Datum	NSDAP-Stimmen	%	Sitze	Arbeitslose
4. Mai 1924	1 918 000	6,6	32	320 711
7. Dezember 1924	908 000	3	14	282 645
20. Mai 1928	810 000	2,6	12	269 443

II. Von 1930 bis 1933

Datum	NSDAP-Stimmen	%	Sitze	Arbeitslose
14. September 1930	6 407 000	18,3	107	1 061 570
31. Juli 1932	13 779 000	37,3	230	5 392 248
6. November 1932	11 737 000	33,1	196	5 355 428
5. März 1933	17 265 000	43,7	288	5 598 855

Das Anwachsen der Arbeitslosigkeit beunruhigte die Schwerindustrie ebenso wie die Arbeiter: die Volkswirtschaftler sind heutzutage der Ansicht, daß wenn mehr als 5 Prozent der berufstätigen Bevölkerung arbeitslos ist, soziale Unruhen drohen — und zu Beginn des Jahres 1930 war diese Grenze nicht nur erreicht sondern schon überschritten, während gleichzeitig die Folgen des Krachs an der New Yorker Börse in Europa spürbar wurden und die Arbeitslosigkeit auch schon in beunruhigendem Maße vergrößerten.

Es kam hinzu, daß die Schwerindustrie den Regierungsparteien die Schuld an der Inflation zuschob und ihnen vorwarf, daß sie die wirtschaftlichen Probleme des Landes nicht hatten lösen können. Kurz, die Schwerindustrie sah keine andere Möglichkeit als den Nationalsozialismus und setzte daher auf diese Karte. Zunächst zögernd und insgeheim, dann aber ganz offen. Daraus erklärt sich das völlig veränderte Bild der Wahlergebnisse vom 14. September 1930 an. Nachdem der Reichstag im zweiten Halbjahr 1932 zweimal aufgelöst worden war und die Wahlen vom 31. Juli und 6. November gezeigt hatten, daß die alten Parteien keine regierungsfähige Mehrheit alten Stiles mehr bilden konnten, entschlossen sich das Zentrum und die Deutschnationale Volkspartei unter v. Papen und Hugenberg, mit der NSDAP zusammenzugehen. Daher ernannte der bejahrte Reichspräsident, Feldmarschall von Hindenburg, am 30. Januar 1933 Hitler zum Reichskanzler. (Unter ähnlichen Umständen beauftragte der französische Präsident Coty am 30. Juni 1958 den General de Gaulle mit der Bildung einer Regierung).

Bei den Wahlen vom 5. März 1933 siegten Hitler und von Papen: 288 Nationalsozialisten und 52 Deutschnationale Abgeordnete wurden in den Reichstag gewählt; die neue Regierung verfügte also über 340 der 647 Sitze, somit über 16 mehr als die absolute Mehrheit; 52 Prozent der Wähler hatte sich für das Kabinett Hitler entschieden. Bis dahin war also alles nach der reinsten demokratischen Tradition verlaufen, entsprechend den Auffassungen der modernen Demokraten.

Wenn es eine Verschwörung gegeben hat, so war zweifelsohne die Zahl der Verschwörer überwältigend und es wäre sicher ein Irrtum zu glauben, daß nur die Deutschen sich an dieser Verschwörung beteiligt hätten. Ich habe bereits gesagt, daß die Machtergreifung durch die NSDAP finanziell in recht beträchtlichem Maße durch die Schwerindustrie gefördert wurde. Diese Hilfe wurde geleistet durch den Trick mit der gemeinsamen Stützungskasse der Industrie, deren Beträge der Bankier Schröder verteilte. Nach der Inflation wurden fast alle jene Industrieunternehmen, die ihre Beiträge in diese Kasse zahlten, selber von englischen oder amerikanischen Banken unterstützt. Es heißt, daß der amerikanische Chemiekonzern "Dupont de Nemours" und der englische Trust "Imperial Chemical Industries" die IG Farben unterstützte, mit der sie sich vorher in den Weltsprengstoffmarkt geteilt hatten, daß die New Yorker Bank Dillon den Vereinigten Stahlwerken, dem deutschen Stahltrust aushalf, andere wurden von Morgan oder Rockefeller subventioniert. So beteiligten sich das Pfund und der Dollar an der Verschwörung, die Hitler an die Macht brachte. Aber niemand hat gehört, daß Dupont de Nemours, Dillon, Morgan, Rockefeller usw. . . . als Komplizen vor dem Nürnberger Gericht erscheinen mußten. Auch während der Zeit, als die „Verschwörung" sich gegen die kollektive Sicherheit richtete, hatte die „Verbrecherbande" eine ganze Reihe ausländischer „Komplizen"; als das Verbrechen der Wiederaufrüstung durchgeführt wurde, leistete England Beihilfe (deutsch-englisches Flottenabkommen vom 18. Juni 1935), bei einem Angriffskrieg traten die Russen als Komplizen auf (deutsch-sowjetischer Nichtangriffspakt und Teilung Polens), und sogar Frankreich fehlte nicht in der Reihe (wenn man das Urteil der französischen Nachkriegspolitiker über die Beteiligung der Vorkriegsregierung am Münchener Abkommen übernimmt) und trotzdem war in diesen Fällen überhaupt nicht die Rede davon, daß die obengenannten die Bank der Richter verlassen müßten, um sich zu den Angeklagten zu gesellen. Aber hier berühren wir den Kern der ganzen Frage der Verbrechen gegen den Frieden. In Anwendung des Abschnittes a, Artikel 6 des Statuts, formulierte die Anklageschrift diesen Kern der Frage wie folgt:

„Die Ziele und Zwecke der Nazi-Partei sowie der Angeklagten und verschiedener anderer Persönlichkeiten, die zum einen oder anderen Zeitpunkt Führer, Mitglieder, Förderer oder Anhänger der Nazi-Partei (fortan mit dem Sammelnamen ‚Nazi-Verschwörer' bezeichnet) waren, bestanden darin oder entwickelten sich dahin, folgende Ziele mit allen ihnen gut scheinenden Mitteln, gesetzlichen wie ungesetzlichen, zu erreichen, wobei sie letzten Endes auch erwogen, ihre Zuflucht zu Drohung mit Gewalt, zu Gewalt und Angriffskrieg zu nehmen: 1. Den Versailler Vertrag und seine Beschränkungen der militärischen Rüstung und Tätigkeit Deutschlands aufzuheben und zu vernichten, 2. die Gebietsteile sich anzueignen, die Deutschland als Ergebnis des Weltkrieges 1914—18 verloren hatte, und andere europäische Gebiete, von denen die Nazi-Verschwörer behaupteten, daß sie in erster Linie von sogenannten „Volksdeutschen" bewohnt waren, 3. noch weitere Gebiete auf dem europäischen Kontinent und anderswo sich anzueignen, von denen die Nazi-Verschwörer behaupteten, daß die ‚Volksdeutschen' sie als ‚Lebensraum' benötigten, alles dies auf Kosten der benachbarten und anderer Länder."

Der erste Punkt betraf die deutsche Wiederaufrüstung, die dann auch zuerst von 1933 bis 1935 insgeheim betrieben wurde, später ganz offen; die Tatsache, daß Deutschland am 14. Oktober 1933 aus dem Völkerbund austrat, daß es am 10. März 1935 beschloß, eine Luftwaffe aufzustellen, daß es am 16. des gleichen Monats die Dienstpflicht wiedereinführte mit einer vorgesehenen Friedensstärke von 500 000 Mann: und schließlich, daß am 7. März 1936 deutsche Truppen in das bis dahin entmilitarisierte Rheinland einmarschierten. Der zweite Punkt betraf hauptsächlich Oberschlesien, das unter den neugeschaffenen Kleinstaaten und künstlichen Staaten aufgeteilt worden war, dann den Korridor, Danzig, Memel, Eupen und Malmedy usw. Er hätte sich auch auf das Saargebiet beziehen können, wenn dieses sich nicht bei der Volksabstimmung vom 15. Januar 1935 praktisch einstimmig für die Rückkehr in den deutschen Staatsverband bekannt hätte.

Und zum dritten Punkt, der alle Gebiete betraf, die im Kriege von den deutschen Armeen erobert worden waren, bei den Operationen gegen Polen, Rußland, Norwegen, Dänemark, Luxemburg, Belgien, Holland, Griechenland, Jugoslawien usw. . . . und der durch einen Friedensvertrag bereinigt werden sollte, so wurde hier gleich klar gemacht, durch welchen Mechanismus die Verantwortung für alles, was geschehen war, ausschließlich Deutschland aufgebürdet wurde:

„Als sie ihre Ziele immer weiter hinausrückten und ihre Zwecke schließlich derart ungeheuerlich wurden, daß sie nicht mehr, wie bisher durch opportunistische Methoden, wie Betrug und Täuschung, Drohung und Einschüchterungen, Tätigkeit der Fünften Kolonne und Propaganda, sondern nur noch mit Waffengewalt und Angriffskrieg erreicht werden konnten, planten die Nazi-Verschwörer vorsätzlich, beschlossen und entfesselten ihre Angriffskriege und Kriege unter Verletzung internationaler Verträge, Vereinbarungen und Zusicherungen . . ."

Das Gericht läßt diese Schlußfolgerungen der Anklage gelten und erklärt im Urteil, daß sie begründet seien (IMT Band I, S. 189ff.). Es war der Ansicht, aus dem im Prozeß vorgelegten Material gehe einwandfrei hervor, daß die Angeklagten sich tatsächlich 1920 verschworen hatten, die ihnen jetzt zu Last gelegten Verbrechen zu begehen — daß sie also vorsätzlich und in Kenntnis der Tatsachen gehandelt hätten. Zum schwerwiegendsten Beweismaterial gehörten:

das am 25. Februar 1920 in München veröffentlichte Programm der NSDAP (das aus 25 Punkten bestand, von denen die ersten drei als besonders belastend angesehen wurden);

eine Anzahl aus dem Zusammenhang gerissener Auszüge aus Reden Hitlers, die entweder vor dem Reichstag, im Sportpalast oder an anderen öffentlichen Plätzen gehalten worden waren;

eine Anzahl Ansprachen des gleichen Verfassers vor dem Generalstab der Armee — und zwar insbesondere die vom 5. November 1937

(Dokument Hossbach, PS 386, im Urtext in Band XXV, Seiten 402 bis 413, und die vom 23. Mai 1939, Dokument Schmundt L. 79 im Urtext IMT Band XXXVII, Seiten 546—556).
Schon hier möchte ich eine Tatsache erwähnen, die bei der Behandlung aller aufgeführten Unterlagen auffällt: sie werden alle in einem bestimmten Sinne interpretiert, gedeutet, die Interpretationen sind enthalten in den Übersetzungen — und diese Interpretationen — nicht die Texte selber — werden als Beweismaterial für die Thesen der Anklage verwendet und vom Gericht übernommen.
Wenn ich zum Beispiel Punkt 1 des Programms der NSDAP vom 25. Februar 1920 lese:

„Wir fordern den Zusammenschluß aller Deutschen auf Grund des Selbstbestimmungsrechtes der Völker zu einem Groß-Deutschland"

und ich finde im Urteil die folgende französische Übersetzung:

"Nous demandons la réunion de tous les Allemands dans la 'Plus Grande Allemagne' en accord avec le principe du droit des peuples à disposer d'eux-mêmes", (Band II, Seite 184),

was also heißt:

„Wir fordern den Zusammenschluß aller Deutschen auf Grund des Selbstbestimmungsrechtes der Völker im ‚größten Deutschland'",

dann kann ich nicht umhin zu bemerken, daß im ursprünglichen Text nur von einem Groß-Deutschland — ohne Anführungszeichen — die Rede war, und in der Übersetzung von „dem größten Deutschland" — *mit* Anführungszeichen — gesprochen wird, daß also der Text interpretiert und geändert worden ist.
Dieselbe Bemerkung gilt für Punkt 3, der im Urtext lautet:

„Wir fordern Land und Boden (Kolonien) zur Ernährung unseres Volkes und Ansiedlung unseres Bevölkerungsüberschusses",

die französische Übersetzung:

"Nous demandons de la terre et des territoires pour nourrir notre peuple, et la possibilité d'employer à la colonisation l'excédent de notre population",

was also, rückübersetzt, heißen würde: „Wir fordern Land und Boden zur Ernährung unseres Volkes und die Möglichkeit unseren Bevölkerungsüberschuß anzusiedeln".
Die Streichung der Klammern und ihres Inhalts läßt das tatsächliche Hauptanliegen: die Kolonien, in den Hintergrund treten.
Bei der Behandlung des Hossbach-Dokuments wird nicht anders operiert: eine Reihe von hypothetischen Annahmen, im Konditionalis, in der Bedingungsform, verwandeln sich bei der Übersetzung in ebensoviele bestimmte Behauptungen im Präsens, also in der Gegenwart, der Wirklichkeitsform.

Dadurch konnte man in Nürnberg zu der Schlußfolgerung gelangen, Hitler hätte, als Kanzler, schon am 5. November 1937 beschlossen, sich des Krieges zu bedienen, als der einzigen Möglichkeit zur Lösung der deutschen Frage[11] einen Beschluß den er — wie die Anklage behauptete — als Parteichef schon 1920 gefaßt hätte.

Aber hierzu gibt es eine Erklärung des W. L. Shirer — oder vielleicht stammt sie von seinem französischen Übersetzer, denn sie fehlt in der deutschen Ausgabe — eine Erklärung, die als Fußnote auf Seite 333 der französischen Ausgabe seines Buches "Le IIIe Reich des origines à la chute" (deutsch: „Aufstieg und Fall des Dritten Reiches") erscheint:

„Fast alle deutschen Berichte über private Gespräche Hitlers oder anderer Persönlichkeiten bringen die dort gemachten Äußerungen in der dritten Person, in der ‚indirekten Rede', obwohl der Text oft, ohne die Interpunktionen zu ändern — Sätze in der ersten Person einfließen läßt. Diese Praxis bedeutete ein Problem bei der Übersetzung. Da mir daran gelegen war, die Dokumente wahrheitsgetreu wiederzugeben und die verwendeten oder angeführten Ausdrücke genau zu bringen, hielt ich es für besser, diese Berichte nicht durch eine Umstellung in die erste Person oder eine Streichung der Anführungszeichen, zu ändern. Hätte ich die letztgenannten Änderungen angebracht, so wäre der unrichtige Eindruck entstanden, als hätte ich mir erlaubt, frei zu referieren. Die Verfasser der deutschen Berichte haben vor allem die Zeiten der Verben geändert, indem sie die Gegenwart (Präsens) durch die

---

11 Das Hoßbachdokument wurde als das belastendste von allen angesehen, weil es darin hieß: „Zur Lösung der deutschen Frage könne es nur den Weg der Gewalt geben und dieser könne niemals risikolos sein . . . ", welcher Satz folgendermaßen übersetzt wurde: „La question allemande ne peut être résolue . . . " usw. (= „Zur Lösung der deutschen Frage k a n n es nur . . . usw.). Es haben damals alle Politiker, mit wenigen Ausnahmen, die gleiche Ansicht ausgesprochen und zwar in der Form: „Nur mit Gewalt wird man Deutschland an der Erreichung seiner Ziele hindern können". Es handelte sich dabei um eine Anwendung des berühmten römischen Sprichworts: „Si vis pacem, para bellum" (Wenn Du Frieden haben willst, mußt Du zum Kriege rüsten), eine Auffassung, die in allen Ländern der Welt herrschte — und noch jetzt herrscht, wie aus dem Tagesbefehl des Generals de Gaulle vom 1. 1. 1962 an die französischen Truppen zu ersehen ist. „Bereiten Sie sich vor auf die großen Kampfhandlungen, die möglicherweise der französischen Nation und ihren Bundesgenossen in Europa auferlegt werden können . . . Niemals konnte mit größerem Recht gesagt werden, daß das Schicksal Frankreichs abhängt von seiner militärischen Macht".

Das ist noch wesentlich genauer als die Worte, die Hitler — nach dem Hoßbachbericht — an die Oberbefehlshaber der Wehrmachtsteile gerichtet haben soll.

Müssen wir daraus schließen, daß — falls dieser Krieg, auf den man „sich vorbereiten soll", sich nicht vermeiden ließe und mit einem neuen Nürnberg enden würde — General de Gaulle gehängt werden dürfte?

Als es sich übrigens ein Jahr später, 1938, darum handelte, zur Tat zu schreiten im Sinne der ersten der Möglichkeiten von denen der Hoßbach-Bericht im Konditionalis spricht (Tschechoslowakei) präzisierte Keitel am 17. Dezember 1938 in seiner Anordnung zur Durchführung der vorbereiteten Maßnahmen, daß die Intervention nach außen hin „als eine reine Befriedungsaktion und nicht als eine kriegerische Unternehmung erscheinen soll". (In Nürnberg wurde diese Äußerung weder von der Anklage noch im Urteil berücksichtigt).

Vergangenheit (Imperfekt) ersetzen und das Fürwort der ersten Person durch das der dritten. Wenn man im Auge behält, daß diese Änderungen vorgenommen worden sind, dürften Mißverständnisse ausgeschlossen sein".

Aber Hoßbach selber, der Mann der den Bericht niederschrieb, hat sich geirrt in den Zeiten der Verben. Keiner weiß das so gut wie Herr Shirer. Die Ankläger und die Richter waren sich auch darüber im Klaren. Es dürfte, meines Erachtens, kaum möglich sein, in naiverer Form eine begangene Fälschung zu gestehen.

So sind die Angeklagten schon mal in diesem Falle — verurteilt worden auf Grund dessen, was Hitler *hätte sagen sollen,* nicht was er *gesagt hat.* Wenn der Historiker und der Richter kommender Tage dann auch noch berücksichtigen, daß es sich hier überhaupt nicht um eine offizielle Niederschrift handelte, daß der Bericht am 10. November 1937 verfaßt wurde, also nach fünf Tagen, an Hand einiger Notizen, die am 5. November, während der Besprechung, flüchtig hingeworfen worden waren, daß er weder von dem Betroffenen nachgelesen, noch damals zur Kenntnis dritter Personen gebracht wurde, usw. . . ., so werden sie, der Historiker und der Richter kommender Tage, den Bericht sicher mit großer Vorsicht betrachten.[12] Und von dem Schmundt-Bericht kann dasselbe gesagt werden.

Während einer Verhandlung im Prozeß drückte einer meiner damaligen Freunde, der von einer großen Pariser Zeitung als Journalist nach Nürnberg geschickt worden war, folgendermaßen seine Verwunderung aus über die Haltung der Angeklagten. In seinem Jargon sagte er:

„Es ist komisch! Es werden ihnen Texte vorgelesen in ihrer eigenen Sprache — und natürlich erkennen sie die Echtheit an. Dann werden die Argumente aus diesen Texten einzeln behandelt — und dann tun sie, als ob sie nicht mehr verstünden und ihre Anwälte in noch viel lauteren Tönen. Die ! — und nichts davon verstehen. Ich würde ihnen was husten! . . ."

Man braucht nur diese damals nicht veröffentlichten Dokumente zu lesen, dann wird alles klar.

Wie konnten die Angeklagten das auch verstehen: es wurde ihnen mitgeteilt, daß von *Großdeutschland* die Rede sein würde, und dann wurden Argumente gegen *das Größte Deutschland* vorgebracht — sie erfuhren, daß die Kolonien zur Sprache kommen würden, worauf

---

12 Bezüglich dieses Dokumentes kann man noch hinzufügen, daß, als Dr. Siemers, der Verteidiger des Großadmirals Raeder, am 16. Mai 1946 die Echtheit des Berichtes anzweifelte, weil er nicht den üblichen Vermerk „Geheime Reichssache" trug (IMT Band XIV, Seite 433), der wiedergefundene Verfasser gebeten wurde, sich schriftlich zu dieser Frage zu äußern — er wurde nicht vorgeladen, das wäre zu gefährlich gewesen. Am 18. Mai 1946 erklärte er, daß er nicht dafür bürgen könne, daß der dem Gericht vorgelegte Text eine genaue Kopie seiner Notizen wäre. (IMT Bd. XLII, Seiten 228 bis 230); ohne weiteren Kommentar.

Vorwürfe im Zusammenhang mit Oberschlesien, Polen und der Ukraine erhoben wurden.
Oder aber es wurde den Angeklagten ein Text vorgelesen, in dem jemand Mutmaßungen darüber anstellte, *was sein würde*, wenn dies oder jenes geschähe. Die Anklage verlangte dann aber, daß sie sich verteidigten, als ob im Text von *Tatsachen* die Rede gewesen wäre. Wie ich schon sagte, steckte ein gut Teil Macchiavellismus in diesem Vorgehen, das darin bestand, erst den deutschen Angeklagten einen Text in ihrer Muttersprache vorzulesen und ihn als echt anerkennen zu lassen, dann englische, russische und französische Übersetzungen vorzulegen, die mit dem deutschen Urtext nichts mehr gemeinsam hatten, um schließlich aus diesen Übersetzungen Argumente zu ziehen, die dann wieder ins Deutsche rückübersetzt wurden.
Viele auf diesem Wege eingeschobene Interpretationen wurden von den Angeklagten oder ihren Anwälten während der Verhandlungen berichtigt — also auf frischer Tat — aber es gab soviele, daß einige natürlich durchschlüpften — und das Unglück wollte, daß es nicht immer die unbedeutendsten waren.
Aber ebenso wie die Kriegsverbrechen zwingen uns auch die Verbrechen gegen den Frieden auf die Ebene der harten Tatsachen. Allerdings werden wir uns auch in diesem Falle (wie bei den Kriegsverbrechen) nur gerade solange aufhalten, wie unbedingt erforderlich, um dem Leser jenen Überblick zu vermitteln, den er braucht um das Problem zu verstehen, das ihm als Stoff zum Nachdenken dienen möge.

*

Wenn ich mich richtig erinnere, erzählt La Fontaine in einer Fabel, wie der Löwe, nachdem er zusammen mit der Färse, der Ziege und dem Schaf gejagt hat, aus der gemeinsamen Beute vier Teile machte und dann erklärt, daß der erste Teil ihm gehöre, da er ja der König sei, der zweite Teil ihm gehöre, da dies sein Anteil sei, der dritte Teil gleichfalls ihm zustehe, weil er der Stärkste sei — und daß er — was den vierten Teil angehe, — jeden erwürgen würde, der darauf etwa irgendwelche Ansprüche erheben wolle. Der Dichter kam nicht auf den Gedanken, einen Gerichtshof einzuberufen, um diesen eindeutigen Verstoß gegen die Gesetze und Bräuche der Jagd zu verurteilen. Wäre ihm aber der Gedanke gekommen, so hätte er zweifelsohne auch einen Rechtsgelehrten, Dr. Fuchs, dazuerfunden, der in seinem Strafantrag den Verstoß festgestellt hätte, sodann, daß es sich hier um *ein* Jagdverbrechen handelte — aber sicher nicht um vier: für den Juristen Dr. Fuchs wie für den Angeklagten, Loewe, hätte die gedachte Vierteilung die Jagdbeute, im vorliegenden Falle den Hirsch — das

Corpus Delicti — wie auch das Vergehen (hier also die Anwendung des Rechtes des Stärkeren) ungeteilt gelassen und nur nach vier begrifflichen Kategorien unterschieden und verurteilt.

Zu behaupten, daß es sich bei der Zerschlagung des Versailler Vertrages, bei der Wiederaufrüstung Deutschlands, bei der Rückgewinnung von Gebieten, die durch den Ersten Weltkrieg verloren gingen, bei der Gewinnung anderer Gebiete — sowie bei der vorsätzlichen Absicht, Angriffskriege zu führen, jeweils um selbständige Vergehen handelte, von denen jedes eine separate Anklage erforderte — ist vielleicht sehr geistreich, insofern als hier der Vorsatz und der Rückfall alle gesondert geahndet werden können und dem Ankläger Publikumseffekte großer Eleganz erlaubten.

Aber hätte der Prozeß sich nicht in jener Massenhysterie abgespielt, hätte es in jenem improvisierten Gerichtssaal nicht jene ungeheure Anzahl von "femmes des Halles" und "tricoteuses"[13] und ihresgleichen gegeben, die außerdem noch überall auf der Welt die Straßen wie die Zeitungen füllten, so wäre auch dem einfältigsten Zuschauer bald klar geworden, daß, wenn es überhaupt ein Verbrechen gab unter dem was hier, mit tausend Etiketten versehen, vorgetragen wurde, so in Wahrheit nur eines: die Zerschlagung des Versailler Vertrages, das Recht des Stärksten der Fabel.

Um im Stil der Fabel fortzufahren und um den Vergleich zu vervollkommnen, brauchte man sich nur noch vorzustellen, daß die demokratischen Tiere, die Färse, die Ziege und das Schaf, zu denen sich noch ein Esel gesellt hätte aus Repräsentationsgründen und ein Puter, weil es den in jedem Schwank gibt, sowie ein Fuchs für die Inszenierung und ein Wolf zur Aufrechterhaltung der Moral — daß also alle diese Tiere zusammen den Löwen überwältigt und ihn in feste Ketten gelegt hätten um ihn so langsam verenden zu lassen, wobei sie dafür sorgten, daß das Schauspiel lange dauerte und jeden Tag alle zusammen hinzogen, damit ihnen bloß nichts entging: ein richtiger Völkerbund der Tiere, wobei ein angezogener Affe recht gut den Boten abgeben könnte und ein altes, gackerndes Huhn die Presse.

Was sage ich . . . sich das vorstellen? Ist der Platz im Konzert der Nationen, den hier der Löwe in Ketten einnimmt, nicht genau der Platz, zu dem der Vertrag von Versailles Deutschland verurteilen wollte?

Eines Tages, nach furchtbarem Blutverlust und mehr tot als lebend, wußte der deutsche Löwe seine Ketten zu sprengen — das war alles.

---

13 „Femmes des Halles" und „tricoteuses" (Marktfrauen und Strickerinnen) saßen während der französischen Revolution im Saal des Revolutionstribunals und forderten stets, daß die Angeklagten zum Tode verurteilt würden. Man nannte sie die „Furien der Guillotine".

Wie in der Fabel von La Fontaine war eine englische Ratte, vielleicht auch eine amerikanische oder vielleicht auch von jeder Seite eine, im richtigen Augenblick aus der Erde gekommen und hatte ein Kettenglied an der richtigen Stelle angenagt.

Aber, um wieder zur Welt der Menschen zurückzukehren — die Frage, die beantwortet werden soll, ist: ob der deutsche Löwe das Recht hatte, seine Ketten zu sprengen oder, anders gesagt, es ist die Frage nach der Unantastbarkeit der Verträge, insbesonders der Friedensverträge.

Es kann vorkommen, daß irgend ein Vertrag einmal nicht die schriftliche Fixierung eines Kräfteverhältnisses ist: ein Zollabkommen zum Beispiel, oder der Europäische Gemeinsame Markt . . . Im Falle des Gemeinsamen Marktes muß noch der Vorbehalt gemacht werden, daß der Zusammenschluß der Sechs bedingt ist durch eine Gefahr, die sie alle bedroht, daß Deutschland, dem nur wenige Vorteile aus dieser Lage zufallen, trotzdem zur Teilnahme gezwungen wurde durch die neue Konstellation, in die es sich am Ende des Zweiten Weltkrieges hineingestellt sah. Weiter muß auch noch berücksichtigt werden, daß England sich so unwiderstehlich dazu hingezogen fühlt, weil seine Nichtteilnahme bedeuten würde, daß ihm der Zugang zu den wesentlichsten Märkten des Festlandes versperrt wäre. Es gibt auch nurwirtschaftliche Kräfteverhältnisse. Im Anfang sind sogar alle Kräfteverhältnisse wirtschaftlicher Art; diesen Charakter behalten sie solange, als die Probleme, die sich den Staaten aus dem rein kommerziellen Güterverkehr und der Eroberung der Märkte stellen, auf dem Wege des friedlichen Wettbewerbes gelöst werden können — solange die Kaufleute den Staat nicht bitten, Soldaten zu schicken, um einen Markt zu behalten, bzw. einen Markt zu erobern, der ihnen verschlossen wurde oder den sie aus Preisgründen verloren. Aber wenn wir von diesem äußersten Schritt einmal absehen, können wir also sagen, daß man sich durchaus Verträge vorstellen kann, die auf friedlichem Wege geschlossen und aufgehoben werden — und sie kommen sogar recht häufig vor, in allen Fällen, in denen keine allzu schwerwiegenden Interessen auf dem Spiele stehen. Es ist bemerkenswert, daß kein Jurist je auf den Gedanken kam, auch solche Verträge als unantastbar hinzustellen.

Friedensverträge hingegen sind nie etwas anderes als die schriftliche Fixierung eines einmal erreichten Kräfteverhältnisses: hier diktiert stets die eine Partei (die des Siegers) der anderen ihre Bedingungen, die der Unterlegene nur unterschreibt, weil ihm das Messer an der Kehle sitzt. Obwohl dieses Verfahren seit eh und je als unsittlich angeprangert wird, ist es bisher noch keiner internationalen Körperschaft gelungen, bindende Rechtsgrundsätze aufzustellen, durch die die Rechte des Siegers eingeschränkt und die unverlierbaren Rechte des Besiegten anerkannt werden. Es herrscht noch immer das "Vae victis!" — „Wehe den Besiegten!"

Bis zum Beginn dieses Jahrhunderts wollte es eine uralte Tradition, daß man sich den Krieg nur auf Grund der auf dem Spiele stehenden allerhöchsten Interessen — der Ehre des Vaterlandes — erklärte, ohne daß man ihn weiter moralisch oder juristisch zu rechtfertigen hatte. Man schlug sich nach der Art der Wilden, soweit es die dazumal erreichten Fortschritte in der Kunst des Zerstörens gestatteten. Man brandschatzte und wurde nach Belieben des Siegers gebrandschatzt, je nachdem, wie die Waffen entschieden hatten. Weiße Fahnen, Waffenstillstand, Verträge — alles verlief von der Kriegserklärung bis zum Friedensschluß nach einem ererbten ritterlichen Ehrenkodex. Es gab stets einen schurkischen Ritter, das war natürlich immer der Feind. Nach Unterzeichnung des Vertrages, mit dem der Krieg beendet wurde, trennten sich die Gegner nach den Regeln des Protokolls, schüttelten sich feierlich die Hände und der Besiegte drapierte sich mit seiner Würde, wenn er die Bedingungen des Siegers vernahm, wobei er durchblicken ließ, daß das letzte Wort noch nicht gesprochen sei!
In diesem Stil wurde noch der französisch-deutsche Krieg von 1870/71 erklärt, geführt und beendet.
Obwohl zwischenzeitlich mancherlei Versuche gemacht waren (besonders in Den Haag, vgl. Anmerkung 2), den Krieg nach einem von Juristen und nicht von Haudegen aufgestellten Kodex ablaufen zu lassen, so verliefen beim Krieg 1914—18 wenigstens die Vorbereitung und die Kriegserklärung nach diesen Spielregeln. Beweis ist die von Poincaré — nach dem Nürnberger Statut einwandfrei ein Kriegsverbrecher! — offen betriebene Revanche-Politik. Deutschland hatte im Frieden zu Frankfurt nichts getan, um einer solchen Politik vorzubeugen. Sein Unbehagen äußerte sich nur auf traditionelle Weise: durch Prahlereien als Antwort auf die Prahlereien der Gegenseite und durch die Versicherung, daß man bereit sei, den über lange Jahre hinweg täglich zugeworfenen Fehdehandschuh, wenn nötig aufzunehmen. Die Heiligkeit der Verträge war kein Gesetzbuch-Paragraph, sondern ein ererbtes Faktum, bei dem trotz der schon bestehenden internationalen Konventionen von beiden Partnern stillschweigend vorausgesetzt wurde, daß die Verträge nur so lange heilig blieben, bis das Waffenglück anders entschied. Es entsprachen einander: Poincaré, der den Frankfurter Vertrag eine Schande für Frankreich nannte und erklärte, er wolle ihn mit Waffengewalt zerreißen — und Bethmann-Hollweg, als er alle Verträge, die ihn in Zentral-Europa,

auf dem Balkan, in Afrika und im Mittleren Osten beengten, als „Fetzen Papier“ [14] bezeichnete.

Ob diese Beispiele Ausnahmen sind, die keine Verallgemeinerung zulassen, oder im Gegenteil ganz typische Fälle, nach denen allgemeingültige Regeln aufgestellt werden können, kann der Leser entscheiden, wenn er sich überlegt, in welcher Lage gegenüber und vor der heutigen öffentlichen Meinung sich ein Jurist befinden würde, der verlangt hätte, daß etwa die Heiligkeit der folgenden Verträge, über die Jahrhunderte hinweg, anerkannt würde:

Verdun (843: Teilung des Reiches Karls des Großen);
Le Cateau-Cambrésis (1559: Ende des Italienischen Krieges und Liquidation der Folgen des Hundertjährigen Krieges, der 1453 ohne irgend einen Vertrag endete, wenn man von *Troyes*, 1420, absieht, dem der König von England seinen Titel „König von Frankreich“ verdankte, der noch bis zum Ende des letzten Jahrhunderts unter den Apanagen der Krone figurierte);
Westfälischer Friede (1648: Ende des Dreißigjährigen Krieges);
Wien (1814—15: Ende der Napoleonischen Kriege) usw.

Es gibt nämlich keinen Mittelweg. Wenn die Heiligkeit der Verträge ein Gesetz ist, dann sind alle Verträge heilig. Dann gibt es keinen Ausweg mehr, denn jeder neue Vertrag ist eine Verneinung der Heiligkeit des vorhergehenden. Wenn die Richter in Nürnberg von der Heiligkeit der Verträge sprachen, dachten sie in Wirklichkeit immer nur an Versailles! Aber warum soll Versailles heiliger sein als Frankfurt und Frankfurt heiliger als Wien oder Verdun?

Man sieht, — die These, daß ausschließlich der Versailler Vertrag heilig sein sollte, ist weder sittlich noch historisch noch juristisch vertretbar. Sie gründet sich auf das Waffenglück. Wenn die Waffen anders gesprochen und den Sieg den Besiegten geschenkt hätten, dann würde die umgekehrte These triumphiert haben, für deren Richtigkeit sich heute andere, nicht weniger zahlreiche und nicht weniger kompetente Juristen verbürgen würden. Andererseits kann aber die Heiligkeit auch ziemlich elastisch sein, wenn man an die finanziellen Sanktionen denkt. Die gleichen Richter hatten Versailles nicht für unantastbar gehalten, als sie zwischen 1919 und 1930 der Herabsetzung der deutschen Reparationen von 132 Milliarden Goldmark [15] auf eine Summe in der Gegend von Null zustimmten. Die Bestimmungen über

---

14 Dieser Ausdruck hat in der Presse seine Reise um die Welt gemacht und wird sogar von Schulen und Universitäten zitiert. In Wirklichkeit hatte von Bethmann-Hollweg nur von einem „Stück Papier“ gesprochen.

15 Die Väter des Versailler Vertrages hatten eine Kommission zum Studium der Reparationsfrage eingesetzt, deren Beschlüsse in mehreren Darstellungen veröffentlicht wurden, wobei aber auffällt, daß sie sich, was die Höhe der zu leistenden Zahlungen betrifft, widersprechen. So gibt Benoist-Méchin in seinem Buch „Histoire de l'Arméé allemande“ 212 Milliarden an. Die tatsächliche Höhe aber war 132 Milliarden.

die territorialen Grenzen waren auch nur für Deutschland heilig, denn heute sind sie so gut wie alle durch neue, für Deutschland wesentlich schlechtere ersetzt — zum Vorteil Rußlands. Ich habe schon gesagt, daß England, von den Vereinigten Staaten in dieser Politik im Hintergrund ermutigt, die militärischen Klauseln des Vertrages niemals als unabänderlich angesehen hat, nicht einmal zu Hitlers Zeiten (Flottenvertrag vom Juni 1935).

Was Rußland betrifft, so änderte es seine Meinung am 18. September 1934, als Litwinow in Genf den Antrag auf Aufnahme in den Völkerbund stellte, welcher Antrag von Yvon Delbos und Barthou befürwortet wurde. Bis zu jenem 18. September 1934 hatte es den Versailler Vertrag als ein „Diktat aus Haß und Raubgier" bezeichnet und den Völkerbund als eine „Liga von Banditen". Diese Gedanken beherrschten Rußland, als es am 17. April 1922 mit Deutschland den Rapallo-Vertrag unterzeichnete (der später durch den ersten Deutsch-Sowjetischen Nichtangriffspakt vom 24. April 1926 ergänzt wurde); es war der erste Versuch einer russischen Außenpolitik, die darauf abzielte, alle 1914—18 besiegten, durch das „Banditendiktat" unterdrückten Länder in einem Block zu sammeln.

Aus alledem erkennt man, daß die Heiligkeit des Vertrages von Versailles in den Augen von wenigstens drei der Nürnberger Richter zeitweilig eine gewisse Elastizität besaß.

Wenn ich nun aus dem Vorhergehenden folgere, daß es überhaupt keine unabänderlichen Verträge gibt, so glaube ich nicht, daß man diesen Schluß als leichtfertig anprangern kann. In dem Stil, der bis Versailles Mode war, waren Verträge nicht unabänderlich, weil sie nur das jeweils gegebene Verhältnis der Kräfte fixierten, das sich ständig ändert, weil jeder geschichtliche Augenblick sein eigenes Kräfteverhältnis hat, das mit Gewalt den Vertrag zerbricht, der in einem vorherigen Gewaltausbruch fixiert wurde.

Es ist eine Schlange, die sich selbst in den Schwanz beißt, ein geschlossener Kreis, und aus einem solchen Kreis kann man sich nur befreien, indem man ihn zerschlägt; vielleicht ist mit diesem Hinweis der richtige Moment gekommen für einen Überblick über die Versuche, die bisher unternommen wurden, um diesen schrecklichen Kreis zu zerschlagen. Dabei wird man erkennen, in welchem, zwar nicht originellen, aber doch recht kuriosen geschichtlichen Rahmen der Versailler Vertrag und der Nürnberger Prozeß zu Hause sind.

Gegen Ende des XIX. und am Anfang des XX. Jahrhunderts setzte sich in den geistigen Strömungen jener Zeit die Idee einer Ablehnung des Krieges aus Gewissensgründen durch. Sie erfaßte sowohl die Arbeiterbewegung wie die öffentliche Meinung und veranlaßte fast alle Regierungen dazu, zuerst eine Humanisierung des Krieges ins

Auge zu fassen und als weiteres Ziel eine Ungesetzlicherklärung anzustreben: die auf den internationalen Konferenzen von Den Haag 1899 und 1907 erarbeiteten Konventionen müssen als Äußerung dieses erwachenden Gewissens angesehen werden.[16]

Erstes Paradoxon: Es war nicht Frankreich, das sich gern brüstet, Urheber aller humanitären Ideen zu sein, sondern das zaristische Rußland, das 1899 die Initiative ergriff, und auch 1907 war es wieder nicht Frankreich, sondern die Vereinigten Staaten. Frankreich war damit beschäftigt, seine Revanche gegen Deutschland vorzubereiten, die Revanche für den Frieden von Frankfurt, und dieser Aufgabe widmete es sich mit Leib und Seele. Trotzdem nahm es an den Konferenzen teil und unterschrieb die dabei ausgearbeiteten Entschließungen.

Ein weiteres Paradoxon: In dem Maße, in dem die Konferenzen jener Periode in der öffentlichen Weltmeinung an Gunst gewannen (27 Teilnehmer 1899, 44 im Jahre 1907) und wie in den unterschriebenen Entschließungen Maßnahmen festgelegt wurden, durch die Kriege vermieden oder zumindest ihre Ausweitung und unhumane Führung verhindert werden sollte, — in gleichem Maße wuchsen auch alle die Spannungen, die in ihrer Häufung den Krieg von 1914 unausweichlich machten. Viele ehrenwerte Leute haben damals gedacht, daß die meisten Teilnehmer an den Haager Konferenzen nichts anderes im Sinne hatten, als die Menschheit hinters Licht zu führen. —

Kurz: vom 2. August 1914 bis zum 11. November 1918 wurde gekämpft. Die Friedensverhandlungen begannen am 19. Januar 1919 in Paris und am 28. Juni 1919 wurde in Versailles der Vertrag unterzeichnet, der Kriegszustand offiziell beendet. Die Bedingungen, unter denen der Vertrag ausgearbeitet und unterschrieben wurde, sowie seine Klauseln wird der Leser in einem weiteren Kapitel finden, das diesem Thema gewidmet ist. Er wird da lesen, daß kein Besiegter je so gedemütigt worden ist, seit es Soldaten gibt, und daß das Selbstbestimmungsrecht der Völker noch nie derart mit Füßen getreten wurde, seit es Juristen gibt — selbstverständlich mit Ausnahme von 1945 und den folgenden Jahren. Nur die militärischen Klauseln waren annehmbar, da sie auf Gegenseitigkeit beruhten. Aber das Übrige? Nicht ohne Erstaunen kann man beispielsweise die deutsche Reparationsschuld von 132 Milliarden Goldmark, entsprechend 165 Milliarden Goldfranken[17] mit den 5 Milliarden in gleicher Währung vergleichen, die Deutschland von Frankreich beim Frankfurter Frieden gefordert hatte, eine Summe, die Thiers zu lauten Protestrufen veranlaßte. Man denke

16 Vergleiche Anmerkung 2

17 Das deutsche Volksvermögen wurde damals auf 260 Milliarden Goldmark, das französische auf 250 Milliarden Goldfranken beziffert.

auch an die Gebiets-Amputationen, die Art, in der man sie rechtfertigte und was schließlich daraus geworden ist.
Am Tage nach der Unterzeichnung des Versailler Vertrages sahen sich die Sieger in der folgenden Lage: nachdem sie für eine „Welt des Rechtes und der Kultur" nach den von den Haager Konferenzen erarbeiteten Prinzipien ins Feld gezogen waren und gegen die Losung „Macht geht vor Recht", die man Kaiser Wilhelm II. und seinem Kanzler von Bethmann- Hollweg in den Mund gelegt hatte — hatten sie dem besiegten Deutschland gegenüber nichts besseres getan, als gerade nach dem Prinzip „Macht geht vor Recht" zu handeln. Und dabei hätte es, gerade damals nach dem Kriege eine so einmalige Gelegenheit gegeben, den schrecklichen Kreis des Unrechts, das immer wieder neues Unrecht auslösen mußte, zu brechen, wenn man ohne Rücksicht auf den Ausgang der Kämpfe zu einem Frieden bereit gewesen wäre, dessen gerechte Bedingungen bewiesen hätten, daß für die Alliierten ihre verkündeten Kriegsziele nicht nur Worte waren und daß bei ihnen das Recht vor der Macht den Vorrang habe.[18] Welches Vorbild hätten die Alliierten dann der Welt gegeben. Stattdessen aber . . .
Damit will ich keineswegs behaupten, daß der Versailler Vertrag unter solchen, besseren Bedingungen unabänderlich geworden wäre: wenn auch die Form, in der sich bis dahin der Wandel im Verhältnis der Kräfte ausgedrückt hatte, für immer aus dem internationalen Leben verbannt wäre, so gab es doch den Ständigen Haager Gerichtshof, der 1899 gegründet worden war; er konnte von Zeit zu Zeit der gesellschaftlichen Entwicklung Rechnung tragen. Denn die Struktur der Gesellschaft ist ebenso wandelbar wie das Verhältnis der Kräfte — und jeder historische Augenblick hat seine eigene Sozialstruktur.[19]
Ich glaube, man wird leicht verstehen, daß kein zur Zeit der Feudalherrschaft abgeschlossener Vertrag, mag er das Ergebnis einer Machtkonstellation oder eines freien Übereinkommens gewesen sein, heutzutage imstande wäre, die Beziehungen zwischen den großen Nationen der Neuzeit zu regeln. Ebensowenig kann ein 1919 unter allgemeiner Zustimmung unterzeichneter Vertrag für die Welt in sagen wir zweihundert Jahren bindend sein.
Nein. Wenn Verträge auch keine „Fetzen Papier" sind, so können sie

18 Das hatte Präsident Wilson im Sinne, als er die 14 Punkte aufstellte. Hierzu vergl. den zweiten Teil dieses Buches.

19 Die Präambel des Versailler Vertrages, die untrennbar mit dem Vertrag verbundene Völkerbundssatzung, enthielt übrigens einen Artikel 19, der eine Revision vorsah, für den Fall, daß der Vertrag unanwendbar würde. Die verschiedenen Revisionsanträge, die deutscherseits von 1920 bis 1939 gestellt wurden, stützen sich gerade auf diesen Artikel 19: in Wahrheit war der Vertrag schon unanwendbar im Augenblick, wo er unterschrieben wurde.

doch auch wieder nicht als völlig starre Regeln gelten in einer Welt, in der nichts unveränderlich ist. Das einzige Problem ist das ihrer periodischen Revision, und dafür gibt es nur zwei Möglichkeiten: Entweder vollzieht sich die Änderung durch einen neuen Ausgleich des Machtverhältnisses, also durch Krieg, oder durch internationale Konferenzen in dem Stil, der in Den Haag festgelegt wurde.

Als wieder Frieden war, wollte man im Rahmen des Völkerbundes die in Den Haag begonnenen Gespräche fortsetzen. Der Versuch führte aber zu nichts, weil man sich auf der Grundlage der Machtverhältnisse bei gleichzeitiger Annahme allgemeiner freiwilliger Zustimmung unterhielt. Einesteils gab es da die ehemaligen, bis an die Zähne bewaffneten Sieger, die aus dieser Lage heraus die unwahrscheinlichsten Auffassungen zur Geltung bringen konnten, anderenteils das entwaffnete Deutschland, — ohne Rückhalt und gezwungen, alles mit sich geschehen zu lassen, wie der angekettete Löwe bei La Fontaine. Bis eine Ratte im günstigen Augenblick erschien . . .

Diese Situation war unhaltbar. Sie war es umsomehr, als sie auf einen eindeutigen Vertragsbruch seitens der Sieger beruhte. Die Präambel zu den fünf Abschnitten des Versailler Vertrages, die sich mit der deutschen Militärmacht beschäftigen, lautete: „Um die Einleitung einer allgemeinen Rüstungsbeschränkung, *aller* Nationen zu ermöglichen, verpflichtet sich Deutschland, die im folgenden niedergelegten Bestimmungen über das Landheer, die Seemacht und die Luftfahrt genau innezuhalten."

Als Deutschland seinen Verpflichtungen nachgekommen war und abgerüstet hatte, bis auf den vom Versailler Vertrag vorgeschriebenen Stand, wollten die Sieger ihre Verpflichtungen nicht mehr erfüllen — am wenigsten Frankreich; die anderen schlossen sich eigentlich hauptsächlich an, weil sie Frankreich nicht in den Rücken fallen wollten. Wir werden noch sehen, daß England zum Beispiel bis 1935 dem Gedanken einer Rüstungsbeschränkung gar nicht ablehnend gegenüberstand.

Der Irrtum — um kein härteres Wort zu gebrauchen — der Nürnberger Anklänger und Richter war es, daß sie den Versailler Vertrag als eine vollgültige Rechtsquelle benutzten und so taten, als ob es sich dabei um mehr als eine bloße Fixierung der zur Zeit der Unterschrift bestehenden Machtverhältnisse handelte, als ob die Verfasser der Vertragsbestimmungen sich nicht als erste gegen sie vergangen hätten, und als ob der deutsche Entschluß, den Vertrag zu zerreißen, nicht eine Antwort gewesen wäre auf die Vertragsbrüche seitens der Sieger. Es ist ein charakteristisches Merkmal jeder einzelnen Phase der Deutschland von der Nürnberger Anklageschrift als Verbrechen vorgeworfenen Wiederaufrüstung, daß es sich immer um eine *Antwort*, um einen *Gegenzug* handelte:

Am 14. Oktober 1933 verläßt Deutschland den Völkerbund: Deutschland hat seit Jahren die Militär-Klauseln des Versailler Vertrages erfüllt, der Locarno-Vertrag hat dies anerkannt und Marschall Foch hat es 1927 bei der Rückkehr von einer Inspektionsreise durch Deutschland bestätigt. Trotzdem weigert sich Frankreich seinerseits, seinen Verpflichtungen nachzukommen, obwohl England und die Vereinigten Staaten ihm dieserhalb Vorhaltungen machen. Der Völkerbund ist außerstande, Frankreichs Haltung zu beeinflussen, bleibt aber bei seiner feindseligen Ablehnung, wenn Deutschland gleiches Recht für alle verlangt.

Die Abrüstungskonferenz scheitert an diesem Problem: Der MacDonald-Plan zur Begrenzung der Rüstungen (Abschaffung aller Offensivwaffen: Bomber, Panzer, schwere Artillerie usw.) wird von Frankreich nicht angenommen. Am 16. Mai 1933 richtet Präsident Roosevelt an 44 Staatsoberhäupter eine Botschaft, die den Mac-Donald-Plan erneut zur Diskussion stellt. Am 17. Mai hält Hitler vor dem Reichstag eine Rede, in der er den Plan annimmt. Frankreich gibt nicht nach, der Völkerbund versucht nicht einmal, es zum Nachgeben zu zwingen und bleibt sogar bei seiner Haltung, Deutschland die Gleichberechtigung zu verweigern. Die deutsche Meinung ist: Entweder Frankreich und die anderen Nationen halten, wie wir, die in Versailles übernommenen Verpflichtungen ein und rüsten ab, oder wir rüsten auf. Die deutsche Note wird zurückgewiesen. Darauf tritt Deutschland am 14. Oktober 1933 aus dem Völkerbund aus und knallt die Tür zu. Am 12. November billigen 95 Prozent der Wähler Deutschlands bei einer Volksabstimmung diese Entscheidung.

Vor dem Unterhaus macht Lloyd George am 15. Oktober 1933 mit folgenden Worten Frankreich verantwortlich:

> „Während vieler Jahre hat sich Frankreich geweigert, seinen Abrüstungs-Verpflichtungen nachzukommen, ja, es hat sogar nach Locarno nicht aufgehört, noch weiter aufzurüsten."

Man hätte hinzufügen können, daß es nach dem Versailler Vertrag auch noch dem Geist von Locarno zuwidergehandelt hatte. In seinem Buch "La France a sauvé l'Europe" gibt Paul Reynaud zu, daß diese Haltung Frankreich „in den Augen der Welt für das Wettrüsten verantwortlich machte, das zwangsläufig zum Kriege führen mußte" (Band 1, S. 294).

10.—16. März 1935: Schaffung der Wehrmacht, Wiedereinführung der Dienstpflicht, Festlegung der Friedensstärke des Heeres auf 500 000

Mann: Am 6. Februar 1934 ist in Frankreich die Regierung Doumergue an die Macht gekommen. Barthou ist ihr Außenminister. Seine erste Maßnahme ist, daß er die Politik von Locarno über den Haufen wirft und sie durch die der Einkreisung Deutschlands ersetzt, indem er eine Annäherung an Sowjet-Rußland betreibt, dessen Aufnahme in den Völkerbund er am 18. September erreicht. März 1935 laufen die Gespräche, die am 2. Mai zum Abschluß des französisch-sowjetischen Paktes führen, auf vollen Touren. Stalin erklärt, daß Frankreich „das Recht hat, seine Rüstung seinem Bedürfnis nach Sicherheit anzupassen". Dann wird die Militärdienstzeit in Frankreich verlängert usw. usw. Auf diese Verletzung der Verträge von Versailles und Locarno hin kündigt Hitler offiziell alle Militärklauseln des Versailler Vertrages, beschließt die Schaffung einer Luftflotte und führt die Militärdienstpflicht wieder ein.

Wenn die Sicherheit Frankreichs einen Schutz braucht, das von nun an eingekreiste Deutschland benötigt ihn auch.

Man muß folgendes im Auge behalten: England, das Frankreich immer wieder — und zwar mit gutem Recht, das steht unzweifelhaft fest — die Verantwortung für das sich ständig verstärkende Wettrüsten zuschob, war selbst auch nicht konsequent gewesen. Denn im Juni 1935 schloß es mit Deutschland einen Flottenvertrag, der dessen Seekriegstonnage im Vergleich zu der in Versailles vorgesehenen nicht unbeträchtlich vergrößerte, und zwar sowohl über, wie unter Wasser. Trotzdem erhob England in Nürnberg Klage gegen Deutschland, es habe den Versailler Vertrag gebrochen. Wohl wurde Deutschland der Bau der Luftflotte, die Wiedereinführung der Dienstpflicht und die Vergrößerung der Landstreitkräfte als Verbrechen vorgeworfen, nicht aber die auf Grund des Flottenvertrages durchgeführte Aufrüstung zu See, die übrigens nicht die Zustimmung Frankreichs fand. Man hätte ja auch England der Mitschuld anklagen müssen — und England war doch Richter! Es gab eben doch noch Rücksichtnahme zwischen den Staaten, selbst in Nürnberg!

7. März 1936. Deutschland besetzt „symbolisch" die entmilitarisierte Zone des Rheinlands: Dies ist eine eindeutige Verletzung des Versailler Vertrages. Sie ist die logische Folge der bereits besprochenen Entwicklung und die letzte Antwort Deutschlands auf die Unterzeichnung des französisch-sowjetischen Pakts. Am 2. Mai 1935 unterschrieben, wurde dieser Vertrag vom französischen Parlament erst am 27. Februar 1936 ratifiziert. Hitler hatte eine Ablehnung erwartet, aber die Ratifizierung erfolgte mit 353 gegen 164 Stimmen. Am 21. Februar hatte Hitler Bertrand de Jouvenel, der ihn für die Zeitung "Paris-Midi" interviewte, erklärt:

„Sie haben ein Deutschland vor sich, von dem 9/10 ihrem Führer vertrauen, und dieser Führer ruft Ihnen zu: Seien wir Freunde! Ja, ich weiß, was Sie alle denken. Sie sagen: Hitler gibt uns Friedens-Erklärungen, aber sind die ehrlich gemeint, ist er ehrlich? Überlegen Sie doch! Wäre es für unsere beiden Länder nicht vernichtend, wenn wir uns noch einmal auf neuen Schlachtfeldern zerfleischen würden? Meine persönlichen Bemühungen um eine solche Annäherung werden fortdauern; sachlich gesehen würde dieser mehr als bedauerliche Vertrag natürlich eine neue Lage schaffen . . . Sie lassen sich in das diplomatische Spiel einer Macht hineinziehen, die nichts sehnlicher wünscht, als die großen europäischen Nationen in ein Chaos zu stürzen, deren Nutznießer sie sein würde . . . Es gibt im Leben der Völker entscheidende Augenblicke. Heute kann Frankreich, wenn es will, für immer einen Schlußstrich unter das Kapitel ‚Deutsche Gefahr' ziehen, die Ihre Kinder von Generation zu Generation fürchten lernen, und Sie können die fürchterliche Hypothek löschen, die auf der Geschichte Frankreichs liegt: Die Chance ist Ihnen allen gegeben. Wenn Sie sie nicht ergreifen, so denken Sie an Ihre Verantwortlichkeit gegenüber Ihren Kindern."

Die französische Regierung veranlaßte die Direktion von "Paris-Midi" dieses Interview, das am 23. Februar[20] erscheinen sollte, erst am Tage *nach* der Parlaments-Abstimmung, am 28. Februar 1936, zu veröffentlichen, und zwar aus Furcht, es könne das Ergebnis der Abstimmung, auf die Hitler so große Erwartungen setzte, beeinflussen. Es bestand aber von vornherein wenig Wahrscheinlichkeit, daß es Einfluß haben würde. Die Anwort Hitlers auf die Machenschaften der französischen Regierung und die Abstimmung des Parlaments ließ nicht lange auf sich warten: Am 7. März besetzte er das Rheinland. Und so geht es weiter bei allen Vorwürfen, die gegen die Nürnberger Angeklagten in der Anklageschrift vorgebracht und im Urteil berücksichtigt wurden. Es genügt, diese wenigen Beispiele zu bringen, um zu zeigen, daß Deutschland, selbst Hitler-Deutschland, für diesen teuflischen Rüstungswettlauf, der zum Kriege führte, nicht die alleinige Verantwortung trug, daß die Richter einen ebenso großen Anteil daran hatten, wie die Angeklagten, und daß — um ganz genau zu sein — die erste Verantwortung auf Frankreichs Schultern lag, da es ganz allein die Waffenstillstandskonferenz an der Erreichung ihrer Ziele gehindert hatte, von Zielen, die kein anderer Staat als Frankreich abgelehnt hatte.

Man hat sich oft gefragt, warum Frankreich mit solcher Hartnäckigkeit die Abrüstung ablehnte. Auf diese Frage antwortet das "Journal officiel de la République francaise" vom 26. März 1938. Senator Paul Laffont erhielt vom Wirtschaftsministerium über die aus Frank-

20 Jean Galtier-Boissière und Michel Alexandre: Histoire de la Guerre de 1939—1945, Bd. I, Paris 1946, S. 12.

reich nach Deutschland seit 1934 ausgeführten Mengen Eisenerz folgende Auskünfte:

Die nach Deutschland im Laufe des Jahres 1934, 1935, 1936 und 1937 exportierten Mengen an Eisenerz (No. 204 des Zolltarifs) sind in der folgenden Tabelle aufgeführt:

Jahre	Mengen in Doppelzentnern
1934	17 060 916
1935	58 616 111
1936	77 931 756
1937	71 329 234

Man kann ermessen, welche Verluste Herr François de Wendel und seine Kollegen von der Eisenindustrie im Departement Meurthe et Moselle erlitten hätten, wenn Frankreich Deutschland keine Gründe für eine Wiederbewaffnung geliefert hätte. Um einen genauen Eindruck zu bekommen, braucht man nur die Ausfuhrziffern vor (1934) und nach (1935 und folgende Jahre) dem deutschen Beschluß zur Wiederaufrüstung miteinander zu vergleichen.
Jean Galtier-Boissière und Michel Alexandre, deren Werk ich diese Einzelheiten entnehme, folgern:

„Es wird für die französischen Kämpfer von 1939—1940 ein Trost sein zu erfahren, daß die Geschosse, von denen sie verstümmelt wurden, aus dem Erz gegossen waren, das von Herrn François de Wendel und seinen Kollegen von der Eisenindustrie in Meurthe et Moselle in patriotischer Weise exportiert wurde."

François de Wendel war eine Persönlichkeit, deren Einfluß in der Zeit zwischen den beiden Weltkriegen auf die französische Politik beträchtlich war. Am 11. Januar 1923 hatte Poincaré unter dem Vorwand unzureichender Anlieferung von Telegraphenmasten auf Reparationskonto das Ruhrgebiet besetzen lassen, um ihm billig den zur Verarbeitung des lothringischen Erzes unersetzlichen Koks zu verschaffen; ohne diesen Koks konnte das Erz nur ausgeführt, aber nicht verarbeitet werden. Die Operation scheiterte. Statt ihn den Preis für den deutschen Koks bezahlen zu lassen, zögerte Barthou, der alles nur mit de Wendels Augen sah, nicht, die Abrüstung zu torpedieren, um ihm mit Deutschland einen guten Kunden für sein Eisenerz zu verschaffen . . . Man hat aber nicht gehört, daß François de Wendel von den Nürnberger Richtern als Komplize vorgeladen worden wäre. Ebensowenig wie das mit Dupont de Nemours, mit den Leitern des englischen I.C.I.-Konzerns, der Bank Dillon, mit Morgan, Rockefeller usw. geschehen ist, die die deutschen Industrie-Unternehmungen subventionierten, aus deren Propaganda-Kassen die NSDAP ihr Geld bezog.

D. Verbrechen gegen die Menschlichkeit

Was Artikel 6, Abs. c der Nürnberger Anklageschrift effekthaschend als „Verbrechen gegen die Menschlichkeit" definiert, das sind die Bedingungen unter denen Hunderttausende, ja vielleicht gar Millionen von Männern, Frauen, Greisen und Kindern in die Konzentrationslager deportiert wurden[21], unter denen sie dort leben mußten und dabei in einem Prozentsatz, den niederzuschreiben sich die Feder sträubt, gestorben sind. Sie wurden rücksichtslos ermordet oder gingen langsam an der unsagbar schlechten Behandlung zu Grunde, die ihnen zuteil wurde. Besonders hart wurden die Juden betroffen: von den Rassengesetzen bis zu den so viel diskutierten Gaskammern reichten ihre Leiden.

Die Tatsache, daß der Eichmannprozeß — entgegen den Erwartungen seiner Organisatoren — nur ein so geringes Interesse zu wecken vermochte, die Tatsache, daß die großen Zeitungen auf die Reaktion ihrer Leser hin ihre Starreporter bald wieder zurückriefen und nur ihre Sonderberichterstatter oder Korrespondenten zweiter Kategorie dort ließen, die Tatsache, daß der Prozeß in allen, auch in jüdischen Kreisen auf Ablehnung und Entrüstung stieß. . ., das alles zeigt, daß sich in diesem ganzen Fragenkomplex schon eine andere Wahrheit als die von Nürnberg durchgesetzt hatte, eine andere Wahrheit, die etwa folgendermaßen lautete:

In keiner der bisher veröffentlichten Darstellungen — ob es sich nun um den rassischen Aspekt oder um den Vorgang an sich handelte —

---

21 Die Umstände gaben mir Gelegenheit, das Lager Buchenwald ganz aus der Nähe zu studieren, denn ich war dort selbst inhaftiert. Ich bin zu folgenden Schlüssen gekommen: In dieses Lager mit seinen 136 Kommandos scheinen in den Jahren 1937 bis 1944 insgesamt 238 980 Personen eingeliefert worden zu sein, von denen laut Statistik insgesamt 56 545 starben. Die Sterblichkeit wäre danach 23 Prozent. Dies ist ein außerordentlich hoher Satz, wenn man bedenkt, daß die Sterblichkeit in Europa normalerweise bei ungefähr 20 pro Tausend liegt. Ich kann allerdings nicht garantieren, daß diese Rate von 23% tatsächlich zutrifft, und zwar aus folgenden Gründen: Die Eingänge wurden nur einmal registriert, die Toten dagegen konnten in gewissen Fällen auch zweimal aufgeführt worden sein, das erste Mal bei dem Kommando, in dem sie starben (z. B. Dora), das zweite Mal in Buchenwald selbst, wo bis zu dem Tage, an dem die Kommandos eigene Krematorien erhielten, die Leichen des ganzen Komplexes eingeäschert wurden. In den Statistiken sind in der Tat die Toten aller Kommandos zu den Einäscherungen in Buchenwald hinzuaddiert. Die Sterblichkeitsrate könnte daher etwas, allerdings nicht viel, niedriger liegen: Auch 20 Prozent zum Beispiel, wäre immer noch katastrophal hoch. Der Weihbischof von München, Mgr. Neuhäusler, hat die gleichen Untersuchungen über das Lager Dachau, in dem er interniert war, angestellt und kommt dabei zu denselben Schlüssen, wie ich für Buchenwald: Von 199 519 bis 206 206 Insassen (die Unsicherheit stammt daher, daß es zwei Reihen von Numerierungen in der Registratur gab) sind 67 665 gestorben, d. h. 28 Prozent. Wie in Buchenwald wurden auch hier die Toten der Kommandos zu denen des Hauptlagers hinzugezählt. Dazu muß man jedoch sagen, daß die SS-Leitung des Lagers nur etwa 26 000 Tote registriert hat (nach dem Buch von Weihbischof Mgr. Neuhäusler „So war es in Dachau"). Pastor Niemöller dagegen behauptet in einer am 3. Juli 1946 gehaltenen und unter dem Titel „Der Weg ins Freie" bei Franz M. Hellbach in Stuttgart verlegten Rede,

wurde die Deportation je als eine historische Tatsache behandelt, die, wie alle historischen Tatsachen, den Gesetzen der Geschichte unterläge — sie wurde vielmehr immer so dargestellt, wie es bestimmte politische Zwecke erforderten, nämlich die der internationalen zionistischen Bewegung und jener europäischen Staatsmänner, die durch die deutsche Niederlage wieder in den Sattel gehoben worden waren. Der Nürnberger Prozeß hatte die Aufgabe, diese Darstellung zu rechtfertigen. Die historische Wahrheit kraft eines gerichtlichen Urteils ermitteln zu wollen, ist auch eine der tragischen Neuerungen unserer Zeit.

Dieses Urteil wurde bis in seine nebensächlichsten Einzelheiten von der Presse, dem Rundfunk und von den modernsten Propagandamitteln, sowie — nicht zu vergessen — durch die Literatur über die Konzentrationslager zergliedert und in der ganzen Welt verbreitet. Auch bei Leuten, die in Sachen Geschichte recht beschlagen waren, hat das zum Ergebnis geführt, daß nicht mehr die historische Tatsache das politische Mögliche definierte; im Gegenteil: die historische Tatsache wurde den politischen Wünschen angepaßt. Das mußte auffallen, und es fiel auch auf. Es ist sicherlich wahr, daß man einen einzelnen Menschen sehr lange betrügen kann und viele Leute eine gewisse Zeit lang, aber es ist unmöglich, die ganze Welt dauernd zu täuschen. Man ging nach einer ziemlich einfachen Methode vor:

„Der Gerichtshof" sagte Artikel 19 des Nürnberger Statuts „ist an Beweisregeln nicht gebunden. Er soll in weitem Ausmaß ein schnelles, nicht formales Verfahren anwenden."

---

daß in Dachau 238 756 Personen eingeäschert wurden. Diese Zahl liegt höher als die Gesamtsumme aller Inhaftierten.

Nach der Niederschrift dieser Fußnote wurden neue Entdeckungen in der Kartei des Lagers Dachau gemacht. Mgr. Neuhäusler hat sie ehrlicherweise in der Rede erwähnt, die er am 16. März 1962 in Dachau vor Abordnungen aus 15 Ländern hielt. Die große französische Zeitung „Figaro" vom 17. März 1962 berichtet wie folgt über die statistischen Angaben in dieser Rede:

„An diesem Nachmittag versammelten sich die Pilger trotz strenger Kälte und Schneesturm im Lager Dachau, in dem 30 000 von den 200 000 Menschen aus 38 Nationen, die hier zwischen 1933 und 1945 interniert waren, vernichtet wurden."

Alle Tageszeitungen veröffentlichten die gleichen Zahlen. Es wurden also 30 000 Deportierte in Dachau eingeäschert (das entspricht einer Sterblichkeit von 13 Prozent — immer noch ein erschreckend hoher Satz) und nicht 67 665, wie sich aus den ersten Berechnungen von Mgr. Neuhäusler ergeben hatte.

In den Lagern, die nur für Juden bestimmt waren — wie Auschwitz — lag die Sterblichkeitsrate sicher höher, ohne auch nur annähernd jene Zahlen zu erreichen, die von der Presse zu Propagandazwecken veröffentlicht wurden.

Obwohl man keine, — oder noch keine — genauen Unterlagen über diese Lager besitzt, kann man sich doch schon heute, wie ich zeigen werde, ein gewisses Bild davon machen. Die Verantwortlichkeit für die hohe Sterblichkeit liegt ohne Zweifel bei der SS, aber auch bei jenen Häftlingen, die die Lagerverwaltung bildeten. Häufig ist nämlich nicht bekannt, daß die Lager von den Insassen selbst verwaltet wurden im Auftrag der SS, die nur die Torwachen stellte. Bezüglich dieser Seite des Problems verweise ich den Leser auf mein Buch „Mensonge d'Ulysse" (in deutscher Übersetzung: „Die Lüge des Odysseus").

Und Artikel 21:

„Der Gerichtshof soll nicht Beweis für allgemein bekannte Tatsachen fordern, sondern soll sie von Amts wegen zur Kenntnis nehmen."

In der Praxis arbeitete man mit diesen beiden Verfügungen etwa wie folgt: Als, um nur ein Beispiel zu nennen, ein tschechischer Kommunist, Dr. Franz Blaha, am 11. Januar 1946 vor den Schranken des Gerichts erklärte:

„. . . die Gaskammer in Dachau wurde im Jahre 1944 vollendet; ich wurde zu Dr. Rascher gerufen, um die ersten Opfer zu untersuchen. Von den acht bis neun Personen, die sich in dieser Gaskammer befanden, waren noch drei am Leben, die anderen waren tot. Ihre Augen waren rot, usw. (IMT Band V, Seite 198),

verlangte das Tribunal, das laut Artikel 19 nicht an die technischen Regeln der Beweisführung gebunden war, keine Unterlagen, und die Behauptung wurde als allgemein bekannt (Artikel 21) ohne weitere Formalitäten als bewiesen angesehen.
Heute weiß man, daß die Dachauer Gaskammer erst nach dem Ende des Krieges von SS-Häftlingen, die auf die bisherigen Lagerinsassen gefolgt waren, fertiggestelt wurde, und daß dort niemals eine Vergasung stattgefunden hat.
Man kann also sagen, daß der tschechische Kommunist Dr. Franz Blaha ein ganz gewöhnlicher Falschzeuge war.
Aber man kann auch fragen: Wieviele solcher Blahas gab es unter den Leuten, die da reihenweise in den Zeugenstand traten oder deren eidesstattlichen Erklärungen vor Gericht verlesen wurden und die im gleichen Sinne über die Lager von Bergen-Belsen, Ravensbrück, Mauthausen, Auschwitz usw. „Zeugnis" ablegten?
Im August 1960 hatte das Münchner „Institut für Zeitgeschichte", wahrscheinlich veranlaßt durch das Aufsehen, das meine sehr aufmerksam verfolgte damalige Vortragsreise durch Deutschland erregte, auf der ich diese Frage stellte, in der Presse folgendes mitgeteilt:

„Weder in Dachau noch in Bergen-Belsen, noch in Buchenwald sind Juden oder andere Häftlinge vergast worden. Die Gaskammer in Dachau wurde nie ganz fertiggestellt und in Betrieb genommen . . . Die Massenvernichtung der Juden durch Vergasung begann 1941/42 und fand ausschließlich in einigen wenigen hierfür ausgewählten und mit entsprechenden technischen Einrichtungen versehenen Stellen, vor allem im besetzten polnischen Gebiet (aber nirgends im Altreich) statt." („Die Zeit", Hamburg, 19. 8. 1960).

Obwohl noch im Juni 1961 in Jerusalem „Zeugen" vor dem Gericht, das gegen Eichmann verhandelte, erschienen sind mit der Erklärung, sie hätten ihre Leidensgenossen in die Gaskammer von Bergen-Belsen wandern sehen — ohne daß man sie wegen falscher Aussage aus dem Saal gejagt oder wegen Mißachtung des Gerichts während der Sitzung verhaftet hat — so besteht die Frage nach der Existenz von Gaskammern tatsächlich nur noch für Auschwitz und „die Lager im besetzten Polen".

Dies vereinfacht das Problem sehr im Vergleich zu 1948. Um das Vorhandensein von Gaskammern in Zweifel zu ziehen, besaß ich damals nur: erstens das Protokoll des Nürnberger Prozesses, zweitens die Untersuchung über den Prozeß gegen die Personen, die für Dachau verantwortlich waren (von amerikanischen Behörden für deren Begnadigungsausschuß redigiert) und drittens meine eigenen Erfahrungen in Buchenwald-Dora. Damals waren erst wenige Dokumente veröffentlicht. Stattdessen überfiel die Schundliteratur — denn die sogenannte KZ-Literatur ist nichts anderes — die öffentliche Meinung und erfand Gaskammern in fast allen Konzentrationslagern. Ich begann damals an Hand der von den Siegern manipulierten Unterlagen zu beweisen, daß die Dachauer Gaskammer eine ebenso grausige wie widerliche Erfindung war. Gestützt auf meine eigenen Erfahrungen führte ich den gleichen Nachweis für Buchenwald und Dora, jene Lager über die einer meiner Mithäftlinge, ein Priester, geschrieben hatte, er habe „Tausende und Abertausende von Menschen" in die dortigen Kammern gehen sehen (Abbé Jean-Paul Renard, "Chaînes et Lumiéres", Paris 1947). Und so arbeitete ich weiter an Hand des einschlägigen Materials, das die dreizehn Prozesse in Nürnberg nach und nach zu Tage förderten . . .

Selbstverständlich wurde ich ausgiebig verunglimpflicht und sogar verklagt, aber dann natürlich freigesprochen. Von diesem Tage an war die Partie gewonnen: Heute steht fest, daß es im ganzen Reichsgebiet kein Lager mit Gaskammern gegeben hat, und auch das „Institut für Zeitgeschichte" in München, das ein Muster des Antinationalsozialismus und des Widerstandes ist, mußte das schließlich zugeben.

Heute sind eigentlich nur noch die Dokumente und Zeugenaussagen über das Vorhandensein und den verbrecherischen Einsatz von Gaskammern in den Lagern des besetzten Polen zu überprüfen; und zwar will ich das ebenso gewissenhaft tun, wie ich jenes andere Material durchleuchtet habe, das entweder einem Gericht vorgelegt oder aber der öffentlichen Meinung vorgesetzt wurde, um dann von einem Gericht unbesehen und ohne Beweis als „allgemein bekannte Tatsachen" angenommen zu werden, — in Anwendung der Artikel 19 und 21 des Nürnberger Statuts.

Soweit mir bekannt, hießen jene Konzentrationslager im besetzten Polen: Auschwitz, Birkenau, Chelmno, Belzec, Maidanek, Sobidor und

Treblinka. Die Existenz und die Verwendung von Gaskammern[22] in den letztgenannten fünf Lagern wird nur durch *ein* Dokument bezeugt: das sogenannte Dokument *Gerstein,* das am 30. Januar 1946 vom französischen Staatsanwalt Dubost unter der Nummer PS 1533 vorgelegt wurde. Inhaltsübersicht und wesentliche Auszüge daraus findet man im Anhang * zu diesem Buch. Die Geschichte des Dokuments ist so seltsam, sein Inhalt so offensichtlich unwahr, daß auf die Verlesung vor Gericht verzichtet wurde (IMT Band VI S. 401) und es nicht als Beweismaterial gegen die Angeklagten galt. Trotzdem hat die gesamte Presse es als authentisch angesehen und gegen andere Angeklagte in den späteren Nürnberger Prozessen, besonders in dem Verfahren gegen die nazistischen Organisationen, erneut vorgebracht. Leute wie Poliakow — die sich Historiker nennen! — stellen es in ihren Büchern ("Le Bréviaire de la Haine", S. 228ff.) noch so dar, als ob es echt wäre und in den Prozessen verwendet worden sei.
Man zitiert auch das Dokument Nr. 365, den Brief eines gewissen Dr. Wetzel[23] vom 15. Oktober 1941, in dem von „Gasapparaten" die Rede ist.
Schließlich bringt man noch die Zeugenaussagen von Rudolf Hoess, dem Lagerkommandanten von Auschwitz, der den oben erwähnten Brief Wetzels gelegentlich gelesen haben will, (PS 3868 IMT Bd. XI, S. 468ff.; Band XXXIII S. 275—279), und dessen im Gefängnis nach seiner Verurteilung zum Tode verfaßten Memoiren (unter dem Titel „Der Lagerkommandant von Auschwitz spricht . . .") nach seiner Hinrichtung veröffentlicht wurden. Man wird später sehen, was von dieser Zeugenaussage zu halten ist.
Bleibt noch das Lager Auschwitz-Birkenau.[24]

---

22 Es handelt sich hier um die Auspuffgase von Dieselmotoren, die in Kammern von 25 Quadratmeter Fläche und 1,90 Meter Höhe geleitet worden sein sollen. Darin seien in Schüben von je 750 — 800 (!) etwa 20 000 bis 30 000 Personen täglich (!) vergast worden. In Jerusalem hat Eichmann erklärt, daß man ihm aus der Ferne „die kleinen Häuschen" gezeigt hätte, in denen, „wie man ihm sagte" . . . usw.

* Siehe Anlage 2.

23 Dieser Wetzel wurde am 17. August 1961 in Hannover verhaftet. Die deutschen Zeitungen vom 18. 8. 61 berichteten, daß er von einer staatlichen Pension von monatlich DM 1600.— lebte und daß er es dem englischen Historiker Reitlinger — Verfasser eines Buches, in dem die Existenz von Gaskammern auf Grund von Auskünften Wetzels behauptet wurde — verdankte, bisher niemals behelligt worden zu sein. Ich gebe das Allgäuer Anzeigenblatt vom 18. August 1961 wieder:
„Nach Ansicht der Behörde verdankt Wetzel sein jahrelanges Inkognito dem britischen Historiker Gerald Reitlinger, der in seinem als Standardwerk anerkannten Buch 'Die Endlösung' Wetzels Vornamen irrtümlicherweise mit ‚Ernst' angab.
Wenn das wahr ist, würde dadurch die Bedeutung des Dokuments No. 365 erheblich verringert werden, denn es zwingt die Historiker, sich zu fragen, ob es nicht wie Dokument Gerstein nachträglich als Mittel zum Zweck fabriziert wurde. Auf jeden Fall ist Wetzel verhaftet und man wird ihn sicher zum Sprechen bringen.

24 In diesem Lager sollen auch medizinische Versuche stattgefunden haben, wie sie auch in anderen Lagern und auch an nichtjüdischen Häftlingen vorgenommen wurden — hier

Die Literatur über das Lager Auschwitz-Birkenau, das letzten Endes das Kernproblem darstellt, ist sowohl sehr umfassend wie auch sehr detailliert, — so umfassend und so detailliert, daß diese Literatur sich dadurch selbst in Frage stellt: Die verschiedenen Dokumente dieser mächtigen Akte stimmen eigentlich *nur darin* überein, daß sie alle das Vorhandensein und die Verwendung von Gaskammern zur Vernichtung der Juden bestätigen.

Die Einzelheiten, die bei der Beschreibung der Örtlichkeiten und über den Vorgang selbst gebracht wurden, widersprechen sich so grundlegend, daß sie sich gegenseitig aufheben:

Wenn uns beispielsweise von zwei Augenzeugen einer berichtet, daß das Zyklon B (der Name des verwendeten Gases) in Tabletten vorliegt, aus denen das Gas bei Berührung mit Wasserdampf entweicht (Hoess), und der andere, daß Wasserdampf die Bildung des Gases verhindert (Dr. Miklos Nyiszli, Verfasser eines Buches, dessen französische Übersetzung "Médecin á Auschwitz" heißt), so ist klar, daß man nicht gleichzeitig dem einen wie dem anderen glauben kann. Die einfachste Überlegung beweist, daß einer der beiden eine falsche Aussage macht.

Wenn uns ein Zeuge sagt, daß er eine Gaskammer, die laut offiziellen Angaben 400 Quadratmeter Fläche hatte, betreten habe, daß sich auf beiden Seiten Sitzbänke und in der Mitte in Abständen von 20 Meter hohle Säulen befanden, daß sich in diesem Raum bequem

---

führte der bekannte SS-Obersturmbannführer Dr. Mengele, z. Zt. unbekannten Aufenthalts, solche Versuche durch. Diese fallen auch unter die Bestimmungen des Artikel 6 Abschnitt c des Statuts als Verbrechen gegen die Menschlichkeit, und haben alle zusammen den Gegenstand eines der dreizehn Nürnberger Folgeprozesse gebildet. In diesem Kapitel meiner Untersuchung soll davon nicht die Rede sein. Ich möchte im Augenblick den Leser nur auf das Buch des Dr. Francois Bayle, „Croix Gammée contre Caducée" („Hakenkreuz gegen Aeskulapstab"), verweisen, das diese Versuche behandelt. Obwohl ihm einige Irrtümer und Verwechslungen unterlaufen, die bei der Bearbeitung eines solchen Neulandes unvermeidbar sind, so zeugt es doch von einer unzweifelbaren Redlichkeit und ist das Ergebnis einer sehr langen und mühseligen Arbeit. Es muß übrigens gesagt werden, daß solche Experimente vor, während und nach dem Zweiten Weltkrieg in allen Ländern üblich waren und daß so gut wie alle Krankenhäuser — und einige Gefängnisse wie Sing-Sing in den Vereinigten Staaten — voll von menschlichen Versuchskaninchen für die Ärzte sind. Es war der Fehler Hitler-Deutschlands, diese Versuche an Personen ausgeführt zu haben, die nicht seine eigenen Untertanen waren. Aber bei Prüfung von Seren z. B. haben auch andere Nationen der Erde Untersuchungen an ihren Kolonialvölkern in großem Maßstab durchgeführt . . . Als Tatsache ist festzustellen, daß Himmler solche Versuche für alle Lager mit Rundschreiben vom 15. Mai 1944 untersagt hatte und daß es infolgedessen zumindest nach diesem Zeitpunkt nicht mehr möglich war, die Ergebnisse offiziell weiterhin an das „Institut für Rassenbiologische und Anthropologische Forschungen" zu senden, wie das der ungarische Kommunist Dr. Miklos Nyiszli in seinem Buch „Arzt in Auschwitz" behauptet hat. — Ein sehr überzeugender Beweis ist wohl die Tatsache, daß es gerade dieses Institut war, das damit beauftragt wurde, die experimentierenden Ärzte von dem Verbot in Kenntnis zu setzen. Das mindeste, was man sagen kann, ist, daß Berichte über Versuche n a c h dem 15. Mai 1944, die von „Historikern" vorgelegt werden, sicher Legenden sind.

3000 Personen bewegen konnten und daß sie nach Augenmaß etwa 200 Meter lang gewesen sei, dann muß man beim Lesen einer derartigen Ansammlung von Unwahrscheinlichkeiten annehmen, daß er nie den Fuß in einen solchen Raum gesetzt haben kann. Und wenn jemand wie dieser Dr. Miklos Nyiszli hinzufügt, „daß man nach der Vergasung die Toten am Ende der Kammer herausreichte", oder daß „1944" diese Vernichtungsmethode „seit vier Jahren angewandt" wurde, usw., dann muß man auch zum Schluß kommen, daß der Erzähler ein ganz billiger Schwindler ist.

Kurz und gut, beim ersten Nürnberger Prozeß gegen die Hauptkriegsverbrecher verfügte man über:

1. Aussagen von am Leben gebliebenen Personen, die ohne Ausnahme die Existenz von Gaskammern bezeugten, aber nicht auf Grund dessen, was sie *gesehen,* sondern was sie *gehört* hatten. Ihre Zeugenaussagen sind alle zu vergleichen mit der des Dr. Benedikt Kautsky, der nach seinem Vater eine führende Rolle in der Österreichischen Sozialdemokratischen Partei spielte und der drei Jahre in Auschwitz-Birkenau verbrachte; er schrieb über seine Erfahrungen ein Buch „Teufel und Verdammte" (1946 in der Schweiz erschienen):

„Ich will hier noch eine kurze Schilderung der Gaskammern einflechten, *die ich zwar selbst nicht gesehen habe, die mir aber von so vielen glaubwürdig dargestellt worden sind* . . . Die nackten Opfer wurden . . . in einem andern Raum zusammengepfercht, der gekachelt und mit Duschen an der Decke versehen war . . . War der Raum voll, wurden die Türen zugeschlagen und die Duschen in Tätigkeit gesetzt: ihnen entströmte kein Wasser sondern Gas . . . In Auschwitz sind durch Massenvergasungen mindestens 3½ Millionen Menschen getötet worden."

Dieser Zeuge sagt uns an einer anderen Stelle seines Buches, daß die Lebenserwartung eines Häftlings in Auschwitz vom Tage seines Eintreffens an gerechnet, bei etwa *drei Monaten* lag; er selbst hat dort drei Jahre verbracht und ist trotzdem am Leben geblieben. Niemals hat er eine Gaskammer gesehen; er gibt zu, daß er nur vom Hörensagen glaubwürdiger Personen berichtet. Trotzdem geizt er nicht mit Einzelheiten: er weiß, daß 3½ Millionen Menschen dort auf diese Weise vernichtet worden sind und daß das verwendete Gas schwerer als Luft war, denn es fiel von der Decke.[25] Dies ist wieder eine neue Version, denn andere Zeugen lassen das Gas aus Tabletten entstehen, die auf den Boden geworfen wurden und aus denen es sich dann

---

25 In Nürnberg hat Oberst Storey als amerikanischer Ankläger diese Behauptung vorgebracht und allen Ernstes das Dokument PS 2285 (IMT Bd. IV, S. 292) vorgelegt, in dem es heißt: „Wenn ein Transport aus zu vielen 'K'-Gefangenen bestand, wurde, um nicht durch die Messungen zu viel Zeit zu verlieren, Gas statt Wasser in die Duschräume gelassen."

nach einigen unter dem Einfluß von Wasserdampf, nach anderen durch die Einwirkung der Luft bildete.

2. Entsprechende Zeugenaussagen des Auschwitzer Lagerkommandanten Rudolf Hoess, von dem schon die Rede war, und von zwei Mitarbeitern Eichmanns: Obersturmführer Hoettl und Obersturmführer Wisliceny, von denen nur Hoettl noch am Leben ist; die zwei anderen wurden gehenkt.

Bezüglich Rudolf Hoess verweise ich den Leser auf mein Buch "Ulysse trahi par les siens." (Deutsche Übersetzung: „Was nun, Odysseus?", Wiesbaden 1960). Er hat seine Angaben mit Bleistift auf Altpapier, schwer entzifferbar und schlecht leserlich, niedergeschrieben. Ein Mann, der zum Tode verurteilt war, *mußte* sich dazu getrieben fühlen, das zu sagen, was seiner Meinung nach geeignet wäre, seinem Gnadengesuch zum Erfolg zu verhelfen. Er widerspricht sich übrigens selbst von einer Seite zur anderen. Aus Hoettls Aussage hebt man nur die Zahl der vernichteten Juden hervor, die ihm von Eichmann vertraulich mitgeteilt worden sein soll: 4—5 Millionen, die man, um nicht zu knapp zu sein, auf 6 Millionen aufrundete. Eichmann erklärte jedoch in Jerusalem, daß er Hoettl nie solche vertrauliche Mitteilungen gemacht habe.

Von Wisliceny stammt außer der Bestätigung dieser Zahl eine Aussage, nach der Eichmann ihm einen Brief Himmlers gezeigt hätte, laut dem die „Endlösung der Judenfrage" mit Hilfe der Gaskammern zu betreiben sei. Auch hierzu erklärte Eichmann, daß er niemals einen schriftlichen Befehl dieser Art erhalten habe; zu Wisliceny habe er nur gesagt, daß „Heydrich ihn zu sich befohlen habe um ihm mitzuteilen, daß der Führer die physische Vernichtung der Juden befohlen habe".[26] Wisliceny also hat gelogen. Man kann dies — ohne Befürchtung, dementiert zu werden — behaupten, denn auch das Problem der Vernichtungsbefehle ist heute geklärt:

In der jüdischen Zeitschrift "La Terre retrouvé" („Das wiedergefundene Land") und zwar in der Ausgabe vom 15. Dezember 1960, gibt Dr. Kubovy von der Jüdischen Dokumentenzentrale in Tel Aviv nämlich zu,

„daß es nicht ein einziges Schriftstück mit der Unterschrift Hitlers, Himmlers oder Heydrichs gibt, in dem davon die Rede ist, die Juden zu vernichten, und daß das Wort *Vernichtung* in dem Schreiben Görings an Heydrich über die Endlösung der Judenfrage nicht vorkommt . . ." *

---

26 Jerusalemer Prozeß, Sitzung vom 10. April 1961, Geständnisse Eichmanns vor dem Gericht, auf Tonband aufgenommen.

* Anmerkung des Übersetzers:
Der französische Originaltext dieses Zitates lautet:
„Qu'il n'existe aucun document signé par Hitier, Himmler ou Heydrich parlant d'exterminer les Juifs et que le mot EXTERMINATION n'apparait pas dans le lettre de Goering à Heydrich concernant la solution finale de la question juive . . . "

Das Eingeständnis kommt zwar etwas spät, aber besser spät als nie. Es steht fest, daß alle die Vernichtungsbefehle, die soviele Leute erhalten haben wollen — wie sie seit 1946 behaupteten — nur in der Phantasie dieser angeblichen Befehlsempfänger existiert haben.
Später brachten andere Nürnberger Prozesse, besonders der sog. Wilhelmstraßen-Prozeß und der gegen die Naziorganisationen, noch andere Dokumente ans Licht: die Wannseeprotokolle (NG 2586g), die Erklärung eines Wolfgang Grosch (NO 2154) über Befehle zur Errichtung von Gaskammern, usw. . . .
Bei den Wannseeprotokollen handelt es sich um den Bericht über eine Konferenz, die am 20. Januar 1942 stattfand. Die Teilnehmer waren jene Staatssekretäre, die dienstlich mit der Lösung der Judenfrage zu tun hatten und die Leiter der Dienststellen, die mit der Ausführung beauftragt waren. In diesem Bericht ist weder von Gaskammern, noch von einer Vernichtung die Rede, sondern nur von einer *Überführung von Juden nach Osteuropa*. Eine recht geschickte Deutung der verwendeten Formulierungen und der Form, in der diese Protokolle vorliegen, behauptet nun, daß die Absicht zur Vernichtung dort zwar nicht ausdrücklich erwähnt wird, daß sie aber zwischen den Zeilen geschrieben stünde.[27]
Übrigens zeigen diese Protokolle sämtliche Merkmale eines apokryphen Dokuments, wenn man es wenigstens beurteilen darf nach

27 In den französischen Übersetzungen der Protokolle findet sich zum Beispiel als Übersetzung des Ausdrucks „die Zurückdrängung der Juden aus dem Lebensraum des deutschen Volkes" „l'élimination des Juifs de l'espace vital allemand", wobei man dem Wort „élimination" in einem Kommentar die Bedeutung „Vernichtung" unterschiebt — und in der englischen und russischen Übersetzung hat man das gleiche getan. Daraufhin hat die deutsche Presse sofort diese Versionen mit dem dazugegebenen Kommentar ins Deutsche zurückübersetzt und sie jahrelang so verbreitet.

Aber um auszudrücken, daß sie sich entschlossen hatten, die „Zurückdrängung der Juden aus dem deutschen Lebensraum" zu betreiben, haben die Deutschen auch andere Vokabeln gleicher Bedeutung verwendet, wie „Ausschaltung" oder „Ausrottung". Das letztere Wort ist mit „extermination", also „Vernichtung" wiedergegeben worden.

So hat Himmler zum Beispiel in seiner Posener Rede vor den Obergruppenführern der Waffen-SS, am 4. Oktober 1943, erklärt: „Ich meine jetzt die Judenevakuierung, die Ausrottung des jüdischen Volkes, usw. . . . " In dem nächsten Satz präzisiert er, was er meint und gebraucht dabei das Wort „Ausschaltung". (P S 1919 IMT Band XXIX, S. 145). Aber in dem französischen Buch „Le Dossier Eichmann", Paris 1960, übersetzt Billig: „J'entends par là l'évacuation des Juifs, c'est a dire extermination . . . " (S. 47), was, genau ins Deutsche rückübersetzt heißt: „Ich verstehe darunter die Evakuierung der Juden, das heißt ihre Vernichtung".

Ein anderes Beispiel: In einer Aktennotiz vom 16. Dezember 1941 über ein Gespräch mit Hitler (IMT Dok. P S 1517 Band XXVII S. 270) gebraucht Rosenberg den Ausdruck „Ausrottung des Judentums". In der Sitzung vom 17. April 1946 übersetzt der amerikanische Generalankläger Dodd „Extermination of the Jews" (= „Ausrottung der Juden") (Bd. XI, S. 562). Rosenberg protestiert vergebens. Aber in den Reden der Leiter der NSDAP kommt oft der Ausdruck „Ausrottung des Christentums" vor und wird jedesmal übersetzt mit „extirpation du Christianisme de la culture allemande" (Vgl, die französische Zeitschrift „Revue d'Histoire de la seconde guerre mondiale", vom 1. Oktober 1956, Seite 62). Nur wenn es sich um das Judentum (französisch „judaisme") handelt, wird das Wort

der Photokopie in dem Buch des Robert M. W. Kempner „Eichmann und Komplizen" (Europa-Verlag, Zürich 1961 S. 132ff.): es trägt keinen Stempel, kein Datum, keine Unterschrift und liegt in normaler Maschinenschrift auf kleinformatigem Papier vor, usw. . . .
Nirgends — ich wiederhole es — ist hier die Rede von Gaskammern, oder von Vernichtung.
Die Erklärung von *Wolfgang Grosch* lautet folgendermaßen:

„Ich, der unterzeichnete Wolfgang Grosch, bescheinige und erkläre folgendes: Der Bau von Gaskammern und der Krematoriumsöfen fand unter der Verantwortung der Arbeitsgruppe C statt, nachdem die Arbeitsgruppe D den Auftrag dazu erteilt hatte. Der Dienstweg war folgender: Die Arbeitsgruppe D setzte sich mit der Arbeitsgruppe C in Verbindung. Das Büro C I stellte die Pläne für diese Anlagen insoweit auf, als es sich um den Bau handelte, leitete sie dann an das Büro C III weiter, das sich mit der technischen Seite dieser Bauten befaßte, wie zum Beispiel der Entlüftung der Gaskammern oder der Apparateanlagen für die Vergasung. Das Büro C III vertraute dann die Pläne einem Privatunternehmen an, das die besonderen Maschinen oder Krematoriumsöfen liefern sollte. Im weiteren Verlauf des Dienstweges benachrichtigte das Büro C III das Büro C IV, welches den Auftrag über die Bauinspektionen West, Nord, Süd und Ost an die Ober-Bauleitungen übersandte. Die Oberbauleitung übersandte den Bauauftrag dann an die in Frage kommenden Direktionen für die Errichtung von Konzentrationslagern, welche die eigentlichen Bauten durch Häftlinge ausführen ließ,

---

„Ausrottung" plötzlich mit „extermination" (also „Vernichtung") übersetzt — und es wird behauptet, daß es sich um P e r s o n e n handelte, während in Wirklichkeit eine I d e e gemeint ist.
Wenn Dr. Kubovy erklärt, (vgl. Seite 92), daß es „kein von Hitler, Himmler oder Heydrich unterzeichnetes Dokument gibt, in dem davon gesprochen wird, die Juden zu vernichten", so besteht kein Zweifel, daß er mit Bezug auf die Juden auch das Wort „Vernichtung" („extermination") nirgends in einem solchen Dokument gefunden hat — und daß er die P e r s o n e n von der I d e e zu unterscheiden wußte. Wenn man übrigens das Wort „Ausrottung" mit „extermination" (Vernichtung) übersetzen will (diese Bedeutung hat das Wort „Ausrottung" allerdings, wenn man damit z. Beispiel das Ausreißen von Unkraut aus einem Garten meint — der „Brockhaus" sagt, daß „Ausrottung" in diesem Zusammenhang gleichzusetzen ist mit „völliger Vernichtung"), so bleibt die Tatsache bestehen, daß man, in allen Sprachen, eine I d e e zerstören kann ohne die I n d i v i d u e n zu zerstören. So kann man zum Beispiel das Christentum zerstören, ohne die Christen zu töten, den Judaismus, die Idee des Judentums, ohne die Juden umzubringen.
Und was die Behauptung betrifft, es hätte mit dem Judentum das jüdische „Volk" und damit die jüdischen Menschen vernichtet werden sollen, so läßt sich diese Auffassung umsoweniger vertreten, als das deutsche Wort „Volk" kein genaues Synonym hat in irgendeiner anderen Sprache, mit Ausnahme des Hebräischen: im Deutschen wie im Hebräischen ist das „Volk" nicht nur eine Anzahl Menschen, sondern eine Gemeinschaft mit der Scholle, auf der sie lebt und mit der zusammen sie als eine Einheit, das Volk, angesehen wird. Indem also die Juden losgelöst werden von ihrer Scholle von ihrer Welt, sind sie als Volk vernichtet, leben aber trotzdem als Einzelmenschen weiter (in den Lagern).
Die Wannseekonferenz (vom 20. 1. 1942) hatte zum Zweck, die Verbringung der Juden in die Lager zu regeln, wo sie bis zum Ende des Krieges bleiben sollten. Das Wort, das gebraucht wird, um diese Operation zu beschreiben, ist weder „Ausrottung" noch „Ausschaltung" — beide kommen in den Protokollen nicht einmal vor, — sondern „Zurückdrängung", was doch wohl etwas ganz anderes ist als „völlige Vernichtung".

die das Büro der Gruppe D III zu ihrer Verfügung stellte. Die Arbeitsgruppe D gab der Arbeitsgruppe C die Anordnungen und Anweisungen über den Umfang der Bauten und *ihren Zweck*. Im Grunde war es die Arbeitsgruppe D, die die Aufträge für die Gaskammern und die Krematoriumsöfen gab.

Unterzeichnet: Wolfgang Grosch"

Die Tatsachen, die sich hinter diesem Kauderwelsch verstecken — das offensichtlich darauf berechnet ist, das Durcheinander zu verewigen — sind in zwei Dokumenten enthalten, die bei der Bauleitung des Reichssicherheitshauptamtes (RSHA) gefunden wurden (Nr. 932 und 938, beide vom 28. Januar 1942); sie werden ergänzt durch ein weiteres Schriftstück, das aus der Finanz- und Wirtschaftsdienststelle stammt (N 11450/42/BI/H vom 3. 8. 1942).

Bei den beiden ersten handelt es sich um Baupläne für vier *Verbrennungsöfen* für Auschwitz-Birkenau, mit den Nummern II, III, IV und V — was wohl darauf schließen läßt, daß die Nummer I nicht gefunden wurde. Im Kellergeschoß jedes Gebäudes sollte sich ein großer Saal befinden, der bei II und III als „Leichenkeller" und bei IV und V als „Badeanstalt" bezeichnet war. Die Maße waren genau angegeben: bei II eine Fläche von 210 Quadratmeter und eine Höhe von 2,40 Meter, bei III eine Fläche von 400 Quadratmeter und eine Höhe von 2,30 Meter, bei IV und V eine Fläche von 580 Quadratmeter und eine Höhe von 2,30 Meter.[28] Das belastende Dokument ist der Auftrag an die Firma Topf & Söhne, Erfurt, zur Lieferung dieser vier Verbrennungsöfen (Schreiben N. 11450/42/B.I.H vom 3. August 1942 — NO 4401). Im Wilhelmstraßen-Prozeß und in dem Verfahren gegen die Naziorganisationen wird, ohne weiter auf Einzelheiten einzugehen, gesagt, daß die Lieferung „Anfang 1943" erfolgte. In seinem Buch "Médecin à Auschwitz" spricht Dr. Miklos Nyiszli davon, daß die Lieferung „mitten im Winter" stattgefunden hätte, was also etwa Ende Januar/Anfang Februar bedeuten dürfte. Die Zeitschrift "Revue d'histoire mondiale" (Paris, Oktober 1956, S. 62) sagt wieder „Anfang 1943". Diese unter der Kontrolle des Widerstandskämpfers Henri Michel erscheinende Zeitschrift ist übrigens, abgesehen von den

---

28 Man wird niemals genau wissen, wie die Pläne an Ort und Stelle ausgeführt worden sind, denn die Auschwitzer Gaskammern wurden beim Herannahen der Russen am 17. bzw. 25. November 1944 (die Angaben schwanken) zerstört. Die Kammern, die man heutzutage noch besichtigen kann, sind wie die in Dachau Nachkriegs-Rekonstruktionen. Es ist nur die Frage, ob sie plangetreu nachgebaut wurden. Ich bemerke nebenbei, daß der Besucher, der nach Buchenwald geht, um die Reste des Lagers zu besichtigen, von einem Führer sozusagen an die Hand genommen wird, der ihm die Gaskammer zeigt und mit genauen Einzelheiten erklärt, wie sie zur Vernichtung der Juden verwendet wurden.
Claude-Henri Salerne vom französischen Rundfunk erlebte das. Er sollte aus Anlaß der Eröffnung des Eichmannprozesses (April 1961) eine Gedenksendung über die Konzentrationslager vorbereiten und war gerade im Begriff, die erhaltenen Auskünfte in seinem Manuskript einzuflechten, als ich ihm glücklicherweise einige Tage vor der Sendung begegnete . . .

Nürnberger Verhandlungsprotokollen, die einzige Stelle, wo ich diese Unterlagen erwähnt gefunden habe. Das Dokument NO 4463 spricht vom „20. 2. 1943". Schließlich ist zu erwähnen, daß Hoess sagt, daß die Gaskammern und die Verbrennungsöfen Ende 1942 noch nicht gebaut worden waren. Diese im Kellergeschoß unterhalb der Verbrennungsöfen befindlichen Säle, deren offizielle Bezeichnung „Leichenkeller" oder „Badeanstalt" lautet, bezeichnet der Zeuge Wolfgang Grosch als Gaskammern. Da in Auschwitz-Birkenau Rechnungen über geliefertes Zyklon-B gefunden wurden, hat man diese als Beweis für die Richtigkeit der Zeugenaussage herangezogen, wenn man nicht die Rechnungen verwendet hat, um den Zeugen überhaupt auf den Gedanken zu bringen, eine solche Aussage zu machen . . . eine Frage, die berechtigt erscheint, wenn man weiß, wie mit dem Dokument Gerstein verfahren wurde! Nun ist aber das Zyklon-B ein desinfizierendes Insektenvernichtungsmittel, das in der deutschen Armee seit 1924 verwendet worden ist. Während des Zweiten Weltkrieges wurde es bei allen Truppenteilen und in allen Konzentrationslagern verwendet, wie zum Beispiel aus Rechnungen für Lieferungen an Oranienburg und Bergen-Belsen usw. — wo es keine Gaskammern gab — hervorgeht. Und was die Verbrennungsöfen betrifft, so kann ich aus eigener Anschauung bezeugen, daß der in Buchenwald mit seinem „Keller", wie wir sagten, genau nach dem gleichen Modell gebaut war, wie die Öfen in Auschwitz-Birkenau, und daß in Buchenwald nie eine Vernichtung von Menschen durch Gas stattgefunden hat.[29]

---

29 Seltsam ist es, daß man die Anordnungen zur Errichtung dieser „Badeanstalten" und „Leichenkeller" gefunden hat, aber keine Richtlinien über die Art und Weise ihrer Benutzung. Man versteht nicht recht, wie diejenigen, die diese als Badeeinrichtungen beziehungsweise Leichenhallen geplanten Baulichkeiten in Betrieb nehmen sollten, erraten konnten, daß es sich um Gaskammern handelte . . . Man behauptet, daß es Befehle gegeben hätte, die Vergasung von Juden einzustellen. Befehle zu dieser Verwendung fand man offenbar nicht. Man sagt, daß die Nazis nicht so dumm gewesen seien, solche Befehle zu erlassen, denn man hätte sie finden und als belastendes Material gegen sie benützen können. Aber dann versteht man nicht, warum sie so dumm waren, den ebenso belastenden Befehl zur Einstellung der Vergasung zu geben, der doch ebenso leicht aufzufinden war. In Wirklichkeit hat man auch diesen Befehl nicht gefunden, sondern irgend jemand bestätigt seine Existenz und datiert ihn „zwischen Mitte September und Mitte Oktober" (Dokument P S 3762, IMT Band XXXIII, S. 68 f.), was von bemerkenswerter „Genauigkeit" ist. Dieser Irgendjemand ist der Standartenführer Kurt Becher, der an der Seite Eichmanns bei den Deportationen der ungarischen Juden mitwirkte, der aber der geschicktere war und die Dankbarkeit des Dr. Rudolf Kasztner erwarb (der dafür sorgte, daß Becher in Nürnberg freigesprochen wurde und höchstwahrscheinlich seinen, im vorliegenden Buch zitierten „Bericht" nur zu diesem Zweck geschrieben hat). Weiter wußte er sich auch die Dankbarkeit der Baronin Weiß zu erringen, der Besitzerin der Manfred-Weiß-Werke, Budapest, die er mit 45 ihrer Angehörigen in einem Sonderflugzeug nach Lissabon bringen ließ. Nachdem hiermit zur Erbauung des Lesers die Begleitumstände geschildert sind, unter denen diese Zeugenaussagen gemacht wurden, möge der Wortlaut folgen:

„Ich, der ehemalige SS-Standartenführer Kurt Becher, geboren am 12. September 1909 in Hamburg, erkläre hiermit unter Eid Folgendes: Etwa zwischen Mitte September und Mitte Oktober 1944 erwirkte ich beim Reichsführer SS Himmler folgenden Befehl, den ich in

Das mindeste was man sagen kann, ist: daß dieses ganze „belastende Material" kaum Beweiskraft im Sinne der Anklage besitzt, sondern viel eher zu dem Schluß berechtigt, daß es nie eine Gaskammer in Auschwitz-Birkenau gegeben hat und daß dort nie Menschen vergast wurden — oder, wenn es dort doch Gaskammern gegeben hat, daß dann deren Existenz niemals eindeutig belegt worden ist, weder durch Zeugenaussagen oder die Dokumente, die bei den verschiedenen Nürnberger Prozessen vorgelegt wurden, noch durch die in alle Welt hinausposaunten Erzählungen von Überlebenden, die alle, bis auf zwei, sagen, daß sie selbst nichts gesehen hätten, daß aber „vertrauenswürdige" (jedoch leider unauffindbare) Gewährsleute ihnen davon erzählt hätten. (Die zwei Zeugen, die selbst etwas gesehen haben wollen, Hoess und Dr. Miklos Nyiszli, widersprechen sich gegenseitig auf das Nachdrücklichste und manchmal sogar sich selber). Ich will nichts über die berüchtigten „Todesautobusse" sagen, deren Vorhandensein und Verwendung bestätigt wird durch das Dokument PS 501 IMT Band XXVI, S. 102ff., vom 15. Mai 1942, einen Bericht eines Leutnants aus Mariupol. Diese „Autobusse", die die Anklageschrift „Lastwagen" nennt, sollen eine Einrichtung zur Einleitung der Auspuffgase ins Innere besessen haben. Hiermit sollen hunderttau-

---

zwei Originalen, je eins für die SS-Obergruppenführer Kaltenbrunner und Pohl und einer Copie für mich erhielt: 'Ich verbiete mit sofortiger Wirkung jegliche Vernichtung von Juden und befehle im Gegenteil die Pflege von schwachen und kranken Personen. Ich halte Sie (damit waren Kaltenbrunner und Pohl gemeint) persönlich dafür verantwortlich, auch wenn dieser Befehl von untergeordneten Dienststellen nicht strikt befolgt wird! Ich überbrachte Pohl das für ihn bestimmte Exemplar persönlich in Berlin in seiner Dienststelle und gab das Exemplar für Kaltenbrunner in seinem Sekretariat in Berlin ab." (IMT Dok. 3762 P S, Bd. XXXIII S. 68).

Aber Becher legte diesen Befehl dem Gericht nicht vor, obwohl ihm ein Exemplar übergeben worden war. Das Gericht verlangte das auch nicht von ihm und man vermied eine Gegenüberstellung mit Kaltenbrunner, der nicht bestritt, daß dieser Befehl ergangen sei, wohl aber, daß ihm dadurch eine Verantwortung aufgebürdet worden sei. Eichmann, der diesen Befehl ebenfalls nicht leugnete, stritt aber ab, daß er geschrieben wurde und datiert ihn auf den 15. Mai 1944, d. h. genau auf das Datum, an dem Himmler den Abbruch aller medizinischen Versuche in a l l e n Lagern anordnete (Text von François Bayle gefunden und in seinem Buch „Croix Gammée contre Caducée", S. 236 zitiert). Zu dieser Zeit soll Himmler auch den Plan zum Austausch von einer Million Juden gegen zehntausend Lastwagen ersonnen haben. Es ist mindestens unwahrscheinlich, daß Himmler gleichzeitig einen solchen Tausch erwog, und die Juden in den Gaskammern von Auschwitz vernichten ließ: beides widerspricht einander. Aber hat es diesen Befehl wirklich gegeben? Es ist leicht einzusehen, daß es ihn im Interesse der Anklage unbedingt geben mußte, die bisher keine Spur eines schriftlichen Beweises für die Vernichtung Andersrassiger gefunden hatte, die eine Spur nur durch einen solchen Zeugen erhalten konnten — und sie trotzdem nicht fand . . . aber man wird mir beipflichten müssen, daß kein Historiker, der diesen Namen wirklich verdient, aufgrund eines solchen Beweises akzeptieren wird, daß dieser Befehl je gegeben wurde. Denn alles beruht auf der Glaubwürdigkeit des Herrn Kurt Becher — und dieser Herr Kurt Becher . . . ich glaube, daß der Leser mich versteht: testis unus, testis nullus (ein Zeuge ist kein Zeuge). Schließlich gibt es noch anderslautende Aussagen von gleichem Wert, wie die des Becher (Eichmann) oder von größerem Gewicht (Himmlers Brief vom 15. Mai 1944 über die Experimente in den Lagern, der von François Bayle wiedergefunden wurde.)

send Juden vergast worden sein: Fünfzig oder gar Hundert je Bus oder Lastwagen — was für eine Arbeit! Im Verlaufe seines Prozesses erklärte Eichmann, er habe einen dieser Wagen erblickt, aber weder bei der Abfahrt noch während der Fahrt gesehen, was im Innern vor sich ging; aber bei der Ankunft habe man einen Haufen Leichen ausgeladen. Was ist diese Aussage wert? Ich weiß es nicht. Aber mich stört etwas, daß diese „Autobusse", „Lastwagen" oder „Wagen" wie man häufig in der Presse schreibt, in dem in Nürnberg am 21. November 1945 vom amerikanischen Staatsanwalt Jackson (IMT Band II, S. 148) vorgelegten und am 14. Dezember von seinem Vertreter Major Walch (IMT Band III, S. 624ff.) erneut genannten Dokument mit dem Wort „Wagen" bezeichnet werden, das bei den Deutschen niemals in diesem Sinne gebraucht wird. Entweder handelt es sich um Autobusse, um PKW oder um Lastkraftwagen, d. h. LKW, und wenn der Verfasser des Dokuments das nicht wußte, dann erlaube ich mir, an seiner Staatsangehörigkeit zu zweifeln. Andererseits ist dieser Verfasser, ein gewisser SS-Untersturmführer Dr. Becker, dessen Aussage ganz *allein* steht, ebenso als tot gemeldet, wie Gerstein und viele andere, deren Zeugenaussagen sowohl Seltenheitswert haben als auch besonders belastend sind. Im Nürnberger Prozeß gibt es zuviele Zeugen, die der Anklage die ungewöhnliche Gefälligkeit erwiesen, rechtzeitig zu sterben, die aber (echte?) Aufzeichnungen hinterließen, die gebraucht werden konnten. Soviel mir bekannt, hat man niemals einen dieser „Autobus-Lastwagen-Wagen" wiedergefunden noch auch jemand, der sie verwendet oder auch nur gelenkt hat. Glücklicherweise ist der Erfinder dieser Höllenmaschinen, ein Mechanikermeister Harry Wentritt, am 29. Januar 1961 in Hannover verhaftet worden. Seitdem hat man nichts mehr von ihm gehört. Zweifellos ist man damit beschäftigt, ihm den Prozeß zu machen — oder zu warten bis er stirbt. Wenn er nicht zu früh stirbt, wird er eines Tages reden. Leider muß aber schon jetzt festgestellt werden, daß die Umstände, unter denen er dann —eventuell — sprechen wird, es uns unmöglich machen werden, seinen Worten jenen Glauben beizumessen, den der Christ den Evangelien schuldet. Eine lange Erfahrung lehrt, daß es nur sehr wenige Zeugen gibt, die nach einer langen Inhaftierung im Bewußtsein, daß sie eine schwere Strafe zu erwarten haben, nicht schließlich praktisch alles sagen, was von ihnen erwartet wird. Hoess, Hoettl, Wisliceny usw. sind typische Beispiele dafür. Trotz allem ist die Lage weder trostlos noch ausweglos, denn wir schreiben nicht mehr 1946 sondern schon 1963 und verfügen heute bereits über ausreichende Unterlagen, so daß nicht mehr, wie 1946, ein beliebiger Zeuge uns eine beliebige Erzählung auftischen kann.

*

Wenn sich der Historiker jetzt der Frage nach der Höhe der Verluste zuwendet, ich meine jenen Zahlen, die als Maß für die Größe des Verbrechens gebraucht worden sind, so erfüllt dieses Problem ihn weder mit größerer Erleichterung noch mit größerer Bestürzung. Dies ist der Grund: Wenn auch politische Kreise der ganzen Welt erklären, daß sechs Millionen Juden getötet worden seien — und wie soll man solche ungeheuren Hekatomben anders erklären, als durch Einsatz so radikaler Mittel wie der Gaskammern? — so bestätigt das vorliegende statistische Material diese Schätzung bei weitem nicht.

In seiner Anklagerede in Nürnberg am 21. November 1945 drückte sich Richter Jackson so aus:

„Von 9,6 Millionen Juden, die in dem von den Nazis beherrschten Europa lebten, sind nach amtlichen Schätzungen sechzig von hundert umgekommen. 5,7 Millionen Juden werden in den Ländern, in denen sie früher lebten, vermißt. Über 4,5 Millionen davon lassen sich weder durch normale Sterblichkeit oder Auswanderung erklären, noch sind sie unter den Verschleppten." (IMT Bd. II S. 140).

Die Anklage lautet also auf 4 500 000.

Im Urteil wird diese Zahl nicht angegeben, und von da an hält sich nun jeder für berechtigt, die Zahl der Opfer nach seinen Vorstellungen oder nach seiner Phantasie zu schätzen. Während der Verhandlungen gab der englische Ankläger Sir David Maxwell-Fyfe beim Verhör Görings am 21. März 1946 freie Fahrt für die unsinnigsten Schätzungen, als er erklärt:

„Es ist bewiesen, daß insgesamt Juden und andere Personen eingeschlossen, ungefähr 10 Millionen Menschen kaltblütig ermordet wurden, abgesehen von denen, die im Kampf getötet wurden." (IMT Bd. IX S. 675).

Die Presse hörte es und gab weiter: „10 Millionen Juden . . .".

Das war ein bißchen dick. Männer wie Billig, Poliakov, Alexandrov, Jakob Lechtinsky, Shalom Baron, letzterer Inhaber des Lehrstuhls für jüdische Geschichte an der Columbia-Universität usw., haben komplizierte Erwägungen angestellt, um die genaue Zahl zwischen der niedrigsten (4,5 Mill.) des Justice Jackson und der höchsten (10 Millionen), für die man zu unrecht die Erklärung Sir David Maxwell-Fyfe anführt, festzulegen und kommen so auf 6 Millionen getötete Juden, eine Zahl, die bemerkenswerterweise ziemlich nahe am arithmetischen Mittel aus beiden liegt. Einige präzisieren, daß 4 bis 5 Millionen in Auschwitz-Birkenau, der Rest in anderen Lagern vernichtet wurde, um den Eindruck zu erwecken, sie hätten die Frage gründlich untersucht.

Wir wollen sehen, was von alledem stimmen kann.

Als Richter Jackson die Zahl der in dem von den Nazis besetzten

Europa lebenden Juden mit 9 600 000 angab, handelte es sich um eine übertriebene Schätzung. In „Die Lüge des Odysseus" und „Was nun, Odysseus"? habe ich Arthur Ruppin, die größte Autorität — und damit den berühmtesten — der jüdischen Statistiker herangezogen, der die Zahl dieser Bevölkerung für die Jahre 1930—1932 auf 8 710 000 schätzte, eine Annahme, die von allen Historikern, Juden und Nichtjuden, anerkannt wurde. Die Jüdische Dokumentenzentrale in Paris teilte offenbar noch am 4. Juni 1960 seine Meinung, als sie eine Statistik veröffentlichte, in der für die Zeit der Kriegserklärung (unter Abzug der Auswanderung aus Mitteleuropa in andere Länder seit 1933) eine Zahl von 8 294 500 schätzte. Jedoch sind hierin 3 Millionen russische Juden einbegriffen; wenn man diese abzieht, kommt man zum Schluß, daß die Zahl der Juden, die in direkte Berührung mit dem Nazismus gekommen sind, nach Arthur Ruppin bei 5 710 000, nach der Jüdischen Dokumentenzentrale in Paris bei 5 294 000 liegen dürfte.[30] Die Frage ist nur, ob jene 3 Millionen Russen nicht doch in die Hände der während des Winters 1941—42 siegreich nach Rußland einrückenden deutschen Armeen gefallen sind. Auf diese Frage antworte ich ohne das geringste Zögern, daß nicht nur fast diese ganzen 3 Millionen russischen Juden, sondern auch die meisten Juden aus Polen und den Baltischen Staaten mit deutschen Polizisten niemals das geringste zu tun gehabt haben, aus dem einfachen Grunde, weil sie beim deutschen Vormarsch die Flucht ergriffen hatten. Nicht nur in Frankreich gab es einen Wettlauf zu den Pyrenäen . . .

Am 5. Dezember 1942 schrieb der jüdische Journalist David Bergelson in einer Moskauer Zeitung: „Dank der Evakuierungsmaßnahmen wurde der größte Teil der Juden in der Ukraine, in Weißrußland, Litauen und Lettland (80 Prozent) gerettet." Die Annexion Galiziens, Bessarabiens, der Bukowina und der Baltischen Staaten hatte alle Juden dieser Länder unter sowjetische Kontrolle gebracht. Die polnischen Juden flohen bis zur Einnahme von Warschau ebenfalls vor den deutschen Truppen und suchten z. T. auf russischer Seite, z. T. in Ungarn Schutz. Während sich die deutschen und russischen Truppen diesseits und jenseits der polnischen Demarkationslinie, die durch den deutsch-sowjetischen Pakt festgelegt war, einrichteten, pflegte man

30 Aus anderen Statistiken, die diese Zahlen bestätigen, wurde noch bekannt: Für ganz Europa einschließlich England, Italien, Spanien, Portugal, Schweden, Schweiz, Türkei (478 000) und Rußland (5 000 000) nennen die Wannseeprotokolle eine Zahl von 11 000 000 Juden, von denen 5 500 000 in direkte Berührung mit dem Nazismus kamen. Dr. Korherr gibt gleichfalls für ganz Europa im Jahre 1937 10 500 000 an und rechnet Rußland mit 5 000 000 ab, was uns wieder auf 5 500 000 bringt.

Im übrigen sind die Unterschiede zwischen 5 294 000, 5 500 000 oder 5 710 000 nicht übermäßig groß, so daß 5 500 000 die Zahl zu sein scheint, die der Wahrheit am nächsten kommt.

deutscherseits sogar Juden aus der deutschen Zone den Russen zu übergeben, was von zwei polnischen Zeugen, Zwi Patcher und Yakov Goldfine, bestätigt wird. Der erste von ihnen erklärte am 1. Mai 1961 vor dem Jerusalemer Eichmann-Gericht:

„Man hatte uns all unser Geld und alle Wertgegenstände geraubt. Dann wurden wir in Vierer-Kolonnen nach Osten dirigiert. Es war Dezember. Es war kalt, es regnete und wir zitterten vor Kälte. Wenn einer von uns vor Ermüdung hinfiel, wurde er beiseite geführt und ein Pistolenschuß machte seinen Leiden ein Ende. Den andern war es verboten, sich umzuschauen, sonst wurden auch sie erschossen. Nach drei Tagesmärschen war unsere unglückselige Gruppe sehr zusammengeschmolzen. Wir langten an der Grenze der sowjetischen Besatzungszone in Polen an. Unsere Henker hatten uns befohlen, die Hände auf den Kopf zu legen und ‚Es lebe Stalin' zu rufen. Aber die russischen Wachen trieben uns nichtsdestoweniger in ein deutsches Gebäude wo man uns endlich uns selbst überließ. Während der Nacht überschritten wir die Grenze und erreichten ein kleines jüdisches Dorf in der russischen Zone, in dem uns unsere jüdischen Glaubensgenossen beherbergten." ("Le Figaro", Paris 20. 5. 1961).

Der zweite gab eine ähnliche Erklärung ab.
Es ist klar, daß man die Zahl der vor den deutschen Konzentrationslagern durch Flucht oder durch Auslieferung nach Rußland geretteten Juden nicht genau angeben kann, aus dem Gesagten kann man nur schließen, daß sie recht hoch war.
Dann gab es aber auch noch Leute, die Hitler nicht liebten, aber von Stalin ebensowenig erbaut waren. Sie flohen in das damals nicht besetzte Ungarn, wo der Reichsverweser Horthy laut Joel Brand bis zur Ankunft der Deutschen am 19. März 1944 gegenüber den Juden eine liberale Politik betrieb. In seinem „Bericht des jüdischen Rettungskomitee aus Budapest" schreibt Dr. Reszö Kasztner, daß „die Besetzung Ungarns durch die Deutschen das Todesurteil für die nahezu 800 000 Seelen zählende ungarische Judenheit brachte." Hieraus kann man durch Vergleiche mit den Statistiken vor der Hitler-Aera schließen, daß ungefähr 500 000 dieser Juden erst seit kurzer Zeit dort lebten. Woher waren sie gekommen? Aus Österreich (1938), dann aus der Tschechoslowakei und aus Polen (1939). Während dieser düsteren Jahre bis zum 19. März 1944 war Ungarn die große Hoffnung der Juden Mitteleuropas und die Zwischenstation für die Fahrt in die Freiheit via Constanza oder Konstantinopel.
Wenn uns die Jüdische Dokumentenzentrale sagt, daß 1946 in Polen nicht mehr als 500 000 von den ehemals 3 300 000 Juden lebten, da die andern vernichtet worden waren, dann ist das sicherlich falsch. Von diesen andern lebte bestimmt eine beträchtliche Anzahl in Rußland, in Zentral-Asien (wohin die Russen — wie David Bergelson noch

mitteilt — alle Juden, die zu ihnen kamen, weiterleiteten), in Israel, in Afrika oder in den USA und in Lateinamerika.

Die Jüdische Dokumentenzentrale hat ganz einfach die im deutschbesetzten Europa fehlenden Juden gezählt, hat aber nicht das Anwachsen der jüdischen Bevölkerung im übrigen Teil der Erde mitberücksichtigt.[31] Ein Taschenspielertrick!

Wünscht man noch eine Probe für die Leichtfertigkeit dieser Berechnungen? Die Jüdische Dokumentenzentrale hat beispielsweise mitgeteilt, daß in Rußland 1946 nur noch 600 000 Juden am Leben waren. Nun, auf dem Kongreß der Jewish Agency hat ihr Präsident Nahum Goldman im Juli 1961 berichtet, daß in Rußland 3 Millionen Juden unter der Gefahr bolschewistischer Verfolgung lebten. Wie läßt sich anders als mit einer Fälschung der Statistiken von 1946 erklären, daß sich 600 000 Personen im Verlauf von 15 Jahren auf 3 Millionen vermehrt hätten.

Sein Historiker-Diplom in der Hand hat am 24. April 1961 Shalom Baron, Professor für jüdische Geschichte an der Columbia-Universität, als Zeuge der Anklage vor den Schranken des Jerusalemer Gerichtshofs erklärt, daß der Prozentsatz der jüdischen Bevölkerungszunahme in der Welt seit 1945 etwa bei 20 Prozent für diese 15 Jahre liegt, was auch wahrscheinlich ist. Wenn die von der Jüdischen Dokumentenzentrale veröffentlichten Zahlen richtig wären, dürften heute nur 600 000 plus 20 Prozent, das sind 720 000 Juden und nicht, wie Nahum Goldman behauptet, 3 Millionen in Rußland leben. Aber Shalom Baron hat noch genauere Angaben gemacht: „1939 gab es etwa 16 Millionen Juden auf der ganzen Welt.[32] Wir müßten heute 19 Millionen sein. Wir sind aber nur 12 Millionen." („Figaro", Paris,

---

31 Die Summe von 6 Millionen vernichteter Juden haben die Spezialisten für jüdische Demographie nach sechs Verfahren errechnet, von denen das zweite, das beweiskräftigste, auf rein arithmetischer Grundlage beruht, während für die anderen die Worte von Zeugen wie Hoess, Hoettl, Wicliceny usw. herangezogen wurden. Diese zweite Methode wurde nach Poliakov („Revue d' Histoire de la deuxième guerre mondiale", Oktober 1956) vor allem von dem New Yorker Volkswirtschaftler und Statistiker Jacob Lechtinsky angewendet. Sie beruht auf dem Vergleich der Angaben über die jüdische Bevölkerung in verschiedenen europäischen Ländern vor und nach dem Kriege. Auf diese Weise sind gewisse internationale jüdische Organisationen, wie der Jüdische Welt-Kongreß, 1945 immer zu der gleichen Zahl von 6 Millionen gekommen.

Diese Methode bestätigt ungefähr die fünf anderen. Es genügt festzustellen, daß keine Berücksichtigung der Zunahme der jüdischen Bevölkerung in den nichteuropäischen Ländern stattfand. Um zu diesem Ergebnis zu kommen, mußte man allerdings auch noch davon ausgehen, daß nur 600 000 von den 3 Millionen Juden in Rußland übrig geblieben sind, eine Zahl, die handgreiflich falsch ist, wie wir später sehen werden. Und man mußte die Zahl der in den anderen europäischen Ländern, also ohne Rußland, überlebenden Juden durch 2 oder 3 dividieren — wie man es übrigens offensichtlich bei Rußland gemacht hat, wenn man nicht in diesem Falle sogar durch 4 geteilt hat!

32 Dies ist die Zahl, die ich in „Was nun, Odysseus?" verwendet habe. Auf dieses Buch verweise ich den Leser, der genauere statistische Unterlagen sucht, wie sie in dieser Arbeit nicht Platz finden können.

25. 4. 1961; Referat über einen Vortrag). Die Beziehungen zwischen den drei Zahlen sind sicherlich richtig: 16 Millionen weniger 6 Millionen Vernichtete zuzüglich 20 Prozent sind 12 Millionen. Aber das Ergebnis ist falsch, weil der ehrenwerte Herr Professor — seit dem Kriege mischen Hinz und Kunz mit in unserem Metier — grundsätzlich davon ausgeht, daß 6 Millionen Juden vernichtet worden seien. Aber allein in den Vereinigten Staaten, Rußland und Israel leben schon fast 12 Millionen und das würde bedeuten, daß es in der übrigen Welt keine oder fast keine Juden mehr gäbe, was offensichtlich unrichtig ist, denn in Wirklichkeit gibt es schon wieder 16—17 Millionen Juden auf der Welt.

Könnte ich hier aufhören? Noch nicht. Es ist unbedingt festzuhalten, daß in den von den Deutschen zwischen 1939 und 1945 besetzten Teil

---

33 Für Polen hat die Jüdische Dokumentenzentrale 500 000 Überlebende errechnet. Shalom Baron hat aber am 24. April 1961 vor dem Jerusalemer Gericht 700 000, und das „Institute of Jewish Affairs" vom „World Jewish Congress" 400 000 als wiederaufgefunden genannt („Eichmanns confederates and the Third Reich Hierarchy", 1961, S. 59). Zwischen der günstigsten und der ungünstigsten Schätzung besteht jedenfalls ein Spielraum von fast 1:2. Wenn man weiter berücksichtigt, daß Shalom Baron für 1961 nur 12 Millionen Juden für die ganze Welt angibt, kann man sicher sein, daß die von ihm genannten 700 000 schon eine verkleinerte Zahl darstellen: Wenn er beispielsweise in Wirklichkeit 1 Million gefunden hätte und nicht 700 000, was in der Größenordnung seiner Übertreibungen bei der Schätzung der jüdischen Weltbevölkerung läge, also einen hohen Grad der Wahrscheinlichkeit besäße, dann würde die ungünstigste Schätzung 40 Prozent der tatsächlichen Zahl ausmachen. Das ist etwas weniger kraß als bei Rußland, wo die 1946 von der Jüdischen Dokumentenzentrale veröffentlichten Zahlen 25 Prozent der richtigen betragen, d. h. vierfachen Spielraum in Anspruch nehmen, wenn man annimmt, daß die von Nahum Goldman im Juni 1961 veröffentlichten Zahlen richtig sind. Um zu erklären, wieso 1946 nur noch 200 000 Juden in Ungarn lebten, mußte man dekretieren, daß 434 000 (von den 404 000, die dieselbe Statistik angibt . . .) nach Auschwitz transportiert worden seien, wo sie alle vernichtet worden wären. Das ist falsch. Ich habe selbst Ende Mai 1944 zwei solcher Züge in Dora ankommen sehen, und andere Zeugen trafen ungarische Juden in Buchenwald, Dachau und allen westlichen Lagern. Auch die Insassen von Auschwitz, Ravensbrück usw. wurden ab Oktober 1944 bis zum Ende des Krieges in die gleichen westlichen Lager überführt: Ich sah selbst Dutzende solcher Transporte in Dora anlangen, wodurch die Belegschaft des Lagers auf das Fünf- oder Zehnfache anstieg. In Buchenwald hatte die Zahl der Häftlinge schließlich 90 000 erreicht, so daß überall Zelte errichtet werden mußten. In Bergen-Belsen stieg sie auf astronomische Höhe.

Alle diese Menschen, die bei ihrer Ankunft in Auschwitz, Ravensbrück usw. registriert worden waren und die man weder im Augenblick der Befreiung persönlich in jenen Lagern, noch in Form von schriftlichen Eingangsmeldungen in den Lagern des Westens fand, wurden als tot angesehen. In Wirklichkeit waren sie am Leben, nur kamen sie in den Lagern im Westen in solchen Mengen an, daß es unmöglich war, sie dort zu registrieren (vgl. „So war es in Dachau" von Mgr. Neuhäusler). Die Juden von Auschwitz, die dort registriert, aber bei der Befreiung nicht mehr anwesend waren, wurden von den Statistikern der Jüdischen Dokumentenzentrale als in den Gaskammern vernichtet angesehen. Noch ein persönliches Beispiel: Herr Georges Wellers, Forschungsleiter am „Centre National de la Recherche scientifique" in Paris — noch ein Professor! — bezeugte vor Gericht in Jerusalem am 9. Mai 1961, daß 4000 in Drancy gesammelte Kinder ab August 1942 nach Auschwitz transportiert worden seien. Bei seiner Ankunft hätte er dort keine mehr gefunden, woraus er den Schluß zog, sie seien alle in die Gaskammer geschickt worden. Aber ich kann bezeugen, daß ich während der Zeit von Januar bis März 1943 in Buchenwald hundert und aberhundert Kinder aller Nationalitäten gesehen habe, die von Auschwitz nach Buchenwald transportiert worden waren.

Europas höchstens 5 710 000, 5 294 000 oder 5 500 000 Juden lebten, aber nicht 9 600 000, wie Richter Jackson, oder 9 800 000, wie der sonderbare Professor Shalom Baron vor dem Tribunal in Jerusalem (Sitzung vom 24. April 1961) behauptete.

Mit ihren Kalkulationsmethoden[33] kommt die Jüdische Dokumentenzentrale also zu dem Schluß, daß es 1 651 000 Überlebende gäbe.[34] Wenn man diese Zahl an Hand der (für Polen errechneten) wahrscheinlichsten Fehlerquoten korrigiert, also davon ausgeht, daß die genannte Zahl nur 40 Prozent der tatsächlichen darstellt,[35] so gäbe es also in Wahrheit etwa 4 200 000 Überlebende und könnte die Zahl derer, die beim Appell fehlten, höchstens zwischen 1 Million und 1 500 000 liegen.

In „Was nun, Odysseus?" hatte ich den Schluß gezogen, daß die Zahl der 1946 fehlenden Juden ungefähr bei einer Million liegen konnte; dort war ich auf Grund eines anderen Verfahrens zu einem Ergebnis gleicher Größenordnung gelangt. Damals hatte ich die jüdischen Statistisken der Vorkriegszeit mit denen der Nachkriegszeit verglichen — mit Ausnahme der Angaben von „Professor" Shalom Baron, die ich noch nicht kannte und von denen ich eben bewies, daß sie vollkommen wertlos sind. Ich stellte außerdem fest, daß schon dies einen sehr erheblichen Prozentsatz an festgenommenen und ins Konzentrationslager geschickten Juden ausmacht. Denn man darf unter keinen Umständen glauben, daß *alle* Juden in den von den Deutschen besetzten europäischen Ländern verhaftet wurden: in Frankreich waren es nur 100 000 von 300 000, wenn man der Kartei des Ministeriums für die ehemaligen Kriegsteilnehmer ("Ministère des Anciens Combattants") glauben darf,[36] in Italien fast keine, in Ungarn

34 2 251 100 nennt die Statistik, die die Zentrale am 4. Juni 1960 im „Figaro Littéraire" und verschiedenen anderen Zeitschriften veröffentlicht hat. Wenn man 600 000 Russen abzieht, weil bewiesen ist, daß Rußland nicht in die Rechnung einbezogen werden kann, dann geht die Zahl auf 1 651 100 zurück.

35 Siehe Anmerkung 33

36 120 000, sagt die Jüdische Dokumentenzentrale, sind nicht zurückgekehrt; ich kann jedoch bezeugen, daß sehr viele der durch das genannte Ministerium gezahlten Pensionen an zurückgekehrte Juden gehen.
Hier bringe ich noch eine Erklärung des Ministeriums, erschienen im Journal Official (Débats parlamentaires) vom 24. Februar 1962, S. 289:
„Nach den statistischen Erhebungen vom 1. Dezember 1961 an Hand der Kartei der Deportierten und Internierten des Krieges 1939 — 1945, die beim Institut National de la Statistique et des Etudes economiques geführt wird, beträgt die Zahl der an Deportierte und Internierte sowie an ihre Hinterbliebenen ausgegangenen Karten:

	Lebende	Verstorbene
Deportierte (Widerstandskämpfer)	**16 702**	**9 783**
Deportierte (Politische)	**13 415**	**9 235**
Internierte (Widerstandskämpfer)	**9 911**	**5 759**
Internierte (Politische)	**10 117**	**2 130**
Insgesamt	**50 145**	**26 907**

(Antwort auf eine Anfrage des Abgeordneten Ziller).

50 Prozent nach Zahlen von Kasztner, in Polen vielleicht 60 Prozent[37], in Deutschland höchstens 40 Prozent (man weiß, daß rund 300 000 von den bei der Machtübernahme Hitlers vorhandenen etwa 500 000 Juden zwischen 1933 und 1939 fliehen konnten,[38] in Rumänien 50 Prozent usw. Wenn man annimmt, daß wahrscheinlich 40 Prozent der Gesamtzahl der Festnahme und Verschickung entgehen konnten, dann wären im Höchstfall nur 60 Prozent, d. h. zwischen 3 200 000 und 3 500 000 nicht entkommen. Bei diesen Zahlen würden 1 Million bis 1 500 000 Tote einer Sterblichkeit von 30 bis 40 Prozent entsprechen — ungeheure Sätze.

Die dem Nürnberger Gericht vorgelegten Angaben über die Zahl der Deportierten sprechen dafür, daß die dortigen Schätzungen zur Wahrheit ungefähr in dem Verhältnis von 2 zu 1 stehen (eine Fehlerquote, die offensichtlich nicht zufällig ist, sondern absichtlich und genau kalkuliert).

Daß dieses Verhältnis etwa stimmt, beweist in erster Linie die Aussage des Hoess, der vom 4. Mai 1940 bis zum 10. November 1943 Kommandant des Lagers Auschwitz-Birkenau war:

„Die Zahl der in Auschwitz zur Vernichtung eingelieferten Juden gab ich in früheren Vernehmungen mit 2,5 Millionen an. Diese Zahl stammt von Eichmann, der sie kurz vor der Einschließung Berlins, als er zum Rapport zum RFSS befohlen war, meinem Vorgesetzten, Gruppenführer Glücks gab. Eichmann, bzw. sein ständiger Vertreter Günther waren die einzigen, die überhaupt Unterlagen für die Gesamtzahl der Vernichteten besaßen." (Hoess: „Kommandant in Auschwitz", S. 162).

Es gab also einschließlich der Juden insgesamt 77 052 französische Deportierte. Das bedeutet nicht, daß nicht doch tatsächlich 110 000 Juden durch die Gestapo in Frankreich verhaftet und nach Auschwitz transportiert wurden, wie Hoess sagt (vgl. weiter unten): Die meisten von ihnen waren eben nicht französischer Staatsangehörigkeit, sondern politische Flüchtlinge aus Zentraleuropa.

37 Im Heft 44 vom Dezember 1961 der Monatszeitschrift „L'Europe réelle", Brüssel, findet sich die Wiedergabe einer Notiz aus der israelischen Zeitung „Jedioth Hajom" (Nr. 143 des Jahrgangs 1961) des Inhalts, daß „die Zahl der polnischen Juden, die z. Zt. außerhalb Polens leben, 2 Millionen beträgt". Ich konnte mir diese Zeitung nicht beschaffen. Wenn dies wahr wäre, würde es meine Ansichten über die Zahl der vor den deutschen Armeen nach Ungarn und Rußland geflohenen Juden in einem Maße bestätigen, wie ich nicht zu hoffen gewagt hätte, und den Prozentsatz an Vermißten erheblich senken. Es gab 1939 3 100 000 Juden in Polen. Wenn jene zwei Millionen gerettet sind . . .

38 Das Beispiel Deutschland ist sehr lehrreich: 500 000 Juden in 1932/33 — 200 000 in 1939, die fast alle deportiert wurden. Wenn wir annehmen, daß davon der maximale Prozentsatz, also 45 Prozent, umgekommen ist, erhalten wir 90 000 als Zahl der Opfer, also 18 Prozent der Anzahl, die es 1932/33 in Deutschland gab. Nun sagen die offiziellen Statistiken, daß zur Zeit nur noch 55 000 Juden in Deutschland leben. Und die Jüdische Dokumentenzentrale geht nun davon aus, daß alle anderen umgekommen wären, also 89 Prozent. Deutschland bildet aber insofern eine erfreuliche Ausnahme, als hier der Prozentsatz der entkommenen Juden am höchsten ist — und dadurch der der verhafteten am niedrigsten.

Wenn es sich aber darum handelt, Einzelheiten über diese 2,5 Millionen Personen zu geben, dann beginnt er mit der Erklärung:

„Ich selbst wußte nie die Gesamtzahl, habe auch keine Anhaltspunkte um sie errechnen zu können."

Und er fährt fort:

„Es sind mir lediglich noch die Zahlen der größeren Aktionen in Erinnerung, die mir wiederholt von Eichmann oder dessen Beauftragten genannt worden waren:

aus Oberschlesien und Generalgouvernement . .	250 000
Deutschland und Theresienstadt	100 000
Holland	95 000
Belgien	20 000
Frankreich	110 000
Griechenland	65 000
Ungarn	400 000
Slowakei	90 000
	1 130 000

Die Zahlen der kleineren Aktionen sind mir nicht mehr in Erinnerung, sie waren aber im Vergleich zu obigen Zahlen unbedeutend. Ich halte die Zahl 2,5 Millionen für viel zu hoch."

Hier hat Hoess recht: Auschwitz hat nur eine geringe Anzahl jüdischer Deportierter aus anderen als den aufgeführten Ländern aufgenommen und auch nur wenige, die auf anderem Wege als im Rahmen der genannten „Aktionen" dorthingelangten. Ich schätze, daß insgesamt kaum mehr als 1 130 000 Juden hier interniert waren, was gegenüber der Zahl von 2,5 Millionen einer absichtlichen und berechneten Fehlerquote von mehr als 100 Prozent entspricht. Von diesen bewegen sich Gruppen von so um 50 000 auf den Hauptstraßen dieser Erde und können nicht von sich behaupten, vergast zu sein. Ich wäre nicht erstaunt, wenn man eines Tages erzählte, allein in Israel lebten 200 000 bis 300 000 solcher Leute . . .[39].

Auf jeden Fall kann man in "Eichmanns Confederates and the Third Reich Hierarchy", im Institute of Jewish Affairs of World Jewish Congress 1961 herausgegeben, auf S. 18 lesen*:

---

39 und erklären: „Mein Vater, meine Mutter, meine Schwester (oder mein Bruder), meine Tochter (oder mein Sohn) und alle Angehörigen sind in Auschwitz vernichtet worden . . . Wobei natürlich der Vater, die Mutter, die Schwester (oder Bruder), die Tochter (oder der Sohn) und „alle meine Angehörigen" in anderen Hauptstraßen der Welt die gleichen Erklärungen abgeben können, ohne daß irgendjemand ihnen zu widersprechen vermöchte.

Anmerkung des Übersetzers:
Dieser Satz ist in der französischen Originalausgabe in englischer Sprache wiedergegeben. Deutsche Übersetzung: „Auschwitz (mit seinen Nebenlagern, von denen Birkenau das bekannteste war) südlich, nicht weit von Krakau, wo etwa 900 000 Juden umkamen . . ."

„Auschwitz (with its daughter camps, best known among them Birkenau) to the south, not far from Cracow, where about 900 000 Jews perished..."

Welchen Wert soll man nur so auseinanderlaufenden Schätzungen beimessen, die nicht nur samt und sonders aus jüdischen Kreisen stammen, sondern auch noch von Leuten aus diesen Kreisen, die sich alle als gleich qualifiziert hinstellen? Die obengenannte Schätzung — 900 000 — liegt also um fast zwei Drittel niedriger als die früher angegebene — 2 500 000 — oder sogar um vier Fünftel, wenn man sie vergleicht mit den 4 500 000 gewisser jüdischer „Historiker" für die sich die Jüdische Dokumentenzentrale verbürgt.[40]

Die Frage, unter welchen Bedingungen Hoess zu der Behauptung veranlaßt wurde, daß 2,5 Millionen Juden nach Auschwitz deportiert worden seien, läßt sich wohl nur beantworten unter Berücksichtigung der Beziehungen, die zwischen einem Verhafteten und den ihn verhörenden Polizeibeamten bestehen. Der Vorbehalt, mit dem er selber diese Zahl nennt, sagt mehr als genug. Aus welchen Motiven heraus die „Historiker" der Jüdischen Dokumentenzentrale von 2 500 000 auf 4 500 000 gekommen sind, wissen wir auch nur allzu gut.[41]

Sie sind vor garnichts, nicht einmal vor Urkundenfälschungen zurückgeschreckt. Wünscht jemand ein Beispiel? In seinem „Bericht des jüdischen Rettungskomitees aus Budapest 1942—1945" schreibt Dr. Rezsö Kasztner, Präsident des Komitees in der genannten Periode, auf S. 30 unter dem Datum des Mai 1944:

„Meldungen aus Bratislawa bestätigen auch diese Befürchtungen.[42] Die dortige Waadah leitete uns die Meldungen ihres Nachrichtendienstes weiter. Demgemäß war die SS im Begriffe, die Gaskammern und Krematorien in Auschwitz, *die seit dem Herbst 1943 außer Gebrauch waren,*[43] auszubessern und zu revonieren . . ."

---

40 Vorsichtiger als die Historiker von der Jüdischen Dokumentenzentrale nannte der Generalstaatsanwalt Gideon Hausner in der Anklageschrift gegen Eichmann am 21. 2. 1961 für dieses Lager „Millionen" ohne weitere genaue Angaben. Und während für jedes einzelne der andern (Chelmno, Belzec, Sobidor, Treblinka und Maidanek) dieselben Historiker weitere Millionen Vergaste angeben, bringt Hausner gar keine Zahl.

41 Merkwürdig ist in diesem Zusammenhang, daß das Institute of Jewish Affairs of World Jewish Congress im erwähnten Bericht auf S. 59 angibt, daß insgesamt mit Sicherheit 5,7 Millionen vernichtet worden seien (!), nachdem es die sozusagen offiziellen Ziffern der Jüdischen Dokumentenzentrale bezüglich Auschwitz so wesentlich ermäßigt hat.

42 Es handelt sich um die Furcht der ungarischen Juden vor einer Deportation nach Auschwitz, eine Furcht, in der sie seit dem 19. März 1944, dem Tage des deutschen Einmarsches in Ungarn, lebten. Diese Furcht wurde durch die Tatsache begründet, daß in Auschwitz die Gaskammern und die Verbrennungsöfen (die seit Herbst 1943 außer Betrieb waren) wieder in Ordnung gebracht wurden. Nach ihrer Meinung hätte man das nicht getan, wenn nicht die Absicht bestanden hätte, sie — die Juden — dorthin zu deportieren, denn acht Monate lang war nicht an eine Reparatur gedacht worden.

43 Da die Gaskammern, „die seit dem Herbst 1943 außer Gebrauch waren . . ." speziell zur Vergasung der ungarischen Juden wieder instand gesetzt worden sein sollen, müßten sie mindestens für die dazu notwendige Zeit in Betrieb sein. Daraus erkennt man, daß Stan-

Der gleiche Bericht wurde im Juli 1961 mit einem Vorwort des sozialdemokratischen Bundestagsabgeordneten Professor Carlo Schmid unter dem Titel „Der Kasztner Bericht" (Kindler-Verlag, München 1961) veröffentlicht. Obiges Zitat findet sich hier auf S. 82 in folgender Version:

„Meldungen aus Preßburg bestätigten diese Befürchtungen. Das dortige Komitee leitete uns die Meldungen seines Nachrichtendienstes weiter. Demgemäß war die SS im Begriff, die Gaskammern und Krematorien in Auschwitz auszubessern und zu renovieren . . ."

Der Kursiv gesetzte Satzteil aus dem Original wurde weggelassen, weil er besagte, daß die Gaskammern in Auschwitz während 8 Monaten nicht in Betrieb waren. Ich füge hinzu, daß man in diesem Buch auch einen Brief vom 23. Mai 1944 mit den Unterschriften von sechs in Theresienstadt internierten Juden (Dr. Franz Kahn, Dr. Erich Munk, Dr. Paul Eppstein, Ing. Otto Zucker, Dr. Erich Oesterreicher und Gert Körbel) nicht findet, der im Original als Photokopie wiedergegeben war und genau das Gegenteil von dem sagt, was von den „Zeugen" vor den Schranken des Jerusalemer Eichmann-Tribunals vorgebracht wurde (vergl. Anhang, Anlage 3).
Aber wir wollen uns wieder unserem statistischen Problem zuwenden: Wenn die Fehlerquote, die wir in den Angaben über das Lager Auschwitz feststellten, sich wiederholen sollten in den Angaben bezüglich aller anderen Judenlager — und warum sollte das eigentlich nicht der Fall sein, denn diese Fehlerquoten waren ja kalkuliert und bewußt eingebaut worden? — das hieße also, wenn man Zahlen angibt, die bis fünfmal so groß sein können wie die Wahrheit, dann ist ja wohl klar, was übrigbleibt von der Behauptung, es seien sechs Millionen Juden in Gaskammern umgebracht worden. Und dann muß man noch berücksichtigen, daß die Existenz von Gaskammern in den Lagern Chelmno, Belzec, Maidanek, Sobidor und Treblinka (wo man mit Auspuffgasen von Dieselmotoren vergaste . . .) nicht schlüssiger bewiesen ist als für das Lager Auschwitz-Birkenau. In diesem Zusammenhang möchte ich den Leser auffordern, im Anhang dieses Buches, das Dokument Gerstein zu studieren.

*

Wenn aber nicht feststeht, daß es tatsächlich Gaskammern gegeben hat, — und es läßt sich aus den vorgelegten Dokumenten mit Sicherheit ableiten, daß die Existenz von Gaskammern wirklich nicht fest-

---

dartenführer Kurt Becher seine Sache recht gut auskalkuliert hatte, als er den Himmler-Befehl zur Einstellung der Judenvernichtung in die Zeit „zwischen Mitte September und Mitte Oktober 1944" legte (vergl. Anmerkung 29).
Ach, diese „Zeugen"!

steht, ihre Existenz scheint auch dadurch sehr zweifelhaft geworden, daß die Zahl der Toten von *sechs* Millionen auf *eine* Million ermäßigt werden konnte (das "Institute of Jewish Affairs" des "Jewish World Congress" ging kaum weniger radikal vor, als es die Zahl der in Auschwitz-Birkenau umgekommenen Juden auf 900 000 reduzierte) — so kann der Leser mit Fug und Recht fragen, was es dann mit dieser Zusammenfassung der Juden in besonderen Judenlagern für eine Bewandtnis hatte, und wodurch die Idee der Gaskammern überhaupt entstehen konnte.

Die Antwort auf die erste Frage lautet: Hitler-Deutschland war ein Rassenstaat. Nun weiß man, daß ein solcher Staat die Austreibung einer andersrassigen Minderheit zu fordern pflegt. Auch der Staat Israel liefert ein Beispiel für dieses Postulat.

Punkt 4 des nationalsozialistischen Parteiprogramms vom 24. Februar 1920 sagte:

„Staatsbürger kann nur sein, wer Volksgenosse[44] ist. Volksgenosse kann nur sein, wer deutschen Blutes ist, ohne Rücksichtnahme auf Konfession. Kein Jude kann daher Volksgenosse sein."

Und Punkt 5 bestimmte:

„Wer nicht Staatsbürger ist, soll nur als Gast in Deutschland leben können und muß unter Fremdengesetzgebung stehen."

Als die Nationalsozialisten am 30. Januar 1933 an die Macht kamen, wurden die deutschen Juden rechtlich gesehen automatisch zu Ausländern, was bedeutete, daß sie, wie Ausländer überall in der Welt, keine leitenden Stellen in Staat und Wirtschaft bekleiden konnten. Das ist die juristische Grundlage der nationalsozialistischen Rassengesetze.

Daß keine Morallehre eine solche Maßnahme billigt, ist offensichtlich und braucht nicht erst bewiesen zu werden. Es gibt aber auch fraglos keinen Staat, der Ausländer an leitender Stelle einsetzt. Der einzige Unterschied zwischen Hitler-Deutschland und diesen anderen Staaten liegt darin, daß man dort Ausländer war auf Grund seiner Staatsangehörigkeit, bei den Nationalsozialisten aber auf Grund seiner Rasse. Aber auch in Israel gibt es keine Araber als Lehrer, Finanzbeamte, Leiter eines Kibbutz oder Minister. Das was in Israel geschieht, rechtfertigt nicht das in Deutschland Geschehene — ich gebe es zu, denn man kann das Böse nicht durch Böses rechtfertigen.

---

44 Für den Ausdruck „Volksgenosse" gibt es weder im Französischen noch sonstwo eine entsprechende Übersetzung. Die Schwierigkeit kommt daher, daß das deutsche Wort „Volk" nicht nur Bevölkerung bedeutet, sondern auch Ideen-Assoziationen an „Blut" und „Boden" weckt.

Ich rechtfertige auch nicht, sondern ich erkläre, und um erklären zu können, demontiere ich einen Mechanismus.

Wenn ich Israel nenne, dann geschieht es nur um zu zeigen, daß

1. das Übel des Rassenwahns im Sinne des Nationalsozialismus tiefer sitzt als man denkt, denn die Bekämpfer dieses Rassenwahns sind heute seine Vorkämpfer — und daß
2. Hitler-Deutschland im Gegensatz zur allgemeinen Meinung nicht das einzige Beispiel ist.

Beim Vergleich der Tatsachen und nicht nur der Prinzipien gibt es einen anderen Unterschied zwischen Deutschland und Israel: 1933 konnte Deutschland die 500 000 Juden, die es *de jure* aus der Volksgemeinschaft ausgeschlossen hatte, nicht *de facto* etwa mit militärischer Gewalt an irgend eine seiner Grenzen schaffen, und zwar weder mit noch ohne jene legendär gewordenen 30 Kilo Gepäck, die Israel den 900 000 Arabern aus Palästina mitzunehmen gestattete, als es sie 1948 nach Jordanien vertrieb.

Die modernen, gut organisierten Staaten Europas mit ihren genau festgelegten Grenzen unterhalten miteinander sehr enge politische und wirtschaftliche Beziehungen. Daher bot das Europa des Jahres 1933 einem Rassenstaat nicht die gleichen Möglichkeiten, wie der Mittlere Osten von 1948 mit seinen Embryonal-Staaten ohne genau festgelegte Grenzen — Staaten, die obendrein untereinander nach den Gesetzen des Dschungels verkehrten. In Europa war der Übertritt von Personen aus dem einen Land ins andere den Einwanderungsgesetzen unterworfen; wenn es sich um eine Massen-Auswanderung, wie im Falle der deutschen Juden, handelte, so bedeutete das Bevölkerungsumsiedlung und setzte Verhandlungen voraus.

Derartige Verhandlungen wollte die Nazi-Regierung zunächst auf der Grundlage der Balfour-Erklärung[45] mit England beginnen, dem durch den Versailler Vertrag ein Mandat über Palästina anvertraut war. Die internationale Zionistische Bewegung verlangte lauthals die Wiedereinsetzung des jüdischen Staates der Bibel in seine alten Rechte. Das war eine Utopie, und die Schaffung dieses Staats im

---

45 Der Text der sog. Balfour-Erklärung vom 2. November 1917 besagte:
„Die Regierung Seiner Britischen Majestät betrachtet mit Wohlwollen die Errichtung einer nationalen Heimstätte für das jüdische Volk in Palästina und wird bemüht sein, die Durchführung dieses Vorhabens nach Kräften zu erleichtern, unter der ausdrücklichen Voraussetzung, daß nichts geschehen soll, was die bürgerlichen und religiösen Rechte der in Palästina bestehenden nichtjüdischen Gemeinden oder die Rechte und den politischen Status der Juden in irgend einem anderen Land beeinträchtigen könnte".
Es ist ein glatter Unsinn, wenn man aus dieser Erklärung schließen will, daß sie zu der Gründung des Staates Israel führen mußte und zwar unter den Umständen, die jene Stunde dann tatsächlich beherrschten.
In der Ablehnung solcher Konsequenzen sind sich viele denkende Menschen — Juden wie Nichtjuden — einig, u. a. auch der berühmte englische Historiker Arnold Toynbee.

Jahre 1948 hat es bewiesen. Damals lehnten die Araber — sie tun es heute noch — eine solche Auslegung der Balfour-Erklärung ab; sie versuchten, die Verwirklichung dieser Pläne auf ein Mindestmaß zu beschränken, oder, wenn möglich, zu verhindern. Wegen des Erdöls bemühte sich England, sein Ziel auf Umwegen zu erreichen. Mit Deutschland wollte es keine direkten Kontakte zur Regelung dieses Problems und verwies auf Chaim Weizmans "Jewish Agency", der gegenüber es durch die Balfour-Erklärung verpflichtet war. Hitler-Deutschland war wie die Weimarer Republik und das Kaiserreich darauf bedacht, seine Popularität bei den arabischen Völkern zu pflegen und bestand nicht auf Verhandlungen mit England. Die Besprechungen mit der "Jewish Agency" gingen weit über die bloße Palästinafrage hinaus; trotzdem kam 1933 nur ein Vertrag zustande: das "Chaim Arlossaroff-Transfer-Abkommen" wie die Deutschen sagten, oder das „Hawara-Abkommen" wie es bei den Juden hieß. Es sah vor, daß jeder Jude, der 1000 Pfund Sterling mitbrachte, nach Palästina einwandern dürfe — von denen, die nicht über eine solche Summe verfügten, aber nur eine monatliche Quote von 1500.[46]
Diese Bedingungen waren der "Jewish Agency" von England vorgeschrieben und bedeuteten die äußere Grenze des Entgegenkommens, um Mißstimmung unter den arabischen Völkern des Mittleren Ostens zu vermeiden.

Um diese 1000 Pfund Sterling per Kopf drehte sich letzten Endes das ganze Problem. Es gab ungefähr 500 000 Juden in Deutschland, was einem Transfer von rund 500 Millionen Pfund Sterling, entsprechend etwa 10 Milliarden RM gleichgekommen wäre. Und Dr. Schacht schätzte das Gesamtvermögen der deutschen Juden auf zwei bis drei Milliarden. — Noch eine weitere Schwierigkeit war zu überwinden: Hitler-Deutschland erklärte sein Unvermögen, auf einmal so riesige Summen, die einen bedeutenden Teil seines jährlichen Haushaltsplanes ausmachen würden, zu exportieren und verlangte, daß die Abwicklung langfristig auf der Grundlage von Kompensationsverträgen nicht nur mit England, das durch seine Verpflichtungen in Palästina ohnehin beteiligt war, sondern mit jedem andern Land zu geschehen habe. Die andern Länder und England ließen klar erkennen, daß, wenn sie auch bereit wären, die deutschen Juden aufzunehmen und vielleicht auch eine etwas kleinere Summe als 1000 Pfund pro Kopf ins Auge zu fassen, es ihnen aber andererseits erst dann möglich wäre zu verhandeln, wenn Deutschland sich zunächst verpflichtete, die ganze Summe, auf die man sich einigen würde, zum Transfer in fremde Wäh-

46 In seinem Buch „Le Bréviaire de la Haine" erwähnt Leon Poliakov dieses Abkommen (auf Seite 32 der französischen Auflage), aber seine Kommentare geben ein vollkommen falsches Bild vom Sinn und Zweck des Vertrages.

rungen freizugeben. Daran scheiterte alles. Der letzte Versuch in diesem Sinne wurde im November 1938 unternommen, als Hitler den damals bereits in Ungnade gefallenen Dr. Schacht nach London sandte. Vergeblich. Nun, es war richtig, daß das Deutschland von 1933 eine Summe von zehn Milliarden RM nicht sofort und ohne Gegenleistung ausführen konnte, — nicht einmal drei Milliarden. Damals wären wohl weder Frankreich noch England, vielleicht nicht einmal die Vereinigten Staaten zu einer solchen Transaktion imstande gewesen.

Folgendes ereignete sich: 1933 wurde der "Jewish Agency" das Recht erteilt, in Berlin die „Zentralstelle für jüdische Auswanderung" zu eröffnen und dort unter deutscher Kontrolle monatlich die von England zugestandenen 1500 Palästina-Pässe[47] auszustellen. Da kein Kompensations-Vertrag hatte abgeschlossen werden können, konnte auch in keinem Paß die Ausfuhrgenehmigung des Gegenwertes von 1000 Pfund erteilt werden. Hinsichtlich der Zahl der Reisepässe einigten sich die "Jewish Agency" und die Nazis, sie ein wenig aufzurunden und mehr als 1500 (hauptsächlich unter dem Deckmantel falscher Staatszugehörigkeiten) auszufertigen. Auch halfen sie bei der unerlaubten Auswanderung. Im Endeffekt war es bei Ausbruch des Krieges ungefähr 300 000 und nicht nur den vom Chaim Arlossaroff-Abkommen bzw. dem Hawara-Vertrag vorgesehenen 108 000 Juden gelungen, Deutschland zu verlassen.

Zur Zeit der Kriegserklärung war eine andere Komplikation hinzu gekommen und der Umsiedlungs-Versuch war in Gefahr, im Sande zu verlaufen: England hatte nämlich im März 1939 entschieden, ab sofort für die nächsten fünf Jahre alles in allem nur 75 000 Einwanderungsgenehmigungen für Palästina zu erteilen.

Dieser wenig bekannte Vorgang wurde von den „Historikern" der jüdischen Dokumentenzentrale — und auch von einigen andern! — sorgfältig verschwiegen. Er wurde durch eine Anzahl Dokumente, besonders NG 1889 (Aktennotiz des Auswärtigen Amtes vom 10. März 1938, vorgelegt im Wilhelmstraßen-Prozeß) und PS 3558 (Bericht des gleichen Ministeriums vom 25. Januar 1939 im ersten Nürnberger Prozeß), aufgedeckt.

Während dieser ganzen Zeit wurde „den deutschen Juden eine Behandlung zuteil, die der für eine in Ungnade gefallene und gedemütigte Minderheit entsprach", sagt Josef Billig von der Jüdischen Dokumentenzentrale ("Le Dossier Eichmann", S. 28); einige Sätze später fügt er hinzu, daß „die Tätigkeit der Juden in der deutschen Wirtschaft nicht ernstlich behindert wurde", und daß es sich auch bei den Maßnahmen gegen die Juden in Österreich, die durch den An-

47 Dieser Paß wurde als „Zertifikat" bezeichnet

schluß zu Deutschland gekommen waren, „um eine noch ziemlich harmlose Aktion handelte".

Wenn man weiß, daß gerade während dieser Periode alle jene rassengesetzlichen Maßnahmen eingeleitet wurden, die am 15. September 1935 auf dem Parteitag von Nürnberg öffentlich bekannt gemacht wurden, und wenn man dann dieses gemäßigte Urteil aus der Feder eines Juden mit dem Berg von entrüsteter und racheheischender Literatur vergleicht, die diese Rassengesetze in der Welt hervorgebracht haben, dann kann man sich nur wundern. Unachtsamkeit?

Im November 1938 änderte sich die Lage ganz plötzlich. Die Ermordung des Gesandtschaftsrats vom Rath am 7. dieses Monats in Paris durch einen jungen Juden namens Grynspan hatte die Schreckensnacht vom 9. auf den 10. November zur Folge, die durch eine wahre Jagd auf Juden, die Plünderung ihrer Geschäfte, das Einschlagen der Fensterscheiben — daher der Name „Kristallnacht" — durch Belästigungen ohne Maß und Zahl usw. gekennzeichnet war.[48]

Wir besitzen nur ein einziges offizielles und zuverlässiges Dokument über die Umstände, unter denen sich diese Vorgänge abgespielt haben: den Bericht (Dokument PS 3063 vom 13. Februar 1939, IMT Bd. XXXII, S. 20ff.) des Obersten Parteirichters Walter Buch, der mit der Untersuchung beauftragt war und bei dem Gericht den Vorsitz führte, das die seit dem 11. November auf Befehl Heydrichs wegen Vorbereitung und Teilnahme an den Unruhen verhafteten 174 Parteimitglieder aburteilen sollte. Alle diese 174 waren nur untergeordnete Leute. Das Führungskorps, die Nürnberger Angeklagten und der Führer selbst hatten von dem Schlag erst nachträglich gehört. Sie lehnten ihn ab, mit Ausnahme von Goebbels, der, obwohl ebenfalls nicht daran beteiligt, ihn guthieß. Goebbels erfuhr als erster davon. Am 9. November 1938 waren die Parteiführer, wie alle Jahre, zur Feier des Putsches von 1923 in München versammelt. Spät abends wurde Goebbels telefonisch davon unterrichtet, daß ernste antisemitische Demonstrationen in der Provinz Hessen, in Magdeburg und fast überall in Deutschland stattfanden. Nach einem kurzen Gespräch des Führers mit den Hauptwürdenträgern der Partei wurde um 1.20 Uhr nachts von Heydrich ein Telegramm an alle deutschen Polizeistationen gesandt (Dokument PS 3051, IMT, Bd. XXXI, S. 515ff.): Allen Polizeikommissaren wurde befohlen, sich sofort mit den örtlichen Parteidienststellen in Verbindung zu setzen, damit die Juden nicht mehr belästigt würden, ihr Leben und Eigentum nicht mehr bedroht, ihre

48 Plünderung und Zerstörung von 815 Läden, 171 Häusern, 276 Synagogen, 14 weiteren Gebäuden der jüdischen Gemeinden, Festnahme von 20 000 Juden, 7 Ariern, 3 Ausländern; 36 Tote, 36 Verwundete (Bericht Heydrichs an Göring vom 11. November 1938. IMT Band IX, S. 577; von Göring und allen anderen betroffenen Angeklagten als echt anerkanntes Dokument).

Läden und Wohnungen nicht mehr geplündert würden usw., — daß also Ruhe und Ordnung wieder einzukehren habe.

Dieses Telegramm wurde abgesandt, um die unerwarteten Demonstrationen zu beenden. Gleichzeitig wurden damit auch gegen die Urheber gerichtliche Schritte eingeleitet, aus dem einfachen Grunde, da solche Aktionen ebensowenig mit dem Geist des Nationalsozialismus wie mit dem Regierungssystem zu vereinbaren waren. Dieses Telegramm wurde dann von Richter Jackson persönlich in der Eröffnungssitzung des Nürnberger Gerichts in der folgenden Form präsentiert:

„Der Feldzug gegen die Juden in Deutschland steigerte sich zu besonderer Heftigkeit nach der Ermordung des deutschen Legationssekretärs vom Rath in Paris. Heydrich, der Chef der Geheimen Staatspolizei, gab über den Fernschreiber an alle Dienststellen der Gestapo und des SD Anweisung ‚spontane' Demonstrationen, die für die Nächte des *9. und 10. November*[49] 1938 zu erwarten seien, so zu handhaben, daß die Zerstörung jüdischen Eigentums begünstigt und nur deutscher Besitz geschützt werde. Kein zynischeres Dokument ist je ans Licht gekommen!" (IMT Bd. II S. 143).

So werden Legenden geboren . . .

Aber die „Kristallnacht" war nicht die einzige Folge der Ermordung vom Raths: Wegen der Schwere der Unruhen, deren Wiederholung man unbedingt vermeiden wollte, ergab sich für die Führer des Dritten Reichs die Notwendigkeit, das Judenproblem in seiner Gesamtheit zu lösen. Da sich in den fünf Jahren seit 1933 keine Ansätze zu einer Lösung ergeben hatten, verwendete man von 1938 an zur Kennzeichnung der neuen Linie den Ausdruck „die Endlösung der Judenfrage",[50] dem die irre Phantasie aller journalistischen Herumstreifer

---

49 Sperrung von mir (P. R.). Es gibt in dieser Wiedergabe manches zu bewundern:
a) die Mehrzahl: „Die Nächte vom 9. und 10. November" statt der Nacht vom 9. zum 10. November . . .
b) daß das Telegramm, das die Demonstrationen für die Nacht vom 9. zum 10. „anordnete" ausgerechnet am 10. frühmorgens um 1 Uhr 20 abgesandt worden ist,
c) daß es angeblich Demonstrationen „anordnete", während es in Wahrheit die Form, in der sie stattfinden, verbieten will.

50 Der ursprüngliche Ausdruck lautet in Wirklichkeit: „eine Gesamtlösung der Judenfrage im deutschen Einflußgebiet in Europa". Göring gebraucht ihn zum ersten Mal im ersten Absatz eines Briefes vom 31. 7. 1941 mit der Weisung an Heydrich, sie vorzubereiten (P S 710, IMT Bd. XXVI, S. 266), verwendet aber im letzten Absatz die Wendung: „Endlösung der Judenfrage".
Dieser letzte Ausdruck wurde dann in den allgemeinen Sprachgebrauch im Dritten Reich übernommen (vielleicht weil Theodor Herzl ihn 1895 als Untertitel seines Buches „Der jüdische Staat" wählte). Die Bedeutung blieb die gleiche: es handelte sich um den Versuch, für diesen ganzen Fragenkomplex eine Lösung zu finden, keineswegs darum, die Judenfrage zu liquidieren durch eine Liquidierung der Juden.
Sogar der klägliche Richter Jackson mußte das zugeben (IMT Bd. IX S. 575), als Göring selbst ihn in Nürnberg am 20. März 1946 dabei ertappte, daß er die entstellende Version zum Besten gab.
Aber diesen Zwischenfall, der eine ganze Theorie ein für allemal zerstörte, erwähnte die Presse mit keinem Wort.

und die den seltsamen Geschichtsforscher der Jüdischen Dokumentenzentrale seit fünfzehn Jahren soviele falsche Deutungen untergeschoben haben.

Zur selben Zeit, als Dr. Schacht auf Anordnung Hitlers seinen Koffer packte und nach London fuhr, um mit England und einigen anderen Staaten die seit 1933 festgelaufenen Verhandlungen wieder in Fluß zu bringen, was auch der von Präsident Roosevelt am 6. Juli 1938 in Evian einberufenen internationalen Konferenz nicht gelungen war, da berief Göring im Auftrage Hitlers eine Konferenz von Vertretern aller Ministerien des Dritten Reichs, die an Sofort-Maßnahmen interessiert waren. An dieser Konferenz nahmen Göring als Vorsitzender, Goebbels (Propagandaminister), Heydrich, Chef des Reichsicherheitshauptamtes als Vertreter Himmlers, Frick (Innenminister), Funk (Wirtschaftsminister), von Schwerin-Krosigk (Finanzminister) und andere teil. Bei der Eröffnung erklärte Göring:

„Meine Herren, diese Demonstrationen habe ich satt. Sie schädigen nicht den Juden, sondern schließlich mich, der ich die Wirtschaft als letzte Instanz zusammenzufassen habe. Wenn heute ein jüdisches Geschäft zertrümmert wird, wenn Waren auf die Straße geschmissen werden, dann ersetzt die Versicherung dem Juden den Schaden — er hat ihn gar nicht —, und zweitens sind Konsumgüter, Volksgüter zerstört worden. Wenn in Zukunft schon Demonstrationen, die unter Umständen notwendig sein mögen, stattfinden, dann bitte ich nun endgültig, sie so zu lenken, daß man sich nicht in das eigene Fleisch schneidet. Denn es ist irrig, ein jüdisches Warenhaus auszuräumen und anzuzünden, und dann trägt eine deutsche Versicherungsgesellschaft den Schaden, und die Waren, die ich dringend brauche — ganze Abteilungen Kleider und was weiß ich alles —, werden verbrannt und fehlen mir hinten und vorn.[51] Da kann ich gleich die Rohstoffe anzünden, wenn sie hereinkommen." (PS 1816, IMT Bd. XXVIII S. 500).

Eine Diskussion über Möglichkeiten zur Durchführung einer massiven Juden-Auswanderung führte zu nichts. Göring hielt sie auf Grund der damit verbundenen gewaltigen Kapital-Exporte für undurchführbar, und er sah keine Möglichkeit, von anderen Staaten Kompensationen zu erlangen.[52] Man sollte daher zunächst den Erfolg der Demarche von

51 Auf dieser Sitzung sprach ein gewisser Herr Hilgard als Vertreter der Versicherungsgesellschaften. Er schätzte den materiellen Schaden, der in der Kristallnacht angerichtet worden war und zwar allein an Schaufensterscheiben und Schmuck (Dinge, die in Deutschland nur gegen Devisen zu beschaffen waren) auf über 25 Millionen Reichsmark. Er gab außerdem an, daß die belgische Firma, die als einzige die Scheiben ersetzen konnte, allein zur Herstellung des notwendigen Glases eine Frist von 6 Monaten verlangte und fügte hinzu, daß er noch nicht alle Unterlagen in Händen hätte. Darauf erklärte Heydrich, daß man die ganzen Verluste auf 100 Millionen beziffern könne. Spätere Gutachten haben die Richtigkeit dieser Schätzung bewiesen.

52 Der Leser wird sicher empört darüber sein, daß die Nazis den auswandernden Juden die Mitnahme des Gegenwertes ihrer Habe verweigerten. Das ist in der Tat ein schreiendes Unrecht. Es ist allerdings auch der allgemeine Brauch bei Bevölkerungs-Umsiedlungen. Ich verweise dieserhalb auf zwei Werke: „European Population Transfer". (Oxford Uni-

Dr. Schacht bezüglich einer Wiederaufnahme der Verhandlungen abwarten. Ich habe schon gesagt, daß die Schacht'sche Mission scheiterte. Schließlich brachte Göring drei Verordnungen heraus:

Die erste belegte die deutschen Juden mit einer Kollektivbuße von einer Milliarde RM (Reichsgesetzblatt 1938, Teil I, S. 1579).

Die zweite schloß die deutschen Juden aus der deutschen Wirtschaft aus (Reichsgesetzblatt 1938, Teil I, S. 1580).

Die letzte entschied, daß die Versicherungsgesellschaften den in der Kristallnacht verursachten Schaden dem Staat und nicht den geschädigten Juden zu ersetzen hätten (Reichsgesetzblatt 1938, Teil I, S. 1581).

Der Mord hatte also etwa das gleiche Ergebnis gebracht, das später jene merkwürdigen Widerstandskämpfer unter deutscher Besatzung in Frankreich erreichten, nämlich die Verhaftung von Hunderten von Geiseln und eine Verschärfung des Besatzungsstatuts, wenn sie eine Apotheke oder ein Café mit Plastikbomben in die Luft sprengten (sehr häufig nur um ein persönliches Rachebedürfnis zu stillen), oder wenn sie einen deutschen Soldaten in einer dunklen und verlassenen Straße ermordeten usw., — alles unter dem Vorwand, Deutschland oder den Nationalsozialismus zu bekämpfen. Nach dem 7. November 1938 wurde das Leben der deutschen Juden durch ihren Ausschluß aus dem Wirtschaftsleben des Landes und seine Folgen — Beschlagnahme jüdischen Eigentums und Enteignungen — nur noch schwieriger. Und dabei hätten vernünftige internationale Verhandlungen diese Menschen durchaus aus ihrer bedrängten Lage retten können. 1939 brach dann der Krieg aus und zerstörte jede Hoffnung auf eine Lösung der Frage. Und die Aussichten wurden noch schlechter als der Präsident der Jewish Agency, Chaim Weizman am 5. September

---

versity 1946) und „Les Transfers internationaux de populations" (Presses universitaires de France), in denen man gut zwanzig solcher durch Verträge beschlossene Umsiedlungen finden wird, bei denen die betroffenen Unglücklichen ihr Land mit 30 Kilo Gepäck, häufig weniger, und stets ohne Geld verlassen mußten. Zwischen dem 1. Juli 1945 und dem 1. Januar 1947 haben die Russen ungefähr 7,3 Millionen Menschen in Viehwagen aus Schlesien nach dem Restdeutschland verfrachtet — mit bedeutend weniger Gepäck und ohne Lebensmittel für eine Fahrt von 4 bis 5 Tagen. In der französischen Monatszeitschrift „Revue des Deux Mondes" vom 15. Mai 1952 (S. 374) behauptet Jean de Pange, daß dabei mehr als 4 Millionen umgekommen seien, was einer weitaus höheren Zahl an Opfern entsprechen würde, als Juden in Konzentrationslagern umgekommen wären! Und das alles mitten im Frieden! Man muß bedenken, daß es sich hier zweifelsohne um ein menschliches Problem handelt, das aber auch eine wirtschaftliche Seite hat, indem es den Transfer eines großen Teils des Volksvermögens nach sich zieht, der bei der gegenwärtigen Struktur des internationalen Währungsverkehrs nur in Verbindung mit entsprechenden Kompensationen möglich ist. Andernfalls wäre die Wirtschaft eines Landes, das sich zu einer solchen Geldtransaktion entschließt, ruiniert. Die Unmenschlichkeit ist also eine Folge der Wirtschaftsstruktur der Welt, nicht des bösen Willens der Menschen, die nur sehr geringe Möglichkeiten haben, diese Struktur zu reformieren. Leider ist auch der Wille dazu nur schwach!

— zwei Tage nach der Kriegserklärung Englands und Frankreichs an Deutschland — einen Brief an Chamberlain, Premierminister Seiner Majestät des Königs von England, schrieb, in dem er erklärte, daß: „wir Juden *auf der Seite Großbritanniens stehen* und für die Demokratie *kämpfen* werden" wobei er präzisierte, daß die jüdischen Vertreter bereit wären, sofort ein Abkommen zu schließen um den Einsatz aller ihrer Kräfte zu ermöglichen.[53] Dieser Brief wurde im "Jewish Chronicle" vom 8. September 1939 veröffentlicht.

Er enthielt die offizielle Kriegserklärung des jüdischen Volkes an Deutschland und brachte das Problem der Internierung aller deutschen Juden als „Angehörige eines mit Deutschland im Kriegszustand befindlichen Volkes" mit sich. Eine derartige Maßnahme ist in allen Ländern der Erde im Kriegsfall die Regel. Man muß jedoch zugeben, daß die deutsche Regierung schon vor der Veröffentlichung dieses Briefes alle Anstalten in diesem Sinne getroffen hatte. Auf jeden Fall machten die Kriegserklärungen, nicht nur die des Chaim Weizman, sondern vor allem die Englands und Frankreichs, jedem Projekt einer Umsiedlung der Juden auf welcher Verhandlungsgrundlage auch immer, ein Ende.

Nach der Niederlage Frankreichs und nach dem Fehlschlagen der Friedensangebote an England kam den Nazi-Führern der Gedanke, daß die Juden zunächst gesammelt und dann in eine französische Kolonie, z. B. Madagaskar, überführt werden könnten. Ein Bericht vom 21. August 1942 mit der Unterschrift Luthers,[54] Unterstaatssekretär im Auswärtigen Amt des Dritten Reiches, deutete die Möglichkeit

---

53 Vielleicht habe ich nicht genug gesucht, aber ich habe in keiner Veröffentlichung in französischer Sprache den Wortlaut dieses Briefes gefunden. Hier folgt der betreffende Absatz in deutscher Sprache (zitiert nach dem Buch von H. G. Adler „Die verheimlichte Wahrheit", Tübingen 1958, S. 320):

„Ich wünsche in nachdrücklichster Form die Erklärung zu bestätigen, daß wir Juden an der Seite Großbritanniens stehen und für die Demokratie kämpfen werden. Aus diesem Grunde stellen wir uns in den kleinsten und größten Dingen unter die zusammenfassende Leitung der britischen Regierung. Die jüdische Vertretung ist bereit, in sofortige Abkommen einzutreten — und alle menschliche Kraft, ihre Technik, ihre Hilfsmittel und alle Fähigkeiten nützlich einzusetzen".

Der englische Originaltext dieser Erklärung wird bei Adler (a. a. O. S. 321) wie folgt wiedergegeben:

„I wish to confirm in the most explicit manner, the declaration which I and my collegues made during the last months and especially in the last week: that the Jews 'stand by Great Britain and will fight on the side of the democracies'. Our urgent desire is to give effect to these declarations. We wish to do so in a way entirely consonant with the general scheme of British action, and therefore would place ourselves, in matters big and small, under the co-ordinating direction of His Majesty's Government. The Jewish Agency is ready to enter into immediate arrangements of utilizing Jewish man-power, technical ability, resources, etc."

54 Dokument M G 2586, das gleiche, zu dem auch das berühmte Protokoll von Wannsee gehört; vorgelegt im Wilhelmstraßenprozeß. Billig zitiert es auch in „Le Dossier Eichmann". V. Alexandrov bringt diese Verhandlungen in seinem Buch über Eichmann romanhaft ausgeschmückt.

von Verhandlungen mit Frankreich in diesem Sinne an und erwähnte Gespräche, die zwischen Juli und Dezember 1940 stattfanden; nach dem Treffen von Montoire (am 24. Oktober 1940) brachte Pierre-Etienne Flandin, der Nachfolger Lavals, die Verhandlungen zum Scheitern. Während des ganzen Jahres 1941 bewahrte Deutschland die Hoffnung auf eine Wiederaufnahme und glückliche Beendigung der Verhandlungen.

Während der zweiten Hälfte dieses Jahres 1941 nahm die Lösung des Juden-Problems eine mörderische Wendung. Da war zunächst die Kriegserklärung an Rußland. Dr. Goebbels ließ das Gerücht verbreiten, daß Hitler zu diesem extremen Schritt gezwungen worden wäre durch die Juden, die Stalin beinflußt hätten. Dann erschien das berühmte Buch "Germany must perish" * (eines gewissen amerikanischen Juden Theodore N. Kaufman), von dem man sagen kann, daß es den baldigen Kriegs-Eintritt der Vereinigten Staaten an der Seite Englands, Frankreichs und Rußlands ankündigte.

In diesem Buch setzt Theodore N. Kaufman ganz schlicht auseinander, daß alle Deutschen auf Grund der alleinigen Tatsache, daß sie Deutsche sind, selbst wenn sie Antinazis, Kommunisten, Judenfreunde seien, nicht zu leben verdienen und daß man nach dem Kriege 20 000 Ärzte einsetzen werde, von denen jeder täglich 25 deutsche Männer oder Frauen zu sterilisieren hätte, so daß es nach drei Monaten keinen zeugungsfähigen Deutschen in Europa mehr gäbe und das deutsche Volk in 60 Jahren auf dem Kontinent völlig ausgelöscht sein würde **. Er versicherte außerdem, daß dies auch die Ansicht der deutschen Juden sei . . .

Hitler ließ dieses Buch über alle Rundfunksender verlesen. Man kann sich denken, was für einen Eindruck es auf die öffentliche Meinung Deutschlands machte. Ich selbst habe Deutsche getroffen, die mir sagten, daß man von dem Tage ab, an dem dieser Plan bekannt wurde, im Volk, im Heer, bei der Polizei und überall von der Notwendigkeit, die Juden physisch zu vernichten, zu sprechen begann; man drückte die Hoffnung aus, daß Hitler den Befehl dazu geben würde und war sehr häufig sogar davon überzeugt, daß ein solcher Befehl an Himmler oder Heydrich[55] bereits ergangen war. Es gab Leute, die behaupteten gut informiert zu sein und sagten, sie wüßten

---

* Anmerkung des Übersetzers:
„Germany must perish" — „Deutschland muß sterben".

** Vergl. Anhang, Anlage 4.

55 Dies bestätigte Minister Lammers, Staatssekretär der Reichskanzlei, in Nürnberg: „Jeder sagte, er habe es vom anderen gehört, aber keiner wollte irgendetwas ausdrücklich versichern. Ich bin sogar der Ansicht, daß es meistens beruhte auf dem Abhören ausländischer Sender und daß die Leute dann nicht sagen wollten, wo sie es her hatten." (IMT Bd. XI S. 62)

es von einer sehr hochgestellten Persönlichkeit; und wenn dann ein armer Jude in die Hände eines ungebildeten Polizisten fiel, der von so einem Gerücht gehört hatte und fest daran glaubte, dann hatte er bestimmt nichts zu lachen. Kurz und gut, die Verlesung des Buches von Theodore Kaufman im deutschen Rundfunk entfesselte die Volkswut gegen die Juden. Und als Deutschland im Dezember des gleichen Jahres gegen die Vereinigten Staaten in den Krieg mußte, da war alles vorbei. Jede Hoffnung auf Wiederaufnahme der Gespräche mit Frankreich erlosch für immer.

Um die Wahrheit zu sagen, fühlten sowohl das Volk als auch die Führung schon lange vor dem Eintritt Amerikas in den Krieg mehr oder weniger deutlich, daß man für die Juden eine andere Lösung als Madagaskar würde suchen müssen und gezwungen sein würde, sie bis zum Ende des Krieges in Europa zu behalten. Der Brief Görings an Heydrich vom 31. Juli 1941, von dem bereits gesprochen wurde (Anmerkung 50) spiegelt dieses Gefühl zweifellos schon wieder. Die Überführung der Juden nach Osten hatte am 15. Oktober 1941 begonnen. Die Konferenz von Berlin-Wannsee, zu der Heydrich am 29. November 1941 eingeladen hatte, sollte ursprünglich am 9. Dezember stattfinden; sie mußte auf Grund der Ereignisse auf den 20. Januar 1942 verschoben werden. Sie hatte speziell die Organisation der Zusammenfassung aller Juden in den Ostgebieten zum Thema. Aber Hoess sagt uns in seinem Buch „Der Lagerkommandant von Auschwitz spricht...", daß Himmler bei seinem Besuch in Auschwitz noch plante, dort ein Lager mit einer Aufnahmefähigkeit für 100 000 Kriegsgefangene, die für die Verteidigung des Reiches arbeiten sollten, zu errichten, aber kein Lager für die Zusammenziehung der Juden. Die Massendeportation der Juden aus ganz Europa nach Auschwitz und den anderen polnischen Lagern begann in der Tat im März 1942.[56]

56 Der letzte Transport scheint am 7. Juli 1944 in Auschwitz angekommen zu sein (ungarische Juden). Die Deportation hat also 27 Monate gedauert. Die Verschickung der nicht rassisch Verfolgten begann am gleichen Tage und dauerte ungefähr ebenso lange. Der letzte Transport verließ Frankreich am 14. August 1944. Die zeitliche Übereinstimmung ist klar und es muß noch erwähnt werden, daß der Beginn mit der Ernennung Speers zum Reichsminister für Bewaffnung und Munition (Februar 1942) zusammenfällt; sie bedingte solche Massenverschickungen, um den seit der zweiten Hälfte von 1941 bedrohlich in Erscheinung tretenden Mangel an Arbeitskräften zu beheben. Zahlreiche von ihm unterzeichnete Schreiben beweisen, daß es für Speer keine Gründe gab, die Juden nicht wie alle andern arbeiten zu lassen. Noch ein weiteres Zusammentreffen: Wir besitzen einen Brief Himmlers vom 5. Dezember 1941 an Heydrich (Leiter des Reichssicherheitshauptamtes), an Pohl (Leiter der Wirtschaftsstelle der Konzentrationslager) und an Glücks (Generalinspektor der Konzentrationslager), in dem er erwähnt, welch mörderische Zustände er in allen Lagern festgestellt hat und von den Zuständigen verlangt, damit ein Ende zu machen — ohne die Juden auszunehmen. Der Brief enthält folgenden Satz: „... im Gegensatz zu gewissen SS-Spezialisten, werde ich die Ernährung in den Lagern verbessern und alle daran interessierten zu guten Spezialarbeitern machen" (Wiedergegeben nach Billig, „Le Dossier Eichmann", S. 60). So liefen denn im Jahr 1942 mehrere Schreiben des RSHA ein, die sich

Die Anordnungen besagten, daß die betroffenen Juden in Sonderlager einzuweisen seien; das war die Sonderbehandlung, der sie zu unterwerfen waren, während die Verschickung anderer Gegner je nach Zufall und Möglichkeit in irgend ein Lager erfolgte.
Die Deportation der Juden nach Osten wurde dann als „Sonderaktion" bezeichnet. All dies geschah in einer u. a. durch das Buch von Theodore N. Kaufman erzeugten Atmosphäre von Judenhaß und des Sichüberstürzens der Ereignisse in Richtung auf den „totalen Krieg" — dieser Ausdruck wurde jetzt zum allgemeinen Schlagwort. In den Augen aller Deutschen war es Kaufman, der den Gedanken an solche Maßnahmen aufgebracht hatte und der eingestanden hatte, daß seine Rassegenossen eine solche Behandlung für ihre deutschen Gegner vorbereiteten: diese Deportation war brutal und mörderisch, darüber sind sich alle einig.[57]
Die Juden sprachen untereinander schon vorher mit großem Entsetzen davon. Und wenn sie dieses Schicksal dann erlitten, wurden ihre Leiden noch vergrößert durch die Angst vor dem, was sie erwartete. In Auschwitz war ein eigener Sektor des Lagers — laut Hoess: Auschwitz III (Monovitz), — an das dort im Bau befindliche Werk der IG-Farbenindustrie angegliedert. Man weiß, daß die Chemiker zur Herstellung ihrer Farben auch giftige Stoffe verwenden. Außerdem gab es da Kammern, in denen Kleider desinfiziert wurden, wozu man ausgerechnet Zyklon B verwendete . . . Was lag da näher als anzunehmen, daß die Gaskammern zur Vergasung der Juden bestimmt wären, die Häftlinge im Lager[58] glaubten das bereits, und nur allzu gern folgten ihnen die Historiker der Jüdischen Dokumentenzentrale: Jedes Mal, wenn sie in einem Text die Ausdrücke „Sonderlager", „Sonderbehandlung"[59] oder „Sonderaktion" antrafen, entschieden sie

---

mit der Verbesserung der Ernährung in den Lagern beschäftigten. In seinem Buch „Der Lagerkommandant von Auschwitz spricht . . ." sagt Hoess von Himmler, daß dieser „immer mehr Sonderhäftlinge für die Rüstungsindustrie verlangte" (S. 225). Daraus folgt, daß diese Sonder-Häftlinge (Juden) entsprechend gut behandelt werden mußten.

57 Nebenbei muß ich erwähnen, daß ich den Eindruck habe, unter ebenso mörderischen Bedingungen nach Buchenwald (vier Tage Fahrt mit 100 Personen in einem Waggon ohne andere Nahrung als eine Mahlzeit in Trier) transportiert worden und dort angekommen zu sein (den Knüppeln der Kapos und den Bissen der Hunde ausgeliefert), wie die Juden nach Auschwitz. Zumindest lese ich das aus den Berichten heraus.

58 In Dora kannte ich Häftlinge, die felsenfest davon überzeugt waren, daß die wöchentlichen Duschen nur Tarnung seien und daß daraus eines Tages statt Wasser Gas kommen würde. Infolgedessen gingen sie nie hin. Wenn sie dann vom Kapo erwischt wurden, bekamen sie Prügel.

59 Am 12. April 1946 warf der stellvertretende amerikanische Ankläger, Oberst Amen, Kaltenbrunner vor, verlangt zu haben, daß im „Walsertraum" im Walsertal und in der „Winzerstube" in Godesberg „Sonderbehandlungen" stattfinden sollten. Er erhielt folgende Antwort:
„Wissen Sie, was ‚Walsertraum' im Walsertal, und wissen Sie, was ‚Winzerstube' in Godesberg sind? Wohin diese Fälle Ihrer behaupteten sogenannten ‚Sonderbehandlung' zu brin-

als „Fachleute", daß es sich um Decknamen für Gaskammern handelte. Das ist — um keinen stärkeren Ausdruck zu gebrauchen — eine recht wenig stichhaltige Beweisführung.

Aber nun die Zeugen? Zunächst Hoess, Lagerkommandant von Auschwitz. Wir konnten sehen, was seine mündlichen (Nürnberg) und schriftlichen (in seiner Zelle in Krakau niedergeschriebenen) Zeugenaussagen zwischen einem drohenden Todesurteil und der Hoffnung auf Begnadigung oder Strafmilderung wert sind; er widersprach sich selbst darüber hinaus von Seite zu Seite, oder auch den Aussagen aller anderen Zeugen.

Gerstein? Nachdem er seine Aussage niedergeschrieben hatte (?), war er so vorsichtig, Selbstmord zu verüben: andernfalls hätte er in Nürnberg dafür einstehen müssen, daß es Gaskammern von 25 Quadratmeter Fläche und 1,90 Meter Höhe gab, in die man 750—800 Juden hineinzwang, um sie mit Dieselmotor-Abgasen zu vergiften. Oder wurde dieses ganze Dokument als Mittel zum Zweck von einem schwachsinnigen Menschen fabriziert und einem erdichteten Menschen zugeschrieben? Über Herrn Dr. Miklos Nyiszly aus Ungarn, der Gaskammern von 200 Meter Länge und 1,05—2,55 Meter Breite erwähnte und sah, wie man die Toten, die man herausholte, schor, wie man täglich auf französisch 20 000, auf deutsch 10 000 Juden vergaste, kann man wohl zur Tagesordnung übergehen.

Die weiteren Zeugen? Sie haben Gaskammern hingestellt und in Betrieb gesehen in Lagern, in denen es, wie wir heute wissen, keine gab (Dachau), oder sie sahen ihre Kameraden in Gaskammern ziehen, deren Existenz sie nur vom Hörensagen kannten . . . und das ist die Regel.

Bleibt noch der unglückliche Nachfolger von Hoess als Lagerkommandant in Auschwitz, der gegenwärtig in Frankfurt am Main inhaftiert ist und dessen Prozeß vorbereitet wird. Er wird wie Hoess unter der Drohung einer schweren Strafe aussagen, so daß man seinen

gen sind? ‚Walsertraum' ist das eleganteste fashionabelste Alpinistenhotel des gesamten Deutschen Reiches, und die ‚Winzerstube', Godesberg, ist das hochberühmte Hotel, das sich dem Namen nach in Godesberg befindet, welches zu vielen internationalen Tagungen verwendet worden ist. In diesen beiden Hotels sind besonders qualifizierte, besonders angesehene Persönlichkeiten, ich nenne hier M. Poncet und M. Herriot und so weiter untergebracht gewesen, und zwar bei dreifacher Diplomatenverpflegung, das ist die 9fache Nahrungsmittelzuteilung des normalen Deutschen während des Krieges, bei täglicher Verabreichung einer Flasche Sekt, bei freier Korrespondenz mit der Familie, bei freiem Paketverkehr mit der Familie in Frankreich, bei mehrmaligem Besuch dieser Häftlinge und Erkundigung nach ihren Wünschen an allen ihren Orten. Das ist das, was wir unter ‚Sonderbehandlung' verstehen." (IMT Bd. XI, S. 374f).

Sonderbehandlung bedeutete einerseits, daß Rassenhäftlinge in bestimmte Sonderlagen kamen und insofern anders behandelt wurden als die anderen, aber andererseits auch die Inhaftierung hochstehender Persönlichkeiten — nicht in Konzentrationslager, sondern in Hotels. Also ein ziemlich großer Unterschied von der Deutung, die von den „Historikern" der Jüdischen Dokumentenzentrale gegeben wurde — und gegeben wird!

Angaben mit der gleichen Reserve begegnen muß, wie denen von Hoess. Das alles ist nicht ernst zu nehmen.
Wenn uns in der Mitte des XX. Jahrhunderts eine historische Frage von solcher Bedeutung, an der alles in allem mehrere Millionen Personen — Henker und Opfer zusammengezählt — beteiligt waren, wobei sechs Millionen in Gaskammern oder auf irgend eine andere ebenso schreckliche Art gestorben sein sollen, nicht anders belegt werden kann, als mit einer so kleinen Anzahl von Dokumenten und Zeugenaussagen von offensichtlich zweifelhafter Qualität, — dann kann man wohl ohne Gefahr eines Irrtums behaupten, daß es sich nicht um Tatsachen sondern um eine Geschichtsfälschung handelt: der tragischste und makaberste Betrug aller Zeiten.

E. . . . und andere Kleinigkeiten

Da Artikel 6 die Definition der Begriffe „Verbrechen" und „Verbrecher" bringt, ist er der Ausgangspunkt und Schlußstein der Anklage und damit der Mittelpunkt des Nürnberger Statuts.
Dadurch wird der Historiker gezwungen, alle Elemente dieser Definition den Tatsachen, auf denen sie beruht, gegenüberzustellen und diese Tatsachen sowohl in ihrem historischen als auch juristischen Rahmen zu betrachten, um davon ein so genaues Bild wie möglich zu erhalten. Als Kern des Nürnberger Statuts wurde dieser Artikel 6 auch zum Mittelpunkt meiner Studie und das ist auch der Grund, warum ich mich vor allem mit diesem Artikel beschäftige.
Am Ende der Untersuchung drängt sich der Schluß auf, daß es sich nicht einmal um eine Definition handelt, sondern höchstens um eine ganz banale "petitio principii", das heißt, daß man das, was noch bewiesen werden muß, als wahr voraussetzt. In diesem Fall handelt es sich darum, daß man willkürlich aus der Reihe derer, die sich eines Verbrechens schuldig gemacht haben, einen auswählt und ihn verurteilt.
Da die Leute, die ihn zum Verbrecher stempelten und aburteilen ließen, mit ihm zusammen Stück für Stück alle Voraussetzungen für das Verbrechen geschaffen hatten, also seine gegen ihn verbündeten Komplizen waren, konnten ihre gemeinsamen Überlegungen schwerlich zu einem anderen Schluß führen. Da diese Komplizen gleichzeitig sich selbst die richterliche Gewalt zuerkannten, mußte es automatisch zu einer Verurteilung kommen, wobei die anderen Artikel des Statuts nur noch den Zweck hatten, diesen automatischen Vorgang in eine rechtsähnliche Form zu gießen.

Jeder dieser Artikel stellt eine Nichtigkeitserklärung von überlieferten Rechtsgrundsätzen und Regeln dar; die wichtigsten sind bereits genannt worden: Artikel 1 setzt Richter ein, die gleichzeitig Partei sind, Artikel 3 bestimmt, daß diese Richter nicht wegen Befangenheit abgelehnt werden können.

Artikel 18 verlangt eine schnelle Justiz und eine rasche Prüfung der durch die Anklage aufgeworfenen Probleme — und zwar nur jener Probleme.

Artikel 19 befreit das Gericht von der Verpflichtung, das Beweismaterial nach den überlieferten Regeln zu behandeln.

Artikel 21 gibt dem Gericht das Recht, allgemein bekannte Tatsachen als wahr anzunehmen ohne zu verlangen, daß dafür ein Beweis erbracht wird.

Wir haben gesehen, wie vor allem die beiden letzten Artikel es dem Gericht ermöglicht haben, Dokumente zu verwenden, die beschrieben, was sein würde wenn . . . als ob sie von tatsächlichen Ereignissen handelten, (vgl. S. 70 — Dokument Hossbach); die behaupteten, es habe in Dachau Gaskammern gegeben (vgl. S. 87), oder daß 6 Millionen Juden vernichtet worden seien; kurz, diese Artikel erlaubten es dem Gericht, überhaupt alles als wahr und bewiesen anzunehmen, was nur irgendein Verschleppter über die Lager zu erzählen beliebte — wobei heute schon lange der Beweis erbracht ist, daß bei diesen Menschen der Wunsch nach Entschädigung und nach Rache viel stärker ausgeprägt war als das Bedürfnis, objektive Zeugenaussagen zu machen.

Ich zitiere noch Artikel 20:

„Der Gerichtshof kann *vor*[60] Beweisantretung Auskunft über die Natur des Beweismittels verlangen, um über seine Erheblichkeit entscheiden zu können" (IMT Bd. I S. 16).

Man wollte nämlich unbedingt jeden Skandal vor der Öffentlichkeit vermeiden, und so sahen sich die Angeklagten der letzten Garantie des internationalen Rechts beraubt: des öffentlichen Charakters der Justiz.

Wenn man noch Artikel 8 nennt, dann weiß man alles; der Rest sind nur Kleinigkeiten ohne die geringste Bedeutung. Artikel 8 sagt folgendes:

„Die Tatsache, daß ein Angeklagter auf Befehl seiner Regierung oder eines Vorgesetzten gehandelt hat, gilt nicht als Strafausschließungsgrund, kann aber als Strafmilderungsgrund berücksichtigt werden, wenn dies nach Ansicht des Gerichtshofes gerechtfertigt erscheint" (IMT Bd. I, S. 12).

---

60 Von mir hervorgehoben — P. R.

So lernten die Deutschen 1945, daß sie seit der Machtübernahme Hitlers nicht nur das Recht, sondern die Pflicht gehabt hätten, aus Gewissensgründen als Gegner des Nationalsozialismus zu handeln. Sie wurden darüber von Juristen(!) unterrichtet, die dieses Recht ihren eigenen Volksangehörigen nicht zuerkannten[61] und es seitdem auch in keinem Fall mehr angewandt haben. Man kann schaudern, wenn man sich überlegt, daß die F.L.N. bei ihrem Sieg in Algerien die Möglichkeit gehabt hätte, alle französischen Soldaten, die gegen sie gekämpft hatten, gefangenzunehmen und unter Anwendung des Artikels 8 zu verurteilen. In Nürnberg brachten alle Anwälte Einwendungen gegen diesen Artikel vor, weil er den Begriff des Staates überhaupt in seinen Grundfesten erschüttern würde.

Dr. Robert Servatius, der Verteidiger Eichmanns, drückte das Problem in seinem Plädoyer vor dem Tribunal in Jerusalem so aus:

„Der Grundsatz aller Staaten ist: Vertrauen zur Führung! Die Tat ist stumm, der Gehorsam blind. Das sind die Tugenden, auf die der Staat allein bauen kann. Ob diese Tugend belohnt wird, hängt vom Erfolg der Politik ab. War die Politik erfolglos, so gilt der Befehl dem Sieger als Verbrechen; der Gehorchende hat Unglück, er hat für seine Treue zu büßen. Galgen oder Orden, das ist die Frage. Mißlungen ist's gemeiner Frevel. Gelungen ist's geheiligt Tun." („Verteidigung Adolf Eichmann", Bad Kreuznach 1961, S. 75f.)

In seinem Buch „Zehn Jahre und zwanzig Tage" (S. 53f.), kommentiert Großadmiral Dönitz den Artikel 8 wie folgt:

„Ich gab mich, wie wohl alle älteren deutschen Seeoffiziere bei Kriegsbeginn keinen Illusionen darüber hin, wie schwer dieser Krieg sein würde. Für mich als Soldat gab es darauf eindeutig nur *eine* Reaktion, nämlich alles zu tun, was an mir lag, daß dieser Krieg gewonnen würde. Eine andere Einstellung kann und darf ein Soldat nicht haben. Wer in einem solchen Fall etwas anderes als *Gehorsam* vom Soldaten verlangt, rüttelt an den Grundlagen des Soldatentums und gefährdet die eigene staatliche Sicherheit."

---

61 Sie sparten nicht einmal mit Ehrungen für Menschen, bei denen einwandfrei feststand, daß sie auf Befehl teilgenommen hatten an Verbrechen, die vom Gericht selbst als solche bezeichnet waren. Beispiel: Professor Balachowsky, ein in Frankreich 1932 naturalisierter Russe, Laboratoriumsleiter am Pasteur-Institut in Paris, am 16. Januar 1944 nach Buchenwald deportiert und dort dem Block 50, dem Block „für verbrecherische Versuche" zugeteilt. Beim Zeugenverhör in Nürnberg am 29. Januar 1946 gestand er, daß seine Versuche „buchstäblich Mord" waren (IMT Bd. VI, S. 342). Balachowsky rechtfertigte sich damit, daß er sagte „man mußte die Befehle, die man erhielt, genauestens ausführen, sonst verschwand man". (a. a. O. S. 351). Auf ihn wandte das Gericht nicht den Artikel 8 des Statuts an, weil er „verbrecherischen Befehlen gehorcht hatte", sondern er lebt — wie gesagt — bequem in Paris, mit Ehrungen überhäuft, beschimpft aus Leibeskräften die Verbrecher — und tadelt die Deutschen, die verbrecherisch genug waren, diesen Verbrechern nicht den Gehorsam zu verweigern. Darin unterscheidet sich das Nürnberger Urteil nicht von den Urteilen des Gerichtshofs in der Fabel. Und Balachowsky ist nicht der einzige Fall!

Daß die Grundlagen des Staates überhaupt erschüttert würden, beunruhigt mich nicht, auch nicht, daß der Einzelne sich bewegt fühlen könnte vor der Befolgung eines gegebenen Befehls zuerst zu untersuchen, ob er den Prinzipien des Rechtes entspricht. Was mich beunruhigt ist der Gedanke, daß der Einzelne sich genötigt fühlen könnte, zuerst zu prüfen, ob der Befehlende wirklich der Mächtigste sei unter allen, denen der Himmel oder der Zufall die Befehlsgewalt gegeben haben.

Denn hier hat eine Justiz sich wieder den Satz „Macht geht vor Recht" angeeignet.

Das Statut von Nürnberg wurde im übrigen seit 1945 häufig verletzt: Das Verhalten Englands in Ägypten (1952—1954), Rußlands in Ungarn (1956), Frankreichs in Indochina (1945—1954) und später in Algerien (1954—1962), von Belgien, den Vereinigten Staaten und der UNO im Kongo (1958—19 . .), um noch zu schweigen von Mao-Tse-Tung in China und Castro in Kuba — jeder dieser Fälle ist ein Verbrechen im Sinne des Artikels 8, und doch ist nie die Rede davon gewesen, wie in Nürnberg Gericht über die Schuldigen zu halten.

*

Es bleiben nur noch die Gerichtsverhandlungen . . .

Um darüber ein genaues Bild zu geben, müßten wir den Verlauf in Einzelheiten prüfen und ebensoviele Bände mit ebensovielen Seiten füllen, wie die Niederschrift der Debatten erforderte; 23 Bände mit durchschnittlich je 600 Seiten von respektablem Format für den Ersten Prozeß, weitere 77 Bände für die 13 folgenden Prozesse. Trotz der Freude, die ich als begeisterter Polemiker daran finden würde, dürfte eine solche Arbeit den Rahmen dieser Studie sprengen und wäre auch mehr eine Aufgabe für Juristen als für Historiker.

Ich glaube übrigens, daß ich eine ausreichende Anzahl Beispiele mit ausreichender Genauigkeit gebracht habe, um dem Leser ein deutliches Bild zu vermitteln von der Art, wie die von mir zitierten Artikel des Statuts benutzt wurden.

sei es um die Verteidigung zum Schweigen zu bringen (beispielsweise über so wichtige Dinge wie den Versailler Vertrag, der übrigens von der Anklage immer wieder gegen die Angeklagten herangezogen wurde),

sei es um die Aussagen offensichtlich falscher Zeugen als echt anerkennen zu können, wie die des Dr. Blaha (vgl. S. 87) oder die der Hauptsturmführer Hoettl und Wisliceny (vgl. S. 92),

seien es offensichtlich zurechtgemachte Dokumente wie der Bericht Hossbach (vgl. S. 70) oder offensichtlich falsche wie der Bericht

Gerstein (siehe Anhang), oder so phantasievolle Statistiken wie die aus den Memoiren von Hoess, dem Auschwitzer Lagerkommandanten destillierten (die außerdem noch von Hoess selbst dementiert werden), (vgl. S. 106) usw.

Allein im ersten Prozeß, also dem der Hauptkriegsverbrecher, findet man Hunderte von Fällen dieser Art, deren Zahl und deren skrupellose Verwendung seitens der Richter in den 12 folgenden noch um ein Vielfaches vergrößert wurden.

Zum Schluß möchte ich noch zwei der elf Verfahrensregeln erwähnen, die dem Statut zur Bemäntelung seiner Unvollkommenheiten in Hinblick auf das verfolgte Ziel angehängt waren, Vorschrift Nr. 2 und Vorschrift Nr. 4.

Unter dem Titel „Bekanntmachungen an die Angeklagten und Recht auf Beistand eines Rechtsanwaltes" drückt sich die erste Regel in Absatz a so aus:

„Jeder einzelne in Haft befindliche Angeklagte soll nicht weniger als 30 Tage vor der Hauptverhandlung in einer Sprache, die er versteht, eine Abschrift erhalten: 1. der Anklageschrift, 2. des Statuts, 3. aller sonstigen mit der Anklageschrift eingereichten Urkunden, und 4. einer Darlegung seines Anspruches auf Rechtsbeistand gemäß Absatz d dieser Vorschrift, sowie einer Anwaltsliste."

Über Absatz d ist nichts zu sagen. Aber Absatz c der Vorschrift Nr. 4 bringt eine wichtige Einschränkung zu den Bestimmungen der Vorschrift Nr. 2 bezüglich des Rechts auf Erhalt aller in der Anklageschrift erwähnten Dokumente, indem festgestellt wird, daß der Angeklagte sie erhält „soweit sie von den Hauptanklägern zur Verfügung gestellt werden."

Daraus sieht man, daß die Verfasser des Statuts keine Vorsichtsmaßnahme außer Acht gelassen hatten. Die letztgenannte Bestimmung spielte eine viel wesentlichere Rolle mit Bezug auf die „Zeugen", als auf die „Dokumente": Es läßt sich nicht einmal abschätzen wieviele „Zeugen" eigentlich ihre „Aussagen" niederschrieben und anschließend starben, beziehungsweise von wievielen „Zeugen" seitens der Generalankläger erklärt wurde, daß sie am Leben seien, aber „nicht vorgeführt werden könnten". Und die Tücke des Objekts wollte, daß gerade die belastendsten „Dokumente" von solchen Zeugen stammten . . .

Zur Handhabung der Vorschrift 2 möchte ich noch folgendes bemerken: Zunächst einmal passierte es nur sehr selten, daß die Angeklagten wirklich ihre Dokumente schon dreißig Tage vor Prozeßbeginn erhielten. Nicht einen gab es unter den Angeklagten des Prozesses gegen die Hauptkriegsverbrecher, dem nicht in mindestens einer oder zwei Sitzungen plötzlich ein Dokument vorgelegt wurde, von dem man ihm vorher keine Kenntnis gegeben hatte. Der Vorsitzende zog sich dann aus der Schlinge mit der Erklärung, daß die Anklageschrift gewisse Mängel aufwiese; bei Beendigung der Debatte konnte man dann aber feststellen, daß solche kleinere Amtspflichtverletzungen dem Urteil nichts hatten anhaben können: das lag fertig und vollständig vor. Da das Tribunal gleichzeitig die letzte Instanz war, konnte die Verteidigung nicht einmal versuchen, eine Aufhebung des Urteils auf Grund von Verfahrensmängeln zu erwirken. Dies ist darum besonders gravierend, weil die Entscheidungen in diesem ersten Nürnberger Prozeß als Präzedenz-Urteile für die 12 folgenden dienten: Die Ärzte des Lagers Struthof wurden weniger auf Grund der gegen sie erhobenen Beschuldigungen schuldig gesprochen als auf Grund der Tatsache, daß sie bereits in Nürnberg als Schuldige bezeichnet waren, — oder so ungefähr.[62]

Es kommt aber noch schlimmer. Um nicht der Parteilichkeit oder der Übertreibung angeklagt zu werden, überlasse ich das Wort hier einem Mann, der dem Clan der Leute vom Gericht gewiß unverdächtig ist. Im Vorwort zu seinem Buch („Aufstieg und Fall des Dritten Reiches"), erzählt William L. Shirer von den Beweismitteln, auf Grund derer zwischen den streitenden Teilen entschieden wurde:

„Das Dritte Reich brach im Frühjahr 1945 so schnell zusammen, daß nicht nur eine Unmenge von Geheimakten, sondern auch anderes außerordentlich wertvolles Material im Stich gelassen wurde, z. B. private Tagebücher, vertrauliche Briefe, Protokolle von streng geheimen Reden und Konferenzen und sogar Aufzeichnungen von Telefongesprächen zwischen NS-Führern, die von einer besonderen Stelle in Hermann Görings Luftfahrtministerium abgehört worden waren.

So führte z. B. General Halder ein Tagebuch in Gabelsberger Kurzschrift, in das er nicht nur Tag für Tag, sondern sogar Stunde für Stunde stichwortartige Notizen eintrug. Für die Zeit vom 14. August 1939 bis zum 24. September 1942, in der Halder Generalstabschef des Heeres war und täglich mit Hitler und anderen NS-Größen zusammenkam, ist dieses Tagebuch eine ein-

---

62 In diesem Struthof-Prozeß gab Regierungskommissar Kapitän Henriet öffentlich zu, nicht beweisen zu können, daß die Versuche von Dr. Haagen mit Typhusbazillen Todesfälle verursacht hätten. Er fügte aber hinzu, daß das Gericht sich leicht seine Meinung bilden könnte, indem es die Schuld der Angeklagten voraussetzte, wofür es seines Erachtens ausreichende Anhaltspunkte gäbe in den Begründungen des Urteils im ersten Nürnberger Prozeß. Damals (1954) schrieb ich im Vorwort zur zweiten französischen Auflage der „Mensonge d'Ulysse":

„Das muß den Leser in Erstaunen versetzen, wenn er weiß, daß auch die Nürnberger Richter sich ihre Meinung nur an Hand von Zeugenaussagen gebildet hatten — Zeugenaussagen, von denen wir jetzt wissen, was sie wert waren — sowie aus dem, was das Gericht als ‚die Lügen des Haagen' bezeichnete, also aus Annahmen, um dann natürlich die gleichen Überlegungen anzustellen. Somit hat der Nürnberger Prozeß eine Aera eingeleitet, in der Urteile nicht mehr auf Grund juristisch bewiesener Tatsachen gefällt werden, sondern auf Grund schlichter Vermutungen, die man aus Gerede abgeleitet hat."

zigartige Informationsquelle. Außerdem sind sehr aufschlußreich die Tagebücher von Dr. Joseph Goebbels, dem Reichspropagandaminister, und General Alfred Jodl, dem Chef des Wehrmachtführungsstabes, ferner das Kriegstagebuch des Wehrmachtführungsstabes und das Tagebuch der Seekriegsleitung. Die im Schloß Tambach bei Coburg erbeuteten Akten des deutschen Marinearchivs enthalten nahezu sämtliche Signalbücher, Logbücher, Kriegstagebücher, Denkschriften usw. der deutschen Kriegsmarine seit dem Jahr 1868, in dem der Grundstein für die moderne deutsche Flotte gelegt wurde.
485 Tonnen Akten aus dem Auswärtigen Amt wurden von der 1. amerikanischen Armee in mehreren Schlössern und Bergwerken im Harz in dem Augenblick beschlagnahmt, als sie auf Befehl von Berlin verbrannt werden sollten. . . . Diese Akten erwiesen sich als eine Fundgrube. . . . Das gleiche gilt für andere Dokumente, zum Beispiel für die teilweise erhaltenen stenographischen Protokolle von 41 ‚Lagebesprechungen', die ein Nachrichtenoffizier der amerikanischen 101. Luftlandedivision in Berchtesgaden aus den verkohlten Überresten von Hitlers Akten hervorholte, sowie für die umfangreichen Aufzeichnungen von Hitlers Tischgesprächen mit alten Parteigenossen, Sekretären und Sekretärinnen während des Krieges, die sich unter Martin Bormanns Papieren befanden. Hunderttausende erbeutete Dokumente wurden in Nürnberg eilig als Beweisunterlagen für den Prozeß gegen die Hauptkriegsverbecher zusammengetragen." (Shirer a. a. O. S. XIII).

Ich bitte den Leser, über diese Ziffern nachzudenken: Die Akten der Marine wurden auf 60 000 Stück geschätzt, die Dokumente des Auswärtigen Amtes wiegen 485 Tonnen, alles in allem hundert- und aberhunderttausend Dokumente! Wen will man glauben machen, daß die ernannten Ankläger in der Zeit vom 8. August 1945 (Tag des Zusammentritts der Londoner Kommission) und dem 14. November 1945 — also in drei Monaten! — dieses Gebirge von Beweismaterial mit genügendem Ernst durcharbeiten konnten, um daraus eine historisch und juristisch stichfeste Anklageschrift zusammenzustellen? Und daß dreißig Tage für die Angeklagten und für die Verteidiger genügten, um das ganze Entlastungsmaterial zu finden?

Denn die juristische Wahrheit, für die im vorliegenden Falle die historische Wahrheit die einzige Grundlage bietet, beruht gerade auf diesen Dingen. Um dieses ganze Material gründlich durchzuarbeiten, hätten sicher Tausende von Historikern Jahrzehnte — und vielleicht Jahrhunderte gebraucht.[63]

---

63 William L. Shirer sagt (a. a. O. S. XIII):
„Noch viele Jahre nach dem Kriege lagen NS-Dokumente stapelweise in einem großen Magazin der amerikanischen Armee in Alexandria (Virginia), ohne daß die amerikanische Regierung Interesse gezeigt hätte, die Kisten auch nur zu öffnen und nachzusehen, ob sie historisch wertvolles Material enthalten könnten. 1955 endlich, zehn Jahre nach ihrer Sicherstellung, wurden diese Kisten mit den Alexandria-Dokumenten dank der Initiative der American Historical Association und dank großzügiger finanzieller Hilfe einiger privater Stiftungen geöffnet. Dann begab sich eine ganz kleine Forschergruppe mit unzulänglichen

Es ist ein verwirrender Gedanke, daß eine Handvoll Ankläger und Richter nach wenigen Monaten des Studiums dieses ungeheuren Aktenmaterials sich für ausreichend informiert hielten, eine Anklageschrift zu verfassen und eine Verurteilung auszusprechen.

Ich weiß es: 15 Jahre später ist ihnen immer noch nicht die Schamröte ins Gesicht gestiegen.

Ich warne sie jedoch. Napoleon hat den Herzog von Enghien ermorden lassen, ohne sich dessen zu schämen: aber auch Napoleon entging nicht dem Urteilsspruch der Geschichte.

*

Der Eichmann-Prozeß warf ein heikles Problem auf. Der Leser erwartet sicherlich, daß eine Studie, die so kurz nach dem Jerusalemer Urteil erscheint, sich besonders damit beschäftigt. Aber „so wenig Zeit" ist „zu wenig Zeit", als daß der Historiker schon ein objektives Bild zeichnen könnte, ich glaube nicht, daß es jetzt schon möglich ist, viel zu den Bemerkungen, die ich im Verlauf meiner Beweisführung in diesem Werk gezogen habe, hinzuzufügen. Es scheint im übrigen nicht so zu sein, daß der Eichmann-Prozeß das Aktenmaterial um viele neue Elemente bereichert hat. Die von der Anklage vorgelegten Dokumente waren alle schon bei dem einen oder andern der dreizehn Nürnberger Prozesse bekannt. Die Zeugen, die in Jerusalem erschienen, haben nichts gesagt, was nicht schon vorher gesagt war, und sogar mit den gleichen Ausdrücken. Viele von ihnen waren offensichtlich gekommen, um das vorzutragen, was sie in einem der unzähligen seit 1946 veröffentlichten Bücher *gelesen,* nicht aber das, was sie *gesehen* hatten.

Es erschienen Leute, um die Existenz der Gaskammern von Bergen-Belsen zu bezeugen, es kam ein Mann, der sah, wie Eichmann am 18. Juli 1942 mit Vergnügen den Bericht über das Vergasungsverfahren von Auschwitz anhörte, obwohl es doch zu dieser Zeit weder Gaskammern noch Krematorien in diesem Lager gab, da sie laut offizieller Unterlagen erst am 8. August 1942 bei der Firma Topf & Söhne in Erfurt in Auftrag gegeben waren (vgl. S. 93) usw. Es gibt nichts,

---

Hilfsmitteln und unzureichender Ausrüstung daran, das Material zu sichten und zu photographieren, ehe es die amerikanische Regierung — die hierbei große Eile an den Tag legte — an Deutschland zurückgab."

Diese Papiermassen sind also jetzt in Deutschland, und es hängt von der deutschen Regierung ab, ob nur „eine kleine Forschergruppe" von privilegierten Geschichtsschreibern — privilegiert, weil sie die offiziellen Thesen unterstützen — oder alle Historiker von Ruf Zugang zu ihnen haben werden. Im Jahre 1960 habe ich im Verlauf einer Vortragsreise durch Deutschland und Österreich die deutschen Geschichtsforscher aufgefordert, einen unabhängigen Ausschuß für diese Studien zu bilden. Ich erlaube mir daran zu erinnern.

einschließlich des Urteils, was nicht schon lange vorher mit Leichtigkeit vorausgesehen werden konnte.
Alles in allem: es war nur der vierzehnte Nürnberger Prozeß.
Es scheint, daß er sich nur in einer Kleinigkeit von den andern unterscheidet: zu den Amtspflichtverletzungen des Statuts von Nürnberg sind die des israelischen Rechts hinzugekommen.
Im folgenden Kapitel wird man indessen das finden, was zur Zeit schon über diesen Prozeß gesagt werden kann.

3. DER EICHMANN-PROZESS oder DIE NEUEN "MAÎTRES-CHANTEURS" VON NÜRNBERG *

Am 28. Mai 1960 lief der Name Adolf Eichmann, der außer einigen Fachleuten der Geschichte des Nationalsozialismus und der Konzentrationslager bisher weitgehend unbekannt war, plötzlich durch die ganze Weltpresse. An diesem Tage war Ben Gurion, Präsident des Israelischen Staatsrats, in der Knesseth (dem israelischen Parlament) ans Rednerpult getreten und hatte den Abgeordneten gemeldet, daß „der Henker, der für den Tod von 6 Millionen Juden verantwortlich ist" am vergangenen 11. Mai aus Argentinien, wo er Asylrecht genoß, durch eine Sondergruppe des israelischen Geheimdienstes entführt worden sei, daß er sich jetzt in Tel-Aviv im Gefängnis befinde und durch ein israelisches Gericht abgeurteilt werden würde.
Seit diesem Tage werden die in den Gaskammern von Auschwitz und andernorts vernichteten „sechs Millionen" — eifrige Journalisten haben sogar von neun Millionen gesprochen — „Männer, Frauen, Greise und Kinder" wieder jeden Morgen der ganzen Welt zum Frühstück serviert.
Nach einer Voruntersuchung von nicht weniger als 11 Monaten wurde der Prozeß am 11. April 1961 in Jerusalem vor zahlreichen Journalisten aus allen Ländern der Erde eröffnet.
Am 11. Dezember fällte das Gericht ein Todesurteil. Am 2. Juni 1962 wurde es vollstreckt.

---

* Anmerkung des Ubersetzers:
Der im französischen Originaltext wiedergegebene Ausdruck ist doppelsinnig. Der Ausdruck hat einerseits die Bedeutung „Meistersinger" und erinnert an die Oper von Richard Wagner, andererseits versteht der Franzose unter „maitres-chanteurs" auch so etwas wie geschickte Erpresser.

Über die Persönlichkeit Eichmanns, über die Umstände, unter denen sein Prozeß abrollte, über die vorgebrachten Argumente, über den politischen Rahmen, in den man die ihm vorgeworfenen Handlungen und ihre Auslegungen sehen muß, haben anscheinend die Juristen mehr als die Historiker zu sagen, und zwar aus folgenden Gründen.

A. Wer ist Adolf Eichmann?

Adolf Eichmann ist am 19. März 1906 in Solingen geboren (und nicht in der deutschen Kolonie Saron in Palästina; Frau Nina Gourfinkel, Verfasserin des Vorworts zur französischen Ausgabe von Joel Brands Buch „Un million de Juifs contre dix mille camions", und Inhaberin eines Ehrenplatzes in der langen Reihe der aus dem „Resistenzialismus" geborenen Historiker wollte ihm diesen Geburtsort zudiktieren). Eichmanns Vater war Prokurist bei der Verwaltung der städtischen Straßenbahnen. Im Jahre 1913 übersiedelte die Familie Eichmann nach Linz, wo der Vater zunächst eine zeitlang die gleiche Position hatte wie in Solingen, dann aber in Pension ging und ein Geschäft in Elektrogeräten eröffnete. 1913 bestand die Familie aus dem Vater, der Mutter und Adolf; von den 5 Kindern, die ihr später angehörten (darunter eines aus der zweiten Ehe des Vaters), war nur der Älteste Reichsdeutscher, die vier andern Österreicher. In den 30er Jahren unter Bundeskanzler Dollfuß hatte dies große praktische Nachteile, denn der Älteste konnte als Ausländer in Österreich keine Arbeit finden. Da seine Familie Beziehungen zu dem damaligen Leiter der Nationalsozialisten Österreichs in Linz, Kaltenbrunner, hatte, wurde er hauptamtlich Parteifunktionär, aber in Deutschland, in Passau, da eine solche Tätigkeit ihm in Österreich erst recht nicht erlaubt war. So begann die Karriere Adolf Eichmanns . . .

Allmählich erkletterte er die Stufenleiter der SS bis zum Obersturmbannführer (Oberstleutnant) des Reichssicherheitshauptamtes (RSHA), in dem er der Dienststelle IV B 4 (Jüdische Angelegenheiten) vom Augenblick ihrer Errichtung im Jahre 1936 an, zugeteilt wurde. Man muß den Mann im Rahmen seiner Stellung in diesem Amt sehen, wenn man den Grad seiner Verantwortung für das jüdische Drama eıkennen will.

Das RSHA bestand aus sieben Abteilungen, die alle mit der Wahrnehmung bestimmter Aufgaben betraut waren. In der Gruppe B (es gab zwei Gruppen: A und B) der IV. Abteilung war Eichmann der Chef der 4. Untergruppe. Über ihm in der Beamten-Hierarchie gab

es als Leiter aller Untergruppen der Gruppe IV/B einen Oberst Müller, von dem niemals gesprochen wurde (er soll gegenwärtig ein hoher Polizei-Beamter in Deutschland östlich des eisernen Vorhangs sein oder gewesen sein).
Über Müller stand ein Oberst Roth als Chef der beiden Gruppen A und B der Abteilung IV. Über Roth war Kaltenbrunner[64] Leiter aller sieben Abteilungen. Als oberster Chef fungierte Heinrich Himmler. Obersturmbannführer Adolf Eichmann stand im RSHA also an fünfter Stelle in der Stufenleiter der Beamten und zwar nur mit der *Durchführung* von Entscheidungen betraut, die auf höherer Ebene, von Himmler selbst, getroffen wurden — wenigstens bis zum Jahre 1943 als Himmler Minister wurde.
Im nationalsozialistischen Regierungsapparat gab es also viele Beamte, die das gleiche Maß an Verantwortung trugen wie Eichmann. Im März 1942, als die Massendeportation der Juden begann, wurde das Büro IV B 4 beauftragt, den *Transport* in die Konzentrationslager zu organisieren. Ähnlich hatte die Dienststelle, an deren Spitze Pohl stand, die Aufgabe erhalten, die Verpflegung jener Lager zu regeln, und eine andere mußte die Juden erfassen und sammeln. Der Gesamtkomplex der Maßnahmen gegen die Juden wurde jedoch auf Regierungsebene entschieden. Eichmann hatte nur mit der Durchführung dieser Entscheidungen in den ihm gezogenen Grenzen zu tun.
Aus diesen Überlegungen heraus ergibt sich das Ausmaß seiner Verantwortung und Schuld. Es ist das Drama des Individuums in allen traditionellen Gesellschaftsstrukturen, daß ihm unter Androhung schwerer Strafe das Recht, nach seinem Gewissen zu handeln, versagt ist. Der Jerusalemer Prozeß hat es offenkundig gemacht, daß Eichmann ab 1941 vor die gleiche dramatische Alternative gestellt war, wie in Buchenwald Professor Balachowsky vom Pariser Institut Pasteur, der von Dr. Ding-Schuler gezwungen wurde, an Häftlingen Impfversuche vorzunehmen, obwohl er selbst zugab (vgl. Fußnote 61), daß diese Versuche Morde bedeuteten. Ich sagte „vor die gleiche Alternative". Denn, wenn es einen Unterschied gibt, so nur in den Beweggründen: während der Obersturmbannführer mit seiner nur durchschnittlichen Bildung angab, daß er aus Vaterlandsliebe und mit Rücksicht auf die Staatsräson gehorcht hätte, erklärte der Professor, dessen hohen Bildung nicht angezweifelt werden kann, daß sein Gehorsam bedingt war durch den Wunsch, „nicht zu verschwinden". Daß dieser Unterschied letzten Endes für den einen zum Strick, für den andern zu hohen Ehren geführt hat, ist hier das ganze Problem. Wenn

64 Der erste Verantwortliche für das RSHA war Heydrich, der durch tschechische Widerständler im Juni 1942 ermordet wurde. Kaltenbrunner wurde sein Nachfolger.

es, wie die traditionelle Moral behauptet, richtig ist, daß vor allem der Beweggrund zählt, dann muß man sagen, daß die Rollen in diesem Falle von der Gerechtigkeit schlecht verteilt wurden.

B. Die Umstände des Prozesses

Völkerrechtlich wie moralisch gesehen stand Adolf Eichmann als Angeklagter vor einem israelischen Gericht unter Bedingungen, die eine Beleidigung sowohl des Rechtes wie der Moral darstellen. Niemand hat das klarer festgestellt als Rechtsanwalt Raymond de Geouffre de la Pradelle in einem Aufsatz im „Figaro" vom 9. Juni 1960.
Es ist am besten, ihm das Wort zu überlassen. Meine Zuständigkeit für diese juristischen Fragen mag leicht angezweifelt werden; seine Kompetenz wird kaum bestritten werden können.
Dies sagt Raymond de Geouffre de la Pradelle zunächst, ohne Berücksichtigung der Schuldfrage:

„Die alliierten Gerichtsverfahren während der Nachkriegszeit gründen sich auf den Londoner Vertrag vom 8. August 1945 und die Deklaration von Moskau vom 30. Oktober 1943, auf die der Londoner Vertrag ausdrücklich Bezug nimmt.
Man ging aus von dem Grundsatz, daß die Kriegsverbrecher den Behörden jener Länder überstellt werden sollten, in denen sie ihre Kriegsverbrechen verübt hätten.
Darüberhinaus hat das Statut von London vom 8. August 1945 den Internationalen Militärgerichtshof geschaffen zur Aburteilung jener Verbrecher, deren Verbrechen geographisch nicht genau lokalisiert werden können. — Dieses Londoner Statut wurde von den Alliierten veröffentlicht nachdem der damalige Chef der Reichsregierung, Großadmiral Dönitz, am 8. Mai 1945 die bedingungslose Kapitulation unterzeichnet hatte, wodurch den Alliierten das Recht zur Ausübung der deutschen Souveränität zugefallen war.
Kein internationaler Rechtssatz verleiht dem Staat Israel die Zuständigkeit, einen Ausländer vor Gericht zu stellen, dem Verbrechen gegen die Menschlichkeit oder Kriegsverbrechen vorgeworfen werden, die im Ausland begangen worden sind. Außerdem konnte es sich damals nicht um Opfer israelischer Nationalität handeln, da es den Staat Israel noch nicht gab. Der Staat Israel ist souverän. Innerhalb der Grenzen seines Gebiets kann Israel sich nach Belieben durch ein besonderes Gesetz jede juristische Kompetenz zuerkennen, die es haben will. Aber ein solches Gesetz verstößt gegen die allgemeinen Grundsätze des Rechts und gegen die internationale Regel der Kompetenz, die für Verbrechen mit vorwiegend internationalem Charakter gilt. Da die Verbrechen in Deutschland zu einer Zeit begangen sind, in der das deutsche Recht sie nicht als solche ansah, sind sie nur im Sinne des internationalen Rechts Verbrechen".

Und Raymond de Geouffre de la Pradelle schließt daraus, daß das einzige gesetzlich zulässige Verfahren ein Auslieferungsgesuch Deutschlands an Argentinien gewesen wäre. Es könnte nicht besser ausgedrückt werden. Aber Argentinien hatte Eichmann Asylrecht gewährt, was wahrscheinlich der Grund ist, warum Deutschland — wie jedes andere Land unter den gleichen Umständen — dessen Auslieferung nicht verlangt hat. Verlangt etwa Frankreich heute von Spanien die Auslieferung zahlreicher französischer Bürger, die es zwar als Verbrecher ansieht, denen aber Spanien das Asylrecht zugestanden hat? Selbst Napoleon III forderte von England nicht die Auslieferung Victor Hugos.

Frankreich hat weder aus Spanien noch aus Argentinien Menschen entführt. Das einzige mit dem Fall Eichmann vergleichbare Beispiel aus der Geschichte ist die Entführung des Herzogs von Enghien durch Napoleon I., und weder das Recht noch die Geschichte haben es dem Kaiser verziehen.

Der Leser wird mich entschuldigen, wenn ich es vorgezogen habe, statt die immer anfechtbaren Prinzipien der Moral ins Feld zu führen, Belege zu bringen: obwohl sie nüchterner sind, zeigen sie, daß das Verfahren gegen Eichmann die Züge eines Moskauer Prozesses aufweist, und wenn Eichmann schuldhafte Handlungen vorgeworfen werden können, so sind diese dann durch die unentschuldbare Entführung in den Hintergrund getreten. In den Augen der Nachwelt wird der heute Verurteilte vielleicht mehr als ein Opfer denn als ein Henker erscheinen.

C. Die Anklage und ihr politischer Rahmen

Die Anklage wurde erheblich durch ihr Leitmotiv geschwächt: die in ihrer Masse in Gaskammern vernichteten sechs Millionen Juden.[65] Gleich nach dem Kriege, als die Verwirrung in den Köpfen und in der Welt überhaupt, ihren Höhepunkt erreicht hatte, war es leicht, jene Behauptung zu verbreiten. Seitdem aber ist viel Tatsachenmaterial bekannt geworden, das zur Zeit des Nürnberger Prozesses noch nicht zur Verfügung stand, und diese Unterlagen lassen den Schluß zu, daß die Juden von der Hitler-Regierung zwar übel bekämpft und verfolgt wurden, daß es dabei aber unmöglich sechs Millionen Opfer gegeben haben kann.

---

65 Diese Zahl wurde nur von der Presse und den Zeugen genannt. Die Anklageschrift von Gideon Hausner spricht — wir wissen es bereits — nur von „Millionen". Das ist der erste Schritt auf dem Wege zu einem Geständnis in Sachen dieses offensichtlichen Schwindels.

Seit dem Tage, an dem man begann sich mit der Höhe dieser Zahl zu beschäftigen und seit fast allgemein[66] zugegeben wird, daß sie beträchtlich übertrieben ist, hat man sich auch mit dem Vernichtungsmittel näher befaßt. Es steht heute beispielsweise fest, daß es keine Gaskammern in Buchenwald, Bergen-Belsen, Dachau und Mauthausen gab, so daß Zeugen, die öffentlich der Lüge überführt wurden als sie behaupteten, dort Gaskammern in Betrieb gesehen zu haben, nun natürlich auch keinen Glauben mehr finden, wenn sie das gleiche von Auschwitz erklären.

Man glaubt ihnen umsoweniger, als sie sich sogar noch untereinander widersprechen; denn wenn man dem einen glaubt, muß man die Äußerungen des andern anzweifeln. Was kann man bei solchen Widersprüchen anderes tun, als die Zeugen davon zu jagen und ihnen allen miteinander vorzuwerfen, daß sie Märchen erzählen!?

Wenn man andererseits aus der Reihe der Belastungszeugen diesen oder jenen hervorzieht, ihn der öffentlichen Meinung vorführt, und beweist, daß er nicht besser ist als die Angeklagten, sei es, daß er ihr Komplize war, sei es, daß er dem "Intelligence Service" angehörte . . . so finden sich immer wieder zusätzliche Unappetitlichkeiten auf der Weste des vorgeführten Zeugen.

Das war zum Beispiel der Fall bei dem Obergruppenführer und General der Waffen-SS von dem Bach-Zelewsky, dem Chef einer jener bekannten *Einsatzgruppen*, einer Art Freikorps, die mit der Jagd auf Partisanen und Juden an der Ostfront beauftragt waren. Dank ihm kennt man die Tätigkeit dieser Einheiten und sogar den Text einer „Anfang 1941" (ohne genauere Angaben) in Weselberg gehaltene Rede, in der der Reichsführer SS erklärt haben soll, daß „es das Ziel des Ostfeldzuges sei, die slawische Bevölkerung um 30 Millionen zu verringern", aber kein anderer hörte die Rede und der Text wurde nicht gefunden. (Nürnberg, Sitzung vom 7. 1. 1946, IMT Bd. IV, S. 535). Am 16. Januar 1961 mußte man diesen von dem Bach-Zelewsky wegen „eines mit kalter Überlegung am 2. Juli 1934 verübten politischen Mordes, wegen der Beteiligung an Grausamkeiten bei der Niederschlagung des Warschauer Aufstandes im Jahre 1944, bei der Partisanenbekämpfung während des Rußland-Feldzuges sowie wegen Erschießung von polnischen Geiseln in Sosnovitz-Bendzin" verhaften. (Zeitungen vom 17. Januar 1961.) Am 11. Februar 1962 wurde er zu 4½ Jahren Gefängnis verurteilt, was beweist, daß die Rechtsprechung seit Nürnberg sehr nachsichtig geworden ist.

Die moralische Anfälligkeit vieler Belastungszeugen wurde auch wie-

---

66 Auch von Leuten, die die Zahl zwar weiterhin in der Presse erwähnen, im persönlichen Gespräch aber weit vorsichtiger sind!

der sichtbar, als die englische Zeitschrift "Week-End" am 25. 1. 1961 ein Photo Hoettls mit der folgenden Unterschrift brachte:

> "THE SPY STORY
> that's stranger than fiction
> He was a friend of Nazi leaders
> His real boss was a British secret
> service man."

So erfuhr man denn, daß der Hauptzeuge für die Behauptung, daß die Nationalsozialisten sechs Millionen Juden[67] vernichtet hätten, ein Agent des Intelligence Service war!! . . .

Bezüglich der politischen Zusammenhänge, in die man den Prozeß einordnen muß, wäre zu ergänzen, daß Rechtsanwalt Raymond de Geouffre de la Pradelle nicht der einzige gewesen ist, der gegen die Entführung Eichmanns protestierte und den Jerusalemer Richtern die Zuständigkeit absprach. Selbst in jüdischen Kreisen gab es vor Beginn des Prozesses und nach der Verurteilung des Angeklagten einigen Wirbel.

In der Zeitung "Le Monde" vom 21. Juni 1960 konnte man beispielsweise über die Ansicht des "American Council for Judaism", der die Mehrheit der Juden in Amerika vertritt, lesen:

---

67 Es ist angebracht, hier festzustellen, daß diese Zahl sich nur auf zwei Zeugenaussagen stützt: Hoettl und Wisliceny (vergl. S. 90). Der erstere, Dr. Wilhelm Hoettl, erklärte den Nürnberger Richtern:
„Im August 1944 unterhielt ich mich mit dem mir seit 1938 bekannten SS-Obersturmbannführer Adolf Eichmann. Die Unterhaltung fand in meiner Wohnung in Budapest statt. Eichmann war zu diesem Zeitpunkte nach meinem Wissen Abteilungsleiter im Amte IV (Gestapo) des Reichssicherheitshauptamtes . . . Er gab seiner Überzeugung Ausdruck, daß der Krieg nunmehr für Deutschland verloren sei und er damit für seine Person keine weitere Chance mehr habe. Er wisse, daß er von den Vereinigten Nationen als einer der Hauptkriegsverbrecher betrachtet würde, weil er Millionen von Judenleben am Gewissen habe. Ich fragte ihn, wieviele das seien, worauf er antwortete, die Zahl sei zwar ein großes Reichsgeheimnis, doch würde er sie mir sagen, da ich auch als Historiker dafür Interesse haben müßte. Er habe kurze Zeit vorher einen Bericht für Himmler gemacht, da dieser die genaue Zahl der getöteten Juden wissen wollte. Er sei auf Grund seiner Informationen dabei zu folgendem Ergebnis gekommen: In den verschiedenen Vernichtungslagern seien etwa vier Millionen Juden getötet worden, während weitere zwei Millionen auf andere Weise den Tod fanden" (IMT, Band XXXI, S. 85f).
Der zweite Zeuge gab vor Gericht an:
„Er (Eichmann) sagte: Er würde lachend in die Grube springen, denn das Gefühl, daß er fünf Millionen Menschen auf dem Gewissen hätte, wäre für ihn außerordentlich befriedigend" (IMT Bd. IV S. 412).
Von diesen beiden Zeugenaussagen meint sogar Poliakov: „Man könnte einwenden, daß eine so unvollkommen untermauerte Zahl als verdächtig angesehen werden müßte" . . . (in der französischen Zeitschrift „Revue de l'Histoire de la seconde guerre mondiale", Oktober 1956).
Was er nicht sagt! Von diesen beiden Zeugen war der eine ein Agent des „Intelligence Service", während der andere, der die Unterschrift Himmlers unter einem Vernichtungsbefehl gesehen hat (vergl. S. 90) sich — um Gnade zu finden — der Justiz zur Verfügung gestellt hatte, um den von ihm belasteten Eichmann wieder aufzufinden, dann aber trotz seines Entgegenkommens als Komplize Eichmanns gehenkt wurde.

„Der American Council for Judaism (der amerikanische Rat des Judentums) hat gestern, Montag, Christian Herter (damals US-Außenminister) einen Brief geschrieben, in dem der israelischen Regierung das Recht abgesprochen wird, für alle Juden zu sprechen.
Der Rat erklärt, daß das Judentum eine Religion, nicht eine Nation ist, und bittet Mr. Herter, der Anmaßung der israelischen Regierung, sie werde Eichmann im Namen des Judentums aburteilen, zu widersprechen."

Darauf antwortete Nahum Goldman, Präsident des Jüdischen Weltkongresses, dem die Angelegenheit sehr peinlich war, gewissermaßen um sich gegen den Vorwurf der Anmaßung zu verteidigen:

„Die israelischen Behörden haben zugegeben, daß der Vorgang offensichtlich im Widerspruch zu den argentinischen Gesetzen steht. Er könnte überdies einen gefährlichen Präzedenzfall schaffen. Aber der ganze Fall ist so außergewöhnlich, daß die Illegalität des Vorgangs nicht das einzige oder hauptsächliche Element in der Beurteilung der Angelegenheit sein darf . . . Der Staat Israel kann nicht behaupten, das ganze Weltjudentum zu vertreten, aber da er besteht und da es ihm gelang, Eichmann zu fangen, bin ich damit einverstanden, daß er im Hebräischen Staat vor Gericht gestellt wird. Wenn Ben Gurion den Eichmannprozeß zu einem zweiten Nürnberg machen will, würde er sicher an Ansehen gewinnen, wenn er dem israelischen Vorsitzenden eines ad hoc einzuberufenden Gerichtshofes Vertreter aller Länder, die das Joch des ehemaligen SS-Obersten ertragen mußten, beistellen würde."

Aber selbst dies wurde von der israelischen Regierung nicht akzeptiert. Es war ja auch keine *Rechts*frage, die der Staat Israel mit diesem Prozeß lösen wollte, sondern ein *politisches* Problem. Man wußte, daß die Entschädigungen, die Deutschland an Israel als Reparation für Schäden zahlte, die dieser Staat nicht erlitten[68] hat, am 1. Januar 1962 auslaufen würden. Da jede Jahresrate 200 Millionen DM beträgt,

68 Es ist daran zu erinnern, daß der Staat Israel erst 1948 gegründet wurde und daß die Nazi-Opfer Angehörige verschiedener Staaten waren — nur nicht Israels, da dieser Staat damals noch nicht existierte. Die gezahlten Entschädigungen scheinen übrigens bei den Zigeunern zu gewissen Hoffnungen geführt zu haben, so daß man sagen kann, der Staat Israel und der Zionismus haben Schule gemacht. Nach Angaben von „Le Monde" vom 29. 12. 1961 haben die Zigeuner jetzt einen König namens S. M. Vaida Voievod III eingesetzt, der sich das „geistige Oberhaupt des Volkes der Zigeuner" nennt und von der UNO einen Winkel auf der Erde zu erhalten wünscht, auf dem die große Irrfahrt seiner Karawanen ein Ende nimmt, so wie die Schaffung des Staates Israel — theoretisch — die jüdische Diaspora beendigen mußte. Wenn man Voievod fragt, welchen Winkel er fordert und wo er liegt, dann antwortet er, es handle sich um Romanestan, und er lokalisiert es manchmal auf einer Insel des Stillen Ozeans, manchmal in einem Land . . . nahe Israel. Er behauptet außerdem, daß sich die Zahl seiner Untertanen, die auf allen Straßen Europas herumwandern, auf zwölf Millionen beläuft und daß sie noch höher wäre, wenn nicht die Nazis zwischen 1939 und 1945 dreieinhalb Millionen vernichtet hätten . . .
Es ist durchaus nützlich, diese Überlegungen mit denen des Professors Shalom Baron von der Columbia-Universität zu vergleichen (Anm. 33). Aber hier gibt es Statistiken, die die Verluste der Zigeuner durch die Nationalsozialisten auf 300 000 bis 350 000 beziffern — was natürlich auch schon schlimm genug ist. Andererseits ist es noch nicht so weit, daß wir jetzt befürchten müssen, als „Antiromanestanisten" angeprangert zu werden (während

drohte eine der wichtigsten Einnahmequellen des Staates zu versiegen. Das war um so schlimmer, als der israelische Haushalt eine finanzielle Hilfe von solcher Bedeutung nicht entbehren kann: seit zwölf Jahren lebt Israel fast nur von deutschen Reparationen, amerikanischer Hilfe, französischen und britischen Gefälligkeiten und von Zahlungen der Diaspora. Natürlich wollte die israelische Regierung klar und deutlich die Fortsetzung der deutschen Reparationen während eines weiteren Zeitabschnittes erreichen, und nicht weniger verständlich dachte Deutschland, daß es jetzt genug sei. Also ist nicht Eichmann der Angeklagte, sondern Deutschland, dessen gesamte politische Führung durch diesen Prozeß mit einer Anklage vor dem Weltgewissen bedroht wurde: Alle Minister und die wichtigsten Mitarbeiter Konrad Adenauers waren in Gefahr, des Einvernehmens mit dem Nationalsozialismus beschuldigt zu werden. Es handelte sich da um nichts anderes als einen Erpressungsversuch: entweder ging Deutschland auf das vorgeschlagene Geschäft ein, oder aber die deutsche Regierung wäre unmöglich geworden. Zumindest war das eine Strategie, die man den Führern des Staates Israel zutrauen konnte. Und durch ein bemerkenswertes Zusammentreffen paßte sie gut zu den Ideen des Kreml.

Diese These habe ich in vielen Zeitungen, die nicht der Sympathie gegenüber Deutschland oder der Feindseligkeit gegenüber den Juden verdächtig sind, vertreten gefunden. Charakteristisch ist die Stellungnahme von "Le Canard enchaîné" vom 12. April 1961, am Tage nach der Eröffnung des Prozesses:

„Der Eichmann-Prozeß wird einerseits gegen Hitler-Deutschland, andererseits gegen das Deutschland Konrads geführt werden. Gewisse Leute — um die Israeli nicht *direkt* mit Namen zu nennen — meinen, es sei nicht ihre Schuld,

---

wir natürlich als „Antisemiten" gebrandmarkt werden, sobald wir über die phantasiereichen Statistiken der Jüdischen Dokumentenzentrale sprechen). Jedenfalls riskieren wir nicht, gleichermaßen verdächtigt zu werden, wenn wir etwas ironisch von den 3 500 000 Nazi-Opfern unter den Untertanen des Königs Vaida Voievod III sprechen — und daher wagen wir es auch. Wenn die UNO den Zigeunern eines Tages das Recht zubilligen sollte, sich in Romanestan, dessen geographische Lage noch festzustellen wäre, zu sammeln, dann bliebe Deutschland wohl nichts anderes übrig als auch sie zu ernähren. Denn wenn man dem Staat Israel eine so erhebliche materielle Entschädigung zuspricht für die Opfer, die der Nationalsozialismus dem jüdischen Volk abgefordert hat, so dürfte es schwerfallen, Romanestan ein Gleiches zu verweigern. Die 3 500 000 vernichteten Zigeuner würden den 6 000 000 umgebrachten Juden die Schlagzeilen der Weltpresse streitig machen. Pater Fleury, der General-Almosenier der Zigeuner Frankreichs, hat allerdings vor Seiner Majestät Vaida Voievod III gewarnt und ihn einen Betrüger genannt — und viele Leute teilen seine Ansicht. Eine viel geringere Anzahl von Menschen ist der Meinung, daß die Politik der Führer des Staates Israel und ihrer Helfer ebensowenig begründet sei wie die Seiner Majestät, und ebensowenig verdiene ernstgenommen zu werden; sie hat aber Erfolg gehabt.

Seine Majestät hatte einen Anspruch darauf, in diesem Zusammenhang erwähnt zu werden, da durch seine burleske Geschichte die nahe Verwandtschaft zwischen dem Nachkriegszionismus und dem „Romanestanismus" deutlich sichtbar wird.

sie interessierten sich nur für den Prozeß gegen den Nationalsozialismus, Eichmann wäre ihnen vollkommen egal, und verdoppeln dann ihre Anschuldigungen gegen Adenauer, weil er in seiner Regierung nicht wenige ehemalige Nazis hat, wie zum Beispiel den von ihm bevorzugten Staatssekretär Globke, den eifrig-ergebenen Kommentator der Nürnberger Rassengesetze. Man erwartet, daß im Verlauf des Prozesses die Namen von hunderten und aberhunderten Menschen genannt werden, die augenblicklich in der Bundesrepublik Deutschland eine Rolle spielen. Massen von Richtern, Offizieren, Abgeordneten, hohen Beamten, Professoren usw. werden kompromittiert sein, daß es nur so eine Art hat. Kurz, eine tolle Propaganda für Bonn. Manche Leute belieben auch noch zu sagen, daß Nikita nicht zögern wird, mitten im Prozeß ganz trocken von neuem die Berlin-Frage in dem Augenblick aufzurollen, in dem die öffentliche Meinung deutlich gegen Deutschland eingestellt sein wird."

Am 29. März 1961, zwei Wochen vorher, hatte die Zeitschrift schon folgendes geschrieben:

„Einige Tage nach Eichmanns Gefangennahme hörte Ben Gurion, der Vorträge in den USA hielt, daß ein gewisser Konrad nach Washington gekommen war, um mit Ike zu plaudern. B. G. nahm das erste beste Taxi und sauste zu Adenauer.
Mit einem gewissen Lächeln trat er ein; beim Herausgehen lachte er sich tot und beim genauen Hinsehen hätte man in einer Falte seiner Krawatte — obwohl er nie eine trägt — so etwas wie einen Scheck über 500 Millionen DM entdeckt. Deutschland fing wieder an zu zahlen. Endlich — — —
Die Israelis lassen sich nicht irre machen, wenn man ihnen solche Einzelheiten erzählt: Prozesse sind teuer, sagen sie, und reiben sich die Hände."

Ich weiß nicht, ob Adenauer die 500 Millionen DM gegeben hat oder nicht; beide Hypothesen lassen sich durchaus vertreten. Aber wenn er die 500 Millionen DM wirklich gegeben hat, dann sind das wenig mehr als zwei Jahresraten. Dafür hätte man angeblich dem Kanzler zugesichert, daß gewisse Dinge nicht zur Sprache gebracht würden. Wie dem auch sei, diese Dinge wurden wirklich nicht erwähnt. [69]
Soweit sind wir nun.
Deutschland scheint nicht geneigt zu sein, nach Beendigung des Prozesses seine Zahlungen fortzusetzen. Wie wird Israel reagieren? Es gibt auf der Welt noch eine ganze Menge Eichmanns, d. h. Leute, die man der Verbrechen gegen die Menschlichkeit und gegen das jüdische

---

69 Die deutsche Presse, die darin die Ansichten der Regierung teilt („Die Welt", „Frankfurter Allgemeine", „Süddeutsche Zeitung" usw.) hat einmütig „die Erleichterung, die man beiderseits über den Verlauf des Prozesses empfindet" betont. Vor der ersten Sitzung, erklärt uns die Pariser Zeitung „Le Monde" vom 16. 12. 61, erwartete man in Bonn, daß der Prozeß die Schlagzeilen der Zeitungen über Wochen, ja Monate, bilden und zu einem Wiederaufleben der antideutschen Gefühle führen würde. Nichts dergleichen geschah. Aus dem Eichmann-Prozeß wurde kein „Bundesrepublik-Prozeß".
Kein Kommentar.

Volk anklagen kann. Ist der Staat Israel schon dabei, die Entführung des nächsten vorzubereiten, um einen neuen Erpressungsversuch nach dem gleichen Rezept zu starten? Man redet viel vom SS-Obersturmbannführer Dr. Mengele, Arzt in Auschwitz, dem unvorstellbare Experimente an inhaftierten Juden vorgeworfen werden. Jedenfalls ist es ein sehr nutzbringender Versuch, der den Vorteil hat, daß er fast unendlich oft wiederholt werden kann, um so für einige Jahrhunderte den israelischen Haushalt auszugleichen. Wenn dann nach unabsehbarer Zeit endlich der letzte Nazi in Israel gehenkt sein wird, bleibt nur noch die Musik zu komponieren zu dieser Oper, die man „eine neue Ballade der Gehenkten, die *Neuen Maîtres Chanteurs von Nürnberg*"* nennen müßte, denn das Libretto wurde inspiriert von den Nürnberger Prozessen.

D. Schlußwort

Sollte der Leser über den im Vorhergehenden beschriebenen politischen Hintergrund des Prozesses noch im Zweifel sein und noch nicht einsehen, daß der Prozeß die Judenfeindschaft züchtet, obwohl er behauptet, sie zu bekämpfen, so wäre darauf hinzuweisen, daß viele denkende Menschen noch weitere Beanstandungen vorgebracht haben. Als der französische Rundfunk über die Pressekommentare zum ersten Tag des Prozesses einen Überblick brachte, gewann man sogar den Eindruck, als ob bei *allen* in Jerusalem anwesenden Journalisten die Ansicht herrschte, daß hier nicht etwa Recht gesprochen würde, sondern schlichtweg Rache geübt — und daß die ganze Angelegenheit sowieso ein politischer Fehler sei.

Und als man — eine Woche später — genau wußte, was von den Gerichtsverhandlungen zu erwarten sei, da riefen alle großen Weltblätter ihre berühmten Gerichtsreporter zurück, damit sie über wichtigere Prozesse berichten könnten.

Am 10. April 1961 hatte "France Soir" keine Bedenken, unter dem Titel „Dieser Prozeß ist ein Fehler" aus der Feder eines gewissen Alain Guinay folgende Ausführungen zu veröffentlichen:

„Es gibt Leute, die den ganzen Prozeß für einen Fehler halten. Weit davon entfernt, den Antisemitismus in der Welt mit der Wurzel auszurotten, wird er nur neue Flammen anfachen; weit davon entfernt, der israelischen Jugend die Tragödie ihrer Väter nahezubringen, drängt er diese kämpferische Jugend dazu, sich nicht mit jenen 6 Millionen Menschen, die größtenteils starben ohne sich zu verteidigen, solidarisch zu fühlen. Man fürchtet außerdem,

* Siehe Anmerkung des Übersetzers Seite 128.

daß sich der Prozeß auf die Beziehungen zwischen Israel und Großbritannien, vielleicht sogar den Vereinigten Staaten, schädlich auswirken könnte, wenn erklärt wird — wie eben von Ben Gurion — daß weder London noch Washington etwas zur Rettung dieser Millionen von Menschen unternommen haben, die sie hätten retten können."

Wir haben gesehen (vgl. S. 42) wie Ben Gurion beim Versuch, England und die Vereinigten Staaten in das gegen Deutschland gerichtete Erpressungsmanöver einzubeziehen, gescheitert ist.

Der Prozeß ist zu Ende, Eichmann ist verurteilt, aber „das ungute Gefühl" bleibt bei allen Leuten zurück.[70] Die von "France Soir" befürchteten antisemitischen Aktionen nehmen Gestalt an und mehren sich. Ein Bumerang? Vielleicht!

Aber es ist nicht ganz sicher, ob Tel Aviv nicht zur Erreichung seiner Ziele von Zeit zu Zeit eine kleine antijüdische Welle nötig hat, und sei es auch nur, um die Millionen Juden, die hartnäckig das süße Leben im Westen der Strenge eines Kibbutz vorziehen, nach Israel zu locken.

*

Bei Gericht ist es die Regel, daß der Angeklagte das letzte Wort hat. Der zum Tode durch Erhängen verurteilte Eichmann erklärte vor seinen Richtern in Jerusalem am 13. Dezember 1961:

„Ich habe den schweren Schuldspruch des Gerichts gehört. In meiner Hoffnung auf Gerechtigkeit sehe ich mich enttäuscht. Den Schuldspruch kann ich nicht anerkennen.

---

70 „Die Endlösung" des Falles Eichmann läßt „trotz der unangreifbaren Korrektheit des Verfahrens und des ausgesprochenen Urteils ein ungutes Gefühl zurück . . . Kein anständiger Deutscher zweifelt daran, daß Eichmann den Tod verdient hat. Daß er ihn erleiden muß, scheint aber Männer von Geist und Gewissen nicht zu befriedigen". So formulierte „Le Monde" (16. 12. 61) ihre Meinung und sagt, daß diese Auffassung auch in der deutschen Öffentlichkeit sehr verbreitet ist. Die Kommentare zum Urteil in der französischen und schweizerischen Presse haben im allgemeinen den gleichen Ton. Aus Argentinien dagegen berichtete ein Presse-Telegramm:

„Die Verurteilung Eichmanns hat in Regierungskreisen, bei den Juristen und in der Öffentlichkeit lebhafte Reaktion hervorgerufen. Man weiß, daß der israelische Gesandte nach der Entführung Eichmanns aus Buenos Aires durch ein israelisches Sonderkommando im Mai 1960 zur ‚persona non grata' erklärt wurde und daß Argentinien vor der UNO eine Debatte wegen Verletzung des Gebietes und der Souveränität Argentiniens beantragte. Die Verurteilung Eichmanns hat in Regierungskreisen überrascht. Man erinnert daran, daß die rechtliche, durch den Richter Leopoldo Insaurralde eingeleitete Voruntersuchung über die Begleitumstände der Entführung ihren Lauf nimmt und daß der Generalstaatsanwalt Francisco d'Albora die argentinische Botschaft in Israel ersuchte, die Auslieferung Eichmanns zu verlangen — trotz der Wiederaufnahme der diplomatischen Beziehungen mit Israel seit 1960. Die Juristen bestreiten die Legalität der israelischen Rechtsprechung und bemerken, daß Eichmann durch ein Gericht des Landes, in dem die Verbrechen begangen worden sind oder durch ein internationales Tribunal gerichtet werden müßte."

Seitdem hat Argentinien andere, wichtigere Sorgen gehabt. Aber es wäre eine unbegründete Spekulation, wenn man behaupten wollte, daß diese Angelegenheit abgeschlossen sei. Wenn sie in Argentinien keine Folgen haben wird, so mit Sicherheit sonst in der Welt — leider!

Ich habe Verständnis dafür, daß man Sühne für die Verbrechen fordert, die an den Juden begangen worden sind. Die Aussagen der Zeugen hier im Gericht ließen mich wieder erstarren, so wie ich erstarrt war, als ich mir die Greuel einmal befehlsgemäß ansehen mußte.

Ich hatte das Unglück, in diese Greuel verwickelt zu werden. Aber diese Untaten geschahen nicht mit meinem Willen. Mein Wille war nicht, Menschen umzubringen. Der Massenmord ist allein die Schuld der politischen Führer.

Ich habe versucht, von meinem Amt fortzukommen, fort zur Front, zum ehrlichen Kampf, aber ich wurde festgehalten bei den dunklen Aufgaben.

Ich betone auch jetzt wieder: Meine Schuld ist mein Gehorsam, meine Unterwerfung unter Dienstpflicht und Kriegsdienstverpflichtung, unter Fahneneid und Diensteid.

Dazu galt ab Kriegsbeginn das Kriegsgesetz.

Dieser Gehorsam war nicht leicht und jeder, der zu befehlen und zu gehorchen hat, weiß was man einem Menschen zumuten darf. Ich habe nicht mit Gier und Lust Juden verfolgt. Dies tat die Regierung. Die Verfolgung konnte auch nur eine Regierung durchführen, ich aber niemals.

Ich klage die Regierenden an, daß sie meinen Gehorsam mißbraucht haben. Gehorsam ist damals verlangt worden, sowie er auch in Zukunft von den Untergebenen gefordert werden wird. Der Gehorsam wird als Tugend gepriesen. Ich bitte daher zu berücksichtigen, daß ich gehorcht habe und nicht, wem ich gehorchte.

Ich sagte schon: Die Führungsschicht, zu der ich nicht gehörte, hat die Befehle gegeben; sie hat meines Erachtens mit Recht Strafe verdient für die Greuel, die auf ihren Befehl an den Opfern begangen wurden.

Aber auch die Untergebenen sind jetzt Opfer. Ich bin ein solches Opfer, dies kann nicht außer Acht gelassen werden.

Man sagt, ich hätte den Gehorsam verweigern können und müssen. Das ist eine nachträgliche Betrachtung. Unter den damaligen Verhältnissen war ein solches Verhalten nicht möglich. Es hat sich auch niemand so verhalten.

Ich weiß aus Erfahrung, daß die ausschließlich nach dem Kriege behauptete Möglichkeit, sich dem Befehl zu widersetzen, ein Schutzmärchen ist.

Heimlich davonstehlen konnten sich Einzelne. Ich habe aber nicht zu denen gehört, die dies für zulässig hielten.

Es ist ein großer Irrtum, daß ich zu den Fanatikern in der Judenverfolgung gehört hätte.

Es hat mich in der ganzen Nachkriegszeit gequält und empört, daß alle Schuld von meinen Vorgesetzten und anderen auf mich abgewälzt wurde. Ich habe tatsächlich keine Äußerungen getan, die für meinen Fanatismus sprechen könnten und Blutschuld liegt nicht auf mir.

Die Zeugen haben da eine große Unwahrheit gesagt.

Die Zusammenstellung von Äußerungen und Dokumenten durch das Gericht wirkt zunächst sehr überzeugend, sie ist aber trügerisch.

Ich werde versuchen, diese Irrtümer in der nächsten Instanz aufzuklären.

Niemand ist an mich herangetreten und hat mir Vorhaltungen gemacht wegen meiner Amtstätigkeit. Dies behauptet selbst der Zeuge Propst Grüber nicht von sich. Er kam zu mir und wünschte nur Erleichterung, ohne sich gegen meine Amtstätigkeit selbst zu wenden. Er bestätigt hier vor Gericht, daß ich ihn nicht zurückwies, sondern ihm nur erklärte, daß ich die Entscheidung meiner Vorgesetzten einholen müsse, da ich selbst nicht entscheiden könne.

Der im Verfahren genannte Ministerialdirektor Loesener war Judenreferent im Reichsministerium des Innern. Er ist verstorben. Er hat in seiner erst kürzlich erschienenen nachträglichen Rechtfertigungsschrift zugegeben, daß er von den Greueln wußte und dies auch seinem Vorgesetzten mitteilte. Man muß annehmen, daß alle Personen im Ministerium des Innern auf diese Weise Kenntnis erhielten. Aber niemand trat gegen meine Vorgesetzten auf. Der Ministerialdirektor Loesener ging schweigend in die stille Opposition und diente seinem Führer als gut bezahlter Richter im Reichsverwaltungsgericht. So sieht Zivilcourage eines Prominenten aus.

In dem 1950 niedergeschriebenen Bericht stellt Loesener Betrachtungen über mich an, wonach ich eine Hauptfigur in der Judenverfolgung sein soll. Es sind aber Gefühlsausbrüche, ohne Angaben von Tatsachen, worauf die Vermutungen beruhen. Bei anderen Zeugen ist es ähnlich.

Ich bin von den Richtern gefragt worden, ob ich ein Schuldbekenntnis ablegen wollte, wie dies der Kommandant von Auschwitz, Hoess, und der Generalgouverneur von Polen, Frank, getan haben.

Diese beiden hatten alle Veranlassung zu einem solchen Schuldbekenntnis: Frank als Befehlsgeber, bekannte sich für die von ihm gegebenen Befehle schuldig und scheute sich, die Verantwortung auf Untergebene abzuschieben. Hoess war derjenige, der die Massentötungen tatsächlich durchgeführt hat. Meine Lage ist eine andere.

Die Befugnis und Verantwortung eines Befehlsgebers habe ich nie gehabt. Tötungen, wie Hoess, habe ich nie vorgenommen.

Hätte ich den Befehl auf Ausführung dieser Tötungen erhalten, so hätte ich mich nicht unter falschem Vorwand gedrückt; ich habe bereits bei meinem Verhör erklärt: Da es angesichts des Befehlszwanges keinen Ausweg gab, hätte ich mir eine Kugel in den Kopf geschossen, um so den Konflikt zwischen Gewissen und Pflicht zu lösen.

Das Gericht meint, daß meine jetzige Einstellung durch die Prozeßlage bedingt und erlogen sei. Es ist eine Zusammenstellung von Punkten erfolgt, die dies zu bekräftigen scheinen. Die vorliegenden Widersprüche waren aber dadurch bedingt, daß ich mich bei Beginn der polizeilichen Vernehmungen naturgemäß nicht genau an Einzelheiten erinnern konnte. Es war zuviel, was ich in diesen Jahren erlebt hatte.

Ich sperrte mich nicht, dies zeigt das polizeiliche Protokoll über 3500 Seiten. Meine Angaben waren der erste ungehemmte Versuch der Mithilfe zur Aufklärung. Hier sind Fehler vorgekommen, aber ich mußte sie berichtigen dürfen. Solche Fehler kann man mir nach einem Zeitablauf von 16—20 Jahren nicht zum Vorwurf machen und meine Bereitwilligkeit der Mithilfe nicht als List und Lüge hinstellen.

Meine Lebensnorm, die man mich früh schon lehrte, war: das Wollen und Streben zur Verwirklichung ethischer Werte. Von einem bestimmten Augenblick an wurde ich jedoch von staatswegen daran gehindert, nach dieser Forderung zu leben.

Aus der Ethik mußte ich in eine der Vielheiten der Moral umsteigen. Ich hatte mich der staatlicherseits vorgeschriebenen Umkehrung der Werte zu beugen. Meine selbsterkennende Prüfung habe ich in Bezirken durchzuführen, die ausschließlich mein inneres Ich berühren. Ich habe bei dieser prüfenden Betrachtung meine von mir im juristischen Sinne empfundene Schuldlosigkeit außer Acht zu lassen.

Ich würde jetzt das jüdische Volk von mir aus um Verzeihung bitten und bekennen, daß mich Scham überfällt beim Bedenken des Unrechts, welches den Juden geschah und der Taten, welche an ihnen verübt wurden.

Aber angesichts der Urteilsgründe würde mir dies wohl nur als Heuchelei ausgelegt werden.

Ich bin nicht der Unmensch, zu dem man mich macht. Ich bin das Opfer eines Fehlschlusses:

Man hat mich in Buenos Aires überfallen, eine Woche lang ans Bett gefesselt und mich dann mit Injektionen in meine Arme betäubt zum Flughafen von Buenos Aires gebracht; von dort hat man mich aus Argentinien herausgeflogen. Dies ist ganz offensichtlich nur darauf zurückzuführen, daß man mich für den Alleinverantwortlichen hielt.

Der Grund hierfür liegt in der Tatsache, daß einige Nationalsozialisten von damals und andere über mich Unwahrheiten verbreitet haben. Sie wollten sich auf meine Kosten entlasten, oder aus mir unbekannten Gründen Verwirrung stiften. Teile der Publizistik gaben seltsamerweise die unwahren Darstellungen in geradezu schwelgender und aufgebauschter Art anderthalb Jahrzehnte lang suggerierend wieder.

Dies ist die Ursache des Fehlschlusses.
Dies ist der Grund meines Hierseins.
Ich danke meinem Verteidiger, der für mein Recht eingetreten ist.
Ich bin der tiefsten Überzeugung, daß ich für andere herhalten muß.
Ich muß tragen, was das Schicksal mir auferlegt."

Diese Unschulderklärung ist nicht sehr bemerkenswert und wird wohl auch kaum der Nachwelt überliefert werden.
Im vorigen Jahrhundert gab es in Frankreich den berühmten Prozeß des "Courrier de Lyon" * wobei der Angeklagte, Lesurques, unschuldig zum Tode verurteilt wurde. Vor Gericht erklärte er:
„Ich lege Berufung ein bei der Nachwelt!"
Nicht jeder kann ein Lesurques sein.

* Anmerkung des Übersetzers:
Diese Angelegenheit erregte im Jahre 1797 ganz Frankreich. Lesurques war angeklagt, seinen Schwiegervater ermordet zu haben. Obwohl er zum Tode verurteilt wurde, war er unschuldig.

Eichmann war obendrein nur ein kleiner Oberstleutnant von mittelmäßiger Bildung, wie es sie zu Tausenden, wenn nicht Zehntausenden im deutschen Heer gab und in allen Armeen der Welt gibt.[71]

Der distinguierte Herr Professor Balachowsky vom Institut Pasteur in Paris (vgl. Anm. 61) ist ein hochgebildeter Mann — oder, wenn er es etwa nicht sein sollte, so gibt es für diesen Mangel einfach keine Entschuldigung — und viele Ehrungen werden ihm zuteil.

Wenn man nun aber die Worte, die der sehr geehrte Herr Professor findet um seine Haltung zu verteidigen, vergleicht mit der Erklärung oder Rechtfertigung, die Eichmann für seine, recht ähnliche Einstellung vorbringt, dann wird man zugeben müssen, daß Eichmann dabei gar nicht so schlecht abschneidet.

Er, der mäßig gebildete Oberstleutnant verweist bedrückten Herzens auf die Staatsräson, um seine Einstellung zu erklären, während der Professor ohne jedes Schuldgefühl als einzigen Grund angibt, daß er ja doch seine Haut habe retten müssen . . .

Jedenfalls werden denkende Menschen — auch Leute wie ich, die immer die Lebensräson des Menschen über die Staatsräson stellten — nicht zögern, wenn sie zwischen diesen beiden zu wählen haben.

Es soll vom Leser nicht gefordert werden, daß er die Erklärung Eichmanns vergleicht mit den Beschuldigungen, wie sie der israelische Ankläger formuliert hat, oder mit den juristischen und ethischen Rechtfertigungen des Urteils: sonst würde der Kontrast noch niederschmetternder sein.

---

71 Ich schrieb nach der Verhaftung Eichmanns: „Man wird sich eines Lächelns nicht erwehren können, wenn man heute erfährt, daß der Verantwortliche für alle dem Nationalsozialismus vorgeworfenen Verbrechen gegen die Menschlichkeit ein kleiner Oberstleutnant ist. Es soll aber Tatsache sein. In diesem Sinne ist der ehemalige preußische Polizeibeamte und spätere amerikanische Ankläger bei einem der Nürnberger Prozesse so weit gegangen, daß er sein Buch nicht ‚Hitler und Komplizen' sondern ‚Eichmann und Komplizen' genannt hat, was darauf hinzudeuten scheint, daß nicht Eichmann ein Komplize Hitlers gewesen sei, sondern umgekehrt!"

TEIL II: VERSAILLES

4. VOM KRIEGSEINTRITT DER VEREINIGTEN STAATEN BIS ZUM WAFFENSTILLSTAND 1918

Bis zum Ersten Weltkrieg war es eine liebe Tradition der Amerikaner, sich aus den Streitigkeiten in Europa herauszuhalten. Dies ist leicht zu verstehen, wenn man weiß, daß sie in ihrer Masse zu ungefähr gleichen Teilen aus germanischen, lateinischen, slawischen, skandinavischen und britischen Ländern stammten. Bei einer Nation, deren Wurzeln in so verschiedenen völkischen und kulturellen Bereichen ruhten und deren einziges gemeinsames Ziel *business* hieß, gab es kein anderes Mittel, die für das Gedeihen der Geschäfte unentbehrliche politische Einheit zu bewahren. Diese Tradition war in der öffentlichen Meinung so tief verankert, daß die ganze Bevölkerung Präsident Thomas Woodrow Wilson[72] beipflichtete, als er am 3. 8. 1914 in der Presse verkündete, die Vereinigten Staaten würden in dem zwischen den Mittelmächten (Österreich-Ungarn, Deutschland) und der Entente (Rußland, Frankreich, England) ausgebrochenen Konflikt neutral bleiben, und außerdem am 19. August die Amerikaner aufforderte „diese Neutralität genauestens einzuhalten und sogar die Sympathien, die viele von ihnen für ihre alten Vaterländer empfinden, zurückzudrängen". Ein Versuch des früheren Präsidenten Theodore Roosevelt, eine Kampagne zu Gunsten eines Kriegseintritts der Vereinigten Staaten auf seiten der Entente einzuleiten, scheiterte sehr rasch, da die Industriellen und Bankiers der Republikanischen Partei ihm

72 Bei den Präsidentschaftswahlen im November 1912 hatte er glänzend über Theodore Roosevelt, Präsident von 1900 bis 1908, und über Taft, den scheidenden Präsidenten (1908—1912) gesiegt. Beide waren Kandidaten der geteilten Republikanischen Partei. Der große Mann der Republikaner war damals Theodore Roosevelt (Geschwisterkind und durch Heirat Onkel von Franklin Delano Roosevelt, dem wir es heute verdanken, daß die Slawen 50 Kilometer vor Hamburg stehen) und nicht Taft, den er in den Sattel gehoben und mit dem er sich später entzweit hatte. Thomas Woodrow Wilson wurde als Präsidentschaftskandidat der Demokratischen Partei im November 1912 gewählt und trat sein Amt am 4. März 1913 an.

die Unterstützung versagten. Ob die amerikanischen Industriellen und Bankiers Demokraten oder Republikaner waren, ob slawischen, germanischen, britischen oder lateinischen Ursprungs — vor allem waren sie Geschäftsleute, und sich darin einig, daß die Neutralität, von der sie sich einen ungestörten Handel mit beiden kriegführenden Lagern erhofften, sichtlich gewinnbringender sein würde, als ein Kriegseintritt, bei dem sie nur an die Seite verkaufen dürften, auf die die Vereinigten Staaten sich gestellt hätten.

Jedoch am 3. September 1916 erklärte Präsident Wilson bei der Eröffnung des Wahlkampfes zu den neuerlichen Präsidentschaftswahlen, die im November stattfinden sollten: „Mit unserem traditionellen Provinzialismus ist es zu Ende. Ob wir es wollen oder nicht, wir haben eine führende Rolle in dem gegenwärtigen Weltdrama zu spielen." Obwohl diese Formulierung durch den Begleittext nicht näher erklärt wurde, erlaubte der ganze Ton der Rede noch die Annahme, daß er unter dieser „führenden Rolle" eine „Schiedsrichterrolle" verstand, was sich auch in der Folge herausstellte: Mit 9116000 gegen 8547000 Stimmen für den Kandidaten der Republikanischen Partei (die inzwischen ihre Einheit wiedergefunden hatte — gerade auf Grund der Notwendigkeit des Kriegseintritts der Vereinigten Staaten auf seiten der Entente) wiedergewählt, war seine erste Sorge, am 22. Dezember 1916 die beiden gegnerischen Koalitionen um Bekanntgabe ihrer Kriegsziele zu ersuchen.

Am 21. Januar 1917 verlas er noch vor dem Senat eine Botschaft, in der er zur Sicherung des Weltfriedens die Bildung eines *Völkerbundes* vorschlug, außerdem eine allgemeine Abrüstung nach Friedensschluß, die Freiheit der Meere und — zur Beendigung des gegenwärtigen Konflikts — einen Frieden „ohne Sieger oder Besiegte" forderte. Aber auf seine Initiative und auf seinen Vorschlag hin, beschlossen dann am 3. Februar, weniger als fünfzehn Tage später, der Oberste Bundesgerichtshof und der Kongreß, beide zu diesem Zweck feierlich einberufen, durch Zuruf und voll Begeisterung den Abbruch der diplomatischen Beziehungen zu Deutschland, um dann am 2. April 1917 den Krieg zu erklären. Somit befanden sich die Vereinigten Staaten seit dem 6. April 1917 mit den Mittelmächten offiziell im Kriegszustand.

Bei einem Manne wie Wilson, der ein großer Universitäts-Professor war, bevor er ein großer Gouverneur des Staates New-Jersey und dann ein großer Präsident der Vereinigten Staaten wurde — der wegen der Gradlinigkeit seines Charakters und der Strenge seiner Prinzipien legendären Ruf genoß, ebenso rechtschaffen in geistigen wie auch in kaufmännischen Dingen (von welch letzteren er sich stets distanzierte, was bei einem Politiker außerordentlich selten ist), erschien ein solcher Sinneswandel ausgeschlossen. Die Fachleute der märchenerzählenden, anekdotischen und zweckgerichteten Geschichte wußten als einzigen Grund für diese Kursänderung nur die wiederholten Rechtsverletzungen durch Deutschland zu nennen; es habe gegen die Seekriegsgesetze verstoßen, was Wilson bei seinem ausgeprägten Gefühl für Gerechtigkeit allein zu seiner Entscheidung gebracht habe. Später erfuhr man aber durch ihn selbst und durch seine Witwe, daß dieser Umschwung auf bedeutend höherer Ebene die Auflösung eines Gewissenskonflikts in der Art eines klassischen Dramas gewesen war, bei dem auf der einen Seite sein Gerechtigkeitssinn, auf der anderen die Zukunft der Union stand.

Am Anfang dieses Gewissensdramas stand die Wendung, die der Krieg genommen hatte, unerwartet von der ganzen Welt, von Amerikanern und Europäern, Intellektuellen und Politikern, von Militärs und Zivilpersonen: Im Gegensatz zu den Erwartungen der zwei europäischen Generalstäbe, von denen jeder glaubte, in wenigen Wochen, höchstens Monaten, einen leichten Sieg davontragen zu können, zeigte sich sehr bald, daß dieser Krieg sehr lange dauern würde. Dabei vertraute die eine Partei auf den Schlieffen-Plan, die andere auf den „Plan 17". Entgegen ihren Hoffnungen war es den Industriellen und Bankleuten Amerikas auch nicht möglich, ohne Unterschied mit allen Kriegführenden — ja nicht einmal mit allen Neutralen, — ihre Geschäfte zu machen.

Der Krieg dauerte lange . . . Alle Regierungen und alle Generalstäbe Europas waren sich darin einig, daß das Ultimatum Österreich-Ungarns an Serbien mit fast vollkommener Sicherheit die folgende Kettenreaktion auslösen würde: Das panslawistische Rußland würde bestimmt intervenieren — es wollte den Bosporus in seine Hand bringen — Saloniki bedeutete für das Land einen Zugang zum Mittelmeer und zum Nahen Osten. Dadurch konnte es nicht tatenlos zusehen, wenn Österreich-Ungarn auf dem Balkan eingriff. Frankreich würde den Verpflichtungen aus seinem Bündnis mit Rußland nachkommen. Deutschland, das mit Österreich-Ungarn verbündet war, konnte ebensowenig abseits stehen bleiben, vor allem nicht, wenn Frankreich in den Krieg eintreten würde; und das Ottomanische Reich, das den Bosporus behalten wollte, auf den die Russen ein Auge geworfen hatten, konnte nicht umhin, sich den Mittelmächten anzuschließen.

In Wien, Paris und Berlin glaubte man, daß nur der deutsche Einfluß am russischen Hofe — die Zarin war eine deutsche Prinzessin — diese Kettenreaktion verhindern könnte, daß dieser Einfluß, wenn er wirklich so groß war wie er schien, den Konflikt auf Österreich-Ungarn und Serbien beschränken würde, was bedeutete, daß das erstgenannte

Land das zweite im Handumdrehen erledigt hätte. Aber wenn man in Wien darauf hoffte, in Berlin fest damit rechnete, so befürchtete man das in Paris, weil dadurch die Aussicht auf eine Korrektur der durch den Krieg von 1870/71 geschaffenen Lage und auf die Regelung späterer Differenzen auf kolonialem Gebiet, mit einem Schlag wieder verschwinden würde. Paris war überzeugt, daß Kaiser Wilhelms Versuche, Petersburg zum Einlenken zu bewegen, scheitern würden: die segensreichen Wirkungen der Rußland gewährten französischen Anleihen würden etwaige Erwägungen verwandtschaftlicher Natur leicht aus dem Felde schlagen — umso leichter als doch der Zarenthron seit 1905 nicht mehr bedroht erschien.

Folgendes geschah: Wilhelm II., der die Antwort Serbiens auf das österreichisch-ungarische Ultimatum für befriedigend hielt, konnte Kaiser Franz-Josef nicht davon abhalten, die Mobilmachung anzuordnen; die Bemühungen des deutschen Kaisers, den Zaren zu besänftigen, scheiterten ebenfalls: auch Rußland machte mobil. Und von da an gab es keine Möglichkeit mehr, den so leicht ausgelösten Lauf der Ereignisse aufzuhalten. Der grausame Mechanismus der Kettenreaktion diktierte das Gesetz der Stunde.

Frankreich war mit England verbündet und hoffte daher, daß die Briten in den Krieg eintreten würden, während Deutschland ein solches Ereignis kaum ernsthaft befürchtete. Es wußte zwar, daß England nicht ohne Besorgnis beobachtet hatte, wie der deutsche wirtschaftliche Einfluß sich seit 1892 auch außerhalb Europas durchgesetzt hatte, gestützt auf eine starke Flotte, die an sich schon eine Herausforderung an die englische Seeherrschaft darstellte — eine Politik, die auch zu einer Annäherung zwischen England und Frankreich geführt hatte (1904). Auch hatte Großbritannien die Unverletzlichkeit des belgischen Territoriums garantiert, in Kenntnis des Schlieffenplanes, der für den Fall eines deutsch-französischen Krieges den Marsch deutscher Truppen durch Belgien vorsah. Diese Garantie war übrigens nicht nur im belgischen oder französischen, sondern auch im englischen Interesse, da England die Kontrolle über den Kanal wesentlich lieber mit Frankreich teilte, als vielleicht eines Tages mit Deutschland.

Aber von Moltke, der deutsche Generalstabschef, erwartete, daß seine Truppen durch den Schlieffenplan die französische Armee in sechs Wochen niederwerfen könnten und daß England angesichts des deutschen Sieges sich mit den Tatsachen abfinden würde, umsomehr als es mit den irischen Autonomistenunruhen ("home rule") alle Hände voll zu tun hatte. Anschließend meinte von Moltke dann, die ganzen Kräfte gegen Rußland werfen zu können.

Die Regierung und der Generalstab Frankreichs waren fest überzeugt, daß die englische Garantie für Belgien eine Verwirklichung des Schlieffenplanes unmöglich machte — und die französische Befestigungslinie, die im Frühjahr 1914 von der Schweizer bis kurz vor die belgische Grenze reichte, wurde erst in letzter Minute bis zum Grenzort Givet verlängert. Der Weg durch Belgien war also den deutschen Truppen offen.

Wenn aber Frankreich recht hätte und der Schlieffenplan unausführbar wäre, so hätte es für England überhaupt keinen Grund zum Eingreifen mehr gegeben: die französische und die deutsche Armee wären dann in Höhe der befestigten Linie Mülhausen—Verdun zusammengestoßen, und da sie zahlenmäßig fast gleich stark gewesen wären — 850 000 Deutsche gegen 800 000 Franzosen, die Deutschen allerdings in ihrer Bewaffnung ihren Gegnern leicht überlegen — so meinten die englischen Politiker, daß ein leichter deutscher Sieg ausgeschlossen wäre, daß der Angriff vielmehr vor den französischen Befestigungen liegenbleiben dürfte — kurz, daß beide Seiten nach schweren Verlusten schließlich einen Kompromißfrieden schließen würden. Den Briten wäre dann sowohl in Europa wie außerhalb Europas und auf den Meeren die Vorherrschaft zugefallen, die ihnen vorerst keiner hätte streitig machen können.

Die Schlußfolgerungen aus diesen Überlegungen paßten ausgezeichnet zu denen der deutschen Regierung und des deutschen Generalstabes, die daher einen Krieg gegen Frankreich nur noch nach dem Schlieffenplan zu führen gedachten: man nahm an, daß das Überraschungsmoment und der schnelle Ablauf der Kriegshandlungen England zwingen würden, sich auf eine rein formelle Intervention zu beschränken. Diese Überlegungen kamen auch den Hoffnungen der amerikanischen Industriellen und Bankiers entgegen, die unter solchen Umständen und angesichts der fast uneingeschränkten Freiheit der Meere, den ganzen Krieg hindurch mit beiden kriegsführenden Parteien hätten Handel treiben können, zumindest durch die Vermittlung neutraler Staaten.

Die französische Regierung und der französische Generalstab kannten die englischen Gedanken und rechneten daher mit einem englischen Kriegseintritt nur für den Fall, daß die deutschen Truppen die belgische Neutralität verletzen würden: anders gesagt, sie hegten keine sehr großen Hoffnungen, denn sie glaubten nicht an einen deutschen Angriff durch Belgien.

Angesichts dieser Lage versteht man nicht recht, worauf die französische Erwartung, Deutschland in höchstens sechs Monaten zu besiegen, eigentlich beruhte. Die russische „Dampfwalze"? In den Kanzleien der ganzen Welt belächelte man die französischen Politiker und Diplomaten, die, als einzige, glaubten, daß eine Armee, deren Organisation und Bewaffnung sie fast mit einer Meute von primitiven Wilden, auf eine Stufe stellten, diesen Namen verdient. Es war auch bekannt, daß die französischen Anleihen — gewährt, um diese „Dampfwalze" wieder in Ordnung zu bringen — für Geschenke und Bestechungen vergeudet worden waren.

Jedenfalls scheint heutzutage niemand mehr daran zu zweifeln, daß — auch, wenn die Lage so gewesen wäre, wie die offiziellen Kreise sie damals sahen — der Krieg ebensolange hätte dauern können, wie es dann tatsächlich der Fall war.

Man muß sich aber fragen, weshalb der Krieg, den die Deutschen dann wirklich nach dem Schlieffen-Plan führten, trotzdem so lange dauerte. Hier handelte es sich um ein Problem der praktischen Strategie. Obwohl bemerkenswert gut durchgearbeitet, sah der Schlieffen-Plan keinen Zweifrontenkrieg vor. Moltke nahm an, daß die österreichisch-ungarische Armee während der für die Durchführung des Schlieffen-Plans nötigen relativ kurzen Zeitspanne genügen würde, die russische Armee, deren Zustand er kannte, in Schach zu halten; er glaubte aber, er könne ohne Gefahr 10 Divisionen abziehen und sie an die Ostfront verlegen. Dies zwang ihn, den Radius der vorgesehenen Umfassungsbewegung ein wenig zu verkürzen. An der Front kürzte von Kluck, der Chef der I. deutschen Armee, der der Schutz des rechten Flügels oblag, den Radius aus eigener Machtvollkommenheit noch ein wenig mehr und zwang dadurch die Führer der anderen vier Armeen (II, III, IV. und V.), früher in Richtung Süden abzubiegen, als Moltke vorgesehen hatte.

Diese Bewegung von Klucks entblößte unvernünftigerweise eine Flanke, in die dann die „Taxis von der Marne" des Generals Galliéni hineinstoßen (eine Operation, die, entgegen der landläufigen Meinung, vom Oberkommando vorgesehen war), und die Deutschen zum Rückzug zwingen konnten. Auf einer durch diesen Fehler verkürzten Front waren die II. und III. Armee, die die Marne überschritten hatten und von von Klucks Truppen nicht mehr gedeckt wurden, ihrerseits zum Rückzug gezwungen, und General Joffre konnte endlich nach einer langen Reihe — im übrigen trefflich durchgeführter — Rückzugsbewegungen zur Offensive schreiten mit der fast absoluten Gewißheit, die deutschen Armeen zurückzudrängen.

Dies ereignete sich am 6. September 1914. Am 12. ist die deutsche Offensive endgültig zum Stehen gebracht und von Moltke entschließt sich zum allgemeinen Rückzug auf damals noch nicht festgelegte Stellungen, die im folgenden Jahr zur Hindenburg-Linie werden, mit der Absicht, anschließend zur Orthodoxie, d. h. zum Schlieffen-Plan, zurückzukehren; aber es ist ein wenig spät. Vergeblich versucht er die französischen Stellungen am linken Flügel zu umgehen, und um dies zu verhindern, bleibt den Franzosen nichts anderes übrig, als nun ihrerseits die deutsche Stellung rechts zu überflügeln: der Wettlauf zum Meere beginnt.

Im Endeffekt halten die Franzosen die Küste, die Deutschen kommen niemals nach Calais, nicht einmal nach Dünkirchen, und der Plan Schlieffens — von Moltke korrigiert und unbewußt durch von Kluck sabotiert — führte nur noch den englischen Kriegseintritt herbei.

Man muß sich heute fragen, was geschehen wäre, wenn der Plan genau durchgeführt worden wäre. Die Militärwissenschaftler sind sich heute fast alle darüber einig, daß Frankreich keine Chance gehabt hätte, länger als sechs Wochen Stand zu halten, also genau wie vom deutschen Generalstab vorgesehen.[73] Aber es ist auch nicht sicher, daß England den deutschen Sieg als vollzogene Tatsache hingenommen hätte. Korrekt wurde der Schlieffen-Plan 25 Jahre später von Hitler und dem Oberkommando der Wehrmacht (OKW) durchgeführt; er gelang, aber England fand sich mit dieser Tatsache nicht ab.

Soll das nun heißen, daß wir dann schon 25 Jahre früher den Krieg von 1939—45 gehabt hätten? Vielleicht. Aber vom Standpunkt der Geschichte ist die Frage müßig und verlangt keine Antwort. Sicher ist nur, daß der Krieg nach dem Eintritt Englands eine Wendung nahm, bei der der Sieg mehr zur See als zu Lande zu suchen war und dadurch für die amerikanischen Industriellen und Bankiers die Freiheit der Meere, mit anderen Worten: den Warenaustausch zwischen Amerika und Europa, in Frage stellte.

*

Die Marneschlacht, der Wettlauf zum Meer . . . Es war für die damalige Zeit eine Höllenschlacht. Fast zwei Millionen Soldaten standen sich gegenüber — das heißt, daß die Schlacht Ausmaße annahm, wie es sie bis dahin in der Geschichte noch nicht gegeben hatte. Beide Seiten verfügten über die vollkommensten Waffen, die die damalige Waffentechnik nur hatte entwickeln können, es gab also die mör-

73 „Wenn wir nur eine echte Dienstpflicht gehabt hätten", schreibt Major Stein („Schafft ein Heer!", Seite 8) „und dadurch 1914 mehrere zusätzliche Armeekorps, dann wäre der Rückschlag an der Marne nicht eingetreten; wir hätten Frankreich mühelos zerschlagen und 1915 den Frieden diktieren können". Lord Kitchener und Marschall Haig teilen diesen Standpunkt. Wenn Deutschland nur über zehn Divisionen mehr hätte verfügen können, hätte von Moltke den ersten dringenden Anforderungen der Ostfront entsprechen können, ohne auf d i e zurückgreifen zu müssen, die ursprünglich für den Schlieffen-Plan vorgesehen waren, und dann hätte man den Plan nicht abzuändern brauchen. Ludendorff war ein fanatischer Anhänger des Schlieffen-Plans, jedoch nur bei vorheriger Schaffung des „Volks in Waffen". Es gelang ihm jedoch 1913 nicht, Kaiser Wilhelm II. zu überzeugen, und auch seinem Vorschlag, drei zusätzliche Reserve-Armeekorps aufzustellen, wurde nicht stattgegeben. Benoist-Méchin, der die Standpunkte Major Steins, Lord Kitcheners und Marschall Haigs zu teilen scheint, zitiert diese Tatsachen in seiner „Histoire der l'Armee allemande" (Bd. I, S. 30).

derischste und daher auch die kostspieligste Schlacht, die man je gekannt hatte. Am Ende dieser ersten Phase des Kampfes fanden sich die beiden Gegner gleicherweise erschöpft und unfähig, eine unmittelbare Fortsetzung der Kämpfe ins Auge zu fassen. Sie hatten keine Munition mehr: Ihre Volkswirtschaften hatten sich als nicht stark genug erwiesen, die Bedürfnisse der Front befriedigen zu können. Die Waffen waren teilweise vernichtet: man mußte sie wieder in Ordnung bringen. Das Wirtschaftsleben des Hinterlandes mußte den Umständen entsprechend organisiert, die Zivilbevölkerung ernährt und bekleidet werden. Ihren Bedarf an kriegswichtigen Rohstoffen, an Lebensmitteln und an Textilien konnten die Kriegsführenden nur bei den Neutralen decken, und unter den Neutralen hatte nur Amerika das Wirtschaftspotential, um ihnen genug von fast allem zu liefern. Das damalige Seerecht war ziemlich primitiv und recht unklar, weil es nicht niedergeschrieben war. Bei der ersten Konferenz in Den Haag (1899) verbot es sich durch die Opposition Englands und die Vorbehalte Deutschlands, hinsichtlich des Seekriegs über die Genfer Konvention von 1864 bezüglich des Krieges zu Lande hinauszugehen; letztere hatte nur Maßnahmen zur Humanisierung des Krieges vorgeschrieben. Bei der zweiten Konferenz (1907) hatte die sogenannte Prisen-Konvention für alle kriegsführenden Nationen das Recht der Aufbringung von feindlichen Handelsschiffen geregelt, und war auch angenommen worden; aber wenn ihre Vorschriften für die Kriegsführung ziemlich genau waren, so waren sie es nicht hinsichtlich der Beziehungen zu den Neutralen. Zudem gab es lange Debatten über eine weitere Konvention zur Schaffung eines „Prisengerichtshofes", der ermächtigt werden sollte, in Streitfällen zu entscheiden — aber man konnte sich leider nur darauf einigen, diesen Text *nicht* zu ratifizieren. Die „Prisenkonvention" blieb also eine bloße Vorlage und — so bedauerlich es ist —, ein solcher Text kann in der Praxis beliebig ausgelegt werden. Es bleibt ein Gesetz ohne Gesetzeskraft. Nachdem der Kriegseintritt Englands das Waffengeschehen auch auf die See getragen hatte, mußte jeder der beiden Gegner angeben, was für ihn auf diesem Sektor der Operationen Gesetz sein würde. England und Frankreich legten es am 22. August 1914 in London fest und entschieden ganz einfach, „die Ware unter neutraler Flagge frei zu lassen", d. h. sie gewährten die volle Freiheit der Meere allen Handelsschiffen, die unter neutraler Flagge fuhren. Diese Entscheidung erfüllte die Wünsche der Amerikaner — es ist sehr wahrscheinlich, daß die Regelung von den Alliierten nur in der Sorge getroffen wurde, die USA nicht zu vergrämen — sowie die aller anderen Neutralen und paßte sogar den Mittelmächten, die sich, wenn sie auch nichts sagten, sicherlich darüber nicht wenig gefreut haben.

Als sich die beiden Gegner nach der Marneschlacht und dem Wettlauf zum Meer wieder von Angesicht zu Angesicht gegenüber standen und solange zum Stellungskrieg verurteilt waren, bis ihre Volkswirtschaften ihnen erlaubten, wieder umfangreiche Angriffsoperationen zu beginnen, und als es klar war, daß der Sieg nur durch Wirtschaftsblockade, sei es der Mittelmächte durch die Alliierten oder umgekehrt, errungen werden konnten, wollte jede Partei, daß ihr Gegner dazu die Initiative ergreifen soll.

Blockade, das bedeutete Krieg auch gegen neutrale Handelsschiffe, und keiner wollte die Verantwortung übernehmen, als erster anzufangen. Die Deutschen, denen die Entscheidung von London einen Vorteil gebracht hatte, da sie hoffen durften, auf Grund ihrer eigenen Hilfsquellen und ihres hohen Industrie-Potentials vor den Franzosen und Engländern zur Wiederaufnahme der Offensive bereit zu sein, hatten keine Veranlassung, diese Initiative zu ergreifen. Im Gegenteil: wenn es zu gegenseitigen Wirtschaftsblockade-Versuchen kommen würde, lag der Vorteil bei den Franzosen und Engländern; zunächst, weil ihre Kriegsmarine stärker war, und dann, weil ihre geographische Lage und die Ausdehnung der zu blockierenden Räume — auf der einen Seite nur die Nordsee, auf der anderen der Atlantik von Irland bis zum Kap — ihnen die Durchführung dieses Unternehmens viel leichter machen mußte, als den Deutschen. Die deutsche Hochseeflotte konnte in der Tat den Atlantik nur erreichen, wenn sie vorher die englische Flotte zerstört hatte, die sorgfältig den Eingang bei den Orkney- und Shetlandinseln bewachte. Die Partie war also nicht gleich. Deutschland konnte sie nur mit Unterseebooten gewinnen, die sehr weit entfernt von ihren Heimatbasen operieren mußten. Da es weder technisch noch strategisch durchführbar war, Handelsschiffe zu deutschen Häfen zu geleiten (von denen die U-Boote auf dem Überseewege durch die englische Flotte abgeschnitten waren), mußten sie diese Handelsschiffe versenken, und zwar unter unmenschlichen Bedingungen, da sie die Mannschaft nicht an Bord nehmen konnten.

Da durch die Londoner Erklärung vom 22. August 1914 die Zeit für Deutschland arbeitete, hatte der deutsche Generalstab sich diese Frage nicht überlegt. Während der ersten Kriegsmonate zielten Deutschlands Operationen zur See nur auf englische Kriegsschiffe; man verwickelte isolierte und zahlenmäßig schwächere Verbände in Kämpfe, da man nicht massiert und frontal angreifen konnte. Im übrigen verwendete man die Unterseeboote als Minenleger vor den englischen Kriegshäfen und erreichte dabei manchmal sensationelle Ergebnisse. Infolgedessen erwies sich diese Wirtschaftsblockade als eine neue

Schlacht von Fontenoy,* wenn auch in einem anderen Maßstab: es waren die Engländer, die genau am 3. November 1914 den ersten Schuß abgaben.
In den internationalen Konventionen über den Handel zur See betraf eine Bestimmung die Kriegs-Konterbande. Neutrale oder nichtneutrale Handelsschiffe durften nur eine gegen Seeräuber ausreichende Verteidigungs-Bewaffnung besitzen, sie durften weder Soldaten, noch Waffen, noch überhaupt Waren transportieren, die direkt für die Kriegsführung verwendet werden konnten. (Es gab eine Liste der verbotenen Waren). Sie mußten genau den auf ihrem Routen-Blatt angegebenen Kurs folgen und tagtäglich im Bordbuch präzise Positionsangaben machen. Sie durften nicht unter dem Schutz von Kriegsschiffen fahren. Die Waren, die sie unter diesen Bedingungen transportierten, galten als frei — in der Sprache der Juristen „sie unterlagen nicht dem *Prisenrecht*". Die Schiffe waren unverletzlich, aber die Kriegsführenden hatten ihnen gegenüber das *Recht der Untersuchung,* dem sich die Fahrzeuge unterziehen mußten und, wenn sie sich weigerten, sich der Gefahr einer Versenkung nach erfolgter Vorwarnung aussetzten, soweit sie allein fuhren, oder ohne Vorwarnung, wenn sie unter Begleitschutz unterwegs waren.
Am 3. November 1914 nun erklärte die englische Admiralität die ganze Nordsee zum Operationsgebiet, d. h. als „Gefahrenzone" für Handelsschiffe, unter dem Vorwand, daß einige Handelsschiffe auf Minen gelaufen seien, die von deutschen Unterseebooten vor die Einfahrten zu englischen Kriegshäfen gelegt worden waren. Nach internationalen Abmachungen hätten diese Handelsschiffe sich nicht dahin begeben dürfen. Der wirkliche Grund war aber, daß die englischen Panzerkreuzer Cressy, Hogue und Aboukir (23. September), die Kreuzer Hawke (16. Oktober) und Hermes (27. Oktober) usw. diesen Minen zum Opfer fielen. Zur gleichen Zeit veröffentlichte die englische Admiralität eine Liste von zur „Kriegskonterbande" erklärten Waren, wobei sie eine ganze Reihe von Artikeln neu aufnahm, deren Transport von nun an verboten war. Außerdem gab sie bekannt, daß die Schiffe von nun an noch gründlicher kontrolliert werden würden. Im Verfolg dieser Politik kündigte die englische Regierung in der zweiten Dezember-Hälfte die Gründung des "Netherland Oversea Trust" in Holland an, eine Art Überwachungs-, wenn nicht Kontroll-Organisation für den ganzen Außenhandel des Landes. Man konnte die Errichtung ähnlicher Organisationen in den skandinavischen Ländern voraussagen, was in der Folge auch eintraf. Es war klar, daß künftig der Handel zur See nur in dem Maße frei sein würde, wie es den Alliierten genehm war.

* Vergl. Anmerkung des Übersetzers Seite 33.

Von Tirpitz forderte dringend Gegenmaßnahmen. Die deutsche Führung aber wartete zunächst die Folgen der feindlichen Schritte ab. Das war klug, denn auf Grund der Befürchtungen seiner Industriellen und Kaufleute, die Gewinneinbußen vorhersahen, erhob Amerika in London und Paris Vorstellungen (Dezember 1914 bis Januar 1915). Ohne ihre Entscheidung offiziell rückgängig zu machen, gaben die Leute in London und Paris zu verstehen, daß sie bei amerikanischen Schiffen ein Auge zudrücken würden. Gegenüber den kleinen Neutralen aber, von denen sie weder während noch nach dem Kriege wirtschaftliche Gegenmaßnahmen zu befürchten hatten, schien es weder London noch Paris nötig zu sein, die gleiche politische Rücksicht walten zu lassen. Produkte aus Amerika waren nur „in Gefahr" auf skandinavischen oder deutschen Schiffen sowie zwischen den skandinavischen Häfen, in die sie als Transitgüter einliefen, und den deutschen Häfen.

Nach einem Monat machte sich die Wirkung dieses Verfahrens in der deutschen Wirtschaft sehr bemerkbar und Tirpitz' Standpunkt setzte sich durch: Am 4. Februar 1915 verkündete das Oberkommando der deutschen Marine, daß die englischen und französischen Gewässer[74] Kriegsgebiet seien und daß vom 18. Februar ab jedes dort angetroffene feindliche Handelsschiff durch deutsche U-Boote versenkt werden würde, und zwar auch dann, wenn es nicht möglich wäre, jede Gefahr für Besatzung und Passagiere zu vermeiden, — daß ferner „neutrale Schiffe die gleiche Gefahr liefen, da im Seekrieg nicht immer verhindert werden könne, daß bei Aktionen gegen feindliche Schiffe gelegentlich auch neutrale Schiffe in Mitleidenschaft gezogen würden." Gegen diese Entscheidung protestierte Amerika genauso, wie es gegen die der Alliierten protestiert hatte. Die Deutschen gaben dieselbe Antwort, wie die Alliierten sie gegeben hatten. In zwei Monaten versenkten deutsche U-Boote 111 Handelsschiffe mit etwa 300 000 Tonnen. Da die mit dieser Taktik erzielten Ergebnisse mit jedem Monat besser wurden, war nicht zu bezweifeln, daß gegen Jahresende mindestens 1 500 000 Tonnen versenkt sein würden, was selbstverständlich bei den Alliierten Bestürzung hervorrief. Aber am 7. Mai 1915 versenkten die Deutschen durch einen Irrtum in der Höhe von Irland die *Lusitania* der englischen "Cunard Line", die von Amerika nach England unterwegs war und nur Passagiere[75] an Bord hatte: 1198 Menschen, darunter 118 amerikanische Bürger, ertranken. Amerika übersandte Deutschland eine ernste Protestnote, worauf sich die deutsche

---

74 Nur die Seegebiete um die britischen Inseln und vor Frankreich, nicht die ganze Nordsee.

75 Unter dem Titel „Die Lusitania durfte versenkt werden" und dem Untertitel „Amerikanische Kriegsschuldlüge widerlegt" las ich in der „Deutschen Wochenzeitung" vom 26. 5. 1962 einen dem „Spiegel" (Nr. 21/1962) entnommenen Artikel. Danach war das 1915 von

Regierung am 6. Juni offiziell wegen dieses Irrtums entschuldigte und versprach, daß sich ein solcher Fall nicht mehr wiederholen würde. Am 22. August 1915 erklärte Deutschland, daß es seinerseits bereit sei, die Handelsschiffe nur in Übereinstimmung mit dem Völkerrecht zu behandeln, daß aber die Alliierten, deren Entscheidungen vom November und Dezember diese Art Krieg eingeleitet hätten, offenbar nicht gleichen Sinnes seien.
Die Alliierten waren sicher nicht gleichen Sinnes. Am 1. März 1915 antworteten sie auf die deutsche Erklärung vom 4. Februar, daß sie von nun an „jede Ladung, die im Verdacht stehe, für die Mittelmächte bestimmt zu sein, beschlagnahmen würden, soweit sie nicht als *Prise* betrachtet werden könne." Zu gleicher Zeit hatten sie eine Reihe von Maßnahmen getroffen, um die Belieferung Deutschlands mit lebenswichtigen Gütern so vollständig wie möglich zu unterbinden. Eine dieser Maßnahmen bestand darin, daß man den Außenhandel der neutralen Nachbarn des Reiches immer strenger kontrollierte und ihre Einfuhren kontingentierte, um sie so daran zu hindern, Deutschland zu beliefern.
Teilte Amerika die deutschen Antworten vom 6. Juni und 22. August auf seine Proteste gegen die Torpedierung der „Lusitania" den Alliierten mit? Man darf es wohl vermuten. Ende 1915 hatte die deutsche Regierung jedoch allen Grund zu der Annahme, daß die Alliierten sie jedenfalls nicht beachtet hatten. Da die Letzteren für ihre Entscheidung vom 1. März 1915 im Gebiet der Nordsee eine immer strengere Auslegung fanden, wurde Tirpitz am 23. Februar 1916 ermächtigt, die „Jagd auf Handelsschiffe" wiederaufzunehmen, wobei „die Formalität der Vorwarnung außer bei Truppentransportern

---

einem deutschen U-Boot versenkte britische Passagierschiff „Lusitania" entgegen damaligen britischen und amerikanischen Behauptungen doch b e w a f f n e t und m i t M u n i t i o n b e l a d e n. Der amerikanische Taucher John Light entdeckte an dem Wrack Beschädigungen und andere Spuren, die ihn zu der Vermutung anregten, daß Taucher des britischen Geheimdienstes belastende Beweisgegenstände aus dem gesunkenen Schiff entfernt haben, dessen Versenkung Amerika den verlogenen Vorwand bot, 1917 gegen Deutschland in den Krieg einzugreifen und ihn für die Alliierten zu entscheiden.
In seinem Buch „Au fil de la Carrière" (Paris 1960, S. 172) schreibt Jules François Blondel, der damals (1915) französischer Botschafter in den USA war:
„Churchill hat selber zugegeben, daß im Raum des Ozeandampfers 173 Tonnen Karabiner und Granaten versteckt waren . . . die Deutschen wußten davon und hatten die Passagiere gewarnt, jene armen Opfer, um deren Leichen anschließend Propagandawirbel auf Propagandawirbel veranstaltet wurde".
Die Amerikaner und die Alliierten haben sich selbstverständlich gehütet, auszusprechen, daß die Deutschen nach dem gültigen Kriegsrecht und den Haager Seekriegskonventionen durchaus berechtigt gewesen waren, das Schiff zu versenken. Dieses Geständnis (gewissermaßen von offizieller Seite, da es von einem Botschafter stammte, der zur Zeit der Torpedierung im Amt war) erfolgte erst 1960 . . . Bis dahin allerdings wurde „Fälschung" geschrieen, wenn ein Historiker die durch Indiskretionen und Polemiken bekannt gewordene tatsächliche Lage erwähnte.
M o r a l : „Es ist immer ein Nachteil, zu früh recht gehabt zu haben!"

und bewaffneten Schiffen" aufrechterhalten blieb. Es ist festzustellen, daß weder Reichskanzler von Bethmann-Hollweg noch auch Kaiser Wilhelm II. mit diesem Befehl völlig einverstanden waren, da sie ihn als eine Art Herausforderung an Amerika betrachteten, die letzte Macht in der Welt, die trotz allem Deutschland freundlich gesinnt blieb. Das Oberkommando der Marine hatte diesen Befehl durchgesetzt. Da man Herrn von Tirpitz die ablehnende Reaktion der Mehrzahl der Politiker fühlen ließ, demissionierte er am 14. März 1916 mit der Begründung, daß er „ein Ministerium nicht länger leiten könnte, in dem seine Entscheidungen kritisiert würden". In der Zwischenzeit waren zwei weitere Handelsschiffe ohne Vorwarnung versenkt worden, die „Tubantia" (16. März) und die „Sussex" (24. März); der amerikanische Staatssekretär Lansing protestierte am 18. April von neuem. Am 25. April wurden alle deutschen U-Boote auf großer Fahrt in die Heimathäfen zurückbefohlen. Die Alliierten widerriefen ihre Entscheidung vom 1. März 1915 nicht. Im Gegenteil, am 2. Juni 1916 ergriffen sie von neuem die Initiative, indem sie die Londoner Erklärung vom 22. August 1914 aufhoben und „jeden Unterschied zwischen absoluter Kriegskonterbande und bedingter Konterbande" aufhoben, wodurch jeder Handel der Neutralen mit Deutschland unterbunden wurde. Und zur größeren Sicherheit setzten sie in allen neutralen Ländern interalliierte Kommissionen ein, die den Bedarf dieser Länder an Wirtschaftsgütern feststellen sollten.

Sie hatten beispielsweise bemerkt, daß Schweden 1913 nur 24 800 t Baumwolle importierte, im Jahre 1915 dagegen 123 000 t und davon 76 000 t nach Deutschland weiterexportiert hatte. Dänemark führte 1913 370 t englischen Tee ein, hatte aber für 1916 Bestellungen auf 1602 t aufgegeben, was um so schwerwiegender war, als der Tee in diesem Falle den Mittelmächten durch England selbst geliefert wurde! Und das waren nur einige Beispiele. Nach Feststellung des Bedarfs an Hand der Einfuhren des Jahres 1913 hatten die interalliierten Kommissionen die zusätzliche Aufgabe, darüber zu wachen, daß alles, was in Norwegen, Schweden, Dänemark oder in der Schweiz (über den südfranzösischen Hafen Sète) eintraf, nicht nach Deutschland oder Österreich exportiert wurde. Am Ende des Jahres 1916 herrschte in Deutschland richtige Lebensmittelknappheit: Die Mehlration war von 200 Gramm auf 160 Gramm[76] je Tag gefallen; es fehlte an allem, man konnte sich gerade eben noch kleiden; der Index der Lebenshaltungskosten war von 100 im Jahr 1913 auf 212 im Dezember 1916 gestiegen usw. . . .

76 In Österreich-Ungarn von 200 Gramm auf 165 Gramm.

Die kleinen Neutralen litten sehr unter der Entscheidung der Alliierten vom 2. Juni 1916. Sie mußten sich jedoch beugen, um ihr Wirtschaftsleben so weit wie möglich aufrecht erhalten zu können.

Um von England die für die Glasindustrie nötige Kohle (die Deutschland wegen seiner Verpflichtungen gegenüber ganz Mitteleuropa für seine Rüstungsindustrie, sowie gegenüber der Schweiz, von der es Milcherzeugnisse erhielt, nicht liefern konnte), und das für die Konservenindustrie benötigte Zinn zu erhalten, mußte *Schweden* zusichern, diejenigen seiner Unternehmer damit nicht zu beliefern, die Milch in Flaschen oder Konserven nach Deutschland exportierten.

In einer besonders schwierigen Lage befand sich die *Schweiz*. Am 29. September 1916 hatte sie mit Deutschland einen Vertrag über die Lieferung von Vieh und Milcherzeugnissen gegen monatlich 253 000 t Kohle abgeschlossen. Dies nahmen die Alliierten zum Vorwand, um auch ihrerseits die Lieferung der gleichen Mengen an Vieh und Milchprodukten für sich zu verlangen. Die Schweizer Bundesregierung mußte am 17. November dieses Ansinnen ablehnen, da sie ganz offensichtlich dazu nicht in der Lage war. Die Alliierten schlugen darauf durch Sperrung des Hafens von Sète zurück, über den die Schweiz laut Vertrag alle Auslandswaren erhielt. Infolgedessen mußte das Land allmählich seinen Handelsvertrag mit Deutschland abbauen. Die Entscheidung der Alliierten vom 2. Juni 1916 blieb übrigens auch nicht ohne Rückwirkung auf das Wirtschaftsleben Amerikas: Die Blockade gegen die Mittelmächte lief praktisch auch auf eine Blockade Amerikas hinaus. Diesmal allerdings war die Blockade nicht das Ergebnis einer Einschränkung der Freiheit der Meere: Die kleinen Neutralen konnten von nun an nichts mehr nach den Mittelmächten exportieren und kauften daher ganz einfach auch nichts mehr über ihren eigenen Bedarf hinaus in Amerika. Juristisch gesehen waren da keine diplomatischen Proteste mehr möglich.

Inzwischen war in Amerika ein Umschwung der öffentlichen Meinung eingetreten. In Europa hatten sich Bulgarien und die Türkei an die Seite Deutschlands und Österreich-Ungarns gestellt, während zu den Alliierten Serbien und Belgien von Anfang an, später Montenegro, Rumänien, Italien und Griechenland stießen. Ende 1916 gewannen weitere — außereuropäische — Länder auf Grund der Wendung der Lage zur See allmählich die Überzeugung, daß ihren Interessen besser auf Seiten der Alliierten gedient wäre; die Mittelmächte sowie Bulgarien und die Türkei standen im Kriegszustand mit fast der ganzen Welt, zumindest waren aber die diplomatischen Beziehungen abgebrochen.

In Amerika bewies Präsident Wilson immer noch den gleichen Sinn für Gerechtigkeit und Rechtlichkeit gegenüber beiden Seiten. In der

Öffentlichkeit hatte jedoch die Sache der Alliierten auf Grund von zwei wichtigen Tatsachen an Boden gewonnen: einerseits konnte die Gruppe Amerikaner germanischen Ursprungs, so zahlreich sie auch war, den vereinten Romanen, Slawen und Briten nicht die Waage halten, da diese, wenn sie wählen sollten, natürlich eher geneigt waren, die Sache ihrer Heimatländer zu unterstützen; andererseits trafen die Amerikaner Entscheidungen unter dem Einfluß der Propaganda des ehemaligen Präsidenten Theodore Roosevelt, der seit Beginn der Feindseligkeiten nicht aufgehört hatte, in deutschfeindlichem Sinne zu wirken. Zu der gleichen Überzeugung war Ende 1916 allmählich die Mehrzahl der Industriellen und Kaufleute gelangt unter dem Druck der wirtschaftlichen Schwierigkeiten, die eine Folge der Einkreisung der Mittelmächte war und die in dem Maße größer wurden, wie die Blockade an Wirksamkeit gewann. Diesen Leuten hatte die nahe Berührung mit den wirtschaftlichen Schwierigkeiten außerdem noch eine weitere Erkenntnis gebracht: die Art, in der es den Mittelmächten gelang, die zahlreichen Engpässe infolge der fast völligen Lahmlegung ihres Außenhandels zu überwinden, bewies, was für harte Konkurrenten sie nach dem Kriege auf den Weltmärkten sein würden, wenn sie siegten. Im Sinne dieser Erkenntnis setzten sich die amerikanischen Industriellen und Bankiers, die schon auf Grund ihrer Abstammung größtenteils den Alliierten günstig gesinnt waren, in ihren Kreisen ebenso leicht durch, wie die entsprechende Propaganda des ehemaligen Präsidentent Theodore Roosevelt in der öffentlichen Meinung.

Es konnte nicht ausbleiben, daß Präsident Wilson von diesem Umschwung in der öffentlichen Meinung und in der Geschäftswelt beeinflußt wurde. Seinem Wunsche, diesen Einflüssen nicht nachzugeben, wirkten einige Umstände entgegen: In Österreich-Ungarn war Kaiser Franz-Josef am 21. November 1916 gestorben, und sein Neffe und Nachfolger Karl-Franz hatte nichts eiligeres zu tun, als über die Vermittlung seines französischen Schwagers Prinz Sixtus von Bourbon Verhandlungen mit den Alliierten anzuknüpfen, mit dem Ziel einer Beendigung des Krieges durch einen Kompromiß; in Deutschland hatte sich Reichskanzler von Bethmann-Hollweg nach dem Scheitern der Offensive von Verdun allmählich davon überzeugt, daß die Mittelmächte ihren Gegner niemals besiegen könnten und daß es in ihrem eigenen Interesse läge, zu verhandeln, solange sie sich noch — obwohl ernstlich bedroht — in starker Position befänden; daher hatte er am 12. Dezember 1916 im Reichstag eine Rede gehalten, die ein deutliches Friedensangebot darstellte; in Italien zeichnete sich eine Bewegung zu Gunsten Giolittis ab, dem es nicht gelungen war, das bewaffnete Eingreifen dieses Landes auf Seiten der Alliierten zu verhindern (16. März 1915); der Vatikan bereitete einen Vermittlungsversuch vor; in der französischen Bevölkerung zeigte sich eine Tendenz zur Wiederaufnahme der internationalen Beziehungen; schließlich hatte selbst in England die durch die Anwendung der Entscheidung vom 2. Juni 1916 verursachte Knappheit vieler Waren zu einer Unzufriedenheit geführt, die immer weiter anwachsen mußte. (Die Handelsflotte reichte eben nicht, um alles zu transportieren, was Frankreich und England in Amerika kaufen konnte — das hatte die Einführung von Lebensmittelkarten und die Bewirtschaftung der einheimischen Produktion nach sich gezogen).

Am 22. Dezember 1916 hielt Präsident Wilson den Augenblick zu einer Vermittlung in Europa für günstig. Er glaubte, daß er die Entzweiung der öffentlichen Meinung in Amerika beenden könnte und bat jede der beiden feindlichen Koalitionen, ihre Kriegsziele bekannt zu geben. Seine Hoffnung auf einen Erfolg war so groß, daß er in seiner Botschaft an den Senat am 21. Januar 1917 einen „Frieden ohne Sieger und Besiegte" vorschlug und die Gründung eines Völkerbundes auf der Grundlage des internationalen Rechts (vgl. S. 145), obwohl die deutsche Regierung (unter dem Druck der durch die alliierte Erklärung vom 2. Juni 1916 verursachten Schwierigkeiten) am 9. Januar 1917 die „Wiederaufnahme des uneingeschränkten U-Bootkrieges für den 1. Februar" angekündigt hatte. Einige Tage danach machte die republikanische Presse großes Aufheben von einem Versuch der deutschen Botschaft in Washington, die lateinamerikanischen Länder gegen die Vereinigten Staaten aufzuwiegeln: es ist zwar niemals genau bekannt geworden, was eigentlich dahinter steckte, aber man muß annehmen, daß diese Gerüchte nicht ganz grundlos[77] waren, denn am 3. Februar 1917 schlug Präsident Wilson selbst, wie wir schon gesehen haben, den Abbruch der diplomatischen Beziehungen zu den Mittelmächten vor.

Als dann die allgemeine Wiederaufnahme des uneingeschränkten U-Bootkrieges durch Deutschland Wirklichkeit wurde, erfuhr man, daß die deutschen U-Boote im Februar 1917 Handelsschiffe mit 540 944 BRT versenkt hatten. Am 17. März waren drei amerikanische Handelsschiffe torpediert worden. Am 1. April 1917 wurde schließlich bekanntgegeben, daß die durch die deutschen Unterseeboote versenkte Tonnage im März 578 253 t erreicht hatte.

Präsident Wilson verlor schließlich selbst jede Hoffnung, verhindern

77 Es handelte sich um ein Telegramm der deutschen Regierung an ihren Gesandten in Mexiko mit der Aufforderung, einen mexikanischen Angriff auf die Vereinigten Staaten vorzubereiten, (das Verhältnis zwischen diesen Nachbarstaaten war damals recht gespannt). Es wurde von der amerikanischen Regierung abgefangen, aber nicht sofort veröffentlicht. Über dieses Telegramm ließ sich niemals endgültige Klarheit gewinnen. Soweit mir bekannt, hat die deutsche Regierung nie zugegeben, die Urheberin zu sein. Aber . . .

zu können, daß auf den Abbruch der diplomatischen Beziehungen zu den Mittelmächten die Kriegserklärung folgte.
Er wurde von zwei Seiten unter Feuer genommen: sowohl von einem Großteil der öffentlichen Meinung, besonders nach dem 17. März 1917 — wie auch von der Geschäftswelt, die erschreckt durch die ersten Ergebnisse des wiederaufgenommenen U-Bootkrieges daraus auf die Härte des Konkurrenzkampfes nach einem deutschen Sieg schloß. So schlug Präsident Wilson dann am 2. April 1917 in einer feierlichen gemeinsamen Sitzung des Obersten Gerichtshofes und des Kongresses von sich aus vor, Deutschland den Krieg zu erklären.
Die amerikanischen Industriellen und Bankiers hatten gesiegt.

*

Das Eingreifen Amerikas in den Krieg wurde um so entscheidender, als im November 1917 Rußland zusammenbrach, was den Mittelmächten gestattete, ihre Anstrengungen auf die Westfront zu konzentrieren. Im Augenblick veränderte sich allerdings das Kräfteverhältnis nur unerheblich: Die Vereinigten Staaten waren nicht vorbereitet, sie mußten eine Landarmee auf die Beine stellen, eine Kriegsflotte bauen, ihre Handelstonnage vergrößern, um die Ausfälle bei den durch die deutschen U-Boote ernstlich angeschlagenen Franzosen und Engländern auszugleichen, d. h. sie mußten ihre ganze Wirtschaft umorganisieren, und dazu brauchte man nach einhelliger Ansicht aller Fachleute mindestens ein Jahr. Während dieser Zeit hatten die Mittelmächte noch Gelegenheit, den Krieg zu gewinnen, und sie strengten sich so an, daß die Alliierten häufig, besonders Anfang 1918, fürchteten, kapitulieren zu müssen.
Während des ganzen Jahres 1917 war der Seekrieg sehr heftig. Von 578 253 BRT im März war die Tonnage der vernichteten Handelsschiffe der Alliierten im April auf 874 756 BRT emporgeschnellt um sich dann bei durchschnittlich 600 000 BRT im Monat zu halten; die Gesamtsumme des Jahres belief sich auf 6—7 Millionen Tonnen. Die Wirtschaftsblockade der Mittelmächte war praktisch vollständig, aber die der Westmächte und Amerikas nicht weniger.
In allen europäischen Ländern, neutralen wie kriegführenden, rief die notwendig gewordene Bewirtschaftung aller an den Kleinhandel gelieferten Waren und ihre Beschränkung auf regelrechte Hungerrationen, eine allgemeine Unzufriedenheit hervor, die besonders im November 1917 nach dem russischen Zusammenbruch zu einer sehr ernsten Krise der Kampfbereitschaft führte.
„Wir sind dabei, den Krieg zu verlieren", begrüßte im Januar der englische Admiral Jellicoe in London seinen amerikanischen Kolle-

gen Sims, der ihn besuchte, um mit ihm das Geleitzug-System für Handelsschiffe vorzubereiten, das einzige Mittel, die Verluste durch deutsche Unterseeboote einzuschränken. Und das, obwohl solche im Geleitzug fahrenden Schiffe vorwarnungslos angegriffen werden durften — ohne daß der Angreifer dadurch gegen die Bestimmungen der internationalen Konventionen verstieß.

Die Stimmung war sehr gedrückt und wurde auch nicht besser, als Admiral Sims sich seines weiteren Auftrages entledigte, den französisch-britischen Generalstab darüber zu unterrichten, daß die amerikanische Flotte zwar imstande sei, von jetzt ab den wirtschaftlichen Bedarf zu decken, vorausgesetzt, daß die britische Home Fleet die Sicherung der Geleitzüge übernehmen könnte, daß aber die ersten vollausgerüsteten amerikanischen Divisionen erst in zwei bis drei Monaten in Europa eintreffen könnten: 70 000 Mann am 1. April, aus denen aber bis zum 1. Juli mindestens 450 000 geworden sein würden. So erfreulich diese letztere Zahl auch sein mochte, sie bedeutete weder für die Franzosen noch für die Engländer eine große Beruhigung, denn es war die augenblickliche Lage, die sie bedrängte: Was hatte der deutsche Generalstab vor? Und besonders: Welche Möglichkeiten boten sich ihm bis zum Eintreffen der Amerikaner?

Der deutsche Generalstab sah die Gefahr kommen und fürchtete, daß der Krieg für die Mittelmächte unabwendbar verloren sei, wenn nicht *vor* dem Eintreffen des Gros der amerikanischen Verstärkungen eine Entscheidung herbeigeführt werden konnte.

„Am 21. März 1918, um 4 Uhr morgens", schreibt Marschall Foch in "La seconde Bataille de la Marne" (S. 108), „ertönte plötzlich in Frankreich an der Front, von Arras bis Noyon, ein Donnergrollen". Eine halbe Million Mann, d. h. also etwa 50 Divisionen, hatten sich an diesem Tage auf die französischen Stellungen gestürzt, sie überrannt und innerhalb zehn Tagen einen Einbruch von 60 Kilometer Tiefe bei einer Breite von 80 Kilometer erreicht, wobei sie 100 000 Gefangene machten. — Am 9. April sind die englischen Stellungen an der Lys zerschlagen. — Am 27. Juni bricht eine Offensive an der Aisne durch die französischen Stellungen am Chemin des Dames und bringt die deutschen Truppen in die Gegend von Château-Thierry an der Marne, 65 Kilometer vor Paris.

Die Lage bei den Alliierten war verzweifelt. Aber auf deutscher Seite konnte die erschöpfte Wirtschaft nach dieser Kraftanstrengung weiteren Anforderungen der Front nicht mehr entsprechen. Als Ludendorff nach mehrmonatiger Atempause am 15. Juli in der Lage war, die Offensive fortzusetzen, waren die 450 000 amerikanischen Soldaten da und in Stellungen eingegliedert, die von der Maas bis an die

Nordsee reichten — bereit zur Gegenoffensive, für die nur noch der Zeitpunkt festzulegen war.

Die deutsche Offensive wurde in Richtung der Marne fortgesetzt, von wo Ludendorff hoffte, weitere Geländegewinne in Richtung Paris erzielen zu können, aber schon nach drei Tagen blieben die Truppen liegen und nach vierzehn Tagen folgte ein Rückzug weit über die Ausgangsstellungen hinaus, der die Deutschen 30 000 Gefangene, 6000 Geschütze, 300 Maschinengewehre, 200 Granatwerfer usw. kostete. Am 20. August 1918 erreichten die alliierten Truppen die Linie Arras-Soissons. Am 26. September gewannen die Engländer, die im April verlorenen Stellungen wieder zurück. Am 15. Oktober war die Hindenburglinie auf der ganzen Frontbreite eingedrückt. Für den 19. Oktober ist das Ziel der alliierten Streitkräfte die Linie Sedan—Gent; und während die deutsche Armee am 5. November allgemeine Rückzugsbewegungen einleitete, gibt Marschall Foch — ohne Pause zu machen — den Tagesbefehl: „An den Rhein".

Als inzwischen dem deutschen Generalstab klar wurde, daß er niemals mehr die Initiative der militärischen Operationen würde an sich reißen können, wurde am 14. August 1918 ein Kronrat im Großen Hauptquartier in Spa einberufen.

Nach Ludendorffs Bericht („Meine Kriegserinnerungen" S. 552ff.), gab das militärische Oberkommando der politischen Führung des Reiches unzweideutig zu verstehen, daß der Krieg nicht mehr mit den Waffen gewonnen werden könne, und daß die Armee den Feind nur noch durch defensive Strategie hinzuhalten vermochte. Der Kaiser schloß daraus, daß man den günstigsten Augenblick abwarten müsse, um sich mit den Alliierten zu verständigen.

Unglücklicherweise gab es dafür keinen günstigen Moment mehr. Während der Generalstab den allgemeinen Rückzug auf die Hindenburglinie beschloß, ließ Kaiser Karl am 13. September wissen, daß Österreich-Ungarn entschlossen sei, um Frieden zu bitten.

Am 26. September legte Bulgarien die Waffen nieder.

Am 3. Oktober setzte sich der damalige Reichskanzler, Prinz Max von Baden[78] durch Vermittlung des schweizerischen Gesandten in Washington mit Präsident Wilson in Verbindung. Von da an überstürzten sich die Ereignisse.

Wenn Prinz Max von Baden sich lieber an Wilson statt an den briti-

78 Im Juli 1917 hatten Hindenburg und Ludendorff beim Kaiser die Entlassung Bethmann-Hollwegs durchgesetzt, der ihres Erachtens zu verhandlungsfreudig war. Nach Bethmann-Hollweg kam ein schwacher Kanzler, Michaelis, der seinerseits bald wieder vom Grafen Hertling abgelöst wurde. Am 29. September 1918 hatte Graf Hertling dem Prinzen Max von Baden Platz gemacht, der in sein Kabinett Sozialisten wie Scheidemann aufnahm. Es handelte sich dabei zum ersten Mal in Deutschland um eine Regierung parlamentarischen Charakters.

schen Premier oder den französischen Ministerpräsidenten wandte, so hatte er dafür seine guten Gründe. Einerseits war Amerikas Einfluß auf die Führung des Krieges überwiegend, andrerseits hatte Wilson über die Beendigung der Feindseligkeiten und den nachfolgenden Frieden seit seiner Senatsbotschaft vom 21. Januar 1917 (ein Friede ohne Sieger und Besiegte, ein Völkerbund gegründet auf Gerechtigkeit usw. . . .) eine Anzahl Reden gehalten, die als Ermutigung für Friedensbestrebungen der Mittelmächte aufgefaßt werden konnten.

Die erste dieser Reden, am 8. Januar 1918, war eine neue Botschaft an den Senat. Sie enthielt die berühmten 14 Punkte. Zu dieser Zeit waren die Delegierten der Sowjets in Brest-Litowsk mitten in Verhandlungen mit denen Deutschlands, Österreich-Ungarns, der Türkei und Bulgariens. Zu diesen Verhandlungen hatten sie den Weg frei gemacht, durch eine Proklamation, die gleichzeitig an das russische Volk, an die Mittelmächte und an ihre ehemaligen Alliierten gerichtet war; adressiert war sie an die letzteren. In diesem Text hieß es:

„Wir verlangen so bald wie möglich den Abschluß eines Waffenstillstandes an allen Fronten . . ., wollen Verhandlungen beginnen über einen Frieden ohne Annexionen und Entschädigungen, einen Frieden, der allen Völkern völlige Entwicklungsfreiheit zusichert."

Dies war ein Frieden, wie ihn Präsident Wilson in seiner Senats-Botschaft vom 21. Januar 1917 definiert hatte: Ohne Sieger oder Besiegte. Daß er es für notwendig hielt, seine Gedanken vor Abschluß der Verhandlungen in Brest-Litowsk zu präzisieren ist leicht verständlich. Er tat es in den 14 Punkten, deren Inhalt sich wie folgt zusammenfassen läßt:

1. Friedensschlüsse auf Grund von öffentlichen Verhandlungen ohne geheime Zusatzabkommen. Ausschluß der Geheimdiplomatie und besonderer Bündnisse zwischen einzelnen Völkern.
2. Völlige Freiheit der Schiffahrt außerhalb der Territorial-Gewässer in Kriegs- und Friedenszeiten.
3. Möglichst vollständige Abschaffung der Wirtschaftsschranken, gleiche Behandlungen aller friedensschließenden Nationen bezüglich des Handels.
4. Garantien für die Begrenzung der nationalen Rüstung.
5. Unparteiische Regelung aller Kolonialfragen unter Berücksichtigung der Interessen der Eingeborenen.
6. Räumung aller Gebiete des früheren russischen Kaiserreiches und Neugestaltung dieses Raumes im Einklang mit dem Selbstbestimmungsrecht der Völker.
7. Räumung und vollständiger Wiederaufbau Belgiens, Anerkennung seiner völligen Unabhängigkeit.

8. Räumung Frankreichs, Wiedergutmachung des Unrechts, das diesem Land 1871 angetan wurde (Elsaß-Lothringen).
9. Neuregelung der Grenzen Italiens nach den Wünschen der Bevölkerung und nach dem Nationalitäts-Prinzip.
10. Zusicherung autonomer Entwicklungsmöglichkeiten für die Völker Österreich-Ungarns und Platz für sie unter den selbständigen Nationen.
11. Räumung Serbiens, Montenegros und Rumäniens; Zusicherung eines Zugangs zum Meere für Serbien.
12. Der türkische Teil des Ottomanischen Reiches soll unabhängig und souverän auf seinem Gebiet werden, jedoch sollen die anderen, bisher der türkischen Herrschaft unterworfenen Völker ihre Freiheit wiedererlangen und deren Bestand garantiert werden. Die Durchfahrt durch die Dardanellen soll für Schiffe aller Nationen unter internationaler Garantie jederzeit offen bleiben.
13. Schaffung eines unabhängigen polnischen Staates, dem alle unbestreitbar polnischen Volksteile angehören, mit freiem Zugang zum Meere. Sein Bestehen und seine politische Unabhängigkeit werden durch einen internationalen Vertrag garantiert.
14. Schaffung eines Völkerbundes, dessen Mitglieder sich gegenseitig die politische Unabhängigkeit und die Unversehrtheit ihrer Gebiete garantieren.

In einer zweiten Rede, am 11. Februar 1918, kommentiert Wilson die bereits veröffentlichten Bestimmungen des Friedensvertrages von Brest-Litowsk und definiert in vier Punkten, was er in der Praxis unter „Selbstbestimmung der Völker" versteht:

1. Der Grundgedanke des Vertrages, durch den der Krieg beendet wird, lautet: Gleiches Recht für Alle, d. h. es ist für jeden besonderen Fall eine Lösung zu suchen, die niemands Recht verletzt und die größtmögliche Gewähr für einen dauernden Frieden bietet.
2. Völker und Provinzen sollen nicht mehr von der einen Hand in die andere übergehen können wie der Einsatz, der beim Kartenspiel gewonnen oder verloren wird, auch nicht, wenn es sich bei diesem von jetzt an für immer als unsittlich erkannten großen Spiel um das innere Gleichgewicht der Kräfte handelt.
3. Jede Gebietsregelung muß den Interessen und dem Wohle der jeweiligen Bevölkerung dienen: sie darf nicht auf einem Kompromiß zwischen den rivalisierenden Staaten beruhen.
4. Alle deutlich definierten Bestrebungen zur nationalen Selbstbestimmung sollen befriedigt werden, soweit dadurch nicht in irgendeinem Staat solche Spannungen geschaffen werden, daß ein Friedensbruch zu befürchten wäre.

In der Folge hielt Präsident Wilson noch andere Reden, in denen er seine Gedanken über den Frieden bekanntgab. Am 6. April 1918, dem Jahrestag des Kriegseintritts der Vereinigten Staaten, versicherte er, daß sein Land keinen materiellen Vorteil aus dem Krieg zu ziehen beabsichtige. Die Rede vom 4. Juli enthält den häufig zitierten Satz: „Was wir errichten wollen, ist eine vom Willen der Regierten getragene Regierung, die sich an die Gesetze des Landes hält und von allen aufgeklärten Menschen in der Welt unterstützt wird." Die Rede vom 7. September faßt die vorhergehenden in fünf Grundsätzen zusammen:

1. Eine unparteiische Gerechtigkeit kennt keinen Unterschied zwischen denen, gegen die wir gerecht sein wollen und denen, gegen die wir es nicht zu sein wünschen.
2. Kein Sonderinteresse eines Volkes oder einer Völkergruppe kann unter Vernachlässigung des Allgemeinwohles aller Menschen als Grundlage für irgend eine Regelung dienen.
3. Es darf keine Sonderbündnisse, Sonderverträge oder Sonderabmachungen geben zwischen Völkern, die der großen Völkerfamilie angehören.
4. Es darf keine Geheimabkommen zwischen Mitgliedern des Völkerbundes geben.
5. Infolgedessen müssen alle internationalen Verträge veröffentlicht und der ganzen Welt bekannt gemacht werden.

In seiner Note vom 3. Oktober unterrichtete Prinz Max von Baden Präsident Wilson, daß die deutsche Regierung bereit sei, den Frieden zu den in seiner Kongreß-Botschaft vom 8. Januar festgelegten Bedingungen zu schließen und bat um Waffenstillstand. Am 7. Oktober drückte die österreichisch-ungarische Regierung den gleichen Wunsch unter denselben Voraussetzungen aus.
Ein Schriftwechsel folgte, in dessen Verlauf eine Anzahl Einzelfragen gegenseitig geklärt wurden. Am 23. Oktober benachrichtigte Präsident Wilson die Mittelmächte, daß er bereit wäre, in Verhandlungen einzutreten, vorausgesetzt, daß man einerseits nicht mit den Hohenzollern zu verhandeln habe und daß andererseits nur eine Kapitulation ohne Bedingungen in Frage käme. Das Vorangegangene sagt recht deutlich, was im Sinne Präsident Wilsons unter einer Kapitulation ohne Bedingungen zu verstehen wäre: eine reine Formsache oder schlimmstenfalls eine Garantie, daß nach der Unterzeichnung des Waffenstillstandsabkommens nicht etwa der deutsche Generalstab aus Unzufriedenheit mit dem Ergebnis, die unterbrochenen Feindseligkeiten wieder aufnehmen könnte — was nicht undenkbar gewesen wäre. Präsident Wilson erklärte übrigens in seiner Antwortnote nachdrücklich, daß die Klausel so zu verstehen sei.
Ohne die Antwort der deutschen Regierung abzuwarten, teilte er am gleichen Tage den ganzen Schriftwechsel den Franzosen und Engländern mit, indem er sie aufforderte, mit ihren militärischen Beratern „die Bedingungen für einen Waffenstillstand festzulegen für den Fall, daß sie bereit wären, einen solchen zu gewähren."

Die deutsche Antwort vom 27. Oktober 1918 traf am 28. bei Wilson ein. Sie enthielt die Annahme seiner Bedingungen. Die Regierung des Prinzen Max von Baden erwartete jetzt „Waffenstillstandsvorschläge, die zu einem gerechten Frieden führen könnten, gemäß der vom Präsidenten aufgestellten Grundsätze". In der Antwort der Franzosen und Engländer vom 4. November wurde erklärt:

„Die Alliierten Regierungen haben den zwischen dem Präsidenten der Vereinigten Staaten und der deutschen Regierung stattgehabten Schriftwechsel sorgfältig geprüft.

Unter den nachstehenden Vorbehalten erklären sie sich bereit, mit der deutschen Regierung Frieden zu schließen auf der Grundlage der in der Adresse des Präsidenten an den Kongreß vom 8. Januar 1918 enthaltenen Bedingungen sowie der in seinen weiteren Erklärungen aufgestellten Prinzipien. Sie müssen jedoch darauf hinweisen, daß Artikel 2 über die sogenannte Freiheit der Meere verschieden ausgelegt werden kann. Einige dieser Auslegungen würden sie nicht annehmen können. Infolgedessen müssen sie im Falle einer Friedenskonferenz sich gänzliche Handlungsfreiheit in dieser Frage vorbehalten.

Als der Präsident in seiner Adresse an den Kongreß vom 8. Januar 1918 seine Friedensbedingungen formulierte, hat er erklärt, daß die besetzten Gebiete nicht nur geräumt, sondern auch wiederaufgebaut werden müßten. Die Alliierten sind der Meinung, daß kein Zweifel darüber bestehen bleiben dürfte, welchen Umfang diese Bedingung hat. Sie verstehen darunter, daß Deutschland alle Schäden ersetzen muß, die die Zivilbevölkerung der Alliierten infolge des deutschen Angriffs an ihrer Person sowie an ihrem Eigentum erlitten hat, ob diese Schäden nun durch Kriegshandlungen zu Lande, zur See oder durch Luftoperationen entstanden sind."

*

Die weiteren Ereignisse haben keine große Bedeutung. Am 5. November 1918 ließ Wilson den Gesandten der Schweiz ein Telegramm nach Berlin senden, in dem die deutsche Regierung eingeladen wurde, verhandlungsbevollmächtigte Vertreter zu Marschall Foch zu schicken, von den Waffenstillstandsbedingungen Kenntnis zu nehmen und gegebenenfalls ein Abkommen zu schließen. Sofort wurden bestimmt: Der Abgeordnete und Staatssekretär Erzberger, Leiter der Zentrumspartei, Gesandter Graf Oberndorf, General von Winterfeldt, Kapitän zur See Vanselow und ein Vertreter des Generalstabes, General der Infanterie von Guendell, der von Hindenburg den Auftrag hatte, sich als einfacher Beobachter zu verhalten und in keiner Weise an den Verhandlungen mitzuwirken, oder irgend eine Verantwortung zu übernehmen. Die Herren brachen am 6. November auf und kamen am 8. November in Rethondes an.

Inzwischen hatte die Türkei am 30. Oktober die Waffen niedergelegt und Österreich-Ungarn war am 3. November diesem Beispiel gefolgt. Schwerwiegende Dinge waren in Deutschland geschehen. Mit Rücksicht auf seine Zusagen hatte Prinz Max von Baden am 1. November den preußischen Abgeordneten Drews ins Große Hauptquartier nach Spa entsandt, wo sich der Kaiser befand; dieser wurde ersucht, freiwillig abzudanken. Dieser Schritt hatte zunächst keinen Erfolg.

Am 3. November meuterten 20 000 Matrosen der Garnison Kiel. Am 4. hatten die Besatzungen der Schiffe „König", „Kronprinz Wilhelm", „Kurfürst", „Thüringen", „Helgoland" und „Markgraf" den Gehorsam verweigert und rote Fahnen gehißt. Am folgenden Tag traten in Kiel die ersten Arbeiter- und Soldatenräte in Erscheinung. Diese Bewegung hatte sich in der Zwischenzeit rasch in Deutschland ausgebreitet. Am 8. November erfuhr der Kaiser, der dem von allen Seiten auf ihn ausgeübten Druck zur freiwilligen Abdankung immer noch Widerstand leistete, in Spa, daß die Könige von Bayern und Württemberg vor den durch die Räte organisierten Massendemonstrationen geflohen waren und ihnen freie Bahn gelassen hatten. Am Morgen des 9. November gab er endlich nach und dankte ab, aber nur als Kaiser von Deutschland, nicht als König von Preußen; diesen Titel wollte er behalten.[79] Am Nachmittag floh er auf den Rat Hindenburgs nach Holland.

Als Prinz Max von Baden in Berlin diese Nachrichten erhielt, trat er zurück und übertrug Ebert, dem Vorsitzenden der Arbeiter- und Soldatenräte die Wahrnehmung der Geschäfte des Reichskanzlers. Zur gleichen Zeit erschien der Abgeordnete und Minister Scheidemann auf der Rampe des Reichstags und rief von sich aus, ohne jemand gefragt zu haben, vor der zusammengeströmten Menge die Republik aus. In Berlin wie überall stehen die Arbeiter- und Soldaten-Räte unter dem Einfluß der Sozialisten Karl Liebknecht und Rosa Luxemburg, die davon träumen, in Deutschland eine Revolution nach russischem Beispiel durchzuführen. Sie kommen ihrem Ziel mit großen Schritten näher — unter sehr geschickter Ausnutzung der allgemeinen Unzufriedenheit, die durch den Hunger immer größer wird. Es ist ein Wunder, daß der gemäßigte Sozialist Ebert mit dem Auftrag, die staatlichen Institutionen wieder funktionsfähig zu machen, von einem Direktorium zum Präsidenten ernannt wurde.

Während im Reich also fast das Chaos ausgebrochen ist, erhält Erzberger in Rethondes am 11. November, um 2.05 Uhr aus Berlin ein Telegramm, das als Unterschrift das Wort „Reichskanzler", gefolgt

79 Auf den Titel König von Preußen verzichtete er erst am 28. November 1918 auf Druck Englands, das nach Unterzeichnung und Inkrafttreten des Waffenstillstands gedroht hatte, von Holland seine Auslieferung zu verlangen, wenn er nicht abdankte.

von dem Wort „Schluß" aufweist, das die Alliierten als den Namen des neuen Reichskanzlers[80] ansehen. Erzberger, der nicht weiß, was sich in Berlin ereignet hat, läßt daraufhin Marschall Foch wissen, daß er bereit sei, den Waffenstillstand abzuschließen. Um 5.10 Uhr ist das Dokument unterzeichnet und um 11 Uhr werden die Feindseligkeiten beiderseits auf der ganzen Front für 36 Tage, mit Verlängerungsmöglichkeit, eingestellt.

Der deutschen Delegation und auch dem „Rat der Volksbeauftragten" — soweit er informiert war — waren manche der vorgeschlagenen Bedingungen als maßlos erschienen, aber es blieb ihnen schließlich keine Wahl. Eine dieser Bedingungen sah die Übergabe zahlreicher Verkehrsmittel zu Wasser, wie zu Lande, an die Alliierten vor, ordnete ferner an, daß alliierte Besatzungstruppen auf deutsche Kosten in einer bestimmten Zone stationiert würden, und zwar auf dem linken Rheinufer; diese Zone konnte im Falle der Nichterfüllung von Lieferungsverpflichtungen auf das rechte Ufer ausgedehnt werden[81]. Nachdem die Wirtschaftsblockade 50 Monate gedauert hatte, mußte ihre Fortsetzung die deutsche Ernährungslage vollends zur Katastrophe werden lassen, und den Wiederaufbau der Wirtschaft durch die Verhinderung der Rohstofftransporte aus den Erzeugungszonen (namentlich der Ruhr) in die Weiterverarbeitungsgebiete in Frage stellen. Dies drohte eine noch größere allgemeine Unzufriedenheit hervorzurufen, was ganz im Sinne der bolschewistischen Machenschaften von Karl Liebknecht und Rosa Luxemburg gewesen wäre.

Trotzdem unterzeichneten die deutschen Unterhändler. Zwar hielten

80 Es gab damals in Wirklichkeit gar keinen Kanzler in Deutschland. Als Prinz Max von Baden Friedrich Ebert die Wahrnehmung der Geschäfte des Reichskanzlers übertrug, hatte der letztere zwar zuerst diesen Titel angenommen, war aber dann sofort vom Rat der Volksbeauftragten angewiesen worden, darauf zu verzichten und zwar weil der Rat der Volksbeauftragten, dessen Vorsitzender Ebert war, direkt vom Volke, also nicht vom Parlament eingesetzt worden war. Da die Form der neuen Regierung noch nicht verfassungsmäßig festgelegt worden sei, könne er, Ebert, sich nur als „Vorsitzender" nicht als „Kanzler" bezeichnen. Andererseits wollte man als Absender dieses offiziellen Telegramms keinen Mann mit einem neugeprägten und daher unbekannten Titel erscheinen lassen, um bei den Alliierten keine Unsicherheit aufkommen zu lassen, die dann vielleicht zu einer Verzögerung, wenn nicht gar zu einer Rücknahme der Verhandlungszusage geführt hätte. Aus dem Grunde hatte sich der Rat der Volksbeauftragten entschlossen, mit dem alten Titel aber ohne Namensnennung zu unterzeichnen.

81 Es waren auszuliefern: 5000 Lokomotiven, 150 000 Eisenbahnwaggons und 5000 Lastkraftwagen. Die Verkehrsstraßen jeder Art waren der alliierten Verfügungsgewalt unterstellt, wobei allerdings der Unterhalt und die Ausrüstung weiterhin Deutschland oblag. (Absatz A, Punkt 7): bei der Räumung der belgischen Küste waren alle Flußschiffe, Handelsschiffe, Schlepper und Kähne sofort und in einwandfreiem Zustand zu übergeben (Absatz F, Punkt 9); desgleichen für das Schwarze Meer (Absatz F, Punkt 10); die Blockade wurde fortgesetzt, deutsche Handelsschiffe galten weiterhin als Prise (Absatz F, Punkt 7); in den von ihnen besetzten Gebieten waren die alliierten Armeen zu jeglicher Beschlagnahme berechtigt . . . usw.
Diese Aufzählung betrifft nur Wirtschaftsgüter; in weiteren Bestimmungen des Waffenstillstandsabkommens wurde die Auslieferung des militärischen Materials angeordnet.

sie manche der Bedingungen für maßlos und sehr hart, insbesondere die über die Auslieferung der Verkehrsmittel, sie glaubten aber andererseits an Präsident Wilsons Versprechungen und an die französisch-englische Note vom 4. November in der ausdrücklich bestätigt worden war, daß diese Zusicherungen eingehalten werden würden. Die deutschen Vertreter erwarteten daher, daß die Waffenstillstandsbedingungen an dem Tage, an dem sie in den Friedensvertrag aufgenommen werden sollten, mit den Wilson'schen Erklärungen in Einklang gebracht würden.

Überzeugt, leicht Verständnis zu finden, sandten die Deutschen schon am Tage der Unterzeichnung an Wilson ein Gesuch um Milderung, mindestens hinsichtlich der Auslieferung der Verkehrsmittel, wobei sie seine Aufmerksamkeit besonders auf die fast mit Sicherheit vorauszusehenden Folgen richteten. Es scheint kaum zweifelhaft, daß Präsident Wilson Einspruch erhoben hat, obwohl darüber nie etwas veröffentlicht wurde. Es darf daraus geschlossen werden, daß seinen Bemühungen kein Erfolg beschieden war.

Wie dem auch sei, da die Bedingungen in der vorgesehenen Zeit nicht erfüllt werden konnten, mußte die Reichsregierung am 13. Dezember in Trier um eine Verlängerung des Waffenstillstandes bitten. Das Verlängerungsdokument zeigte keinerlei Verständnis für die deutsche Lage, sondern enthielt eine neue, noch drückendere Klausel:

„Von diesem Tag an behält sich der Oberkommandierende der alliierten Truppen das Recht vor, als zusätzliche Garantie für die Vertragserfüllung die neutrale Zone auf dem rechten Rheinufer nördlich des Brückenkopfes Köln bis zur holländischen Grenze zu besetzen, wenn er es für notwendig erachtet."

Das war der Anfang des Dramas, dessen zweiten Akt wir von 1939 bis 1945 erlebten und das noch immer nicht zu Ende ist.

5. DIE VERTRÄGE VON VERSAILLES

Am 18. Januar 1919 begann in Paris die Friedenskonferenz. Es waren vertreten:

1. Mit je fünf Delegierten: Die Vereinigten Staaten, Frankreich, Großbritannien, Italien und Japan.
2. Mit je drei Delegierten: Belgien, Brasilien, Jugoslawien[82].

82 In Wirklichkeit trug J u g o s l a w i e n damals diesen Namen noch nicht; es nahm ihn erst am 3. Oktober 1929 offiziell an. Damals hieß es „Königreich der Serben, Kroaten und Slowenen" und war unter folgenden Umständen gebildet worden: Am 23. September 1918

3. Mit je zwei Delegierten: China, Portugal, Rumänien, Siam, die Tschechoslowakei[83], Polen[84], der Hedschas[85] und Griechenland.
4. Mit je einem Delegierten: Bolivien, Cuba, Ekuador, Guatemala, Haiti, Honduras, Nikaragua, Panama, Peru, Uruguay und Liberia.
5. Schließlich stellten Kanada, Australien, Südafrika und Indien je zwei, Neuseeland einen Delegierten, obwohl sie Teile des britischen Empire waren.

Insgesamt waren 32 Staaten durch 70 Delegierte vertreten. Die Schweiz, Dänemark, Schweden, Norwegen und Spanien waren ebenso wie Sowjet-Rußland abwesend.

Sowjet-Rußland war ein besonderes Problem, da es einerseits ein alter Alliierter war, andererseits von den Entscheidungen über die Grenzziehung zwischen ihm und dem neuen Staat Polen, mit dem es im Krieg lag, betroffen war. Da aber seine Regierung von keiner der alliierten Mächte anerkannt war und sie nirgends diplomatische Vertretungen besaß, war die Meinung über die ihr gegenüber einzunehmende Haltung geteilt. Frankreich beispielsweise unterstützte Polen offiziell und militärisch (Expedition Weygand), die übrigen

---

hatte sich in Agram ein „Nationalrat" Kroatiens konstituiert, der am folgenden 6. Oktober in öffentlicher Proklamation den Anschluß an Serbien forderte. Zur selben Zeit sprachen sich der bosnische Landtag und die Nationalversammlung Montenegros im gleichen Sinne aus. Am 1. Dezember hatte Prinz Alexander von Serbien die Vereinigung Mazedoniens, Bosniens, der Herzegowina, des Banats, der Batschka, der Barania, Syrmiens, Sloweniens — alles ehemalige Gebiete Österreich-Ungarns — mit Serbien und Montenegro zu einem „Königreich der Serben, Kroaten und Slowenen" proklamiert. Diese wunderliche Völkeransammlung war unter der Bezeichnung „Staat" zur Teilnahme an den Konferenz-Sitzungen zugelassen worden. Sie wurde von Serben vertreten. Man sah erst später, was das National-Komitee als Ausdruck des Volkswillens wert gewesen war. In Wirklichkeit waren die Kroaten sich mit den Serben nur darin einig, daß sie *gegen* die Doppelmonarchie und *gegen* die „magyarische" Regierung in Budapest waren, aber in nichts anderem. Zwischen den beiden Kriegen bestand die Geschichte Jugoslawiens aus der politischen Unterdrückung der annektierten Kroaten durch die Serben. Dieser Entwicklung setzte die Ermordung König Alexanders von Jugoslawien (und des französischen Ministers Barthou) in Marseille durch den Exil-Kroaten Kalemen ein vorläufiges Ende.

83 Die völkerrechtliche Lage der *Tschecho-Slowakei* war nicht klarer als die Jugoslawiens: am 3. September 1918 war in Paris eine provisorische tschecho-slowakische Regierung gebildet worden. Am 18. Oktober 1918 übernahm ein tschecho-slowakisches National-Komitee in Prag die Macht. Am 9. nahm es die Bezeichnung *National-Versammlung* an und proklamierte am 14. November die Absetzung der Habsburger und die Unabhängigkeit der Tschechei und der Slowakei, deren Grenzen damals noch nicht feststanden.

84 Die juristische Lage *Polens* war noch verworrener als die Jugoslawiens und der Tschecho-Slowakei. Im Jahre 1914 bestanden in Polen, das zu dieser Zeit als Großherzogtum Warschau einen Teil Rußlands bildete, zwei Strömungen. Die eine — die bedeutendere — unter der Führung des streitbaren, antirussischen Sozialisten Josef Pilsudski, stellte sich an die Seite der Mittelmächte und unterstützte sie mit einer Abteilung polnischer Freiwilliger (unter dem Kommando Pilsudskis); die andere setzte sich aus Unentschlossenen und Russenfreunden zusammen und ergriff mehr oder weniger offen und mehr oder weniger ängstlich die Partei der Alliierten. Am 9. August 1916 rückten deutsche Truppen in Warschau ein. Am 5. November 1916 erkannten die Mittelmächte die Unabhängigkeit Polens an, dessen Grenzen noch festgelegt werden mußten, und setzten einen

Staaten waren anderer Ansicht und folgten eher Wilson, der die Beziehungen zu Rußland wieder aufnehmen und dieses Land in die Arbeiten der Konferenz einbeziehen wollte. Am 22. Januar 1919 luden auf Vorschlag Wilsons die Vereinigten Staaten, Frankreich, Großbritannien, Italien und Japan „ . . . jede in den Grenzen des europäischen Rußland[86] (ausgenommen Finnland) oder in Sibirien bestehende organisierte Gruppe, die politische oder militärische Macht ausübte oder auszuüben sich bemühte, ein, Vertreter (höchstens drei) zur Prinzeninsel in der Nähe von Konstantinopel zu entsenden, um sich dort mit Delegierten der Alliierten über eine möglichst rasche und gerechte Regelung des Schicksals des ehemaligen Zarenreiches zu einigen".

Die russische Regierung nahm am 4. Februar 1919 diesen Vorschlag an, machte aber Vorbehalte hinsichtlich einiger Punkte, die ihrer Meinung nach nicht zur Diskussion gestellt werden dürften. Sie erhielt aber keine Antwort. Wilson machte noch einen Versuch mit der Entsendung Bullitts nach Rußland — aber ohne Erfolg. Am 26. Mai 1919 erkannten die führenden Mitglieder der Konferenz die Regie-

---

„provisorischen Staatsrat", dann am 12. September 1916 einen „Regentschaftsrat" ein. In seiner Senatsrede vom 8. Januar 1918 hatte Präsident Wilson die Notwendigkeit eines unabhängigen Polens proklamiert und die bolschewistische Regierung in Moskau hatte das gleiche getan.

Am 14. November 1918 trat der Regentschaftsrat zurück und übertrug seine Vollmachten auf Josef Pilsudski. Am 2. Oktober hatten die Alliierten jedoch offiziell einen Nationalrat anerkannt, der schon 1915 in Paris von pro-alliierten Polen gebildet worden war. Aus dieser zweideutigen Situation hatte man sich nur durch die Bildung einer „Regierung der nationalen Einheit" befreien können. Deren Präsident war Paderewski. Während des ganzen Krieges, den er außerhalb Polens verbrachte, hatte er seine Sympathie für die Alliierten deutlich gezeigt. Aber Pilsudski blieb gleichzeitig provisorischer Staatschef und Führer der Armee. Die Deutschen, Tschecho-Slowaken und Russen forderten je einen Teil des Gebietes, über das diese Regierung herrschen wollte. Polen mußte als Staat also vollkommen neu geschaffen werden und seine Vertreter bei der Friedenskonferenz repräsentierten nur einen kleinen Teil von dem, was später — erst 1923 — offiziell „Polen" hieß.

85 Der Hedschas war ein Vilayet (Land) des Ottomanischen Reiches am Rande des Roten Meeres. England hatte am 24. Oktober 1915 in einem Vertrag mit dem Emir von Mekka, Hussein, der sich vom Sultan losgesagt hatte, die Unabhängigkeit dieses Gebietes anerkannt; Frankreich hatte das gleiche in den Sykes-Picot'schen Abmachungen im Mai 1916 getan. Man weiß nicht genau, welche Bedeutung das Land damals besaß. Später, 1926, geriet es in Abhängigkeit des Nedschd, dessen Sultan gleichzeitig König des Hedschas wurde und sich dort durch einen Vizekönig vertreten ließ. Im Jahre 1932 bildete sich aus dem Hedschas und dem Nedschd das Königreich Saudi-Arabien.

Es ist zu beachten, daß die Sykes-Picot'schen Abmachungen außerdem das Gebiet in zwei annähernd gleich große Einflußsphären aufteilten, wobei Frankreich die syrische Küste und das Hinterland bis zum Tigris, England St. Jean d'Acre und den Teil Mesopotaniens von Bagdad bis zum Persischen Golf zugesprochen erhielt. Die beiden Mächte teilten sich außerdem zu gleichen Teilen die weiten Gebiete zwischen Syrien und der Provinz Bagdad.

86 Ein beschönigender — oder umschreibender — Ausdruck, den man wählte, um die russische Regierung nicht offiziell einladen zu müssen. Man zweifelte jedoch nicht daran, daß diese Regierung antworten würde.

rung Koltschak in Sibirien sowie die Denikins im Europäischen Rußland an, legten dann aber den Fall zu den Akten. Finnland, Estland, Litauen, Lettland, Ruthenien und Georgien, Teile des ehemaligen Russischen Reiches, über deren Schicksal die Konferenz sich äußern sollte, waren nicht eingeladen worden und erreichten es auch nicht, zugelassen zu werden. Die Armenier, die zionistischen Juden, die Syrer, Libanesen, die Einwohner Schleswigs und die der Aland-Inseln, die Sudetendeutschen (die sich gegen ihre Einverleibung in die Tschechoslowakei wehrten und eine provisorische Regierung errichtet hatten) waren abwesend und ebenso Ägypten und Irland. Aber der Hedschas war vertreten . . .

Summa summarum: Jeder war da, außer den Hauptinteressenten, über deren Schicksal man entscheiden wollte. Gerade aus diesem Grunde hatte man sie ja auch sorgfältig ferngehalten!

Von Anfang an verlief die Konferenz trotz der Bemühungen des Präsidenten Wilson derart, daß kein Zweifel bestehen konnte: das „Selbstbestimmungsrecht der Völker" würde unter den Tisch fallen, das Grundprinzip der 14 Punkte für die politische und territoriale Erneuerung Europas. Obwohl Wilson in dieser Hinsicht sogar von seinem eigenen Staatssekretär des Äußeren, Lansing, (der mit ihm Mitglied der amerikanischen Delegation war), bekämpft wurde, streckte er die Waffen nicht, konnte aber auch nicht den geringsten Erfolg in seinem Sinne erzielen. Der Satz „Ohne Sieger und Besiegte" seiner Senatsbotschaft vom 21. Januar 1917 erweckte andererseits die Hoffnung, daß den Besiegten bei den Verhandlungen ein größerer Einfluß eingeräumt würde, daß die Friedenskonferenz zum Beispiel an einem runden Tisch stattfinden würde, wo auch für die Besiegten ein Platz vorgesehen wäre — in einer Atmosphäre allgemeiner Versöhnung, so wie sich im letzten Kriegsjahr an vielen Stellen der Front die Soldaten beider Seiten miteinander verbrüdert hatten.

Aber davon war niemals die Rede, und traditionsgemäß konnte daher der bei den Verhandlungen erarbeitete Friedensvertrag wie alle bisherigen Friedensschlüsse der Geschichte nur ein den Besiegten durch die Sieger aufgezwungenes Diktat sein, ein Schuldspruch von Richtern gegen abwesende Angeklagte, und kein Friede der Gerechtigkeit. Indem man jede gemeinsame Diskussion ausschloß, hatte man von vornherein die Brüderlichkeit als Grundlage abgelehnt.

Bei dieser Zusammensetzung wurde bald klar, daß die Verhandlungen nur im Sinne der fünf Großmächte (Vereinigte Staaten, Großbritannien, Frankreich, Italien und Japan) geführt wurden; ihre Satelliten und zukünftigen Satelliten, die Staaten und Embryonal-Staaten, hatten weder Lust noch die Möglichkeit, ihre Meinungen in die Waagschale zu werfen.

Es gab daher auch nur sehr wenige Vollversammlungen und die wenigen, die stattfanden, waren nur rein formeller Natur. Alles wurde von einem „Rat der Zehn" (der Präsident der Vereinigten Staaten und sein Staatssekretär Lansing, die Regierungschefs: Clémenceau für Frankreich, Lloyd George für Großbritannien, Orlando für Italien, Saionji für Japan und ihre Außenminister Pichon, Balfour, Sonnino und Meakino) oder gar nur von einem „Rat der Vier" (die Regierungschefs der Vereinigten Staaten, Frankreichs, Großbritanniens und Italiens) hinter den Kulissen entschieden.

Es ist hinzuzufügen, daß sich die Sieger sowohl im „Rat der Zehn" als auch im „Rat der Vier" bekämpften, da jeder nur seine eigenen Interessen verfolgte, die denen aller anderen widersprachen, so daß zwischen den Siegern kaum bessere Beziehungen bestanden, als zwischen dem Lager der Sieger und dem der Besiegten.

England und Frankreich stritten miteinander wegen der deutsch-fransösischen Grenze, der Abrüstung und der Aufteilung des Ottomanischen Reiches; Italien war mit England und Frankreich verfeindet wegen Nordafrika, dem Mittleren Orient und Mittel-Europa; Wilson, der seine ganzen Kräfte damit vergeuden mußte, den Schiedsrichter abzugeben oder das zu verteidigen, was die anderen seine Hirngespinste nannten, zerstritt sich nach und nach mit allen Anwesenden. Am 18. Januar war Clémenceau, der französische Regierungschef, zum ständigen Präsidenten der Konferenz ernannt worden. Ein Humorist hat später gesagt, daß dies die einzige aller Entscheidungen gewesen ist, die wirklich einstimmig getroffen wurde — nicht nur dem äußeren Schein nach; er mag Recht gehabt haben. Über sein Verhältnis zu Lloyd George, dem englischen Premier, sagte Clémenceau selbst: „Es sind wohl nie zwei Menschen bei scharfen Debatten näher daran gewesen, sich gegenseitig zu verschlingen". Der italienische Ministerpräsident Orlando verließ die Konferenz sogar unter lautem Protest und die ganze Autorität Wilsons war erforderlich, ihn nach dreiwöchiger Abwesenheit wieder an den Verhandlungstisch zurückzubringen. Nach der Unterzeichnung der Friedensverträge mit Deutschland und Österreich, war England der Ansicht, daß nunmehr alles geregelt sei und nahm an den Verhandlungen nur noch formell teil. Die Vereinigten Staaten weigerten sich vom 19. Dezember 1919[87] an, weiter mitzumachen, obwohl noch zwei Verträge

87 Am 10. September des gleichen Jahres, 1919, hatten sie ihren Delegierten beim Obersten alliierten Rat zurückgezogen. Dieser Rat war am 11. Januar 1919 ernannt worden und sollte die Durchführung der Waffenstillstandsbedingungen überwachen, sowie Maßnahmen zur Unterstützung der europäischen Bevölkerung treffen, sie so gut wie möglich ernähren, was ungemein schwierig war, da man gleichzeitig die Blockade Deutschlands fortsetzen wollte. Der Rat sollte diese Fragen studieren und die diesbezügliche Politik der Alliierten ausarbeiten.

unterzeichnet werden mußten. Endlich legte auch Clémenceau im Januar 1920, nach dem Scheitern seiner Kandidatur für die Präsidentschaft der Republik Frankreich, alle seine Posten nieder und kehrte ins Privatleben zurück.
Die Konferenz wurde aufgelöst und die Regelung der noch schwebenden Fragen einem *Obersten alliierten Rat* mit Sitz in London, einer *Botschafter-Konferenz* mit Sitz in Paris und einer *Reparationskommission* übertragen, wobei die letztere den Auftrag hatte, die Höhe der Reparationsforderungen an Deutschland zu bestimmen.
Ein wenig rühmliches Ende. —
Der Wilson so ans Herz gewachsene *Völkerbundspakt* wurde endgültig — wenn auch nicht ohne Mühe — am 28. April 1919 unter Dach und Fach gebracht. Er wurde gegengezeichnet: von Deutschland zusammen mit dem *Vertrag von Versailles,* dessen Präambel er war (28. Juni 1919); von Österreich gleichzeitig mit dem *Vertrag von St. Germain* (10. September 1919), und von Bulgarien mit dem *Vertrag von Neuilly* (27. November 1919). Mit Ungarn konnte der *Vertrag von Trianon* erst am 4. Juni 1920 unterzeichnet werden und am 11. August 1920 folgte die Türkei mit dem *Vertrag von Sevres.*

Bei zweien seiner 14 Punkte hatte sich Präsident Wilson unnachgiebig gezeigt, dem Völkerbundspakt und der Abrüstung.
Als allererstes wollte er den Pakt ausgearbeitet wissen. Zweifelsohne ging er davon aus, daß es leichter sein würde, bei der Formulierung der *Vertragsbestimmungen* den Forderungen der Gerechtigkeit Gehör zu verschaffen, wenn diese erst einmal als *Grundsätze* im Pakt festgelegt waren — leichter jedenfalls als wenn ohne vorherige Grundsatzerklärungen sogleich mit der Diskussion über die Verträge selber begonnen würde.
Er befürchtete sicher auch, daß bei den Debatten über die Verträge soviele Meinungsverschiedenheiten an den Tag treten würden, daß *nach* der Unterzeichnung der Verträge ein Versuch zur Schaffung eines Völkerbundes nur noch als eine Utopie oder einen schlechten Witz anmuten würde — kurz, daß dann überhaupt nicht mehr die Rede davon sein könnte. Die weitere Entwicklung hat gezeigt, daß diese Überlegungen nicht so unrichtig waren.
Präsident Wilson hatte auch verlangt, daß der Völkerbundspakt ein untrennbarer Bestandteil jedes Friedensvertrages sein sollte und daß jedem der Besiegten der Pakt gleichzeitig mit dem Friedensvertrag zur Unterzeichnung vorzulegen sei. Zwar sollten die Besiegten solange von der Mitgliedschaft im Völkerbund ausgeschlossen sein bis sie ihre Verpflichtungen aus den Friedensverträgen voll und ganz er-

füllt hätten, sie sollten aber gleichzeitig die Gewißheit haben, daß die Mitgliedschaft im Völkerbund ihnen offenstand, und nicht einen Augenblick meinen, daß sie für immer außerhalb stehen bleiben müßten. Hinsichtlich der Abrüstung erreichte Wilson in dem Pakt nur die Formulierung „Verringerung der Rüstung jeder Nation auf das Maß, das sich mit ihrer nationalen Sicherheit vereinbaren läßt". Im 5. Teil des Versailler Vertrags — in den militärischen Klauseln — gelang es ihm, eine kurze Präambel aufnehmen zu lassen, in der dieses Minimum im Hinblick auf die Vereinbarungen mit Deutschland definiert war. Sie lautete, wie bereits erwähnt:

„Um die Einleitung einer allgemeinen Rüstungsbeschränkung aller Nationen zu ermöglichen, verpflichtet sich Deutschland, die im folgenden niedergelegten Bestimmungen über das Landheer, die Seemacht und die Luftfahrt genau innezuhalten."

Wenn es ihm auch nicht gelungen war, dem „Selbstbestimmungsrecht der Völker" in allen territorialen Klauseln der Verträge zum Siege zu verhelfen, so glaubte er doch zweifellos, daß das menschliche Streben nach Gerechtigkeit die notwendigen Anpassungen auf friedlichem Wege, wenn auch langsam, durch die in Artikel 19 des Pakts vorgesehenen Revisionen durchführen würde. Wenn Deutschland einmal vollständig abgerüstet sei, würden es auch die anderen Nationen sein.

Aber nachdem Deutschland seine Verpflichtungen in dieser Hinsicht erfüllt hatte, weigerte sich Frankreich, jene Maßnahmen durchzuführen, die ihm die Präambel zum 5. Teil des Versailler Vertrages auferlegte. Deutschland protestierte, Italien machte nur noch was es selbst wollte, ebenso England, das obendrein Deutschland gegen Frankreich unterstützte. Daraus wurde schließlich ein neuer Rüstungswettlauf. Man muß zugeben, daß der Anlaß dazu einzig und allein bei Frankreich lag (zu den Gründen für diese Haltung Frankreichs siehe Seite 81 f.).

Andererseits war auch der Völkerbundspakt nicht genau das, was Präsident Wilson wollte. Die von ihm vorgeschlagene Fassung wurde erheblich abgeschwächt. Es kann nicht die Aufgabe dieser Arbeit sein, im Rahmen eines Kapitels eine Analyse zu geben, die ein ganzes Buch füllen müßte. Die nachstehende Zusammenfassung entnehme ich einem Werk des Historikers Jules Isaac, da sie meines Erachtens ein recht genaues Bild vermittelt:

„Die *Präambel* besagte, daß der Pakt ‚zur Entwicklung der Zusammenarbeit zwischen den Völkern bestimmt sei und um ihnen Frieden und Sicherheit zu garantieren'. Er gründete sich auf folgende Prinzipien: Absage an den Krieg; offene Behandlung der internationalen Beziehungen auf der Grundlage von

Gerechtigkeit und Ehre; strenge Einhaltung der Bestimmungen des internationalen Rechts und genaue Beachtung der Verträge.

Zusammensetzung des Bundes. ‚Ursprüngliche Mitglieder' seien alle Unterzeichner-Staaten des Paktes sowie diejenigen Neutralen, die innerhalb eines bestimmten Zeitraumes um Aufnahme bitten würden; jeder andere Staat, Dominion oder Kolonie könne Mitglied werden, wenn seine Aufnahme mit $^2/_3$ Mehrheit von der Versammlung gutgeheißen wird und wenn er wirksame Garantien seines guten Willens gegeben hat.

Organisation. Der Sitz des Bundes ist Genf.

Seine Tätigkeit wird ausgeübt von:

1. der Versammlung aller Vertreter aller Mitgliedstaaten mit je einer Stimme (Vollversammlung);
2. dem Rat, der aus neun Mitgliedern besteht, von denen fünf ständige, die von den Großen Mächten delegiert werden, und vier weitere periodisch durch die Vollversammlung gewählt werden (Völkerbundsrat);
3. dem ständigen Sekretariat unter einem Generalsekretär;
4. dem ständigen Internationalen Gerichtshof;
5. Internationalen Dienststellen aller Art unter Oberaufsicht des Bundes.

Bestimmungen zur Aufrechterhaltung des Friedens.

Der Rat hatte die Abrüstung auf das ‚für die nationale Sicherheit annehmbare Minimum' vorzubereiten. Die jeweilige Abrüstung war der Prüfung und Entscheidung durch die verschiedenen Regierungen unterworfen (Art. 8). Die Mitglieder verpflichteten sich gegenseitig, ‚ihren territorialen Besitzstand und ihre gegenwärtige politische Unabhängigkeit' zu garantieren und vor jedem Angriff von außen zu schützen. (Art. 10). Alle Streitigkeiten zwischen Mitgliedern des Bundes mußten einem Schiedsgericht unterworfen oder aber dem Rat zur Prüfung vorgelegt werden. In jedem Falle mußten nach dem erfolgten Schiedsspruch bzw. nachdem der Bericht des Rates vorlag, mindestens drei Monate vergehen, bevor die streitenden Parteien zu den Waffen greifen dürften. Wenn der Ratsbeschluß einstimmig gefaßt worden war, wurde jeder Staat, der sich nicht beugte und zum Kriege seine Zuflucht nahm, als mit allen anderen Mitgliedern im Kriege befindlich angesehen. In diesem Falle mußten sie alle Handels- und Wirtschaftsbeziehungen zu ihm abbrechen und in dem vom Rat vorgeschlagenen Maße zu der Aufstellung einer bewaffneten Macht beitragen, mit deren Hilfe dem Pakt Achtung verschafft werden sollte (Art. 16). Die Versammlung konnte die Mitglieder von Zeit zu Zeit einladen, eine erneute Prüfung undurchführbar gewordener Verträge vorzunehmen sowie auch aller internationalen Situationen, deren Aufrechterhaltung den Weltfrieden zu gefährden drohte (Art. 19).

Verpflichtungen und Internationale Mandate.

Die Mitglieder des Bundes verpflichteten sich, keine Verbindlichkeiten einzugehen, die mit dem Pakt unvereinbar wären, und erkannten alle früheren Verträge dieser Art als ungültig an. Regionale Bündnisse, wie die Monroe-Doktrin, wurden jedoch als gültig anerkannt. Der Pakt sah vor, daß gewisse Gebiete, die durch den Krieg befreit worden waren, deren Bevölkerung aber noch nicht in der Lage wäre, sich selbst zu regieren, unter die Vormundschaft der dazu am meisten geeigneten Staaten zu stellen seien. Diese traten als Mandatsmächte unter der Oberaufsicht des Völkerbundes auf."

Jules Isaac folgerte daraus:

„So aufgebaut blieb der Völkerbund weit hinter den Hoffnungen, die die Wilson'schen Erklärungen geweckt hatten, zurück. Der Krieg als letzter Ausweg war nicht völlig verboten; die Rüstungsbegrenzung war nicht wirklich zur Pflicht gemacht, kein wirksames Mittel war vorgesehen, um die Durchführung der in Genf getroffenen Entscheidungen zu gewährleisten".

Das brachten letzten Endes die Deutschen zum Ausdruck, als man sie zur Unterschrift aufforderte; das dachte der enttäuschte Wilson, das sagte damals die ganze europäische Linke, wenn auch mit heftigeren Worten; das sagte in noch schärferer Form eine kleine politische Gruppe, die sich damals in Deutschland sammelte und kurze Zeit später unter Hitlers Führung zur NSDAP wurde.

Da die militärischen Klauseln des Versailler Vertrages nur von Deutschland erfüllt worden waren, mußte man 1923 den Völkerbundspakt durch den *Locarno-Vertrag*[88] (zwischen Frankreich, Italien, England, Deutschland, Belgien, Polen und der Tschechoslowakei), und 1928 durch den *Pariser Vertrag* (auch Briand-Kellogg-Pakt genannt)[89] ergänzen.

Trotz dieser beiden Ergänzungen wurde der Völkerbund zusehends schwächer und bald war er nur noch ein Traum. Die Vereinigten Staaten hatten sich im März 1920 aus noch zu erörternden Gründen geweigert, den Pakt zu unterzeichnen; Deutschland, das ihm 1926 beitreten durfte, verließ ihn unter Protest im Oktober 1933 und Italien trat 1935 wegen Aethiopien aus; 1939, nach der Unterzeichnung des deutsch-russischen Vertrages, wurde Rußland, das ihm seit 1934 angehört hatte, ausgeschlossen; nach dem Zusammenbruch Frankreichs im Jahre 1940 konnte nicht mehr die Rede davon sein, daß dieses Land ihm angehörte; in der Zwischenzeit waren außerdem alle die kleinen künstlich geschaffenen Staaten Mitteleuropas von der Landkarte verschwunden. Schließlich blieb ab 1941 England als einziges permanentes Mitglied übrig . . .

Zu den Ursachen dieses Zerfalls gehörte zweifelsohne, daß der Völkerbundspakt in so mancher Hinsicht von Wilsons 14 Punkten nichts

---

88 Dieser in Locarno am 16. Oktober 1925 paraphierte Vertrag umfaßte zwei Arten von Abmachungen:
1. Einen Vertrag zwischen Deutschland, Belgien, Frankreich, England und Italien, den sogenannten West- oder Sicherheitspakt (Rheinlandpakt; Unverletzlichkeit der Grenzen zwischen Frankreich, Belgien und Deutschland; Aufrechterhaltung der entmilitarisierten Zone auf dem rechten Rheinufer, Verbot, den Krieg als Mittel zur Lösung strittiger Fragen anzuwenden usw.). England und Italien fungierten dabei nur als Garanten.
2. Vier Schiedsgerichtsverträge zwischen dem Deutschen Reich und Belgien, Frankreich, Polen und der Tschecho-Slowakei.

89 Die Staaten, die den Kellogg-Pakt unterschrieben, verpflichteten sich, zur Lösung strittiger Fragen nicht zu den Waffen zu greifen. Er wurde von fast allen Staaten der Erde unterzeichnet.

mehr hatte wissen wollen — weder von dem, was dort über die Abrüstung gesagt worden war, noch von der Ablehnung des Krieges als Mittel zur Entscheidung politischer Fragen. Aus dieser Neuorientierung hatte sich dann eine ganze Reihe von Konsequenzen ergeben: Frankreich weigerte sich, die militärischen Klauseln des Versailler Vertrages einzuhalten, Deutschland wurden drakonische finanzielle Lasten aufgebürdet; alle Sieger weigerten sich, das Selbstbestimmungsrecht der Völker, wie es im Versailler Vertrag und in den vier weiteren Verträgen festgelegt war, in der Praxis anzuerkennen . . . Und als Ergebnis dieser großen Fehler, brach dann über ganz Mitteleuropa eine wirtschaftliche und moralische Krise herein, wie sie die Welt noch nicht gesehen hatte.

*

Im Westen brachte das Selbstbestimmungsrecht der Völker keine Probleme mit sich. Elsaß und Lothringen, wo starke Autonomiebestrebungen bestanden, wurden an Frankreich zurückgegeben. Eupen und Malmedy gliederte man ohne viel Geschrei Belgien an. Die Saar, die Frankreich für sich forderte, erhielt ein Sonderstatut,[90], durch das dieses Gebiet für die Dauer von 15 Jahren unter die direkte Kontrolle des Völkerbundes gestellt wurde; am Ende dieser Periode sollten seine Einwohner in einer Volksabstimmung darüber entscheiden, ob sie zu Frankreich kommen, zu Deutschland zurückkehren oder unter diesem Sonderstatut verbleiben wollten. Die Bergwerke wurden Frankreich übereignet; und dieser Wert mußte Frankreich ersetzt werden, falls das Saarland nach fünfzehn Jahren nicht zu Frankreich käme. Das geschah denn auch, nachdem sich die Saarländer am 13. Januar 1935 fast einstimmig für die Rückkehr zu Deutschland ausgesprochen hatten, obwohl Hitler an der Macht war und trotzdem eine ungewöhnlich intensive Propaganda sie im entgegengesetzten Sinne bearbeitet hatte.

---

90 Die Saarkohle war seit dem Ende des 18. Jahrhunderts und während des ganzen 19. Jahrhunderts ein Zankapfel zwischen Frankreich und Deutschland. Obwohl von Deutschen bewohnt, wurde dieses Gebiet von Napoleon Frankreich zugeschlagen im Augenblick, als unter seiner Fuchtel der Rheinbund entstand. Durch den Wiener Kongreß (1815) wurde es, dem Wunsch seiner Einwohner entsprechend, an Deutschland zurückgegeben.
Da die Väter des Versailler Vertrages 1919 einsahen, daß sie zu offensichtlich gegen den Willen der saarländischen Bevölkerung verstoßen würden, wenn sie das Gebiet direkt unter französische Oberhoheit stellten, setzten sie (Artikel 49ff) einen fünfköpfigen Verwaltungsrat ein, dessen Mitglieder (ein Franzose, ein Saarländer, drei Neutrale) vom Völkerbund ernannt wurden. Daß sich die Saarländer nach fünfzehn Jahren einer solchen eindeutig deutschfeindlichen, wenn nicht gar frankophilen Verwaltung für die Rückgliederung an Deutschland entschieden, obwohl Hitler regierte, der ihnen als Schreckgespenst geschildert worden war, ist bezeichnend für die Tiefe ihres Nationalbewußtseins. Nach dem Zweiten Weltkrieg machte man durch die wirtschaftliche Angliederung an Frankreich einen neuen Versuch in diesem Sinne. Nach weniger als zehn Jahren mußte man ihn wieder aufgeben.

Im Osten, in Mitteleuropa, im Mittleren Orient (Zerschlagung des Ottomanischen Reiches) und bei den Kolonien (Verteilung der deutschen überseeischen Besitzungen) lagen die Dinge erheblich schwieriger. Zunächst einmal galt kein Selbstbestimmungsrecht der Völker bei der Verteilung der deutschen Kolonien oder der Aufteilung des Ottomanischen Reiches — mit Ausnahme des schon erwähnten Hedschas (vgl. Anmerkung 85), wo das Selbstbestimmungsrecht der Völker sich verwandelte in — das Recht des Emirs Hussein, über Syrien zu verfügen. Er genoß dabei die geheime Unterstützung Englands, obwohl in den Sykes-Picot'schen Abmachungen zwischen England und Frankreich ganz andere Besitzverhältnisse vereinbart worden waren. Das Schicksal der vom Ottomanischen Reich abgetrennten nahöstlichen Gebiete und das der deutschen Kolonien wurde in Artikel 22 des Völkerbundspaktes durch eine neue Form der Kolonialherrschaft geregelt: das „Mandat"[91], das irgendeiner alliierten Macht, besonders England und Frankreich, ohne Befragung der Bewohner übertragen wurde. Der *Vertrag von Sèvres*, der alle Bestimmungen über den Mittleren Orient enthält, wo England den Löwenanteil an sich gerissen hatte, war kaum unterzeichnet, als die Schwierigkeiten zunächst zwischen Frankreich und England, dann zwischen England und den Vereinigten Staaten ausbrachen.

Alle drei Mächte hatten Ärger mit den Sowjet-Russen, die dort sehr

---

91 Artikel 22 des Völkerbundspaktes unterschied:

1. Das Mandat A: Im Prinzip unabhängige und souveräne Länder, jedoch unfähig sich ohne die Hilfe, den Rat und den Schutz anderer zu regieren. Die Mandatsmacht berücksichtigt — grundsätzlich — auch die Ansichten der Einwohner. In diese Gruppe gehören: Vorderasien, Syrien, Mesopotamien und Palästina, die in englische und französische Mandatsgebiete aufgeteilt werden.

2. Das Mandat B: Länder, die völlig unfähig sind, sich selbst richtig zu regieren und zu verwalten. Hier ersetzt der Wille der Mandatsmacht den Willen der eingeborenen Bevölkerung. In diese Gruppe gehören: die meisten ehemaligen deutschen Kolonien, die ebenfalls zwischen England und Frankreich aufgeteilt werden.

3. Das Mandat C: Dabei handelt es sich um so dünn besiedelte und so rückständige Länder, daß dort jede gesellschaftliche Organisation undenkbar ist. In diese Gruppe gehören: Südwestafrika und gewisse Inseln im Pazifik, von deren Besitz die Deutschen wie überall ausgeschlossen werden und zwar hier zugunsten Australiens, Belgiens und Englands.

Die Aufteilung des Mittleren Orients war schwierig. Außer der genannten Verträge Englands mit dem Emir von Mekka und mit Frankreich, gab es noch: einen französisch-englisch-russischen Vertrag (Mai 1915), einen französisch-russischen Vertrag (April 1916), der Rußland Konstantinopel, die Meerengen, die wichtige Festung Erzerum und den Hafen von Trapezunt zusicherte; einen französisch-englisch-italienischen Vertrag (26. April 1915), der Italien im östlichen Mittelmeer, die gleichen Rechte wie den anderen Mächten, sowie Smyrna und die türkische Provinz Antalia zusicherte — alles bestätigt in einem zweiten Vertrag im April 1917 zu St. Jean-de-Maurienne.

Von russischer Seite gab es wegen der besonderen Lage dieses Landes keine Schwierigkeiten, wohl aber von Italien, dessen Ansprüche in den späteren Verträgen wieder verneint wurden und das sich beugen mußte, nachdem es am 5. Mai 1919 versucht hatte, Antalia und Marmaris im Handstreich zu nehmen. Smyrna wurde Griechenland zugesprochen, das es indessen nicht halten konnte.

bald mit ihrer Propaganda eindrangen und dies um so leichter, als ihre Propaganda die Unabhängigkeitsbestrebungen der arabischen Völker unterstützte. Der Mittlere Osten war zwischen den beiden Weltkriegen ein von den vier Großmächten ständig überheizter Kessel. Diesen Umständen entsprechend blieben die Bestimmungen des Vertrages von Sèvres nur auf dem Papier bestehen. Die Türkei hatte praktisch allen Einfluß verloren, aber die Mächte, die sie beraubt hatten, konnten dort keinen Einfluß gewinnen.

Seit dem Kriege 1939—1945 werden diese Machtkämpfe nach allen Regeln der Kunst zwischen Engländern, Amerikanern und Russen fortgesetzt, die heute in diesem Raum auch noch Nasser vorfinden ...

In Europa, und zwar vor allem in Nord- und Mitteleuropa sowie auf dem Balkan, konnten nach dem Zusammenbruch Rußlands (1917) und Österreich-Ungarns (1918) viele Völkerschaften größere Selbständigkeit gewinnen. Sie waren vorher mit Gewalt der Botmäßigkeit Rußlands bzw. Österreich-Ungarns unterstellt gewesen. Es ergaben sich zwei große Gruppen: die einen wünschten unabhängige Nationalstaaten zu gründen (Finnen, Letten, Litauer, Esten, Ukrainer), die anderen wollten sich mit verwandten Völkerschaften zusammenschließen, um so das gleiche Ziel zu erreichen (Polen, Tschechoslowakei, Jugoslawien). Die Politik des Widerstandes gegen den slawischen Druck, die von Karl dem Großen bis Bismarck[92] germanische Tradition war und unter der Bezeichnung „Drang nach Osten" in die Geschichte einging, war so geschickt gewesen, daß innerhalb der Grenzen Deutschlands keine der im Lauf der Jahrhunderte aufgesaugten Volksgruppen den geringsten Wunsch nach Unabhängigkeit zeigte. Im Gegenteil: außerhalb seiner Grenzen bestanden starke deutschfreundliche Strömungen.

Die Teilnehmer an der Pariser Konferenz sahen sich da einem richtigen Rätselspiel gegenüber. Wenn sie sich vom Selbstbestimmungsrecht der Völker leiten ließen, mußten sie zu einem recht mächtigen Deutschland gelangen, das von einem Dutzend kleiner, unter seinem Einfluß stehender unabhängiger Staaten umgeben war.

---

92 Im Jahre 800 hatten die Slawen die Elbe und das Adriatische Meer erreicht, wo ein Stamm mongolischen Ursprungs, die Awaren, zu ihnen gestoßen war. Karl der Große trieb sie bis zur Weichsel zurück. Um ihre Wanderung nach dem Südwesten abzufangen, hatte er am Mittellauf der Donau einen unter seinem Schutz stehenden Staat, die Ostmark, gegründet, die nach ihrer Germanisierung Österreich genannt wurde. Der Widerstand gegen die Slawen verwandelte sich rasch in einen germanischen Druck, der sich von Pommern aus über Preußen in Richtung auf die Ukraine wandte. Durch die napoleonischen Kriege wurde dieser Drang nach Osten geschwächt und Bismarck war dann unvorsichtig genug, die Kräfte des Reiches zu einem Stoß nach Westen einzusetzen. Im 20. Jahrhundert machten England und Frankreich es erst Wilhelm II., dann der Weimarer Republik und schließlich Hitler unmöglich, zur traditionellen Politik des Drucks nach Osten zurückzukehren.

Das war aber genau das Gegenteil von dem, was sie erreichen wollten. Sie stützten sich darum auch nur in den seltensten Fällen auf das Selbstbestimmungsrecht, nämlich nur dann, wenn sie garnicht mehr anders konnten. In Gebieten, wo sie Volksabstimmungen abhalten ließen, wußten sie die Grenzen der Wahlkreise so raffiniert zu ziehen, daß das Ergebnis eine klare Fälschung des Volkswillens darstellte.[93] Präsident Wilson mußte Enttäuschung auf Enttäuschung erleben.

Die Grenzlinie zwischen Slawen und Germanen verläuft fast gerade von Petsamo am Nördlichen Eismeer nach Lemberg im Süden des heutigen Polen, dann schlängelt sie sich nach Triest über Prag und Budapest. Aber entlang dieser Grenzlinie befanden sich zahlreiche andere Stämme und Gruppen: im Laufe der großen Völkerwanderung hatte sich Welle auf Welle mit der alteingesessenen Bevölkerung vermischt, aber auch mit Völkerschaften, die sich den Eindringlingen entgegengeworfen hatten, sowie auch mit anderen wandernden Stämmen, die in entgegengesetzte Richtung aufgebrochen waren. Und zu Anfang des 20. Jahrhunderts fühlten sich die so entstandenen neuen Völker weder als Slawen noch als Germanen, sondern als Finnen, Esten, Letten, Litauer, Karelier, Polen, Ukrainer, Ruthenen, Tschechen, Slowaken, Slowenen, Ungarn, Serben, Kroaten, Moldauer, Bessarabier usw. Im Norden dominierten germanische, im Süden slawische[94] und manchmal sogar türkische Elemente. Diese Völkerschaften, die unter ihren Ahnen sowohl Slawen wie Germanen zählten, wurden auch von den Germanen wie von den Slawen beansprucht, wurden abwechselnd von der einen und von der anderen Seite erobert, heimgesucht und unterworfen. Allmählich hatte sich bei allen der mehr oder weniger starke Wunsch nach Unabhängigkeit gebildet.

Im Norden brauchte die Friedenskonferenz bei der Festlegung der Grenzen zwischen den Baltischen Staaten und Rußland nicht einzugreifen. Die Dinge verliefen folgendermaßen:

---

93 In Schleswig gab es beispielsweise zwei Parteien: eine starke deutschfreundliche und eine schwache dänenfreundliche. Man bildete zwei Wahlkreise und veranstaltete zwei Volksabstimmungen. Die eine vom 10. Februar 1920 brachte in der ersten Zone für Deutschland 83 000 Stimmen, für Dänemark 18 000 Stimmen. In der anderen stimmten am 14. März in der zweiten Zone 13 000 für Deutschland und 51 000 für Dänemark. Hätte man nur ein einziges Abstimmungsgebiet gebildet, dann hätte sich Schleswig mit 96 000 gegen 69 000 Stimmen für Deutschland ausgesprochen und nach dem Gesetz der Mehrheit — es ist natürlich anfechtbar — wäre ganz Schleswig bei Deutschland geblieben. Mehr noch: In der ersten Zone schlug die mit der Auswertung der Abstimmungsergebnisse beauftragte Botschafterkonferenz die Gemeinden mit dänischer Mehrheit zu Dänemark, aber sie hütete sich, in der zweiten Zone die vorwiegend deutschen Gemeinden an Deutschland zu geben. Die nach dem gleichen Verfahren in Oberschlesien vorgenommene Grenzziehung zwischen Polen und Deutschland war so ungerecht, daß sie wesentlich dazu beitrug, die ganze internationale Politik zu vergiften und schließlich zu einer der Hauptursachen für den Ausbruch des Zweiten Weltkrieges wurde.

94 Wörtlich übersetzt heißt Jugoslawien: Land der Südslawen.

1. *Finnland:* Finnland war seit dem 7. Jahrhundert ein Streitobjekt zwischen Schweden und Rußland gewesen — wie Lothringen zwischen Frankreich und Deutschland — bis der russische Zar Alexander I. es endgültig annektierte (1809). Seit 1906 besaß es ein durch allgemeines Stimmrecht gewähltes Parlament, das jedoch der Autorität des Zaren unterstellt war. Das Land strebte nach der Unabhängigkeit. Seit 1907 bildeten die Sozialisten die Parlaments-Mehrheit. Beim Sturz Nikolaus II. proklamierte das Parlament die Unabhängigkeit des Landes, was nicht im Sinne der Sowjets war; sie versuchten es zurückzuerobern. Aber Mannerheim siegte mit deutscher Unterstützung in einem Kriege, der von Januar bis Mai 1918 dauerte. Ein im Mai 1919 gewähltes neues Parlament rief die Republik aus und verkündete, noch während die dem Lande wohlgesonnene Friedenskonferenz tagte, am 17. Juli 1919 eine Verfassung. Der Friede mit den Sowjets wurde erst am 14. Oktober 1920 durch den Vertrag von Dorpat endgültig geschlossen. Aber es war ein unsicherer Friede, wie sich 1939 herausstellte . . .

2. *Estland:* Dieses Land wurde Rußland durch den Frieden von Nystad (1721) unter Peter dem Großen einverleibt, nachdem es im Laufe der Jahrhunderte nacheinander von Dänen, Schweden, Deutschen und Russen erobert worden war. 1914 war der Einfluß der baltischen Barone dort sehr stark (200 adlige Familien besaßen 60—70 Prozent des Bodens; sie trieben — obwohl deutschen Ursprungs — eine russenfreundliche Politik); im Volk dagegen lebte ein starker Wunsch nach Unabhängigkeit und Sympathie für Deutschland. 1914 befand sich Estland also an Rußlands Seite im Krieg gegen die Mittelmächte. Am 12. April 1917 ließ die provisorische russische Regierung durch allgemeine Abstimmung einen *estnischen* Nationalrat wählen, den die Sowjets jedoch im November nicht anerkannten. Die durch den Bolschewismus erschreckten Barone wechselten die Stellung und führten mit den Esten einen wilden Krieg gegen die Rote Armee. Am 24. Februar 1918 während der Verhandlungen in Brest-Litowsk, bei denen der Verzicht Rußlands auf Estland bestätigt wurde, proklamierte der Nationalrat die Unabhängigkeit und Neutralität des Landes. Am 25. Februar zogen sich die sowjetischen Truppen zurück und zur großen Erleichterung des Volkes und der baltischen Barone besetzten deutsche Truppen nach und nach das Land. Nach dem Waffenstillstand, der den Ersten Weltkrieg beendete, schritt die russische Armee erneut zur Offensive, stieß aber diesmal auf englische und finnische Truppen und mußten sich wieder zurückziehen. In einem zu Dorpat (2. Februar 1920) unterzeichneten Vertrag erkannten die Sowjets die Unabhängigkeit Estlands an, und im Mai bestätigte sie der Interalliierte Oberste Rat in London „de jure".

3. *Lettland:* Lettland gehörte seit 1721 zu Rußland. Hier wie in Estland trieben die deutschstämmigen baltischen Barone eine russenfreundliche Politik, während das Volk eher zur Unabhängigkeit neigte oder sich deutschfreundlich zeigte. Hier herrschte der deutsche Einfluß seit dem XII. Jahrhundert (Deutschritter, Schwertbrüder-Orden), und die prodeutsche Strömung in Volkskreisen war ausgesprochener als in Estland. Die Deutschen besetzten im Mai 1915 Libau, im August 1917 Riga. Nach dem Frieden von Brest-Litowsk, in dem Lettland Deutschland zugesprochen wurde, kamen die nach Unabhängigkeit strebenden Kreise zum Zuge. Ein Nationalrat, der 1917 im Geheimen gegründet war, proklamierte sofort nach Unterzeichnung des Waffenstillstandes (November 1918) offen die Republik. Die Rote Armee versuchte erfolglos das Land zurückzuerobern, sie wurde von polnisch-lettischen Truppen zurückgeworfen. Die Sowjets schlossen mit dem *Nationalrat* unter Anerkennung der Souveränität Lettlands (22. März 1920) einen Waffenstillstand und schließlich am 11. August 1920 einen Friedensvertrag. Am 26. Januar 1921 wurde diese Unabhängigkeit auch von den Großmächten „de jure" anerkannt, die dem Land am 21. September 1921 den Eintritt in den Völkerbund gestatteten.

4. *Litauen:* Im XIV. Jahrhundert erstreckte sich das Fürstentum Litauen von der Ostsee bis nach Kiew. Diese Stadt war nach Minsk bei der Verfolgung der zurückweichenden Tataren erobert worden. Seit dem XIII. Jahrhundert war Litauen stark von der deutschen Kultur durchdrungen, die von den Rittern des Deutschen Ordens verbreitet worden war. 1795 wurde es wider seinen Willen von Rußland annektiert, dem jedoch nicht einmal „mit Eisen und Strick" (Muraview 1863), die Slawisierung gelang. Am 7. August 1915 rückten die deutschen Truppen in Kaunas ein und wurden von den Einwohnern der Stadt mit Jubel begrüßt. Im April 1917 versammelte sich in Wilna ein Ausschuß mit dem Ziel, einen Landtag zu gründen, der alle Beziehungen zu Rußland abbrechen und das Land unter deutsche Schutzherrschaft stellen sollte. Im Juli 1918 machte sich ein Ausschuß dieses Landtags daran, eine monarchische Verfassung auszuarbeiten. Die Niederlage der Mittelmächte vereitelte diese Pläne. Nach dem Waffenstillstand rief der Landtag unter dem Einfluß des angesehenen Smetona die unabhängige Republik Litauen aus. Diese Unabhängigkeit wurde von England im September 1919, von Rußland am 11. Mai 1921 anerkannt. Die Gebiete von Suwalki, Grodno, Bialystock und Wilna machten sich Polen, Litauen und Rußland gegenseitig streitig. Erst auf der Botschafterkonferenz 1923 konnte die Grenze zwischen Litauen und Polen festgelegt werden. Das Memelgebiet, das von Deutschland durch den Vertrag von Versailles — ohne Befragung sei-

ner Bevölkerung — losgerissen worden war, lebte als von Frankreich verwaltetes autonomes Territorium bis 1923, als es mit Gewalt von Litauen besetzt wurde. Im Mai 1924 machte eine *Friedenskonvention* daraus eine Art autonomes Gebiet, das von Litauen verwaltet wurde. Mit anderen Worten: das Verhältnis zwischen Litauen und dem Memelland war so wie das zwischen Frankreich und Monaco odei wie zwischen Italien und San Marino.

In diesen vier Fällen wurde das Selbstbestimmungsrecht mit Waffengewalt errungen und die Ansprüche der besser bewaffneten Partei setzten sich durch gegen die der weniger gut bewaffneten. —

Im Süden war es einfach, Thrazien von Bulgarien abzuschneiden, um es Griechenland zu geben, und von Ungarn Siebenbürgen, das Buchenland und einen Teil des Banats zum Vorteil Rumäniens[95] loszulösen.

Die Schwierigkeiten begannen bei Albanien. Griechenland beanspruchte die Gebiete von Gjinokastre und Korça (Koritza); Italien, dessen Interessen in diesem Gebiet soeben anerkannt worden waren, widersetzte sich. Ohne Befragung der Bevölkerung gab man Gjinokastre an Griechenland und zum Ausgleich den Hafen Valona an Italien. Beim Rückzug der alliierten Truppen im Jahre 1920 gab es blutige Kämpfe zwischen Albaniern und Griechen, Albaniern und Serben, Albaniern und Italienern. Schließlich verzichtete Italien im August 1920 den Albanern gegenüber vertraglich auf die ihm in

95 Das Königreich Rumänien entstand 1881 durch die Vereinigung der Landschaften Moldau und Walachei, die sich vordem hundert Jahre lang bekämpft hatten — in einem Krieg, der an den zwischen Armagnac und Burgund im Mittelalter erinnerte. Manchmal war das Land mit den Russen gegen den Sultan verbündet gewesen, manchmal mit Österreich-Ungarn gegen die Slawen. Trotz seiner Verträge mit den Mittelmächten war es 1914 zunächst neutral geblieben. Am 17. August 1916 gab es dem Drängen der Alliierten nach und trat an ihrer Seite in den Krieg ein. Von den Russen im Stich gelassen und auf seine eigenen Kräfte angewiesen, wurde es bald von den Heeren Falkenhayns und Mackensens besetzt. Als der russische General Kornilow im Juli 1917 die Galizien-Front der Mittelmächte durchstoßen hatte, nahm Rumänien den Kampf auf Seiten der Russen wieder auf. Dann brach Rußland zusammen. Nach dem Frieden von Brest-Litowsk, der ihnen die Hände in Rumänien frei ließ, besetzten die Deutschen das Land und erzwangen den Vertrag von Bukarest (7. Mai 1918), der durch den Waffenstillstand vom 11. November 1918 wieder annulliert wurde. Am 1. Dezember kehrte König Ferdinand I. nach Bukarest zurück. Rumänien mußte belohnt werden. Ein Komitee von Würdenträgern aus Siebenbürgen, dem Banat und aus dem Crishnagebiet hatte am gleichen Tage in Bukarest zur Nationalversammlung gesprochen und die Angliederung dieser Gebiete an Rumänien verlangt. Man gab dieser Forderung ohne Volksabstimmung nach, obwohl in jenen Landstrichen zweifellos der ungarische Einschlag wesentlich stärker war. Man gab Rumänien auch Bessarabien und das Buchenland, wo ein ähnliches Komitee sich am 9. April 1918 im gleichen Sinne ausgesprochen hatte. Auch ohne Volksabstimmung. Man gab Rumänien ferner — wieder ohne Volksabstimmung — zwei Drittel des Banats (das andere Drittel ging an Jugoslawien), obwohl sich im Banat seit langem ein starker lateinischer Einfluß bemerkbar machte, der nach Unabhängigkeit strebte, ohne je sehr lautstark zu werden. Man gab ihm schließlich noch Siebenbürgen, obwohl sich am 1. Dezember 1918 in Carlsberg ein Komitee zu Gunsten Ungarns ausgesprochen hatte.

dieser Gegend zugestandenen Vorrechte. Das Verhältnis Albaniens zu Italien, Griechenland und Jugoslawien blieb schlecht. Die beiden österreichisch-ungarischen Häfen Fiume und Triest wurden Italien (ebenfalls ohne Befragung der Einwohner) zugesprochen, was bis zum Kriege 1939—1945 zu einer unabsehbaren Reihe von Zwischenfällen zwischen Italien und Jugoslawien führte.

Mit Fiume und Triest kommen wir zur Regelung des österreichisch-ungarischen Problems. Bei der Festlegung der Grenzen zwischen den Völkern der ehemaligen Doppelmonarchie — und der Grenzen zwischen diesen neuen Staaten und Deutschland, wurde das Selbstbestimmungsrecht der Völker schlimmer mit Füßen getreten als irgendwo sonst und die Folgen waren dementsprechend. Der Staat Österreich-Ungarn[96] war die politische Schlüsselfigur in Zentraleuropa. Seine stark miteinander verwachsenen Völkerschaften hatten die Türken von den Toren Wiens bis an die Karpathen zurückgedrängt, nachdem Prinz Eugen sie 1697 in Zenta zerschmettert und damit ihren Vormarsch zum Stehen gebracht hatte, etwa in der gleichen Art wie Karl Martell 732 die Araber bei Poitiers. Als Bollwerk Europas drängten

---

96 Österreich-Ungarn war eine „Doppelmonarchie" und setzte sich nach dem Grundgesetz vom 21. Dezember 1867 aus zwei Staaten zusammen, die durch die Leitha, einem linken Nebenfluß der Donau, getrennt waren: das Kaiserreich Österreich mit der Hauptstadt Wien und das Königreich Ungarn mit der Hauptstadt Budapest. Ersteres umschloß 17 weitgehend autonome Königreiche oder Länder mit je einem Vertreter des Kaisers an der Spitze: Niederösterreich, Oberösterreich, Steiermark, Kärnten, Krain, das Küstenland (Istrien, Triest und Görtz), Dalmatien, Tirol, Vorarlberg, Salzburg, Böhmen, Mähren, Schlesien, Galizien und das Buchenland.

Ungarn war in 63 Komitate und 25 freie Reichsstädte aufgeteilt. Komitate und freie Städte bildeten autonome Gemeinden, an deren Spitze ein Präfekt stand.

Die beiden Staaten waren voneinander unabhängig mit Ausnahme der Außenpolitik, der Verteidigung und der Finanzen. Ein Parlament in Wien (Abgeordnetenkammer und Herrenhaus), ein anderes in Budapest (Abgeordnetenkammer und Magnatenhaus). In Ungarn hatte Kroatien-Slawonien (1868) die Unabhängigkeit erhalten — mit Ausnahme einiger gemeinsamer Angelegenheiten: ein Landtag tagte in Agram, 40 Abgeordnete saßen in der ungarischen Kammer. Bosnien und die Herzegowina wurden bis 1908 von einem österreich-ungarischen Kondominium (gemeinsame Minister) im Namen des Sultans verwaltet. Von da an bildeten sie einen Teil der Doppelmonarchie und hatten eine ähnliche Regierungsform wie Kroatien-Slawonien mit der Ausnahme, daß sie zwar einen Landtag und eine Provinzialregierung hatten, daß die Oberherrschaft aber durch einen Militärgouverneur im Namen des Kaisers ausgeübt wurde, was unleugbar Willkür und Unterdrückung bedeutete. In ihrer Gesamtheit waren diese 17 Königreiche, 65 Komitate und 25 freie Städte — mit Ausnahme der unterworfenen Gebiete Bosnien und Herzegowina — untereinander durch eine Art föderalistisches, alles in allem ziemlich geschmeidiges und tolerantes System verbunden. Außer den Bosniaken und Herzegowinern verursachten auch die Tschechen, die das Grundgesetz von 1867 recht ungerne hingenommen hatten, die im Parlament in Budapest kaum vertretenen Slowaken, die zwischen Magyaren, Ruthenen und Deutschen aufgeteilten Galizier, sowie die stets gegen die Magyaren eingenommenen Kroaten einige Schwierigkeiten. Aber diese Schwierigkeiten waren mehr durch die „Magyarisierung" geschaffen, die von der autoritären Budapester Regierung und der dort herrschenden Kaste grundsätzlich angestrebt wurde, als durch die viel groß zügigere Kaiserliche Krone, die allerdings auch nicht viel mit diesen Angelegenheiten zu tun hatte.

sie die ottomanischen Eindringlinge durch ihre recht kluge Politik mit den Moldau-Walachen (Rumänen) und den Bulgaren langsam aber sicher nach Asien. Österreich-Ungarn bildete also gleichzeitig im Süden ein Bollwerk gegen die Slawen, während Deutschland diese Aufgabe im Norden übernommen hatte. Das politische Streben war auf eine fortschreitende friedliche Eindeutschung aller seiner Völkerschaften gerichtet und es hätte diese doppelte Mission auch erfolgreich durchgeführt, wenn seine Staatsmänner im 20. Jahrhundert nicht so engstirnig gewesen wären. So reagierten beispielsweise Graf Berchtold, Außenminister, und Graf Tisza, der Vorsitzende des Staatsrates, nach der Ermordung des österreichischen Thronfolgers und seiner Gattin in Serajewo (28. 6. 1914) durch den Studenten Princip und seine Komplizen nicht als Staatsmänner sondern als in Standesvorurteilen befangene Menschen.

Der 84jährige Kaiser Franz-Josef konnte die Lage nicht mehr richtig beurteilen oder eine andere Politik durchsetzen, nicht einmal mit Hilfe der weit klügeren Vorschläge des realistischeren Kaisers Wilhelm II. und seines Kanzlers von Bethmann-Hollweg.[97]

Der Zusammenbruch Österreich-Ungarns läßt sich in wenigen Daten schildern:

13. September 1918: Kaiser Karl teilt Deutschland mit, daß er um Frieden bitten will.

23. September 1918: Wir haben gesehen (Anmerkung 82) wie es durch die Initiative eines am 23. 9. 18 zusammengetretenen Nationalrats in Kroatien später zur Ausrufung des „Königreichs der Serben, Kroaten, und Slowenen" kam.

16. Oktober 1918: Kaiser Karl läßt ein Manifest anschlagen, in dem gesagt wird, daß Österreich ein Bundesstaat werden soll; der Staat Ungarn wird hiervon nicht betroffen.

21. Oktober 1918: Die 200 deutschen Abgeordneten des Reichsrats versammeln sich, stellen fest, daß der alte österreichische Staat in der Auflösung begriffen ist, bilden eine provisorische Nationalversammlung, die am 30. 10. Deutschösterreich ausruft, eine alle deutschsprachigen Gebiete umfassende und einen Teil des Deutschen Reiches bildende Republik.[98]

---

97 Wilhelm II. und von Bethmann-Hollweg bemühten sich vergeblich um eine Entschärfung der Lage, indem sie Wien zur Annahme der serbischen Antwort auf das österreich-ungarische Ultimatum vom 23. Juli zu bewegen suchten. Graf Tisza hätte sich dem deutschen Standpunkt angeschlossen, aber Graf Berchtold setzte sich mit seiner unnachgiebigen Haltung durch.

98 Diese Republik wurde feierlich am 12. November proklamiert. Vorher hatte Kaiser Karl auf jegliche Teilnahme an den Staatsgeschäften verzichtet; er wollte sich nach Ungarn zurückziehen, wo er die Regierung unter dem Namen Karl IV. fortzusetzen beabsichtigte. Die Wahlen vom 16. Februar 1919 bestätigten den Sieg der Sozialisten. Am 4. März trat

28. Oktober 1918: Ein tschecho-slowakisches National-Komitee übernimmt in Prag die Macht und ruft die Republik aus. Um die Form zu wahren, nennt sich dieses Komitee am 9. November Nationalversammlung und proklamiert am 14. offiziell die Absetzung der Habsburger, die Kündigung der Unions-Akte von 1526 usw. . . . [99]

1. November 1918: In Budapest war am 23. Oktober eine Regierungskrise entstanden. Das neue Ministerium unter dem Vorsitz von Karolyi erklärte den Vertrag von 1867 und damit die Doppelmonarchie für aufgelöst. Ein von der Bevölkerung gebildeter *Nationalrat* drängte Karolyi mit dem König zu brechen. Dieser verzichtete am 13. November auf jeden Einfluß auf die Staatsgeschäfte. Am 16. November proklamierte das Nationalkomitee, das sich selbst zur Nationalversammlung ernannt hatte, die Republik und ernannte Karolyi zum Präsidenten.[100]

Die auf der Friedenskonferenz vertretenen Mächte sehen diese ganzen Nationalkomitees und Nationalräte als Ausdruck des Volkswillens an, gestatten in den meisten Fällen die Bildung neuer Staaten und verteilen das Land unter ihnen in Übereinstimmung mit den Ansprü-

---

die Versammlung zusammen, aber von den 255 vorgesehenen Sitzen waren nur 157 besetzt, denn die Alliierten hatten keine Wahlen gestattet in jenen Gebieten, die sie von dem neuen Österreich abzutrennen beabsichtigten. Andererseits war der von ihrem Alterspräsidenten ausgesprochene einstimmige Wunsch dieser 157 Abgeordneten nach Angliederung an das Deutsche Reich, nicht erhört worden; Artikel 88 des Vertrages von St. Germain (10. September 1919) erklärte die Unabhängigkeit von Österreich für unabdingbar und verbot seinen direkten oder indirekten Anschluß an ein anderes Land ohne die Zustimmung des Völkerbundes.

Artikel 61 der Weimarer Verfassung (11. August 1919) sah die Zulassung österreichischer Vertreter zum Bundesrat vor, sobald dieses Land an das Reich angeschlossen sein würde. Am 22. Oktober 1919 erklärte man den Deutschen, daß diese Bestimmung im Widerspruch zu Artikel 88 des Versailler Vertrages stehe; sie antworteten, daß nicht die Rede davon sein könnte, diesen Anschluß ohne Zustimmung des Völkerbundes durchzuführen; diese Zustimmung könne aber angesichts des Selbstbestimmungsrechtes der Völker — eines der Grundprinzipien des Völkerbundes — nicht ausbleiben. Die Sieger mußten sich mit dieser Erklärung zufrieden geben: die Weimarer Verfassung wurde nicht abgeändert.

99 Die Tschechen und Slowaken waren 1914 nur widerwillig in den Krieg gezogen und die Aushebung der Rekruten hatte bei diesen beiden Volksgruppen zu ernsten Zwischenfällen geführt. Eine Anzahl in die Vereinigten Staaten geflüchteten Leiter der Oppositions-Parteien hatte sich am 30. Mai 1918 in Pittsburg versammelt und hier die Gründungs-Urkunde für einen tschecho-slowakischen Staat unterzeichnet, in dem die Slowaken ihre eigene Verwaltung, ihr eigenes Parlament, ihre eigene Sprache und eigene Rechtsprechung haben sollten. Auf dieser Grundlage (vergl. Anmerkung 83) war in Paris am 3. September 1918 eine provisorische Regierung gebildet worden. Tatsächlich aber drangen die Tschechen mit Gewalt in die Slowakei ein, rissen dort die politische Macht an sich und begnügten sich damit, in Preßburg ein „Ministerium für die Slowakei" zu schaffen. Auf der Friedenskonferenz war der neue Staat durch Tschechen vertreten und das Selbstbestimmungsrecht der Völker hatte sich also hier in ein Recht der Tschechen verwandelt, über die Slowaken zu bestimmen.

100 Im März 1919 erfolgte unter Führung von Bela Khun ein kommunistischer Umsturzversuch, der Ungarn einen bis in den Juli dauernden Bürgerkrieg bescherte. Zweimal, im März 1920 und im Oktober desselben Jahres, versuchte König Karl IV., Ex-Kaiser von Österreich-Ungarn, wieder die Macht zu ergreifen. Zwischenzeitlich wurde Ungarn durch den Vertrag von Trianon um zwei Drittel seines Gebietes gebracht.

chen dieser Komitees und Räte — nur weil diese sich selbst zu Nationalversammlungen erklärt und die Rechte von Nationalversammlungen beansprucht haben.
Meist waren sie aber nur der Ausdruck von *aktiven rebellierenden Minderheiten,* deren Bemühungen unter friedlichen Verhältnissen zum Scheitern verurteilt gewesen wären, weil die völkischen oder sozialen Gruppen, die sie vertraten, nichts anderes gemeinsam hatten als die Feindschaft gegen die Doppelmonarchie und gegen germanisierende oder magyarisierene Bestrebungen. Sobald das von ihnen bekämpfte System gestürzt war, gab es auch nichts mehr, was diese Gruppen zusammenhielt — und schon lösten sie sich auf: die Geschichte der Tschechen und der Slowaken, der Serben und der Kroaten, der Galizier und der Polen zwischen den beiden Weltkriegen illustriert das mit grausamer Deutlichkeit.
In Budapest mußte die am 16. November 1918 ausgerufene Republik, sobald die Gemüter sich beruhigt hatten, wieder der Monarchie weichen, die dann im Mai 1921 wiederhergestellt wurde, wobei die Krone allerdings ohne Träger blieb und die ausführende Gewalt vorläufig einem Regenten (Horthy) anvertraut wurde. In Rumänien, dessen Größe von 137 000 auf 304 000 Quadratkilometer, dessen Bevölkerung von 7 auf 17 Millionen anstieg, wurde das politische Leben durch die Tatsache, daß man die verschiedensten Völkerschaften gegen ihren Willen in einen Staat zusammengepfercht hatte, zu einem vollkommenen Chaos.
Außer der schon erwähnten gab es noch einige Volksabstimmungen: 1. wegen der Angliederung des Gebiets um Klagenfurt an Österreich (die Südtirolfrage zwischen Italien und Österreich wurde aber nicht geregelt); 2. wegen der Angliederung des Burgenlandes teils an Österreich, teils an Ungarn; 3. zur Festlegung der Westgrenze Polens fanden noch drei sogenannte Volksabstimmungen nach dem Schleswiger Muster (vergl. Anmerkung 93) statt, die die Gebiete von Allenstein und Marienwerder sowie Oberschlesien betrafen, und gleichfalls zu willkürlichen Teilungen führten.

Ohne diese Willkür wäre es nie möglich gewesen, Danzig zur freien Stadt zu erklären, Polen 20 Kilometer Küste zu geben, den polnischen Korridor zu schaffen, (der Ostpreußen vom Mutterland trennte und so eine der Hauptursachen des Krieges von 1939—1945 bildete), noch das Memelland von Ostpreußen abzuschneiden. Ohne diese Willkür wäre es auch nicht möglich gewesen, dem neuen tschecho-slowakischen Staat die drei bis vier Millionen Deutschen in Böhmen zuzuschlagen, die mehr als ein Drittel der Bevölkerung ausmachten; dadurch war allerdings dieser junge Staat praktisch bei seiner Geburt schon zum Tode verurteilt mit seinen 33 Prozent Deutschen, 33 Pro-

zent Tschechen, 20 Prozent Slowaken — um von drei oder vier kleineren Minderheiten noch zu schweigen. Aber für die Politiker der alliierten oder assoziierten Mächte[101] hatte diese Methode den unschätzbaren Vorteil, von Deutschland 84 000 Quadratkilometer (nahezu ein Sechstel seines Gebietes) abzutrennen und von Österreich und Ungarn ungefähr ein Drittel des Gebietes, das diesen Ländern bei korrekter Anwendung des Selbstbestimmungsrechtes gehört hätte.
Dieser Willkürakt, der über zehn Millionen Deutsche und Deutschösterreicher ohne sie zu fragen und gegen ihren Willen anderen Staaten zuteilte (hauptsächlich Polen und der Tschecho-Slowakei), dieses Verschenken von Menschen und ihrem Boden nach dümmstem Gutdünken schuf für Europa tragische, unüberwindliche Schwierigkeiten — die weiteren Entwicklungen haben es nur allzudeutlich gezeigt.
In wirtschaftlicher Hinsicht wurde Deutschland der für seine Industrie notwendigen Rohstoffe und der bei der Größe seiner Bevölkerung notwendigen landwirtschaftlichen Hilfsquellen beraubt, und Österreich um seine Seehäfen gebracht. Und wenn man auch die neugeschaffenen Staaten um das bereicherte, was man den anderen weggenommen hatte, so bot man ihnen doch letzten Endes nur den unzureichenden Handelsweg der Donau, wodurch ganz Mitteleuropa entweder zur wirtschaftlichen Verkümmerung oder zur Unterwerfung unter die alliierten und assoziierten Mächte verdammt war.
Diese falschen Entscheidungen wurden durch die finanziellen Bedingungen der Verträge noch verschlimmert. Bei den Finanzklauseln setzte man in den Verträgen nicht einmal genaue Zahlen ein. Man einigte sich rasch darauf, daß zur endgültigen Festsetzung der Beträge viel längere Zeit benötigt würde, als zwischen Waffenstillstand und der Unterzeichnung des Friedensvertrages zur Verfügung stand. Man ernannte also zu diesem Zweck[102] einen Reparationsausschuß, dem als letzter Termin der 1. Mai 1921 gesetzt war. Dann sollte die endgültige Entscheidung fallen.

---

101 Sobald Präsident Wilson sah, worauf die Debatten hinausliefen, erklärte er, daß die Vereinigten Staaten nicht mehr als alliierter Staat gelten wollten, sondern nur noch als „assoziierte" Macht (womit er ausdrücken wollte, daß die anderen Mächte eine Assoziation zwischen ihren Absichten und denen der USA konstruierten). Durch diesen Unterschied behielt sich Amerika das Recht vor, sich den getroffenen Entscheidungen anzuschließen oder auch nicht.

102 Die Reparationskommission legte ihren Bericht am 24. Januar 1921 vor. Wie bereits im ersten Teil dieses Buches gesagt, wurde Deutschland verurteilt, Reparationen in Höhe von 132 Milliarden Goldmark an die Alliierten zu zahlen. Man wollte sogar 210 Milliarden fordern; in Diskussionen, die bis zum 27. April 1921 dauerten, einigte man sich aber auf den erstgenannten Betrag und setzte fest, daß er in 42 Jahresraten zu zahlen sei. Die Alliierten teilten die Summe folgendermaßen untereinander: Es erhielten: 52 Prozent Frankreich, 22 Prozent England, 10 Prozent Belgien, 8 Prozent Italien, die restlichen 8 Prozent wurden an Jugoslawien (5 Prozent), Rumänien, Japan, Portugal und Griechenland gegeben. Die Verbündeten Deutschlands wurden zu viel geringeren Zahlungen verurteilt.

Deutschland hatte bis dahin in drei Raten eine Summe von zwanzig Milliarden Goldmark als Vorleistung zu zahlen, um Belgien und die verwüsteten Gebiete in die Lage zu versetzen, ohne Zeitverlust mit den Wiederaufbauarbeiten zu beginnen. In den Verträgen selbst begnügte man sich damit, die Grundsätze festzulegen, nach denen die Reparationsbeträge zu errechnen seien.

Wir erinnern uns, daß die Erklärungen des Präsidenten Wilson in diesem Punkte sehr eindeutig waren: ein Friede „ohne Sieg", d. h. „ohne Sieger und Besiegte" (Rede vom 21. Januar 1917 vor dem Senat) — und daß er selbst auf dieser Basis (die in der Erklärung der Sowjets vom 20. Februar 1918 als ein „Friede ohne Annexionen oder Entschädigungen" bezeichnet wurde) die Waffenstillstands-Verhandlungen mit den Mittelmächten führte.

„Ohne Entschädigungen" . . . In seinen 14 Punkten hatte Präsident Wilson bezüglich der Räumung der von Deutschland besetzten Gebiete bestimmt, daß diese Gebiete — selbstverständlich — auch wiederaufgebaut werden müßten. Wie wir gesehen haben (vgl. S. 166) interpretierten die Engländer und Franzosen diese Bestimmung in der Note vom 4. November 1918, in der sie ihre Zustimmung zu Waffenstillstandsverhandlungen mit den Mittelmächten gaben, wie folgt:

„Die Alliierten sind der Meinung, daß kein Zweifel darüber bestehen bleiben dürfte, welchen Umfang diese Bedingung hat. Sie verstehen darunter, daß Deutschland alle Schäden ersetzen muß, die die Zivilbevölkerung der Alliierten infolge des deutschen Angriffs an ihrer Person sowie an ihrem Eigentum erlitten hat, ob diese Schäden nun durch Kriegshandlungen zu Lande, zur See oder durch Luftoperationen entstanden sind."

Nun belastete man Deutschland mit den Gesamtkosten des Krieges. Das war nicht was Präsident Wilson gewollt hatte und das war noch vielweniger ein Friede „ohne Entschädigungen". Um diese gewaltige Forderung zu begründen, mußte man Deutschland alleinverantwortlich erklären für alles Geschehene. Das entsprach nicht den Tatsachen und das war kein „Friede ohne Entschädigungen", kein Friede „ohne Sieger und Besiegte" mehr, sondern ein Friedensschluß nach der alten Kriegstradition, nach der die Sieger ihre Bedingungen — so unvernünftig sie auch sein mochten — den Besiegten aufzwangen. Wenn es noch verständlich war, daß Belgien und Nordfrankreich von Deutschland wiederaufgebaut werden mußten, während alle anderen aber ihre eigenen Wunden selbst verbanden, so begriff man doch nicht — zumindest begriff niemand auf der europäischen Linken — die Wut, mit der sich die Sieger auf die Besiegten stürzten. In Amerika verstand man das ebensowenig. Aber in Frankreich, England und Italien war die Rechte am Ruder und trotz aller Anstrengungen

des Präsidenten Wilson drangen deren Ansichten durch: Artikel 231 des Versailler Vertrages erklärte, daß Deutschland allein schuld sei am Kriege.
Infolgedessen standen die Russen 21 Jahre später, wie Peter Kleist richtig gesagt hat, „50 Kilometer vor Hamburg", wo sie noch heute sind und auf weitere passende Gelegenheiten warten.
Die Russen, d. h. die Slawen. Dies bedeutet, daß Westeuropa nach 1200 Jahren dort steht, wo es stand, als Karl der Große von seinem Vater die Mission erbte, dieses Problem zu lösen!

*

Am 20. April 1919 wurde die deutsche Regierung eingeladen, Vertreter nach Versailles zu entsenden, um von den Bedingungen, unter denen die alliierten und assoziierten Mächte zum Vertragsabschluß bereit waren, Kenntnis zu nehmen. Da keine mündliche Diskussion zugelassen war, antwortete die Reichsregierung, daß sie die Entsendung von Bevollmächtigten für überflüssig hielte und daß man die Angelegenheit auch per Post erledigen könne: Gesunder Menschenverstand! Aber die Vertreter mußten trotzdem kommen . . .
Am 30. April waren sie da. Ihr Delegations-Chef war Graf Brockdorff-Rantzau. Am 7. Mai wurde ihnen der Vertragsentwurf anläßlich einer Vollversammlung der Friedenskonferenz überreicht. Außer den bereits erwähnten Bestimmungen enthielt er noch einige andere: Das Prinzip der Meistbegünstigung für die alliierten und assoziierten Mächte bei ihren zukünftigen Handelsbeziehungen mit Deutschland, die Internationalisierung gewisser Eisenbahnstrecken und der großen Wasserstraßen (Elbe, Oder, Donau, Rhein, Mosel, Nord-Ostsee-Kanal), weiter sollten bestimmte Teile Deutschlands eine Zeit lang besetzt werden — die Begrenzung dieser Besatzungszonen wurde angegeben usw. . . . Wie schon gesagt, bildete der Völkerbundspakt die Präambel des Versailler Vertrages. Das Ganze war ein Buch mit 436 Seiten. Die deutschen Gegenvorschläge trafen am 24. Mai beim Sekretariat der Konferenz ein; sie waren in einem Band von 443 Seiten enthalten . . .
Im Mai 1919 hatte Deutschland eine legale republikanische Regierung. Am 19. Januar hatten Wahlen für eine verfassunggebende Versammlung stattgefunden. Es war ein Wunder, daß der von den Arbeiter- und Soldatenräten gewählte „Rat der Volksbeauftragten" überhaupt auf den Gedanken gekommen war, eine solche verfassunggebende Versammlung wählen zu lassen, daß er es fertiggebracht hatte, solche Wahlen zu organisieren und halbwegs korrekt durchzuführen. Es war ein Wunder angesichts der allgemeinen Unzufrie-

denheit, der Lebensmittelknappheit und Arbeitslosigkeit, bedingt durch die Waffenstillstandsbedingungen (die Blockade wurde fortgesetzt, der innerdeutsche Güter- und Personenverkehr war desorganisiert, es gab ein Einfuhr- wie ein Ausfuhrembargo . . .) so daß überall Arbeiter- und Soldatenräte entstanden, in denen die prosowjetische Richtung (USP und Spartakisten) den Ton angab.

Unter solchen Umständen schienen Wahlen ein Ding der Unmöglichkeit zu sein — daß sie aber doch stattfinden konnten, war dem zufälligen Zusammentreffen zweier ganz subjektiver Faktoren zu verdanken:

Erstens zeigten die Führer der prosowjetischen Richtung, Karl Liebknecht, Rosa Luxemburg, Ledebour usw. einen totalen Mangel an politischer Einsicht oder an Entschlossenheit, — oder vielleicht fehlten ihnen beide Qualitäten.[103]

Zweitens war Noske, Mehrheitssozialist und Kommissar für die nationale Verteidigung, ein sehr entschlossener Mann, der nicht von politischen Skrupeln geplagt wurde und keinen Augenblick gezögert hatte, die Armee einzusetzen, um die prosowjetischen Aufstandsversuche mit Gewalt niederzuschlagen.[104]

---

103 Sehr wahrscheinlich gingen ihnen beide ab, denn der Mangel an Entschlußkraft ergibt sich im allgemeinen aus dem Mangel an politischer Einsicht. Anfänglich bildeten ihre Anhänger in den Arbeiter- und Soldatenräten die Mehrheit. Dann ließen sie sich aus dem „Rat der Volksbeauftragten" vertreiben, wo sie durch Mehrheitssozialisten ersetzt wurden. Schließlich hatten sie sich grundsätzlich mit der Abhaltung von Wahlen einverstanden erklärt, im Glauben, mühelos eine Mehrheit erringen zu können. Sie hatten allerdings nicht berücksichtigt, daß die Arbeiterschaft zwar zahlenmäßig bedeutend war, daß aber die Arbeiter- und Soldatenräte trotz allem nur eine aktive Minderheit darstellten, und daß solche Wahlen obendrein dem Adel, dem Bürgertum und den Kleinbürgern — die bisher zu dem Vorgehen der Arbeiter- und Soldatenräte nur schweigen konnten oder sich sogar hatten verkriechen müssen — die Gelegenheit geben würden, ihre scharf ablehnende Einstellung zum Ausdruck zu bringen. Als die prosowjetischen Sozialisten am 6. Januar 1919 im Tiergarten eine riesige Menschenmenge um sich versammelt hatten, die nur auf einen Befehl ihrer Führer wartete, um in einem unwiderstehlichen Ansturm die Macht zu erobern, da gaben diese Führer den Befehl nicht, weil sie den Wahlen zugestimmt hatten. „Wenn die Menge damals eine entschlossene und klardenkende Führung gehabt hätte, statt Schwätzer, wäre Berlin um die Mittagstunde in ihrer Hand gewesen . . . " schrieb Noske später in seinem Buch „Von Kiel bis Kapp".

104 Bei der Übernahme seines Postens hatte Noske gesagt: „Einverstanden. Einer von uns muß Bluthund sein" — und zwar im herabsetzenden Sinne eines „Henkers". Es drängt sich der Vergleich aus späterer Zeit mit dem Ausdruck „der Schlächter von Albacete" auf, womit der Kommunist Marty während des spanischen Bürgerkriegs gemeint war. In fremde Sprachen übersetzte man Noskes Wort meist: „Einverstanden. Einer von uns muß Schlächter sein". Dies ermächtigte W. L. Shirer in seinem Buch „Das Dritte Reich" zweifellos, bei der Skizze über Noskes Lebenslauf zu sagen, er sei von Beruf Schlächter gewesen. Er war jedoch Holzarbeiter, einer jener Autodidakten des ausgehenden 19. Jahrhunderts, die ohne materielle Mittel, nur dank ihrer Ausdauer, ein weit höheres geistiges Niveau erreichten als soviele Doktrinäre, die als Söhne wohlhabender Väter durchaus zu echten Intellektuellen hätten werden können, die aber nur zu Versagern wurden, zu Menschen ohne richtigen Beruf. Das muß zu Gunsten Noskes gesagt werden, auch wenn man, wie in meinem Fall, keinerlei Sympathie für ihn aufbringen kann.

Bei dieser Gelegenheit wäre noch zu erwähnen, daß so gut wie alle Angaben W. L. Shi-

Das Ergebnis dieser Wahlen war folgendes:

	Stimmen	*Sitze*
Sozialdemokraten (Ebert)	11 500 000	163
Zentrum (Erzberger)	6 000 000	88
Deutsche Demokraten	5 600 000	75
Konservative (Deutschnationale Volkspartei)	3 200 000	42
Unabhängige und Spartakisten	2 300 000	22
Nationalliberale	2 300 000	22
Verschiedene Splittergruppen	800 000	9
	31 700 000	421

Da Unabhängige und Spartakisten nur so wenige Stimmen (kaum mehr als 5 Prozent der Wählerschaft) erhalten hatten, mußten sie wohl oder übel die Rechtmäßigkeit der Verfassunggebenden Versammlung anerkennen oder wenigstens zugeben, daß sie eher dem Volkswillen entsprach, als die Arbeiter- und Soldatenräte. Sie zogen dort schließlich ohne Kopf ein, da ihre volkstümlichsten Führer entweder zu hohen Gefängnisstrafen verurteilt oder während des erbarmungslosen Kampfes mit Noske ermordet worden waren (Karl Liebknecht, Rosa Luxemburg usw.). Aber auch die Sozialdemokraten unter Führung von Ebert und Scheidemann waren kaum weniger enttäuscht: Statt mit Leichtigkeit eine absolute Mehrheit zu erringen, womit sie fest gerechnet hatten, sahen sie sich zu einer Koalitionsregierung mit dem katholischen Zentrum und den Demokraten gezwungen. Diesem Kabinett Scheidemann, in dem der Graf Brockdorff-Rantzau Außenminister und Noske Reichswehrminister war — Ebert war am 11. Februar zum Reichspräsidentent gewählt worden[105] —

rers ebenso „exakt" sind, wie jene. Ein weiteres Beispiel: Auf Seite 371 (Band II der französischen Ausgabe) kann man lesen, daß „am 1. Januar 1943 der Oberste Kriegsherr (Hitler) im Großen Generalstab in einem Anfall von Raserei die Entwaffnung der deutschen Hochseeflotte befohlen habe" und daß „die Schiffe abzuwracken und zu verschrotten seien".

Man kann noch hinzufügen, daß Shirer im September 1938 in München bei der Konferenz, durch die der Zweite Weltkrieg um ein Jahr hinausgeschoben wurde, den französischen Außenminister Georges Bonnet gesehen haben wollte, der jedoch Paris tatsächlich nicht verlassen hatte und Shirer gerichtlich zur Berichtigung zwang usw. . . . (Urteil des Appellations-Gerichts in Paris vom 25. Mai 1962). Wenn jedermann die ihn angehenden Irrtümer im Shirer-Buch berichtigen würde, blieben nicht mehr viele Seiten übrig.

Kein weiterer Kommentar.

105 Die Verfassung wurde erst am 11. August verkündigt. Der Jurist Dr. Preuß, der mit der Ausarbeitung des Entwurfs betraut war, riet dem Reichstag von der Anwendung dieses Wortes ausdrücklich ab:

„An das Wort Reich knüpfen sich jahrhundertealte Traditionen und die ganze Sehnsucht des aufgesplitterten deutschen Volkes nach nationaler Einheit. Der Verzicht auf dieses Wort, das eine hart erkämpfte und erst nach so vielerlei Prüfungen und Enttäuschungen verwirklichte Einheit bedeutet, hieße unnütz und grundlos die in der Volksseele tief verwurzelten Gefühle verletzen".

Man hat viel von der „Weimarer Republik" gesprochen, man hätte lieber „Reich von Wei-

wurde der Entwurf zum Friedensvertrag vorgelegt. Anfang Mai hatte dieses Kabinett bereits mit den größten Schwierigkeiten zu kämpfen. Die Entente hatte ein Embargo über die ganze deutsche Industrieproduktion verhängt, um Deutschland zur Zahlung der ihm aufzuerlegenden Reparationen zwingen zu können; aus dem gleichen Grunde gestattete man die Ausnutzung der einheimischen Rohstoffe nur in sehr bescheidenen Grenzen. Außerdem durfte nur ein ganz geringes Kontinent an Nahrungsmitteln und dringend benötigten Rohstoffen gegen Goldtransfer der Reichsbank eingeführt werden, und zwar unter Kontrolle eines Obersten Rates für Hilfe und Beistand unter dem Vorsitz von Herbert Hoover.[106] So war eine merkwürdige Lage geschaffen, in der man die Arbeiter nicht arbeiten lassen konnte: dort wo es Arbeit gab, gab es keine ausreichende Verpflegung, und die Fabriken, in denen die Arbeiter selbst sich ihr Brot wieder verdienen wollten, konnten nicht mit den nötigen Rohstoffen beliefert werden... Unter Ausnützung dieser aus der Situation entstandenen Mißstimmung gelang es den Unabhängigen und Spartakisten Mitte Februar die bereits zusammengebrochene Aufstandsbewegung zu neuem Leben zu wecken, die dann ab Mitte März die Machtergreifung Bela Khuns in Ungarn ermutigte und unterstützte. Die Regierung mußte Berlin ein zweites Mal mit Waffengewalt erobern, dann Magdeburg und Braunschweig, und schließlich München. Am 7. Mai war man dabei, die Wiedereroberung Dresdens und Leipzigs vorzubereiten . . .
Es war gar kein Wunder, daß alle deutschen Politiker, welcher Richtung auch, beim Durchlesen der alliierten Friedensbedingungen den Eindruck gewannen, daß hiermit kein anderer Zweck verfolgt würde als entweder jenen Zustand neu heraufzubeschwören, der seit dem Waffenstillstand schon so oft alles in Frage gestellt hatte, und die Regierung zu nötigen, immer wieder mit Waffengewalt ein Volk niederzuwerfen, das von Aufstand zu Aufstand gehetzt wurde durch die

---

mar" sagen sollen. Es dauerte bis nach Ende des Zweiten Weltkrieges, bevor das Wort Republik für die politischen Einrichtungen Deutschlands verwendet wurde. Das ist wichtiger, als es scheinen mag, denn es bedeutet, daß die staatsrechtliche Form des deutschen Volkes nicht eindeutig festgelegt war.

106 Erst Ende April 1919, — acht Tage vor der Aushändigung der Friedensbedingungen an die deutschen Delegierten — gab der Oberste Alliierte Rat zum ersten Mal 29 Millionen Goldmark frei zur Bezahlung von Lebensmitteleinfuhren aus neutralen Ländern. Im Mai, gerade als seine Vertreter nach Versailles abreisten, durfte Deutschland Rohstoffe, die es im voraus bezahlt hatte, in Empfang nehmen. Und erst im Oktober wurde eine neue Goldausfuhr im Austausch gegen 74 875 Tonnen Lebensmittel aus den skandinavischen Ländern und 130 909 Tonnen Weizen aus Argentinien gestattet. Es war dies ein neuer Mißerfolg des Präsidenten Wilson, der für die sofortige Aufhebung der Blockade nach der Unterzeichnung des Waffenstillstandes eingetreten war und während des ganzen Verlaufs der Konferenz für eine Normalisierung der internationalen Handelsbeziehungen gekämpft hatte. Bis zur Aufhebung der Blockade im Oktober 1919 mußte die Reichsbank mehr als eine Milliarde Goldmark hingeben, nur um tropfenweise Lebensmittel zu bekommen.

unmenschlichen wirtschaftlichen Bedingungen, die ihm auf Befehl der Entente aufzuerlegen wären — oder aber das deutsche Volk mit Macht in die Arme des Bolschewismus zu treiben.
Es war gar kein Wunder, daß man diesen Eindruck gewann, denn so war es wirklich.
In den politischen Kreisen herrschte Panikstimmung: nahezu alle glaubten, daß das Ende Deutschlands und der Triumph des Bolschewismus gekommen wäre. Überall herrschte tiefste Niedergeschlagenheit, außer bei den Unabhängigen und Spartakisten, wo man sich sagte, daß Unterschreiben oder Nichtunterschreiben auf dasselbe herauskäme, da die Revolution sowieso bald triumphieren und den Vertrag wegfegen würde. Aber das Zentrum verzweifelte nicht: weil die Vertragsklauseln ohnehin undurchführbar seien, würden die Alliierten sofort nach der Unterzeichnung Zugeständnisse machen müssen. Die äußerste Rechte sprach von einem Aufstand der Massen zur Wiederaufnahme des Krieges im Osten . . .
Der gemäßigte Walter Rathenau, der nicht glaubte, daß es möglich sein würde, Erleichterungen zu erlangen, aber meinte, daß man es trotzdem versuchen müsse. schrieb am 9. Mai kühl in der „Zukunft":

„Wenn die Bedingungen nicht gemildert werden, wird Graf Brockdorff-Rantzau den Regierungen der Feindmächte den Beschluß zur Auflösung der Nationalversammlung überreichen müssen, zusammen mit den Rücktrittserklärungen des Reichspräsidenten und aller Minister, und wird die Alliierten Mächte auffordern müssen, die ausführende Gewalt in Deutschland zu übernehmen mitsamt aller souveränen Rechte des Reiches. Dann obliegt dem Feind die Verantwortung für den inneren Frieden, für die Verwaltung und für alle Handlungen Deutschlands. Die Feinde werden dann vor der Welt, vor der Geschichte und vor ihren eigenen Völkern die Pflicht haben, das Schicksal von 60 Millionen Menschen in die Hand zu nehmen. Das wäre ein Schritt, den es noch nie gegeben hat, der noch nie erlebte Zusammenbruch eines Staates — gleichzeitig aber eine Maßnahme, die sich mit unserer Ehre und unserem Gewissen vereinbaren läßt. Alles Weitere werden wir dann den ewigen Gesetzen der Menschheit und dem Lauf der Umstände überlassen müssen." *

Am 12. Mai erzielte Scheidemann („Welche Hand müßte nicht verdorren, die sich und uns in solche Fesseln legte") in der Nationalversammlung eine überwältigende Mehrheit gegen die Unterzeichnung des Vertrages. Durch dieses Abstimmungsergebnis ermutigt, beschloß das Reichskabinett, den alliierten und assoziierten Mächten seine Gegenvorschläge zu unterbreiten.
In einer deutschen Denkschrift wurde gesagt:

* Anmerkung des Übersetzers: Rückübersetzung aus dem Französischen.

„Durch den Notenwechsel im Oktober 1918, der zwischen Präsident Wilson und der deutschen Regierung stattfand, sind völkerrechtlich bindende Vereinbarungen eingegangen worden.
Aufgrund dieser Vereinbarungen hat Deutschland am 11. November 1918 die Waffen niedergelegt und um Waffenstillstand nachgesucht auf Grund der vierzehn Punkte Präsident Wilsons, enthalten in seiner Botschaft vom 8. Januar 1918 an den amerikanischen Kongreß, sowie in späteren Proklamationen, insbesondere in seiner Rede vom 27. September 1918.
Nach den Grundsätzen, die in diesen Reden enthalten sind, müßte der Frieden geschlossen werden auf der Grundlage des Selbstbestimmungsrechtes der Völker — und die Verträge hätten von allen diskutiert werden müssen, ohne Unterschied zwischen Siegern und Besiegten. Wenn Deutschland also ein Vertrag auferlegt würde, der von anderen Grundsätzen ausgeht als von denen, auf die sich die Vereinbarungen der beiden Seiten stützten, so käme das einem Bruch des vor dem Waffenstillstands geschlossenen Vertrages gleich.
Und es gibt praktisch keine einzige Klausel in dem uns zugemuteten Vertrag, der mit den vorher vereinbarten Grundsätzen im Einklang steht." *

Das war unwiderlegbar.

Am 16. Juni 1919 antworteten die Alliierten etwa, daß vor dem Waffenstillstand zwar ein Pakt abgeschlossen worden sei, daß dieser Pakt jedoch nicht nur auf den 14 Punkten Wilsons in seiner Botschaft vom 8. Jan. 1918 an den Kongreß und auf den in einer Rede vom 27. September 1918 enthaltenen Prinzipien beruhe, sondern auf den durch die Alliierten in ihren Memoranden vom 4. November 1918 erheblich abgeänderten 14 Punkten, die den Deutschen rechtzeitig bekannt gegeben seien.
Das traf nur für einen Punkt zu, nämlich auf die Entschädigungsforderungen für die von Deutschland verursachten Schäden. Für alle anderen Punkte stimmte es nicht.
Abschließend kann man sagen, daß die Antwort auf die deutschen Gegenvorschläge bis auf einige unbedeutende Details ablehnend war. Der deutschen Regierung wurde eine Frist von nur fünf Tagen zur Annahme des Vertragsentwurfs gestellt.
Es ist dennoch nicht unwichtig, zu wissen, was diese Gegenvorschläge enthielten:
1. *Die Kriegsschuld:* Es wurde die These vorgebracht, daß Deutschland, von mehreren Mächten gleichzeitig bedroht, sich nur verteidigt habe und daß man es infolgedessen nicht für den Krieg verantwortlich machen könne. Das war ziemlich schwach. Sehr wirksam wäre aber die Feststellung gewesen, daß alle damaligen Regierungen ihren Teil an Mitverantwortung zu tragen hätten.

---

* Anmerkung des Übersetzers: Rückübersetzung aus dem Französischen.

2. *Reparationen:* Hier wurde die Auffassung vertreten, daß Deutschland auf Grund der Waffenstillstandskonvention nur die Kosten des Wiederaufbaues Belgiens zu tragen hätte, denn nur die Verletzung der belgischen Neutralität könne als Verletzung des Völkerrechts angesehen werden. Jedoch war Deutschland dazu bereit, auch die Kosten für den Wiederaufbau Nordfrankreichs zu übernehmen, da dieses Gebiet durch die deutschen Truppen von Belgien her besetzt worden war. Das war sehr vernünftig. Auf die Waffenstillstandskonvention allein gestützt, war dieser Gesichtspunkt indessen ebenfalls recht schwach. Hätte man auf die Kollektiv-Verantwortlichkeit aller an diesem Drama beteiligten Staaten hingewiesen, wäre auch das ein schlagendes Argument gewesen. Und wenn dazu noch betont worden wäre, daß Deutschland mit dem Messer an der Kehle zur Unterschrift gezwungen wurde, wäre die deutsche Position moralisch nicht zu erschüttern gewesen.

3. *Territoriale Klauseln:* Ohne Frage waren die Deutschen vollkommen im Recht als sie erklärten, daß das Selbstbestimmungsrecht der Völker in keinem Falle respektiert worden sei. Sie waren es nicht weniger, als sie sagten, daß sie zum wirtschaftlichen Hungertod und Zusammenbruch verurteilt seien, wodurch ganz Westeuropa dem Bolschewismus in die Hände fallen könnte. Habe man ihnen doch Gebiete weggenommen, die für ihre Industrie lebenswichtig seien, sie ihrer Handelsflotte und des größten Teils der Transportmittel beraubt und noch nicht genau festgesetzte, aber sicherlich astronomisch hohe Reparationszahlungen vorgesehen.

4. *Abrüstung:* In den Gegenvorschlägen wurde akzeptiert, daß Deutschland als erstes Land abrüsten solle, nachdem feststand, daß seine Entwaffnung als Vorleistung für eine allgemeine Abrüstung vorgesehen war. Man protestierte jedoch dagegen, daß die Stärke des deutschen Heeres auf ein zu niedriges Niveau festgelegt worden sei, um wirksam zum Schutz Europas gegenüber der bolschewistischen Gefahr beitragen zu können.

5. *Garantien:* Die deutsche Regierung hielt die Besetzung ihres Hoheitsgebietes für unnötig, weil Deutschland außerstande sei, einen neuen Krieg zu beginnen, außerdem für kostspielig und dem Interesse der Alliierten sogar abträglich, da die hierdurch entstehenden Kosten die Reparationszahlungen nur beeinträchtigen würde, und die Besatzung schließlich auch noch die Wiederherstellung eines guten gegenseitigen Einvernehmens erschweren könnte, da sie sicherlich die Beruhigung der Gemüter verzögern würde.

6. *Bestrafung der Schuldigen:* In den Artikeln 227 bis 230 des Vertragsentwurfes wurde verlangt, daß Exkaiser Wilhelm II., der die Hauptverantwortung für den Krieg trüge, und dadurch ein Kriegs-

verbrechen gegen die Menschlichkeit begangen hätte, vor einen Internationalen Gerichtshof gestellt werden sollte, daß ferner gewisse andere Deutsche vor einen alliierten Kriegsrat zu stellen seien, weil sie während des Krieges das Völkerrecht verletzt, Diebstahl oder Grausamkeiten verübt hätten. Der deutsche Gegenvorschlag lautete: Alles, was Deutschland akzeptieren könne, sei die Bildung eines Internationalen Gerichtshofes, in dem es selbst gleichberechtigt mit den anderen Völkern vertreten sein müsse, und das für *alle* während des Krieges erfolgten Verstöße gegen das Völkerrecht zuständig sei, einschließlich der gegen Deutschland verübten. In ihrer Antwort nahmen die Alliierten auch diesen Gegenvorschlag nicht an, obwohl er nicht nur das Recht sondern auch die guten Sitten auf seiner Seite hatte.
Sagen wir gleich, daß diese Klausel niemals durchgesetzt wurde. Die anderen — mit Ausnahme der territorialen — selbstverständlich ebensowenig, weil sie praktisch undurchführbar waren. Aber bei dieser Kriegsverbrecherklausel *versuchten* die Alliierten es nicht einmal — während man sich bei den anderen wenigstens bemühte. 1919 war die Welt eben für Nürnberg noch nicht reif.
Die deutsche Regierung protestierte noch gegen einige andere Bestimmungen des Vertragsentwurfs: Das Völkerbundsstatut wollte sie unter dem Vorwand, daß Deutschland nicht Mitglied sei und bei der Abfassung nicht mitgewirkt habe, nicht mitunterzeichnen. Die Internationalisierung der Wasserstraßen und Eisenbahnen betrachtete sie als einen Eingriff in ihre Souveränität und Unabhängigkeit, da diese Maßnahmen nicht auf Gegenseitigkeit beruhten. Sie protestierte ferner gegen zahlreiche Bestimmungen im Bereich des Privatrechts wie die bezüglich der Plünderung, des Diebstahls, der privaten Schulden usw. Da diese Fragen ohne größeres Interesse für das Thema dieser Arbeit sind, sollen sie hier nicht näher beleuchtet werden.

•

Die Antwort der Alliierten wurde der deutschen Delegation am 16. Juni 1919 übergeben und gelangte am 17. in die Hände der Reichsregierung: entrüstete Proteste deutscherseits waren die Folge.
Nur dem katholischen Zentrum und seinem Führer Erzberger erscheint eine Nichtunterzeichnung absurd und sein Gesichtspunkt gewinnt allmählich an Boden, da er sich in den Gängen des Parlaments hartnäckig für die Auffassung einsetzt, es gäbe keine andere Lösung als sich damit abzufinden, so übel die Bedingungen der Alliierten auch sein mögen; das Ganze sei nur eine Formsache, da die Bedingungen im Grunde ja doch niemals durchgeführt werden könnten. Reichskanz-

ler Scheidemann sieht das ein. Um aus der Sackgasse herauszukommen, wendet er einen Kunstgriff an: Am 20. Juni spricht sich das Kabinett einstimmig gegen die Unterzeichnung aus und demissioniert. Am folgenden Tage, dem 21. Juni, bildet sich ein Kabinett Bauer. Der neue Kanzler erreicht am 22. Juni vom Reichstag die Zustimmung zur Unterschrift unter den Vertrag mit 237 gegen 138 Stimmen bei 6 Enthaltungen nach folgender Stellungnahme des Reichskanzlers:

„Wir legen den größten Nachdruck auf die Erklärung, daß wir den Artikel 231 des Friedensvertrages, der von Deutschland fordert, sich als alleiniger Urheber des Krieges zu bekennen, nicht annehmen können und durch die Unterschrift nicht decken. Ebensowenig kann es ein Deutscher mit seiner Würde und Ehre vereinbaren, die Artikel 227 bis 230 anzunehmen und auszuführen, in denen Deutschland zugemutet wird, Angehörige des deutschen Volkes ... zur Aburteilung auszuliefern."

Die Alliierten nahmen auch diesen Vorbehalt nicht an.

Graf Brockdorff-Rantzau hatte erklärt, er könne nicht länger Vorsitzender der deutschen Friedensdelegation in Versailles bleiben, da seine Ehre ihm nicht gestatte, auch nur „rein formell" seine Unterschrift zu leisten. Er wurde sofort ersetzt von einem gewissen von Haniel, dessen Namen die Geschichte anscheinend nur in diesem Zusammenhang bewahrt hat. Dieser kündigte in Übereinstimmung mit der deutschen Regierung am 23. Juni, um 4.40 Uhr an, daß Deutschland sich allen Forderungen seiner Gegner beugen werde:

„Die Regierung der Deutschen Republik hat aus der letzten Mitteilung der alliierten und assoziierten Regierungen mit Erschütterung gesehen, daß sie entschlossen sind, von Deutschland auch die Annahme derjenigen Friedensbedingungen mit äußerster Gewalt zu erzwingen, die, ohne eine materielle Bedeutung zu besitzen, den Zweck verfolgen, dem deutschen Volk seine Ehre zu nehmen. Durch einen Gewaltakt wird die Ehre des deutschen Volkes nicht berührt. Sie nach außen hin zu verteidigen, fehlt dem deutschen Volke nach den entsetzlichen Leiden der letzten Jahre jedes Mittel. Der übermächtigen Gewalt weichend und ohne damit ihre Auffassung über die unerhörte Ungerechtigkeit der Friedensbedingungen aufzugeben, erklärt deshalb die Regierung der Deutschen Republik sich bereit, die von den alliierten und assoziierten Regierungen auferlegten Friedensbedingungen anzunehmen und zu unterzeichnen."

Im Morgengrauen des gleichen Tages verläßt das britische Bewachungsgeschwader unter dem Kommando von Admiral Freemantle die Reede von Scapa Flow[107], auf der die deutsche Flotte gefangen gehalten wird, und begibt sich auf hohe See, um Schießübungen durch-

---

107 Im Norden Schottlands, bei den Orkney-Inseln

zuführen. Der deutsche Admiral von Reuter nützt diese unerwartete Gelegenheit aus und läßt heimlich die Bodenventile, die Luken und die Torpedo-Rohre aller Schiffe öffnen. Dann befiehlt er, die deutsche Flagge an allen Masten zu streichen . . .

„Plötzlich ertönt ein ohrenbetäubender Lärm", erzählt uns Benoist-Méchin, der in meinen Augen die ergreifendste Schilderung des Vorgangs aufgezeichnet hat:

„Die Alarmglocken läuten, die Sirenen heulen, die Matrosen lassen die Rettungsboote zu Wasser. Vor den verblüfften Engländern beginnt das Admiralsschiff ‚Friedrich der Große' langsam in die Fluten zu versinken. Um 12.16 Uhr bäumt sich der gewaltige Stahlrumpf auf und geht unter.

Das englische Geschwader bricht seine Manöver ab und steuert mit Volldampf zur Reede zurück. Aber es ist zu spät. Die Kreuzer ‚König Albert', ‚Kronprinz Wilhelm', ‚Kaiser' und ‚Prinz-Regent Luitpold' versinken einer nach dem anderen in Schaumwirbeln. Dann ist die Reihe an den Schlachtkreuzern ‚Moltke', ‚Seydlitz', ‚Von der Tann' und den anderen Schiffen: 5 Kreuzern, 10 Linienschiffe, 47 Torpedoboote, alles in allem 70 Schiffe. Um 17 Uhr schließt sich der Ozean über dem letzten noch übriggebliebenen, dem Kreuzer ‚Hindenburg'.

Die stolze deutsche Flotte ruht auf dem Grunde des Meeres."

Der Friedensvertrag wurde in Versailles am 28. Juni 1919 von den Ministern Hermann Müller und Bell im Namen Deutschlands unterzeichnet.

*

Das Drama war zu Ende. Was wurde aus den Mitwirkenden?

Präsident Wilson kehrte verbittert nach Amerika zurück. Dort hatten seine Gegner, die Republikaner, die ihn in den Krieg getrieben hatten, trotzdem ihre Angriffe gegen ihn nicht eingestellt. Vor dem amerikanischen Kriegseintritt beschuldigten sie ihn, die Interessen der Vereinigten Staaten zu verkennen, indem er sie aus dem Krieg heraushielte, nachher erklärten sie, der Präsident würde die falschen Maßnahmen ergreifen, die Freiheit von Handel und Industrie zu sehr beschneiden — und das, obwohl sie diese Freiheiten einem Kriege hatten opfern müssen, zu dem sie selbst den Präsidenten getrieben hatten; dann würden zu hohe Steuern erhoben, zu große Mengen Kriegsmaterial fabriziert und so weiter.

Dank so außerordentlich böswilliger Propaganda-Reden und großem demagogischen Geschick waren die Republikaner am 5. November 1918 — weniger als eine Woche vor dem Waffenstillstand! — aus den Kongreßwahlen als Sieger hervorgegangen. Als Präsident Wilson, dessen Regierungsperiode erst im Frühjahr 1921 zu Ende war, im Januar 1919 seine Abreise nach Europa bekannt gab, wo er an der

Friedenskonferenz teilzunehmen beabsichtigte, schrien die inzwischen wieder zu Isolationisten gewordenen Republikaner, daß dies gegen die Gepflogenheiten der Union sei, daß die ganze Angelegenheit sie nicht mehr interessiere usw. und konnten damit einen erheblichen Teil der demokratischen Partei umstimmen.

Bei seiner Rückkehr wurde Wilson daher recht kühl empfangen. Sein eigener Staatssekretär Lansing versetzte ihm den Todestoß als er erklärte, er habe sich während der ganzen Konferenz „moralisch" verpflichtet gefühlt, „fast alle Vorschläge des Präsidenten zu bekämpfen." Wilsons Niedergeschlagenheit war um so größer, als keine oder fast keine seiner Vorschläge angenommen worden waren. Unter Ausnützung der Erklärungen Lansings führte die Presse, die den amerikanischen Industriellen und Bankleuten gehörte, denen der Versailler Vertrag keine sofortigen Vorteile brachte, eine hitzige und konzentrierte Kampagne gegen den Vertrag und den Völkerbundspakt. Am 19. November 1919 schließlich erhielt der Vertrag von Versailles bei der Abstimmung im Senat nur 53 gegen 38 Stimmen. Da für die Annahme eine Zweidrittelmehrheit erforderlich war, wurden der Versailler Vertrag und der Völkerbundspakt also abgelehnt. Bei den Präsidentschaftswahlen des nächsten Jahres siegte der republikanische Kandidat Harding mit mehr als 16 Millionen Stimmen gegen 9 Millionen über Cox, den Kandidaten der Demokraten . . . Krank — plötzlich (September 1919) von einem Unwohlsein befallen, das sich bald als Vorbote einer tödlichen Krankheit erwies, konnte Wilson nicht selbst die Haltung verteidigen, die er in Versailles eingenommen und die als Basis für die Außenpolitik der Demokraten gedient hatte — zutiefst enttäuscht zog er sich endgültig vom politischen Leben zurück und starb bald darauf (1924) ungetröstet. Zwischendurch hatte er trotzdem die, wenn auch bittere, Genugtuung, seinen Nachfolger einen Sonderfriedensvertrag (25. August 1921) mit Deutschland unterzeichnen zu sehen, der zum größten Teil die Ansichten enthielt, die er verteidigt hatte.

Die Entwicklung in Deutschland hatte gleich gezeigt, wie berechtigt Wilsons Befürchtungen waren. Bei der Aufhebung der Blockade (Oktober 1919, vgl. Anmerkung 106) herrschte überall Mangel. Die halbe Hungersnot, die die Bewohner der Arbeiterviertel bedrängte, dauerte auch da noch an. Beim Eintritt des Winters erreichte die Streikbewegung einen bis dahin nicht gekannten Umfang, von der Arbeitslosigkeit waren mehr als eine Million Arbeiter betroffen, die Reichsbank erschöpfte ihre Reserven für den Einkauf von Lebensmitteln im Ausland, es mußten immer höhere Steuern erhoben werden. Deutschland hatte einen bedeutenden Teil seiner Kohlengruben (Saargebiet), seiner Eisenerzlager (Lothringen), seiner Handelsflotte

und seines rollenden Materials durch die Vertragsbedingungen eingebüßt und die technische Ausrüstung der Industriebetriebe war durch den Krieg restlos verbraucht. Außerdem hatte der Krieg die deutschen Finanzen in einem zerrütteten Zustand zurückgelassen. In der Zeit zwischen 1914 und dem Waffenstillstand war die konsolidierte Staatsschuld von 5 auf 96 Milliarden Goldmark, die schwebende Schuld von einer halben Milliarde auf 49 Milliarden und der Notenumlauf von 5,5 Milliarden auf 29 Milliarden angestiegen . . .
Nach Abschluß des Versailler Vertrages nahm die deutsche Inflation immer radikalere Formen an, ohne daß sich die materielle Lage der Bevölkerung besserte: Im Januar 1919 sind 34 Milliarden Mark im Umlauf, Januar 1920 sind es schon 51 Milliarden . . . Dementsprechend verliert die Mark dauernd an Wert. Die Notierung des Dollar steigt von Mark 4,20 im August 1914, auf 4,86 im Mai 1915, auf 5,52 im Mai 1916, auf 6,01 zur Zeit des Waffenstillstandes, auf 14,01 im Juni 1919, auf 26,83 im Oktober 1919, auf 47,— im Dezember und auf 84,— im März 1920 . . .
Von der öffentlichen Meinung Deutschlands wird der Versailler Vertrag — mit Recht — für die unaufhörlich wachsende Verschlechterung der wirtschaftlichen Lage verantwortlich gemacht und dadurch gleichzeitig die Leute, die ihn unterzeichnet hatten, d. h. die Regierungskoalition der Parteien der Mitte. Die Reichstagswahlen vom 6. Juni 1920 erteilen der Politik dieser Parteien der Mitte die erste Abfuhr seit dem Waffenstillstand, wie ein Vergleich mit den Ergebnissen der Reichstagswahl von 1919 zeigt:

	1920	1919	Änderung:
Sozialdemokraten	5 900 000	11 500 000	— 5 600 000
Zentrum [108]	5 700 000	6 000 000	— 300 000
Demokraten	2 200 000	5 600 000	— 3 400 000
Unabhängige und Spartakisten	5 000 000	2 300 000	+ 2 700 000
Konservative	3 700 000	3 200 000	+ 500 000
Völkische	3 600 000	2 300 000	+ 1 300 000

So sah der erste Ausdruck der Unzufriedenheit mit der durch den Versailler Vertrag in Deutschland geschaffenen wirtschaftlichen Lage aus. Von nun an wandte sich die öffentliche Meinung den Extremisten zu, dem Kommunismus und dem Nationalsozialismus. Man kennt die Folgen.

---

108 Das Zentrum hatte nur 300 000 Stimmen verloren, hatte sich aber in zwei Parteien geteilt, indem die bayerischen Katholiken austraten und die Bayerische Volkspartei gründeten, die 2 200 000 Stimmen erhielt für ein Programm, das innenpolitisch königstreu war und auf außenpolitischem Gebiet Versailles und seinen Unterzeichnern den Kampf ansagte.
Die in der Aufstellung für das Zentrum angegebene Zahl enthält auch die Stimmen der Bayerischen Volkspartei. Im Grunde aber ist das ein reines Zahlenspiel, denn außer der Religion hatten die beiden Richtungen nichts gemein.

Und Europa?
Über die Kosten, die der Krieg den europäischen Allierten verursachte, sind die bedrückendsten Zahlen veröffentlicht worden. Der französische Historiker Pierre Renouvin hat unter Abzug der Ausgaben, die die Länder ohne Krieg hätten machen müssen, die Schätzungen veröffentlicht, die ein namentlich nicht genannter amerikanischer Wirtschaftler nach Untersuchung der verschiedenen Nationalbudgets gemacht hatte: (in frz. Francs der damaligen Zeit): 220 Milliarden für England, 125 Milliarden für Frankreich, 60 Milliarden für Italien. Dazu mußte England im Ausland etwa 32 Milliarden, Frankreich 33 Milliarden, Italien 20 Milliarden leihen. Von diesen Beträgen schuldete England 21 Milliarden, Frankreich 14,5 Milliarden und Italien 8 Milliarden den Vereinigten Staaten.
Während England, Frankreich und Italien sich so verschuldet hatten, daß ihre Goldreserven erschöpft und ihre Handelsbilanzen unglaublich passiv waren, ihre verbrauchte industrielle Ausrüstung ihnen überdies nicht mehr erlaubte, in absehbarer Zeit eine Wiederbelebung zu erwarten, erreichten die Vereinigten Staaten einen außerordentlich hohen Grad des Wohlstandes. Der Überschuß ihrer Ausfuhren gegenüber ihren Einfuhren, der 1913 nur 691 Millionen Dollar betragen hatte, stieg auf 4 Milliarden im Jahre 1919. Ihre Goldreserven erhöhten sich von 2930 Millionen Dollar auf 4283 Millionen. Während und nach dem Kriege waren sie die Hauptlieferanten Europas. Die Lage war durch ein Gesamtguthaben von 8750 Millionen Dollars (vgl. oben) zu ihren Gunsten gekennzeichnet und verbesserte sich noch unaufhörlich.[109]
Trotzdem verzichteten sie nicht darauf, ihren europäischen Schuldnern die Rechnung zu präsentieren. Dadurch ergab sich folgende Situation: Ein ruiniertes Europa wurde dazu verdammt, Deutschland zu ruinieren, um das reiche Amerika auszahlen zu können.
In Wirklichkeit verliefen die Dinge nicht ganz so. Aber darum dreht es sich nicht mehr. Mögen Deutschland in der Folgezeit wirklich von seinen ehemaligen europäischen Feinden Erleichterungen bei der Durchführung der Finanzklauseln des Versailler Vertrages gewährt worden sein, möge das Gleiche hinsichtlich der Bezahlung der Schulden der Alliierten an Amerika geschehen sein — fest steht, daß diese

109 Wie bereits gesagt, erlebten die europäischen Neutralen nur einen verhältnismäßig bescheidenen kurzlebigen Wohlstand. Nicht so Argentinien, Brasilien und Spanien. Ersteres wurde durch seine Fleisch- und Getreideexporte reich. Brasilien führte 1917 zehnmal so viel Zucker aus als 1912. Spanien, dessen Außenhandelsbilanz 1913 mit 248 Millionen Peseten defizitär war, verzeichnete 1919 einen Ausfuhrüberschuß von 417 Millionen Peseten. Japan hatte seine Textil- und Metallindustrie beträchtlich entwickelt, ohne dadurch seine Handelsbilanz viel zu verbessern, da sein Preisniveau sehr niedrig und seine Bevölkerung sehr fruchtbar war.

Erleichterungen zu spät und nicht großzügig genug erfolgten, um den finanziellen Zusammenbruch Deutschlands zwischen 1921 und 1923 und seine politische Katastrophe im Jahre 1933 zu verhindern. Im übrigen hätten schon allein die territorialen Bedingungen genügt, dieses doppelte Verhängnis — vielleicht erst auf längere Sicht, aber trotzdem mit Sicherheit — herbeizuführen. Als Folge der durch die unausführbaren Bestimmungen des Versailler Vertrages auf seinem Weg errichteten Hindernisse, die noch 1933 bestanden, wurde in Deutschland der Wunsch nach Wiedererhebung geweckt, der zum Kriege 1939—1945 führte. All dies ist im ersten Teil dieses Buches auseinandergesetzt.
Wenn aber die Anfänge des Krieges von 1939—1945 tatsächlich im Versailler Vertrag liegen — wer wird dann leugnen, daß die Frage nach der Verantwortlichkeit erneut zu prüfen ist und daß die dreizehn Prozesse in Nürnberg, ohne den vierzehnten zu vergessen, der in Jerusalem stattfand — neu aufgerollt werden müssen?

6. DAS PROBLEM

Zwischen beiden Weltkriegen war der Standpunkt, den ich im vorhergehenden skizziert habe, lange der des internationalen Sozialismus. Am 18. September 1919 drückte Jean Longuet, Enkel des Karl Marx, in einer aufsehenerregenden Rede vor der französischen Nationalversammlung etwa die gleichen Gedanken aus. Er bat die Kammer damals, den Friedensvertrag nicht zu ratifizieren. Er ging in seiner Rede aus von einem Absatz aus einer berühmten Arbeit, die Ernest Renan in seiner großen Zeit unter dem Titel: „Was ist eine Nation?", veröffentlicht hatte. Der Absatz lautete:

„Eine Nation ist eine große Solidarität, geboren aus dem Opferwillen früherer Tage, weiterlebend durch die Bereitschaft, auch in Zukunft Opfer zu bringen.

Eine Nation hat ihre Wurzeln in der Vergangenheit, sie manifestiert sich aber in der Gegenwart durch eine unangreifbare Tatsache: durch den gemeinsamen Willen ihrer Menschen, durch den eindeutigen Wunsch dieser Menschen, das gemeinsame Leben fortzusetzen.

Die Existenz einer Nation ist eine sich täglich wiederholende Volksabstimmung, so wie ein Mensch nur dadurch bestehen kann, daß er seinen Lebenswillen unaufhörlich unter Beweis stellt.

Ich weiß sehr wohl, daß das Recht von Gottes Gnaden eine metaphysischere Begründung wäre — und das sogenannte historische Recht eine brutalere. Aber nach der Auffassung, die ich hier vor Ihnen vertrete, hat eine Nation ebensowenig wie ein König das Recht, zu einer Provinz zu sagen: ‚Du gehörst mir, her mit Dir!'
Wenn wir von einer Provinz sprechen, so meinen wir ihre Einwohner — und wenn irgendjemand das Recht hat zu irgendwelchen Entscheidungen über das Schicksal einer Provinz gehört zu werden, so sind es eben diese Einwohner. In Wahrheit kann es nie im Interesse einer Nation sein, ein Gebiet gegen den Willen seiner Menschen festzuhalten. Der Wille der Nation ist letztlich und endlich der einzige rechtmäßige Maßstab, der immer wieder angelegt werden muß."

In seiner Stellungnahme für die Ratifizierung hatte sich auch Barthou wieder auf jene Ansprüche berufen, die Renan als „das sogenannte historische Recht" bezeichnete. Um zu beweisen, daß es sich bei diesem „historischen Recht" nur um eine intellektuelle Konstruktion handelte, führte Longuet das Beispiel Frankreichs an:

„Ich habe mit großem Interesse den Bericht des Herrn Barthou in seiner gepflegten und eleganten Sprache gelesen. Aber ich finde darin immer wieder jene alten historischen Rechte, jene alte Theorie vom Recht des Stärksten, die besonders in seiner Auffassung von der Rheingrenze und der deutschen Einheit zum Ausdruck kommt.
Ich möchte hierauf antworten mit einem nutzbringenden Hinweis aus einem Buch, das wir alle lesen sollten: ich meine die Arbeit unseres großen Freundes Jaurès über die diplomatischen Hintergründe des deutsch-französischen Krieges, ein Werk, das in einer so bewundernswerten Sprache geschrieben ist und so erhabene Gedanken und Gefühle ausdrückt, daß es von keinem anderen ersetzt werden kann. In seiner ‚Geschichte des Krieges von 1870' zeigt Jaurès sehr deutlich, daß der ganze Sieg Bismarcks auf jenen Ansprüchen beruht, die einige französische Diplomaten und Staatsmänner auf das linke Rheinufer erhoben, daß diese Ansprüche unaufhörlich der Bismarckschen Politik genützt haben und dadurch auch zum Ausbruch des Konfliktes beitrugen. Jaurès analysiert und kritisiert darin die Schritte, die unser Botschafter in Berlin 1866 unternommen hat und die Verhandlungen, die er danach geführt hat um Frankreich in den Besitz des linken Rheinufers zu bringen, mit den Städten Köln, Mainz und Bonn.
Jaurès erwähnt auch, daß Benedetti, als Bismarck dazu nicht bereit war, einen anderen Vertrag vorschlug, der darauf abzielte, mit Hilfe der preußischen Armee Belgien zu erobern."

Für das soviel schwerwiegendere Recht, den „eindeutigen Wunsch dieser Menschen, das gemeinsame Leben fortzusetzen", führte Longuet viele Beispiele an, von denen die überzeugendsten hier folgen*:

* Anmerkung des Übersetzers: Die nachstehenden Zitate sind aus dem Französischen rückübersetzt.

Note des Exekutivkomitees der provisorischen österreichischen Nationalversammlung an Präsident Wilson vom 30. November 1918:

„Man kann nicht das Zeitalter der Demokratie in Mitteleuropa damit beginnen lassen, daß man ein Volk von dreieinhalb Millionen mit Gewalt einem Volk von 6 300 000 Seelen unterordnet. Man kann keinen dauerhaften Frieden in Europa schaffen, wenn man einen deutschen Irredentismus schafft, dessen fortwährende Appelle in Berlin und Wien den Frieden in Gefahr bringen würden."

Protest der sudetendeutschen Gewerkschaften vom 4. März 1919:

„Das Sudetenland ist durch Gewaltmaßnahmen des tschechoslowakischen Staates daran gehindert, sein Stimmrecht auszuüben. Es richtet an die Nationalversammlung Deutsch-Österreichs brüderliche und herzliche Grüße zu seiner ersten Sitzung. Zum Zeichen des Protestes gegen das Wahlverbot ist heute am 4. März für ganz Deutschböhmen und das Sudetenland der Generalstreik ausgerufen worden. Eingedenk der unlösbaren Bande, die uns mit der deutschen Volksgemeinschaft verbinden, sind wir, Deutsch-Österreicher, im Geist und im Herzen mitten unter Euch. Vergeßt uns nicht. Aus tiefer Seele sehnen wir den Tag herbei, an dem wir von dem unerträglichen Joch, das uns die Fremdherrschaft auferlegt, befreit sein werden."

Rede Otto Bauers vor der österreichischen Nationalversammlung am 7. Juni 1919:

„Wenn Deutschböhmen und das Sudetenland an die Tschechoslowakei ausgeliefert werden, wird man nicht nur dreieinhalb Millionen Deutsche ihres Selbstbestimmungsrechtes berauben, wird Österreich nicht nur seine Kohlengruben, fast seine ganze Textilindustrie, seine Glashütten und seine Porzellanfabriken verlieren, wird nicht nur unsere Produktionskapazität, unser nationales Erbe, unsere Wirtschafts- und Finanzkraft eine Einbuße von mehr als 50 Prozent erleiden, sondern es wird auch mitten in Europa ein Staat geschaffen, der den Schauplatz der wildesten Nationalitätenkämpfe, den Herd für einen deutschen, ungarischen und polnischen Irredentismus, eine Quelle dauernder Feindschaft zwischen aneinandergrenzenden Völkern, eine immerwährende Gefahr für den Frieden abgeben wird. Wir sind außerstande, es zu verhindern, aber noch einmal, in letzter Minute, stoßen wir einen Warnruf aus."

Rede des österreichischen Kanzlers Karl Renner vom 15. Juni 1919 in St. Germain-en-Laye:

„Die Mächte würden dadurch (durch die gewaltsame Eingliederung der Sudetendeutschen in die Tschechoslowakei) in der Mitte Europas einen Bürgerkriegsherd schaffen, dessen Glut für die ganze Welt und für ihren sozialen Aufschwung noch gefährlicher werden könnten, als die dauernden Unruhen auf dem Balkan."

Resolution des Nationalrats der französischen Sozialistischen Partei vom 13. und 14. Juli 1919:

„Dieser Vertrag ist geboren aus dem schändlichsten Mißbrauch der Geheimdiplomatie, den es je gab. Er tritt ganz offen das Selbstbestimmungsrecht der Völker mit Füßen, er führt ganze Völker in die Sklaverei, er vervielfältigt die Kriegsgefahr, er wird begleitet von Gewaltmaßnahmen gegen die Befreiungsbewegungen nicht nur in Rußland und Ungarn, sondern in allen Ländern des ehemaligen Habsburger Reiches, im ganzen Orient und in Deutschland. Auf keinen Fall kann er die Zustimmung der Sozialisten erhalten . . .
Auf diese Weise haben sie (die alliierten Regierungen) die unstabile Lage und die Machtkämpfe, die früher auf dem Balkan herrschten und zu den Ursachen des Weltkrieges gehörten, auf ganz Europa ausgedehnt . . .
Die Begrenzung der Reparationen auf die materiellen Kriegsschäden war eine Vorbedingung für eine rasche und wirksame Hilfe für die geprüfte Bevölkerung. Ein unsinniger Nationalismus hat diesen Menschen ein neues Unrecht angetan, indem er die Forderungen in unerfüllbare Höhe hochjagte. Die Sozialistische Partei stellt fest, daß auf dem Gebiet der Wirtschaft nur der Geist des Chaos und die Profitgier die Führer der alliierten kapitalistischen Staaten geleitet haben.
Vor dem Lande, vor der Internationale und vor der Geschichte stellt sie fest, daß der Versailler Vertrag nicht nur einer Teilrevision bedarf (wozu unsere Partei gegebenenfalls sogar beitragen würde) sondern einer vollkommenen Neugestaltung."

Resolution der österreichischen Nationalversammlung vom 6. September 1919 nach der Unterzeichnung des Vertrages:

„Die Nationalversammlung protestiert feierlich vor der ganzen Welt gegen die Bestimmungen des Friedensvertrags, die unter dem Vorwand, die Unabhängigkeit Deutschösterreichs zu schützen, das deutschösterreichische Volk seines Selbstbestimmungsrechts berauben, ihm seinen glühenden Wunsch nach Vereinigung mit dem deutschen Mutterland verweigern, einen Wunsch, dessen Erfüllung eine lebenswichtige, wirtschaftliche, geistige wie politische Notwendigkeit ist. Noch herrscht in den Beziehungen zwischen den Völkern jener Geist des Hasses und der Rache, den der Krieg heraufbeschworen hat. Aber die Nationalversammlung hofft, daß an dem Tage, an dem dieser Geist weicht, eine Intervention des Völkerbundes auch dem deutschen Volk jenes Recht auf nationale Einheit und Freiheit einräumen wird, das man keinem anderen Volke abspricht.
Mit großer Bitterkeit protestiert die Nationalversammlung gegen jenen leider unwiderruflichen Beschluß der alliierten und assoziierten Mächte, durch den $3^1/_2$ Millionen Sudetendeutsche mit Gewalt von den Deutschen der Alpen losgerissen werden, mit denen sie seit Jahrhunderten eine politische und wirtschaftliche Einheit gebildet haben. Durch diesen Beschluß werden sie ihrer nationalen Freiheit beraubt und der Fremdherrschaft eines Volkes unterworfen, das sich in demselben Friedensvertrag zu ihrem Feind erklärt.

Die österreichische Nationalversammlung, der überhaupt keine Möglichkeit bleibt, um diese Verletzung der heiligsten Rechte einer Nation zu verhindern, diese Katastrophe abzuwenden und dadurch Europa jene Unruhe zu ersparen, die sich unweigerlich daraus ergeben werden, stellt vor der Geschichte fest, daß die Verantwortung für diese Entscheidung bei jenen Mächten liegt, die sie jetzt vollstrecken, unseren sehr ernsten Warnungen zum Trotz."

Jean Longuet schloß seine Rede:

„Wir können nicht zulassen, daß man diesen Vertrag als logische Folge eines Krieges darstellt, von dem man sagt, er sei ein Krieg für das Recht gewesen. Das ist kein Frieden des Rechts, den man uns bringt, sondern ein Frieden der Gewalt, ein brachialer Frieden, der an alle jene Friedensschlüsse erinnert, die in der Vergangenheit durch die Jahrhunderte hindurch Streitigkeiten zwischen den Völkern beendet haben . . .
Ein Gedanke, den man, meines Erachtens, viel stärker hätte hervorheben müssen ist der, daß Frankreich, da es das Blut seiner Kinder für *alle* geopfert hat, auch erwarten darf, daß die wirtschaftlichen Lasten auch von *allen* Nationen zu gleichen Teilen übernommen werden.
Wir sind entrüstet darüber (hier zitiert Jean Longuet die englische Zeitschrift 'The Nation'), daß der eine Mensch sich durch den Krieg hat bereichern können — während der andere ruiniert wurde. Ebenso ist es ungerecht, daß von den Alliierten einige Nationen durch den Krieg reicher, andere ärmer geworden sind. Es besteht kein Zweifel, daß wir gegenwärtig in einer solchen Lage sind. Während die Finanzen Frankreichs und Italiens jetzt, am Ende des Krieges, hoffnungslos zerrüttet sind — dies schreibt eine englische Zeitschrift! — steht England aufrecht und stark da, und Amerika reich und wohlhabend. Mit etwas Redlichkeit, und wenn sich nur alle im gleichen Maße für das gemeinsame Ziel eingesetzt hätten, wäre eine solche ungerechte Lage vermieden worden . . .
Ich glaube, wenn man sich weniger um die territorialen Forderungen gekümmert, wenn man sich mehr um die ehrliche Verteilung der Lasten bemüht hätte und England und Amerika dazu gebracht, daß sie den ihnen zustehenden großen Teil der Kosten eines Sieges übernehmen, von dem sie so großen Nutzen gehabt haben, dann hätte man einen Frieden schließen können, der, sowohl vom französischen wie vom allgemein menschlichen Standpunkt aus, besser, gerechter und dauerhafter gewesen wäre."

Im Jahre 1938 lautete freilich eine Entschließung der französischen Sozialistischen Partei auf ihrem Kongreß in Royan:

„Der französische Sozialismus wünscht den Frieden, selbst mit den imperialistischen totalitären Mächten, aber er ist nicht bereit, alle ihre Aktionen hinzunehmen. Sollte der französische Sozialismus zu jenem äußersten Schritt gezwungen werden, den er mit allen Mitteln zu verhindern versuchen würde — so würde er die Unabhängigkeit der Nationen und die Unabhängigkeit aller anderen Völker, die durch die Unterschrift Frankreichs garantiert worden ist, zu verteidigen wissen."

Die gemeinte Unterschrift ist die unter den Versailler Vertrag oder unter jene Verträge, die später geschlossen wurden, um die Einhaltung des Versailler Vertrages zu garantieren. Mit anderen Worten: Die französischen Sozialisten waren bereit, in den Krieg zu ziehen zur Verteidigung eines Vertrages, gegen den sie sich zwanzig Jahre vorher mit soviel Schwung und Nachdruck aufgelehnt hatten!
Damals haben meine Streitigkeiten mit der Sozialistischen Partei begonnen: Der Krieg — Nürnberg . . . Nach Nürnberg vertrat ich weiterhin jenen Standpunkt, den wir zusammen 1919 vertreten hatten, und das war der Bruch. —
Ich wurde durch Churchill gerächt, der 1952 in seinen Lebenserinnerungen folgendes schrieb:

„Die wirtschaftlichen Bestimmungen des Vertrags waren so bösartig und töricht, daß sie offensichtlich jede Wirkung verloren. Deutschland wurde dazu verurteilt, unsinnig hohe Reparationen zu leisten. Diese Diktate drückten sowohl die Wut der Sieger aus, wie den Irrtum ihrer Völker, die nicht begriffen, daß keine besiegte Nation oder eine besiegte Gemeinschaft die Kosten des modernen Krieges ersetzen kann.
Die breiten Massen hatten von den einfachsten wirtschaftlichen Tatsachen keine Ahnung, und die Parteiführer wagten mit Rücksicht auf ihre Wähler nicht, sie darüber aufzuklären. Die Presse besprach und unterstrich nach altem Brauch die vorherrschenden Ansichten. Nur wenige Stimmen erhoben sich, um darzulegen, daß Reparationszahlungen lediglich auf dem Wege von Dienstleistungen oder durch den Transport von Waren in Wagenladungen über Landesgrenzen oder in Schiffen über See möglich seien; und daß diese Waren in den Gläubigerländern deren Industrie aus dem Geleise bringen müßten, außer in höchst primitiven oder unter Staatskontrolle stehenden Gemeinschaften. In der Praxis — das haben auch die Russen inzwischen gelernt — besteht der einzige Weg zur Ausplünderung eines besiegten Landes im Abtransport aller gewünschten beweglichen Güter und im Verschicken eines Teiles der männlichen Arbeitskräfte in dauernde oder vorübergehende Sklaverei. Der mit solchen Maßnahmen erzielte Gewinn steht jedoch in keinem Verhältnis zu den Kriegskosten. Niemand in führender Stellung besaß den Geist, die Überlegenheit oder die Unabhängigkeit von der öffentlichen Verblendung, um den wahlberechtigten Mitbürger diese grundlegenden, brutalen Tatsachen auseinanderzusetzen; auch wäre es keinem, der dies getan hätte, geglaubt worden. Die siegreichen Alliierten versicherten nach wie vor, daß sie Deutschland ausquetschen würden, ‚bis die Kerne krachten'. Das alles übte auf das Gedeihen der Welt und auf die Stimmung des deutschen Volkes gewaltigen Einfluß aus." (Churchill: „Der Sturm zieht auf", Hamburg, 1949, S. 22).

Und:

„Die zweite große Tragödie war der vollständige Abbruch des Österreichisch-Ungarischen Reiches durch die Verträge von St. Germain und Trianon. Jahrhundertelang hatte dieser letzte lebende Überrest des Heiligen Römischen

Reiches einer großen Zahl von Völkern, zum Vorteil von Handel und Sicherheit, ein gemeinsames Leben ermöglicht, und keines dieser Völker besaß in unserer Zeit die Kraft oder Lebensenergie, um sich allein gegen den Druck eines wiederauflebenden Deutschland oder Rußland zu behaupten. Alle diese Völker hatten den Wunsch, sich aus der Struktur des Bundesstaates oder Kaiserreiches loszulösen, und die Förderung dieser Bestrebungen galt als liberale Politik. Die Balkanisierung Südosteuropas schritt rasch fort, wobei gleichzeitig die relative Macht Preußens und des Deutschen Reiches zunahm, das unversehrt und seinen einzelnen Nachbarn überlegen war, wenn auch erschöpft und von Kriegsspuren durchzogen. Es gibt keine einzige Völkerschaft oder Provinz des Habsburgischen Reiches, der das Erlangen der Unabhängigkeit nicht die Qualen gebracht hätte, wie sie von den alten Dichtern und Theologen für die Verdammten der Hölle vorgesehen sind. Die edle Hauptstadt Wien, die Heimstätte so großer, lang verteidigter Kultur und Tradition, der Knotenpunkt so vieler Straßen, Wasserwege und Bahnlinien, blieb elend und hungernd liegen wie ein mächtiges Kaufhaus in einem verarmten Viertel, dessen Bewohner zum größten Teil fortgezogen sind." (a. a. O. S. 24).

Es ist wenig wahrscheinlich, daß Churchill gehört worden wäre, wenn er dies 1919 gesagt hätte. Zur damaligen Zeit war er nur ein Mann aus der zweiten Reihe. Kein Zweifel besteht aber daran, daß es keinen Nürnberger Prozeß gegeben haben würde, wenn er es 1945 ausgesprochen hätte. Das war es, was ich sagen wollte.

*

Zusammen mit einer kleinen Gruppe nichtkonformistischer Syndikalisten („Anarcho-Syndikalisten"), die sich "La Révolution prolétarienne" nannte, besorgte ich 1932 in Frankreich die Herausgabe und Verbreitung des Buches "Précis de géographie économique"* von J. F. Horrabin. Es handelte sich um eine Reihe von Vorlesungen über Wirtschaftsgeographie, die der englische Nationalökonom vor Arbeiterschulen seines Landes gehalten hatte.

Wir meinten, daß die zu lösende Frage nie klarer formuliert worden war — und daß niemand den Mangel an Unterscheidungsvermögen, das totale Fehlen jeglichen historischen Weitblicks, kurz die Mediokrität der Väter des Versailler Vertrages deutlicher herausgestellt hatte. Kurz, wir erkannten durch diese Vorlesungen die wesentlichen Ursachen aller Kriege, vom Hundertjährigen Krieg (1337—1453) angefangen bis zu jener Auseinandersetzung, deren Herannahen wir spürten. Auf die Gefahr hin, daß meine Leser mir vorwerfen werden. ich zitiere zuviel, möchte ich doch hier die nachstehenden Auszüge wiedergeben, ich habe sie verbunden und mit Untertiteln versehen. Meines Erachtens geben sie eine These recht klar wieder, die in dreißig Jahren nichts von ihrer Aktualität verloren hat:

I. Geschichte der Seeherrschaft

„Jahrtausendelang drehte sich die Geschichte der Welt um das Mittelmeer. Die Mittelmeerländer machten sehr beträchtliche Fortschritte auf technischem, wirtschaftlichem und sozialem Gebiet. Während dieser Zeit war für Großbritannien und für seine Bewohner dessen geographische Lage von Nachteil. Außerhalb der damaligen Handelswelt gelegen, weit entfernt von den Hauptverkehrswegen und -zentren, hatte es keinen Platz in der bekannten Welt. Das blieb so, als die Phönizier und dann die Römer erschienen. Und als die römische Herrschaft erlosch, fand Großbritannien sich für weitere tausend Jahre unter den vergessenen Ländern. Aber es kam der Zeitpunkt, an dem sich der Handel der Mittelmeerländer durch das Rheintal nach Norden richtete und an dem die Hanse aus Nord- und Ostsee ein neues Mittelmeer machte. Großbritannien fand sich nun — wenn auch immer noch sehr entfernt — in engerem Kontakt mit der übrigen Welt. Es wurde die nordwestliche Endstation der großen Handelsstraßen, die vom Mittelmeer aus den Kontinent durchquerten. Aber es war immer noch nicht mehr als eine Endstation, es war keine eigenständige Basis. Schließlich wurde der Atlantik erobert und die Neue Welt entdeckt, die westwärts von diesem Ozean liegt. Von nun an waren die Länder mit Atlantikküsten und nicht mehr die des Mittelmeers in besonders vorteilhafter Position, da sie den Küsten des neuen Erdteils gegenüberlagen.

Erst jetzt wird die Lage Großbritanniens zu einem Vorteil: Von dieser Zeit datiert der Anfang der britischen Vorherrschaft in Europa und schließlich in der Welt. Bisher lag England an einem Seitensträßchen. Jetzt saß es am besten Platz in der Hauptstraße. Die überseeischen Entdeckungen verschoben die Schwerpunkte Europas. Diese wanderten von den Binnenmeeren an die Ufer des Atlantik. Venedig und Genua verloren an Bedeutung, während Bristol und Lagos an die ersten Plätze rückten. Der lebhafte, jedoch enge Ostseehandel, der vom XII. bis XVII. Jahrhundert den Hansestädten Reichtum und überragende geschichtliche Bedeutung brachte, verlor an Interesse, als der Atlantik zum Meer der Geschichte wurde. Der Vorrang wanderte gegen Westen, von Lübeck und Stralsund nach Amsterdam und Bristol.

Die Geschichte der drei folgenden Jahrhunderte ist die Geschichte des Kampfes um die Vorherrschaft dieser Länder des europäischen Nordwestens. Schon zwei Jahrhunderte vor dem Ende des Kapitels Mittelmeer finden wir einen portugiesischen Handelsvertrag, 1294 unterzeichnet, der einen nicht unbedeutenden Handel längs der Küsten des Atlantik verrät. Spanien und Portugal kamen als Erste zu den großen Entdeckungen. Wenige Wochen nach Kolumbus Rückkehr von seiner ersten Reise ließ der Papst eine Bulle verkünden, in der die westliche Halbkugel Spanien und die östliche Portugal zuerkannt wurde. Das hieß praktisch, daß die nordischen Völker, besonders Holland und England, des Hauses verwiesen würden. Die Seefahrer dieser beiden Länder versuchten darauf mehrere Jahre lang in nordwestlicher und nordöstlicher Richtung, um Nordamerika und um Nordsibirien herum, Zufahrtswege nach Indien zu finden. Die eine wie die andere Route erwies sich als unbrauchbar. Beide Länder konnten daher an den Reichtümern Indiens und Amerikas nur dann teilhaben, wenn sie das päpstliche Edikt mißachteten. Infolgedessen hatten sie vor der Mitte des XVI. Jahrhunderts mit dem Papst gebrochen und waren protestantisch geworden. Die Macht des Papstes war damals recht groß. Aber er konnte weder die geographischen Gegebenheiten ändern noch den Einfluß dieser Gegebenheiten auf das menschliche Denken. Als das Jahrhundert zu Ende war, hatten die Engländer die Armada Philipps von Spanien zerstört. Und die Holländer setzten sich, nachdem sie das spanische Joch abgeschüttelt hatten, in verschiedenen Teilen Ost- und Westindiens fest, die sie den Spaniern und Portugiesen entrissen hatten. Die Macht des Papstes, des Herrn über das Mittelmeer, verblich, so wie die Bedeutung des Mittelmeeres selbst dahinschwand.

Das folgende Jahrhundert sah die große Rivalität des englischen und holländischen Bürgertums um die Herrschaft über die ozeanischen Verbindungswege, einen Kampf, an dem sich ein drittes Land Nordwest-Europas, Frankreich, beteiligte, mal auf dieser, mal auf jener Seite. Um zu verstehen, wie sehr die ganze Erde in diesem Moment an die Staaten Nordwest-Europas gebunden war — ja gebunden, wörtlich genommen verkettet war, genügt es, die folgenden Sätze mit dem Atlas in der Hand zu lesen:

Auf dem Höhepunkt ihrer Macht, d. h. gegen die Mitte des XVII. Jahrhunderts, waren die Holländer die Herren der Antillen. Sie besaßen Niederlassungen in Brasilien und in Guayana. Sie hatten Handelskontore an der Guinea-Küste. Sie saßen in Kapstadt (Kap der Guten Hoffnung) am Wege nach Indien. Sie waren Besitzer der Inseln Ceylon und Mauritius (so benannt nach Prinz Moritz von Nassau). Sie verfügten über die Schlüssel zu Nordamerika durch ihre Stadt Neu-Amsterdam, das heutige New York.

Aber zu Anfang des XVIII. Jahrhunderts hatte Großbritannien Hollands Platz als Seefahrer und als Herr der strategischen Punkte der großen ozeanischen Weltverkehrswege eingenommen. Nach der stolzen Feststellung eines Schriftstellers „war England am Schluß des Krieges imstande, seinen Seehandel mit zunehmender Kraft auszubreiten. Es war bereit, an den Ufern aller Meere das Werk fortzusetzen, das Griechen, Phönizier und Venezianer längs der Küsten des Mittelmeeres getan hatten." Aber wir wollen dazu bemerken, daß diese Entwicklung nicht etwa dadurch bedingt gewesen wäre, daß eine gütige Vorsehung die Engländer aus einem besseren Holz schnitzte als die Franzosen oder Holländer; es war in erster Linie eine Folge der günstigen geographischen Lage Großbritanniens an den atlantischen Schiffahrtsstraßen, in zweiter Linie eine Folge der Tatsache, daß dieses Land weit mehr als seine Rivalen in seiner Landwirtschaft und Industrie eine kräftige Stütze für seine Expeditionen über See besaß. Die industrielle Revolution hatte dort in der Tat schon vor dem Ende des Jahrhunderts begonnen. Von da an waren seine Eisen- und Kohlevorkommen die reale Ursache für seinen Vorrang vor anderen Völkern. Sie sicherten England endgültig die Grundlagen für seine Vorherrschaft in der Welt des 19. Jahrhunderts.

II. Geschichte Englands

Die englische Völkerfamilie umfaßt das Britische Empire im eigentlichen Sinne des Wortes und einige abhängige Staaten. Für diese Gruppe ist als erstes die grundsätzliche Feststellung zu treffen, daß sie nicht aus einer geographischen Einheit besteht, wie das mehr oder weniger bei allen anderen Gruppen der Fall ist. Die britischen Dominien und Besitzungen sind über alle Meere verstreut nur verbunden durch den Ozean. Das Britische Empire beruht daher auf seiner Seemacht. In einer Welt imperialistischer Rivalitäten kann es nur als Einheit weiterbestehen, wenn es seine Überlegenheit zur See behält.

Mit der Erschließung der transozeanischen Verkehrswege im 16. Jahrhundert begann England eine Weltmacht zu werden — im Laufe des folgenden Jahrhunderts gelang es ihm, sich das Monopol des Warenverkehrs in der ganzen Welt zu sichern. In jedem Winkel der Erde richtete es Handelskontore und Häfen ein. Damals war es sein Ziel, seine Handelsstraßen, seine langen Seelinien, längs denen die Handelsschiffe mit ihren Ladungen fuhren, abzusichern. Es hatte kein Bedürfnis nach territorialer Ausdehnung, im Gegenteil! Im 18. Jahrhundert hielten zahlreiche Angehörige der englischen Handelswelt zwei Inselchen der Kleinen Antillen für wichtiger, als das ganze große Kanada, denn zu Zeiten der Segelschiffahrt beherrschten diese Antillen-Inseln die große Straße von Europa zu den amerikanischen Häfen. Vorwärtsgetrieben von den Passatwinden steuerte man südwestlichen Kurs bis zu den Antillen; von dort ab segelte man nach Norden oder Süden der Küste entlang. Daher gehörten Jamaika, die Bermudas- und Barbados-Inseln zu den ersten britischen Eroberungen. Das Kap der Guten Hoffnung hatte nur deshalb Bedeutung, weil es die Route nach Indien beherrschte. Wenn England zu dieser Zeit Land von einiger Ausdehnung erwarb, dann war das besonders in den Gegenden, in denen es gegen seinen Rivalen Frankreich Stützpunkte brauchte, wie in Indien oder Kanada, wo es zur Sicherung seiner Position große Gebiete in Besitz nehmen mußte. Seine nordamerikanischen Besitzungen waren zwar mehr Strafkolonien für unerwünschte Bürger als wirkliche Kolonien, aber dennoch waren sie wichtig, denn sie lieferten das Material für den Schiffbau; diese, Frankreich entrissenen, Gebiete waren fast die einzigen territorialen Besitzungen Großbritanniens am Ende des 18. Jahrhunderts. Aus dieser Ansammlung von Kontoren und Häfen entwickelte sich im 19. Jahrhundert das Britische Empire. Zwischen 1800 und 1850 verdreifachte sich seine Oberfläche. 1919, nach Beendigung des Ersten Weltkrieges, hatte sich sein Gebiet erneut verdreifacht, umfaßte 13 Millionen 700 000 Quadratmeilen, bewohnt von 475 Millionen Menschen — mehr als ein Viertel der Landfläche und der Bevölkerung der Erde. Die Ursache für dieses außergewöhnliche Anwachsen war die Tatsache, daß das Dampfschiff den Menschen zum wirklichen Herrn des Meeres gemacht hatte. Die Vereinigten Staaten und Rußland sind vornehmlich Eisenbahn-Länder. Das heutige Britische Empire ist dagegen nach einem Wort von Wells ein Reich der Dampfschiffe. Aber die Entfernung und außerordentliche Streuung der verschiedenen Teile des Empire machen seine Innenpolitik, die Regelung seiner gesellschaftlichen, religiösen, politischen und kommerziellen Fragen sehr kompliziert. Außerdem kann kaum in irgendeinem Winkel der Erde etwas passieren, ohne mehr oder weniger unmittelbar ein britisches Interesse zu berühren. Das Schicksal der ganzen Gruppe hängt von der Seeherrschaft und von der Freiheit der Meere ab. Das ist ihre Achilles-Ferse.

In Wahrheit ist Großbritannien noch heute die dominierende Macht der Gruppe.
Nach der industriellen Revolution begnügte sich England nicht damit, die Güter der ganzen Welt nur zu transportieren. Es wurde auch der bedeutendste Verkäufer der Welt. Seine Schiffe trugen seine Kohle und seine Fertigwaren über die Meere. Es besaß nicht nur große Kohlenvorkommen, vorteilhafterweise lagen diese auch noch nah an der Küste. Und solange die Zeit der Landtransporte noch nicht gekommen war, gab diese Tatsache ihm einen weiteren Vorsprung vor den Ländern mit Gruben im Innern. Im 19. Jahrhundert steht es auf dem Höhepunkt seiner Macht. Damals fühlten sich die englischen Kapitalisten so unangreifbar im Bewußtsein ihrer Seeherrschaft, ihrer Flotte, ihrer Hilfsquellen, daß sie zur Sicherung der englischen Weltherrschaft nichts anderes forderten als die Aufrechterhaltung des Freihandels.
Die Bevölkerung Großbritanniens war in den Bergwerks- und Industrie-Gebieten konzentriert. Sie wurde dadurch in ihrer Ernährung mehr und mehr abhängig von den überseeischen Gebieten. Nur 6 Prozent der englischen Bevölkerung sind in der Landwirtschaft beschäftigt, während das Verhältnis 40 Prozent in Frankreich und 72 Prozent in Rußland beträgt.
Die Bewohner der britischen Inseln sind in großen Stadtgemeinden zusammengedrängt. Ihre Existenz ist auf Kohle, Eisen, Stahl[110] und der Freiheit der Meere aufgebaut.
Nach Bowman ("The new World") kann man eine genaue Klassifizierung der verschiedenen Teile des Britischen Empire vornehmen. Es gibt:

1. Sechs "Dominions" mit autonomer Regierung: Kanada, Australien, Südafrikanische Union, Neuseeland, Irischer Freistaat und Neufundland. Es handelt sich bei allen um kapitalistische Staaten und ihre Interessen sind nicht notwendigerweise identisch mit denen des „Mutterlandes". Die Eingeborenen sind, außer in Südafrika, in der Minderheit. Kapitalisten und Angestellte sind Weiße.

2. Besitzungen, wie Indien, Sudan, Ost- und Westafrika, Mesopotamien. Einige werden "Protektorate", andere „Abhängige Gebiete" genannt, wieder andere „Mandatsgebiete". England regiert in ihnen über eingeborene Rassen verschiedener Entwicklungsstufen. In Indien allerdings ist der Industrialisierungsprozeß sehr weit fortgeschritten und hat die Bildung einer unabhängigen Kapitalistenklasse ermöglicht. Diese Gruppe bildet das Empire im eigentlichen Sinne des Wortes.[111]

3. „Marinebasen" und „strategische Schlüsselstellungen", wie Gibraltar, Aden, Singapur und Hong-Kong. Zu diesen Gliedern der britischen Gruppe muß man gewisse unabhängige Staaten rechnen, auch wenn sie politisch nicht in das Empire integriert sind, wie Portugal und die portugiesischen Kolonien, ebenso Argentinien. Niederländisch-Indien ist mit Großbritannien durch die Kombination Royal-Dutch-Shell liiert; seine strategischen Kommandostellen

110 Man kann heute „Erdöl" hinzufügen.
111 Seit der Niederschrift dieses Textes (im Jahre 1933) hat Indien die politische Selbständigkeit erlangt.

sind Singapur und Australien, beide britisch. Ebenso sind Norwegen und Dänemark mit Großbritannien eng verbunden durch Schiffahrtsinteressen und durch ihre geographische Lage. Schließlich Griechenland. Es hat die englischen Interessen im Mittelmeer unterstützt und daher als Entgelt verschiedenerlei Vorzugsbehandlungen genossen.
Die britischen Dominions sind weit verstreut. Aber in einem bestimmten Gebiet sind die wichtigsten britischen Interessen konzentriert: Das ist der Indische Ozean und die große Schiffahrtsstraße, die ihn mit Europa verbindet. Vor vier Jahrhunderten war der Indische Ozean ein portugiesischer See, jetzt ist er ein britischer See. Die Landerwerbungen nach dem Krieg haben den Kreis der britischen Besitzungen an seinen Gestaden geschlossen: die ganze Ostküste Afrikas ist nun britisch, außer zwei Gebieten, von denen eines portugiesisch ist. Dann kommt Aden, Schildwache am Eingang zum Roten Meer, weiter Arabien, der Persische Golf, der nach Mesopotamien leitet. Dann haben wir Indien selbst, dieses unschätzbare Juwel unter all den anderen Besitzungen, sowie Birma und die Straits-Settlements, die nach Hong-Kong und Indonesien und schließlich nach Australien führen. Da liegt also rund um einen Ozean eine Ländergruppe, die schon für sich allein für jede Industriemacht einen Besitz allererster Ordnung darstellt durch ihren Reichtum an Rohstoffen und ihre große Aufnahmefähigkeit für Fertigwaren. Die Vorteile, die diese Konzentration der britischen Interessen mit sich bringt, sind offensichtlich, schon im Hinblick auf die Sicherheit der Schiffahrt. Andererseits konzentrieren sich die britischen Interessen auch darum noch stärker auf diesen Raum, weil im Atlantik und im Pazifik die amerikanische Konkurrenz immer mehr in Erscheinung tritt. Im Indischen Ozean wenigstens verfügt England über eine unbestrittene Monopolstellung. Ein großer Nachteil ist dabei allerdings die große Entfernung — Tausende und Abertausende von Seemeilen — zwischen diesen Gebieten und England, dem industriellen und finanziellen Zentrum der ganzen Gruppe. Die einzige Verbindung ist ein langer Seeweg, dessen sichere Beherrschung daher für England lebenswichtig ist.
Dieser Seeweg verläuft durch das Mittelmeer, den Suezkanal und das Rote Meer. So rückt also das Mittelmeer, nachdem es vier Jahrhunderte abseits gelegen hat, wieder in den Vordergrund des Welttheaters, dank der technischen Entwicklung, die dem Menschen den Durchstich durch die Landenge von Suez ermöglichte.
Wer die Bedeutung dieses Seeweges begriffen hat, wird auch leicht die großen Linien der englischen Außenpolitik verstehen. Vor dem Ersten Weltkrieg wurde dieser Seeweg durch das deutsche Eisenbahnprojekt Berlin—Bagdad bedroht. Diese „Bagdad-Bahn" hätte eine Landverbindung zwischen Nordwesteuropa und den Ufern des Indischen Ozeans geschaffen. Daher war die „Neuordnung" Europas nach dem Ersten Weltkriege zum Teil bedingt von dem englischen Wunsch, ein solches Projekt ein für allemal aus der Sphäre der politischen Möglichkeiten zu verbannen. Daher auch die Vergrößerung Griechenlands und die Aufteilung Österreichs und der Türkei auf viele kleine Staaten.
Ebenso wie das Erdöl Persiens und Mesopotamiens muß Großbritannien auch diesen Seeweg schützen, da ohne ihn keine englische Nahostpolitik

möglich wäre. Die Völker, die am Rande dieses Weges wohnen, müssen direkt oder indirekt unter britische Kontrolle gebracht und gehalten werden. Wer wird Konstantinopel besetzen? Diese Frage berührt das englische Interesse, denn Konstantinopel ist eines der Tore zum Mittelmeer. So ist auch eine echte Unabhängigkeit Ägyptens für England indiskutabel, denn Ägypten beherrscht den Suezkanal, den Schlüssel zum Seeweg überhaupt. Wenn Großbritannien es irgendeinem Staat gestatten würde, sich in Ägypten festzusetzen, so wäre das das Gleiche, als wenn die USA zuließen, daß Japan sich am Ufer des Panamakanals etablierte. Völker, die heutzutage unabhängig werden möchten, tun gut daran, nicht in Gebieten zu leben, die die großen Handelswege beherrschen.

III. Die Welt nach 1919

In der Nachkriegswelt sind es nicht mehr die Nationalstaaten, die die realen Kräfte darstellen, sondern die Staatengruppen, in denen jeweils eine große Industriemacht dominiert. Diese Gruppen umfassen jeweils eine mehr oder weniger große Anzahl von Kolonien oder kleineren Vasallen, die zwar zum Teil „de jure" unabhängig sind, die aber in wirtschaftlicher Hinsicht, also „de facto" alle in gleichem Maße abhängig sind von der zentralen Großmacht ihrer Gruppe.
Jede dieser großen Gruppen möchte autark sein, das heißt, sie möchte direkt oder indirekt verfügen über:

1. ausreichende Mengen aller wichtigen Rohstoffe: Kohle, Eisen, Kupfer, Erdöl, Kautschuk, Baumwolle, Getreide usw. . . .;
2. Absatzmärkte und unterentwickelte Gebiete, wohin sie Kapital ausführen kann;
3. die See- und Landwege, die sie für den Transport und die Verteilung ihrer Rohstoffe und Fertigwaren, braucht.

Wir können erkennen, daß es fünf solcher Gruppen gibt, wobei wir allerdings berücksichtigen müssen, daß die Aufteilung (der Erde) noch nicht zu Ende ist, daß es noch eine Reihe von weniger bedeutenden Gebieten gibt, die als formell unabhängig gelten und jedenfalls noch nicht endgültig einer der bestehenden Gruppen einverleibt worden sind. Wir müssen weiter den Vorbehalt machen, daß die Grenzen der Gruppen nicht überall ganz klar abgesteckt sind und daß um diese Grenzen eine Anzahl „Niemandsländer" liegen. Die fünf Gruppen sind:

— die amerikanische Gruppe;
— das Britische Empire;
— die fernöstliche Gruppe (China und Japan);
— die russische Gruppe;
— die französische Gruppe (einschließlich Mitteleuropa und Nordafrika).

Die wirkliche Regierung jeder dieser Staatengruppen — mit Ausnahme Rußlands — ist ein Konsortium von Kapitalisten.[112] Es ist nicht immer das-

112 In Rußland ist es eine Gruppe von Bürokraten, eine Vorwegnahme der „Revolution der Manager" des James Burnham.

selbe Konsortium, aber es ist jedenfalls immer eine Handvoll Kapitalisten, unter deren Einfluß die ganze Regierungsmaschinerie steht, einschließlich der Politiker, die nach außen hin die Macht ausüben. Wenn wir also „Washington" sagen, oder „die Regierung der Vereinigten Staaten", so bezeichnen wir damit in Wirklichkeit die Standard Oil Company oder die Gruppe Pierpont Morgan oder irgendeine andere Wallstreetgruppe, die sich gerade in dem Augenblick für stark genug hält, oder deren Interessen in genügendem Maße von der Lösung einer bestimmten Frage betroffen sind, daß sie glaubt, die Politik Amerikas diktieren zu müssen. Ebenso müßten wir, wenn wir von der französischen Außenpolitik sprechen, sagen, daß wir die des "Comité des Forges"[113] meinen. Was die britische Regierung betrifft, so handelt es sich hier, je nachdem, um die "Royal-Dutch Shell", um die Besitzer der großen Unternehmen der eisenschaffenden Industrie, oder aber um die fünf Großbanken und die Finanzleute.

IV. Die französisch-deutsche Rivalität

Die Grundlage der deutschen Macht waren die großen Eisenerz- und Kohlevorkommen. Der Friedensvertrag übereignete das Eisenerz, oder wenigstens dessen größten Teil, Frankreich. Nach dem Friedensschluß verfolgte die französische Politik dauernd das Ziel, sich die Kontrolle über die für die Verarbeitung der Eisenerze unumgänglich notwendige Kohle zu sichern. Vor dem Kriege waren die großen lothringischen Bergwerke teils in deutscher, teils in französischer Hand — Deutschland gewann 75 Prozent seiner Eisenerze aus Lothringen. Jetzt sind diese Bergwerke ganz in französischem Besitz. Frankreich verfügt jetzt über das billigste Eisenerz, das es in Europa gibt oder das in Europa verarbeitet wird.
Die entscheidende Tatsache für das Nachkriegs-Frankreich ist, daß seine Schwerindustrie seine mächtigste kapitalistische Gruppe bildet. Wie zahllose Veröffentlichungen immer wieder erklärt haben, war Frankreich vor dem Kriege vor allem eine Nation von kleinen eigenständigen Bauern. Es konnte sich praktisch selbst versorgen — das einzige Produkt, von dem es nicht genug besaß, war die Kohle. Außenpolitisch gesehen, war es vor allem eine Nation, die Geld verlieh. Es stellte die Ersparnisse seiner Bauern und Kleinbürger in Form von Anleihen fremden Regierungen zur Verfügung — so zum Beispiel der des Zaren. Aber die Grundlage des neuen Frankreich ist, genau wie die des früheren Deutschland, wesentlich moderner, sie besteht aus Eisen und Stahl. Die Politik Frankreichs wird jetzt von den Herren über Stahl und Eisen, vom "Comité des Forges" und den dahinterstehenden Geldleuten gesteuert. Diese Männer haben die Zügel der Macht an sich gerissen. Der Erwerb Lothringens gab ihnen dazu die Mittel, und die Reorganisation der französischen Wirtschaft — nötig geworden nach den kriegsbedingten Erschütterungen und Gewichtsverlagerungen — bot ihnen dazu die Gelegenheit. Ihr Werkzeug ist der französische Militarismus. Und die französische Sehnsucht nach „Sicherheit" ist das Gefühlsmoment, auf das sie bauen, um

113 "Comité des Forges": Zusammenschluß der französischen Schwerindustrie.

zu erreichen, daß das französische Volk ihren Hauptwunsch unterstützt. Es ist der Wunsch, Deutschland für immer zu schwächen.

Die Entwicklung der französischen Industrie ist erst jüngeren Datums. Sie wurde anfänglich gebremst durch den Mangel an Kohle. Dann aber entwickelte sie sich aus demselben Grunde wie die deutsche, setzte auch zur gleichen Zeit ein, nämlich um die Mitte des 19. Jahrhunderts, als die ersten Eisenbahnen gebaut wurden. Aber während Deutschland viel Kohle hatte, besaß Frankreich nur wenig. Abgesehen von den Bodenschätzen im Nordosten nahe der belgischen Grenze, gab es nur hier und dort im Lande kleinere Vorkommen.

Unter diesen Umständen konnte keine konzentrierte kohleverbrauchende Schwerindustrie entstehen, die Bedingungen wirkten vielmehr auf das Entstehen vieler nicht sehr großer Unternehmen mehr lokaler Bedeutung hin, und zwar vor allem solcher Betriebe, die keinen großen Brennstoffbedarf hatten. Und das war dann auch die Form, in der die Industrie entstand. Frankreich wurde das typische Beispiel für ein Land mit einer weitgestreuten Industrie, während England, Deutschland und Amerika stark konzentrierte Industrien bekamen, die in der Nähe der Kohlevorkommen lagen.

Frankreich besaß sehr viel Eisenerz in jenem Teil Lothringens, der dem Lande nach 1871 verblieb. Hier wurde immer mehr Erz gefördert, das aber exportiert werden mußte, weil der zur Verarbeitung erforderliche Koks nicht zur Verfügung stand. 1913 war Frankreich der größte Eisenerzexporteur der Welt. Dadurch war es mit Hinblick auf die modernen Grundindustrien, im Vergleich zu England, Deutschland und Amerika, nur ein simpler Rohstofflieferant, eine einfache Kolonie. Durch den Friedensvertrag von 1919 verdoppelte sich der französische Reichtum an Erzen. Sollte es sich nun trotzdem weiterhin auf die Rolle eines einfachen Rohstoffexporteurs beschränken? Oder würden seine Kapitalisten den einträglicheren Weg beschreiten und die Erze im Lande selbst zu Eisen verarbeiten? Die Beantwortung dieser Frage hing vollkommen davon ab, welche Menge Kohle Frankreich zur Verfügung stand. Und diese Tatsache hatte zur Folge, daß eine neue imperalistische Welle über Europa hinwegfegte. Dieser neue Imperialismus führte wieder zur Wegnahme von Grund und Boden und zur Ausbeutung der dortigen Bodenschätze — oder wenigstens zu dem Versuch einer Ausbeutung — ohne jede Rücksicht auf den Willen der dort lebenden Menschen.

Der Vertrag von Versailles hatte Frankreich die Kohlengruben der Saar gegeben. Aber das Saarland erzeugte nur 15 Prozent der Koksmengen, die Deutschland zur Aufarbeitung der lothringischen Erze verbrauchte. Die Hauptmenge, etwa zwei Drittel, kam von der Ruhr. Und diese Überlegung brachte die Herren der französischen Metallindustrie dazu, das Ruhrgebiet zu besetzen. Man braucht eben mehrere Tonnen Kohle um eine einzige Tonne Eisenerz zu verarbeiten. Es ist daher wirtschaftlicher, das Erz zur Kohle zu transportieren als umgekehrt. Das lothringische Erz war fast wertlos ohne den Koks der Ruhr. Die beiden Landstriche sind durch zahlreiche billige Transportwege, durch Straßen und Kanäle verbunden. Die politische Grenze, die sie trennte, war ein Anachronismus. Für seinen Einmarsch ins Ruhrgebiet brachte Frankreich als Entschuldigung vor, es müsse Druck auf Deutschland ausüben, damit die Reparationen geleistet würden. Aber um die Besetzung dauerhaft zu machen, brauchte man offensichtlich eine dauerhaftere Begründung. Daher stammte dann der Plan, eine Rheinrepublik zu gründen, einen „unabhängigen" Pufferstaat, der in Wahrheit ebenso unabhängig von Frankreich gewesen wäre wie es die Republik Panama von den USA sein kann. Als Besitzer der lothringischen Erze und des Ruhrkokses wären dann die französischen Eisenindustriellen die wahren Sieger des großen Krieges gewesen.

Der Plan ließ sich aber nicht verwirklichen. England und Amerika, die letzten Bundesgenossen Frankreichs, waren nicht bereit, einen so großen Teil der Siegesbeute in die Hände der französischen Schwerindustrie übergehen zu lassen. Sie schritten ein und legten Deutschland jenes wirtschaftliche Joch auf, das als Dawesplan und Youngplan bekannt geworden ist. Diese Pläne sollten sicherstellen, daß Deutschland seinen Tribut an England und Amerika wie an Frankreich leistete, was aber gleichzeitig eine gewisse Ermutigung für die deutsche Industrie mit sich brachte. Von da an bestand die französische Politik darin, zu fordern, daß Deutschland bezahlen sollte „bis zum Weißbluten" und weiter in jeder denkbaren Art zu verhindern, daß es sich frei und in jeder Hinsicht wie ein unabhängiger Staat entwickeln konnte . . .

*

Um Deutschland in diesem Zustand der Schwäche zu erhalten, mußte man es unter anderem mit deutschfeindlichen Staaten umgeben, die selber durch möglichst enge wirtschaftliche und politische Bande mit Frankreich verbunden waren. An der Ostgrenze Deutschlands lag Polen, das weite Gebiete Vorkriegs-Deutschlands besetzt hatte; es wurde sehr bald französische Einflußsphäre. Frankreich schloß 1924 Verträge mit der Tschechoslowakei, 1927 mit Rumänien und Jugoslawien. Es bekämpfte heftig den Vorschlag einer Vereinigung Österreichs mit Deutschland und seine Finanziers haben seitdem aus Österreich fast einen Vasallenstaat gemacht. So ist der Ring um Deutschland vollständig geschlossen und eine Kette von Bündnissen sichert die französische Herrschaft über den größten Teil Mitteleuropas von der Ostsee bis zur Adria."

J.-F. Horrabin fügt die, damals prophetischen, Worte hinzu:

„Auch Belgien ist ein Glied der französischen Gruppe. Durch seine Kohlenvorkommen ist es sogar ein sehr bedeutendes Glied. Solange Europa aus einem halben Dutzend rivalisierender, ungefähr gleichstarker Mächte bestand, sicherte sich Belgien eine Art Unabhängigkeit, indem es eine permanente Neutralität wahrte. Aber wenn die wirtschaftliche Entwicklung, wie das heute der Fall ist, zur Vorherrschaft einer einzigen Macht geführt hat, ist ein Staat wie Belgien gezwungen, Satellit dieser Macht zu werden, besonders wenn es ihr unmittelbarer Nachbar ist."

Die Seeherrschaft . . . Wenn J. F. Horrabin seine Überlegungen heute fortsetzen müßte, dann hätte er nur zu zeigen:

1. daß der Atlantik und der Pazifik dazu berufen sind, abwechselnd oder gemeinsam die Rolle zu spielen, die das Mittelmeer bis zum 15. Jahrhundert spielte;
2. daß die Nervenzentren dieser Herrschaft im Begriff sind, sich von London und Tokio (man muß berücksichtigen, daß Japan das England des Fernen Ostens ist) nach Washington zu verlagern;
3. daß Amerika in ein solches Stadium wirtschaftlicher Entwicklung getreten ist und eine solche Ausstrahlung erreicht hat, daß es im Begriff ist, England abzulösen;
4. daß der Mittelpunkt kontinentaler Reaktionen von Paris oder Berlin nach Moskau wandert — da liegt die Gefahr für Europa.
5. daß der Schwerpunkt der Welt nicht mehr europäisch sondern indoafrikanisch ist und sein Reich bilden wird indem es die Ketten des Kolonialismus, dessen Zeit vorbei ist, zerreißt.

Dieses Reich und China werden die Begehrlichkeit der beiden Interessenten auf sich ziehen und dazu verurteilt sein, zwischen diesen beiden hin- und herzuschwanken. Unter den augenblicklichen Verhältnissen neigen die jetzt zu Staats-, Volks- und Vaterlands-Bewußtsein gelangenden ehemaligen Kolonialvölker gefährlich zu Moskau — weil dieses neue Bewußtsein dummerweise von den alten „Mutterländern" bekämpft wird. Also ein doppeltes Problem: das des Schwerpunkts der Welt und des Schwerpunkts Europas — das antike *„Mitteleuropa"*. Wenn wir das erste Problem zur Vermeidung eines Dritten Weltkriegs lösen wollen, müssen wir offenbar zuerst dringend das zweite, das *Problem Europa,* lösen.

*

Hier gestatte ich mir noch einmal, den Text eines anderen Historikers, diesmal des Franzosen Léon Emery anzuführen, der zwischen den beiden Kriegen die berühmten *"Feuilles libres"* [114] herausgab, eine pazifistische Zeitschrift, deren Grundsätze, obwohl mehr historisch als wirtschaftspolitisch, sich mit denen von J. F. Horrabin decken. Léon Emery sagt am 1. Oktober 1951 in „Les Cahiers Libres":

„Es scheint, daß Europa seit mehreren Jahrhunderten die Neigung hat, das Bild eines dreifach gegliederten Raumes zu zeigen. Im Westen, an den Ufern des Atlantik, muß eine Seemacht sein, die die Verbindung mit den anderen Kontinenten bildet; östlich an sie angrenzend sieht man eine Festlandsmacht entstehen, sterben und wiederauferstehen, die zwischen dem Tiber und

114 Er veröffentlicht jetzt die "Cahiers Libres" in Nimes.

Flandern, zwischen der Seine und der Elbe ihr Gleichgewicht sucht; endlich, noch weiter nach Osten, stößt sie an einen eurasiatischen, weiten und verwirrten Staat, der genau genommen nicht zu Europa gehört, da er an dessen entscheidenden kulturellen Erfahrungen nicht teilgenommen hat und in seinem tiefsten Innern das Wesen unserer Tradition nicht versteht.
Da die Geschichte Napoleons I. allen bekannt ist, kann ich mich hier kurz fassen. Man weiß, wie er ein Imperium gründete, in dem durch Eroberung eingegliederte Satelliten-Staaten einen Gürtel um Frankreich bildeten, und wie es schließlich durch den zweifachen Widerstand des britischen Meeres und der russischen Steppe besiegt wurde. Dicht bei uns konnte das (geschickt durch begrenzte Kriege der Welt abgetrotzte) Reich Bismarcks entstehen, das sich rühmte, den Schwerpunkt Europas von Paris nach Berlin verlagert zu haben; es konnte solange Bestand haben und sogar eine Schiedsrichterrolle beanspruchen, als es Reibungen mit Rußland und England sorgfältig vermied. Sobald aber das wilhelminische Deutschland sich in die große maritime und koloniale Konkurrenz stürzen wollte, brachte es dieselbe Konstellation zum Wiederaufleben, die das Werk Napoleons zerstört hatte, und unterlag seinerseits. Hitlers Versuch machte durch die Wiederholung der Ereignisse und ihrer schicksalsbedingten Folgen einen wahrhaft sinnverwirrenden Eindruck. Seine historische Bedeutung ergibt sich aus der Tatsache, daß Hitler gegen die Schicksalsschläge, die er hartnäckig nicht als durch tiefe Ursachen bedingt, sondern aus Verrat und Unerfahrenheit erklärte, Berufung einlegen wollte. Er wollte ein Wunder des Willens vollbringen, er wollte die Menschen, die Dinge und den Rhythmus der Zeit vergewaltigen; auch er schuf durch Intrige, Diplomatie und Eroberung für einige Monate ein Reich im Schwerpunkt der Ereignisse, das sich vom Atlantik bis zur Wolga erstreckte. Aber nachdem er geschworen hatte, er würde nicht in die Irrtümer seiner Vorgänger verfallen, konnte er nicht verhindern, zwischen die beiden Backen des Schraubstocks zu kommen und von ihnen zerquetscht zu werden. Sind wir also Zuschauer bei einer Tragödie im Stile des Aeschylos?"

Die tiefen Ursachen, von denen Léon Emery spricht, legt J. F. Horrabin offen.

Diese Tragödie des Aeschylos, die er auf Europa überträgt, ist, auf die ganze Erde übertragen, die Geschichte der Völkerwanderungen und der Verschiebungen der Zivilisationszentren. Es ist das immer wieder heraufbeschworene und immer dunkel bleibende Problem der Invasionen, die früher ungeordnet erfolgten, heute nach Abstimmung und nach einer minutiös ausgearbeiteten Technik stattfinden, von Brückenköpfen ausgehend, die Staaten oder einheitlich organisierte Staatengruppen sind.
So läßt sich das Problem des 21. Jahrhunderts von den kriegerischen Pfaden des Gottes Mars lösen und durch die beiden nebeneinandergestellten Texte von J. F. Horrabin und Léon Emery umschreiben. Es kann danach zurückgeführt werden auf das Suchen nach einer Wirtschaftsstruktur und nach einer Politik der menschlichen Wanderun-

gen, die geeignet sind, die große slawische Wanderung der Gegenwart zu neutralisieren und morgen vielleicht die große Wanderung der Gelben, die sich schon drohend abzeichnet.

Daraus erkennt man, daß die Lösung des wahren Problems recht fern und gleichzeitig über den kleinen Kombinationen von Versailles und erst recht über der makabren Parodie einer Rechtsprechung in Nürnberg liegt.

ANHANG

Anlage 1

EINGABE DER GESAMTVERTEIDIGUNG AN DAS INTERNATIONALE MILITÄRTRIBUNAL IN NÜRNBERG, 19. NOVEMBER 1945[115]

Zwei furchtbare Weltkriege und die gewaltsamen Zusammenstöße, durch die der Frieden unter den Staaten in der Zeit zwischen diesen großen erdumspannenden Konflikten verletzt worden ist, haben in den gepeinigten Völkern diese Erkenntnis reifen lassen: Eine wirkliche Ordnung zwischen den Staaten ist nicht möglich, solange jeder Staat kraft seiner Souveränität das Recht hat, zu jeder Zeit und zu jedem Zweck Krieg zu führen. Die öffentliche Meinung der Welt hat es in den letzten Jahrzehnten immer schärfer abgelehnt, daß der Entschluß zur Führung eines Krieges jenseits von Gut und Böse stehe. Sie unterscheidet zwischen gerechten und ungerechten Kriegen und verlangt, daß die Staatengemeinschaft den Staat, der einen ungerechten Krieg führt, zur Rechenschaft zieht und ihm, wenn er siegen sollte, die Früchte seiner Gewalttat versagt. Ja, es wird gefordert, daß nicht nur der schuldige Staat verurteilt und haftbar gemacht wird, sondern darüber hinaus, daß die Männer, die an der Entfesselung des ungerechten Krieges schuldig sind, von einem internationalen Gericht zur Strafe verurteilt werden. Darin geht man jetzt weiter als selbst die strengsten Rechtsdenker seit dem frühen Mittelalter. Dieser Gedanke liegt der ersten der drei Anklagen zugrunde, die in diesem Prozeß erhoben worden ist, nämlich der Anklage wegen Verbrechen wider den Frieden. Die Menschheit will, daß dieser Gedanke in Zukunft mehr als eine Forderung, daß er geltendes Völkerrecht ist.

---

115 Das Gericht hat diesen Antrag am 21. November 1945 verworfen mit der Begründung, daß er die Zuständigkeit des Gerichts in Frage stelle und sich damit in Widerspruch zu Artikel 3 des Statuts befinde.

Aber heute ist er noch nicht geltendes Völkerrecht. Weder die Satzung des Völkerbundes, dieser Weltorganisation gegen den Krieg, noch der Kellogg-Briand-Pakt, noch irgendein anderer Vertrag, der nach 1918 in jener ersten Welle der Versuche, den Angriffskrieg zu ächten, geschlossen worden ist, hat diesen Gedanken verwirklicht. Vor allem aber ist die Praxis des Völkerbundes bis in die allerjüngste Zeit in diesem Punkt ganz eindeutig. Er hatte mehrfach über Rechtmäßigkeit oder Unrechtmäßigkeit des gewaltsamen Vorgehens eines Bundesmitgliedes gegen ein anderes zu entscheiden. Aber er hat stets das gewaltsame Vorgehen nur als Verstoß des Staates gegen das Völkerrecht verurteilt, und nie auch nur daran gedacht, Staatsmänner, Generale und Wirtschaftsführer des gewaltübenden Staates zu beschuldigen, geschweige denn vor ein internationales Strafgericht zu stellen. Und als in diesem Sommer in San Francisco die neue Weltfriedensorganisation errichtet wurde, hat man keinen Rechtssatz geschaffen, nach dem in Zukunft ein internationales Gericht die Männer, die einen ungerechten Krieg auslösen, zu Strafe verurteilen werde. Der jetzige Prozeß kann sich deshalb, soweit er Verbrechen wider den Frieden ahnden soll, nicht auf geltendes Völkerrecht stützen, sondern ist ein Verfahren auf Grund eines neuen Strafgesetzes, eines Strafgesetzes, das erst nach der Tat geschaffen wurde. Dies widerstrebt einem in der Welt geheiligten Grundsatz der Rechtspflege, dessen teilweise Verletzung im Hitler-Deutschland außerhalb und innerhalb des Reiches erregt mißbilligt worden ist. Es ist der Satz: Bestraft werden darf nur, wer gegen ein zur Zeit seiner Tat bereits bestehendes Gesetz verstoßen hat, das ihm Strafe androht. Dieser Satz gehört zu den großen Grundsätzen der Staatsordnung gerade der Signatarstaaten des Statuts für diesen Gerichtshof, nämlich Englands seit dem Mittelalter, der Vereinigten Staaten von Amerika seit ihrer Geburt, Frankreichs seit seiner großen Revolution, und der Sowjetunion. Und als jüngst der Kontrollrat für Deutschland ein Gesetz erließ, das die Rückkehr zu einer gerechten deutschen Rechtspflege sichern soll, verfügte er in erster Linie die Wiederherstellung des Satzes: Keine Strafe ohne ein Strafgesetz, das zur Zeit der Tat schon galt. Dieser Satz ist eben nicht eine Zweckmäßigkeitsvorschrift, sondern entspringt der Einsicht, daß sich jeder Angeklagte ungerecht behandelt fühlen muß, wenn er nach einem nachträglich geschaffenen Gesetz bestraft wird.

Die Verteidiger aller anwesenden Angeklagten würden ihre Pflicht verletzen, wenn sie das Verlassen des geltenden Völkerrechts und die Zurücksetzung eines allgemein anerkannten Grundsatzes der modernen Strafrechtspflege schweigend hinnähmen und Bedenken unterdrückten, die heute auch außerhalb Deutschlands offen ausgesprochen

werden. Dies um so mehr, als die Verteidigung einhellig überzeugt ist, daß dieser Prozeß auch dann, ja gerade dann in hohem Maße dem Fortschritt der Weltordnung dienen könnte, wenn er sich nicht vom geltenden Völkerrecht entfernt. Er müßte sich eben dort, wo wegen Taten angeklagt wird, die zu ihrer Zeit nicht unter Strafandrohung standen, darauf beschränken, umfassend zu untersuchen und dann festzustellen, was geschehen ist, wobei die Verteidigung mit allen Kräften als echter Gehilfe des Gerichtes mitarbeiten wird. Die Staaten der Völkerrechtsgemeinschaft müßten dann unter der Wucht dieser richterlichen Feststellung in rechtsschöpferischer Vereinbarung die Männer, die in Zukunft schuldhaft einen ungerechten Krieg beginnen, mit der Bestrafung durch ein internationales Gericht bedrohen.
Die Verteidigung ist weiter der Anschauung, daß auch andere Normen strafrechtlichen Inhalts in dem Statut den Rechtsgrundsatz: "Nulla poena sine lege" gegen sich haben.
Die Verteidigung ist schließlich verpflichtet, schon jetzt auf eine andere Eigenart dieses Prozesses hinzuweisen, mit der er von allgemein anerkannten Grundsätzen der modernen Strafrechtspflege abweicht: Die Richter sind nur von Staaten bestellt, die in diesem Krieg die eine Partei gewesen sind. Diese eine Streitpartei ist alles in einem: Schöpfer der Gerichtsverfassung und der Strafrechtsnormen, Ankläger und Richter. Daß dies nicht so sein dürfte, war bisher gemeine Rechtsüberzeugung, wie denn auch die Vereinigten Staaten von Amerika als Vorkämpfer für die Einrichtung einer internationalen Schiedsgerichtsbarkeit und Gerichtsbarkeit stets verlangt haben, daß die Richterbank mit Neutralen unter Zuziehung von Vertretern aller Streitparteien besetzt werde. Im Ständigen Internationalen Gerichtshof in Den Haag ist dieser Gedanke in beispielgebender Weise verwirklicht worden.
Im Hinblick auf die Vielfalt und die Schwierigkeit dieser Rechtsfragen stellt die Verteidigung den Antrag:

Der Gerichtshof möge von international anerkannten Völkerrechtsgelehrten Gutachten über die rechtlichen Grundlagen dieses auf dem Statut des Gerichtshofes beruhenden Prozesses einholen.

gez. Dr. Sthamer

Anlage 2

ZUM „DOKUMENT GERSTEIN"

„Aus dem dritten Vernichtungslager, von dem hier die Rede war (während der Sitzung des Eichmann-Prozesses vom 6. Juni) und zwar aus Belzec, zwischen Lublin und Lemberg gelegen, hat nur ein Mensch das Ende des Krieges erlebt — und auch dieser ist seitdem gestorben. Der Ankläger stützt sich auf eine Reihe von Aussagen, die von Kurt Gerstein, Leutnant[116] des Sanitätsdienstes der Waffen SS vor alliierten Offizieren gemacht wurden. Gerstein erhängte sich dann in einem Militärgefängnis in Paris. Er war von Eichmann beauftragt worden, schneller wirkende Gifte zu untersuchen."

("Le Figaro" vom 7. Juni 1961)

In den allerersten Tagen des Monats Mai 1945 (meines Wissens wurde das genaue Datum nie bekannt gegeben) besetzten französische Truppen die Ortschaft Rottweil (Württemberg) und nahmen dabei einen gewissen Kurt Gerstein gefangen: er trug die SS-Uniform mit dem Totenkopf und auf der Uniform die Rangabzeichen eines Obersturmführers. Das war sicher der Grund — obwohl wir nicht so kühn sein möchten, das zu behaupten — warum man ihn nicht wie die Masse der anderen Offiziere behandelte, sondern ihn nach Paris transportierte, wo er im "Cherche Midi"-Gefängnis eingesperrt wurde. Eines Morgens im Juli 1945 wurde er dann tot in seiner Zelle gefunden: er hatte während der Nacht Selbstmord verübt. An welchem Morgen wurde er gefunden? Auch das wurde nie mitgeteilt (soviel ich weiß) und ebensowenig, *wie* er sich umgebracht hatte. Übrigens scheint damals kein Mensch irgendwo die Tatsache bekanntgegeben zu haben, daß dieser Gefangene gestorben war.

Erst am 30. Januar 1946 waren einige bedeutende Persönlichkeiten indiskret genug, den Mund aufzutun. Der erste und bekannteste war Herr Dubost, französischer Ankläger beim Nürnberger Gericht: in den Akten der amerikanischen Abordnung hatte er eine Anzahl Rechnungen gefunden über von der Degesch-Gesellschaft, Frankfurt am Main an die Konzentrationslager Auschwitz und Oranienburg geliefertes Zyklon B; diese Rechnungen waren als Anlage einem Bericht in französischer Sprache beigefügt, der von Kurt Gerstein unterschrieben und „Rottweil, den 4. Mai 1945" datiert war. Die Franzosen, die den Mann fanden, hatten also offenbar mit ihrem sechsten Sinn festgestellt, daß es sich um einen sehr wichtigen Mann handelte; Beweise dafür aber hatten sie nicht gefunden; im Gegensatz zu einem damals

116 Der Journalist irrt sich hier im Dienstgrad.

weit verbreiteten Brauch trug der Mann sie nicht bei sich. Es ist nie bekannt geworden, wie die Amerikaner die Unterlagen aufgespürt haben und jetzt wird es wohl niemals mehr herauskommen. Die Amerikaner übrigens waren sich der Bedeutung dieser Dokumente gar nicht bewußt geworden und sie hatten auch nicht daran gedacht, sie dem Gericht als Belastungsmaterial vorzulegen.
Aber glücklicherweise war Herr Dubost zur Stelle: am 30. Januar 1946 zog er die Unterlagen aus seiner Tasche hervor und legte sie dem Gericht vor; sie erhielten das Aktenzeichen PS 1553 — R.F. 350. Sehen wir, was dann geschah . . .

*

Aber zuerst: wer war Kurt Gerstein?
Auf diese erste Frage enthalten die 42 Protokollbände des Nürnberger Prozesses keine Antwort: aus Gründen, die der Leser bald verstehen wird, wollte das Gericht weder von Kurt Gerstein noch von dessen Bericht etwas hören: von dem ganzen Stoß Unterlagen, den Herr Dubost vorlegte, erkannte das Gericht nur zwei Rechnungen vom 30. April 1944 an, aus denen hervorging, daß nach Auschwitz und Oranienburg je 555 Kilogramm Zyklon B geliefert worden sei. Das hinderte die Zeitungen der Welt keineswegs daran, den vom Gericht abgelehnten Bericht des Kurt Gerstein, am Tag nach der Ablehnung, am 31. Januar 1946, ihren Lesern vorzulegen. Natürlich jedes Blatt nach seiner Art ohne mit den Wimpern zu zucken, und natürlich in einer solchen Form, daß keinem Menschen Zweifel an der Echtheit des Dokumentes kommen konnten — auch so, daß niemand daran zweifeln konnte, es sei vom Gericht akzeptiert worden und würde als Belastungsmaterial Verwendung finden.
Seit dieser „Presseoffensive" also seit über fünfzehn Jahren — wird dieses Dokument von jenen eminenten Historikern, die jetzt den Eichmann-Prozeß gewinnbringend verarbeiten, ausgebeutet — jeder verdient eben sein Brot wie er es am besten kann. — Ich meine vor allem jene großen Geschichtsforscher, die aus der Höheren Lehrerbildungsanstalt der Rue de la Libération (Gründer Pater Loriquet) hervorgegangen sind: M. Poliakov ("Le Bréviaire de la Haine" — „das Brevier des Hasses" heißt sein Buch; welch ansprechender Titel) und einige andere wie die Deutschen (die sicher die richtige politische Farbe haben!) H. Krausnick („Dokumentation über die Vergasungen"), J. H. Heydecker und J. Leeb („Der Nürnberger Prozeß"), Gerhardt Schoenberner („Der gelbe Stern") usw., usw. . . . Man möge es mir nicht übelnehmen, aber ich habe nur die aufgeführten Bücher gelesen — man kann nicht alle Bücher lesen und sicher nicht alle Bücher dieser Art!

Und wenn die Presse sich so etwa ein Jahr lang mit dem Eichmann-Prozeß beschäftigt hat, dann treten alle großen Historiker jener Schule wieder mit einem Werk ins Rampenlicht der Publizistik, wie der Bodensatz in den Weinfässern auch erst nach einiger Zeit ans Licht tritt. Das gelingt jetzt nicht mehr so leicht, denn wir schreiben nicht mehr 1946 und die öffentliche Meinung ist erfreulicherweise etwas anspruchsvoller geworden . . .

Also aus den Veröffentlichungen dieser brillanten Historiker kann man entnehmen, daß Kurt Gerstein chemische Technologie studiert hatte. 1938 hatte er Unannehmlichkeiten mit der Gestapo und wurde im KZ Welzheim interniert. Es ist nicht bekannt, wie es ihm gelang, wieder herauszukommen. Wie dem auch sei, 1941 finden wir ihn bei der SS (er hat sich dazu gemeldet, wie er erklärt, um das Vernichtungswerk von innen her zu sabotieren), und 1942 bei der Waffen SS als Obersturmführer im Hauptamt der Sanitätsdienste bei der Abteilung Entwesung und Entseuchung. Hier war es seine Aufgabe, die Zyklon B-Anforderungen zu bearbeiten. Dieses Produkt wurde von der Reichswehr schon seit 1924 als Desinfektionsmittel verwendet — und dann auch von der Wehrmacht, beide hatten eben noch nicht den Vorzug, das amerikanische Mittel DDT zu kennen.

Diese Anforderungen schickte er dann, zusammen mit den entsprechenden Aufträgen an die Degesch-Gesellschaft, Frankfurt am Main oder an deren Tochterunternehmen, die „Testa" in Hamburg. Und natürlich erhielt er dann auch die Rechnungen.

Die Tatsachen, die er erzählt — oder um es genauer zu sagen, die Tatsachen, die der ihm zugeschriebene Bericht erzählt [117] — sind vom Jahre 1942 datiert.

Kurz: am 8. Juni 1942 erhielt er in seinem Büro den Besuch des SS-Sturmführers Günther, der erklärte, dringend 100 Kilogramm Zyklon B zu benötigen, die er an einen Ort transportieren müßte, den nur der Chauffeur des Lastkraftwagens erfahren dürfte.

Einige Wochen später erscheint Günther mit dem betreffenden LKW-Fahrer; die 100 Kilogramm Zyklon B und Gerstein werden eingeladen und man fährt los. Zuerst nach Prag, von dort nach Lublin, wo man am 17. August eintrifft. Am gleichen Tage begegnen sie Gruppenführer Globocnik, der die Juden des Warthegaues vernichten soll und dazu noch kein geeigneteres Mittel gefunden hatte als die Auspuff-

---

117 Diese Erzählung wurde von Herrn Dubost unter den oben beschriebenen Umständen und erst nach dem Tode des Gerstein gefunden. Und noch verwirrender ist die Tatsache, daß die Geschichte von einem Deutschen in Rottweil (Deutschland) in französischer Sprache niedergeschrieben sein soll. Wenn er sie im Pariser Gefängnis Cherche-Midi französisch geschrieben hätte, so hätte man dafür zur Not noch eine Erklärung finden können. Aber in Deutschland! Er muß wirklich ein großer Franzosenfreund gewesen sein, jener totenkopfgeschmückte SS-Obersturmführer.

gase von Dieselmotoren. Diese Gase leitete er dann in eigens zu diesem Zweck eingerichtete Kammern.
Der Gruppenführer, der ein vernünftiger Mann ist, beginnt natürlich damit, daß er alles erzählt. In seinem Gebiet gäbe es drei Anlagen, in denen Juden durch Dieselauspuffgase vernichtet würden: zunächst Belzec (zwischen Lublin und Lemberg) mit einer Tageskapazität von 15 000 Menschen; Sobidor (er weiß nicht genau, wo der Ort liegt) mit einer Tageskapazität von 20 000 Personen; und schließlich Treblinka (120 Kilometer nordnordöstlich von Warschau) ohne Angabe der Kapazität laut Herrn Poliakov, aber die Herren Heydecker und Leeb teilen mit, daß es 20 000 Menschen am Tage wären. (Dieses kuriose Dokument sagt nämlich dem einen Leser etwas anderes als dem anderen!) Eine vierte Anlage, Maidanek, sei geplant, aber es werden von keinem der Berichter irgendwelche Angaben über ihre Lage oder ihre voraussichtliche Kapazität gemacht.
Der Vollständigkeit halber sei noch erwähnt, daß in der deutschen Ausgabe des Buches „Der gelbe Stern" von Herrn Gerhardt Schoenberner, der obenbesprochene Teil des Dokuments gar nicht enthalten ist; sicher handelt es sich um eine neue historische Methode. Immerhin erwähnt Herr Gerhardt Schoenberner die Namen der vier obengenanten Orte, um Gerstein dann erklären zu lassen, daß die Tageskapazität aller Anlagen zusammen 9000 Personen wäre (!)
Aus dem „Brevier des Hasses" ("Bréviaire de la Haine") des Herrn Poliakov sowie aus der „Dokumentation über die Vergasungen" ("Documentation sur l'extermination par les gaz") von Herrn Krausnick, kann man weiter noch entnehmen, daß Hitler mit Himmler zwei Tage vorher, am 15. August 1942, in Lublin gewesen sei und daß beide "ihm befohlen hätten, die ganze Aktion zu beschleunigen". Aber dieser Teil des Dokuments fehlt wieder in Schoenberners „gelbem Stern" wie auch in Heydecker und Leebs „Nürnberger Prozeß". Schließlich, wie allerdings nur die beiden letzgenannten Autoren zu berichten wissen — informiert Globocnik Kurt Gerstein über seine Aufgabe: er soll dafür sorgen, daß die Gaskammern besser funktionieren, hauptsächlich durch den Einsatz eines giftigeren Gases und durch eine Vereinfachung der Anwendungsmethoden.
Nachdem er nun also mitgeteilt hat, was ihm erzählt wurde, erzählt Gerstein, was er gesehen hat.

Beim Eintreffen in Belzec am 18. August 1942 hat Herr Kurt Gerstein zuerst ein Lager besichtigt unter Führung eines Mannes, den Globocnik ihm dazu zur Verfügung stellt. Herr Poliakov hat den Namen dieses Mannes nicht lesen können. Aber mit etwas Mühe glaubte er dann doch, „Wirth" entziffern zu können. Herr Schoenberner hatte

mehr Glück als Poliakov und konnte deutlich „SS-Hauptsturmführer Obermeyer aus Pirmasens" lesen — sein Pech ist nur, daß, wenn er von einem SS-Führer Wirth spricht, der nicht identisch ist mit dem des Herrn Poliakov, er ihn als „Hauptmann" bezeichnet, einen Dienstgrad, den es bei der SS nie gegeben hat.
Wie dem auch sei, während dieses Besuches hat er Gaskammern gesehen, die mit Dieselauspuffgasen betrieben wurden und hat sie gemessen: 5 × 5 = 25 Quadratmeter Fläche bei einer Höhe von 1,90 m = 45 Kubikmeter, kalkuliert er; die 2,5 Kubikmeter um die er sich verrechnet, kann man ihm nachsehen. Die Herren Krausnick, Heydecker, Leeb und Schoenberner haben übrigens auch nichts dazu gesagt. Aber Herr Poliakov, dem der Anschein der Wahrheit am Herzen lag, hat das Dokument berichtigt und hat die Fläche auf 93 Quadratmeter geschätzt (nach der französischen Ausgabe seines Buches "Le Bréviaire de la Haine", S. 223 der 2. Auflage — ich habe die erste Auflage nicht gelesen) Herr Poliakov gibt weiter keine Einzelheiten — das ist auch vorsichtiger!
Poliakov hatte recht, daß er dieses Dokument berichtigte! Anschließend erzählt Kurt Gerstein nämlich, daß er am nächsten Tag, am 19. August, die Gaskammern — vier! sagen die einen, zehn! protestieren die andern — in Betrieb gesehen habe: In den frühen Morgenstunden trifft ein Zug mit 6700 Juden in Belzec ein (6000 hat Herr Poliakov gelesen), Männern, Frauen und Kindern, etwa 45 Waggons, (also zwischen 148 und 150 Menschen per Waggon, und wer die polnischen Güterwagen kennt, wird zugeben, daß es das richtige Maß ist). Dei Zug kommt aus Lemberg, das Lager Belzec liegt am Bahnhof . . . Zweihundert Ukrainer, Lederpeitschen in der Hand, stürzen sich auf die Wagenschläge, reißen sie herunter (!) und lassen alle aussteigen, was andere Ukrainer, mit geladenem Karabiner in der Hand, überwachen . . . Der „SS-Hauptmann" Wirth leitet die Angelegenheit, unterstützt von einigen SS-Männern . . .
Die Angekommenen müssen sich ganz ausziehen, ihre Wertsachen abgeben, sich die Haare schneiden lassen und werden dann zu den Gaskammern geführt.
Die Kammern füllen sich. Mehr zusammendrängen! hat „Hauptmann" Wirth befohlen. Die Leute stehen auf den Zehenspitzen: 700—800 auf 25 Quadratmeter Raum. Die SS stopft soviel hinein wie sie nur kann. Die Türen schließen sich — so berichtet Herr Schoenberner in seinem Buch „Der gelbe Stern", aber die anderen sagen praktisch dasselbe, wenn sie auch einen anderen Stil anwenden. Nur Poliakov bleibt bei seiner Fläche von 93 Quadratmetern.
In einer Hinsicht allerdings sind alle sich einig: über die Dauer, die Gerstein mit der Stoppuhr gemessen hat: erst hätten die 700—800 in

den Gaskammern zusammengepferchten Menschen zwei Stunden und 49 Minuten warten müssen, bis es dem Dieselmotor beliebte, anzulaufen, dann dauerte es noch 32 Minuten bis alle tot waren. Ich wiederhole, mit der Stoppuhr gemessen . . .

Und am 30. Januar 1946 verlangte Herr Dubost vom Internationalen Gerichtshof, daß er diese grausig-phantastische Geschichte als wahr anerkannte. Herr Dubost war nicht der erste beste: er war Ankläger und zweifelsohne ein bekannter Ankläger, denn er wurde aus seinen Konfratern ausgewählt um Frankreich in Nürnberg zu vertreten.

Der Gerichtshof hat ihm den Gefallen nicht getan — wir wollen dem Kaiser geben, was des Kaisers ist . . . wobei wir allerdings hervorheben wollen, daß es sich hier wirklich um einen recht starken Tabak gehandelt haben muß, denn derselbe Gerichsthof hat aus anderen Anlässen und anscheinend ohne mit der Wimper zu zucken noch ganz andere Brocken dieser Art geschluckt.

Wobei natürlich, wie gesagt, die Tatsachen der Ablehnung seitens des Gerichts, die Presse nicht davon hat abhalten können, Kurt Gersteins Geschichte voller Wunder schon am 31. Januar 1946 als einen unwiderlegbaren Tatsachenbericht zu servieren.

Noch in unseren Tagen — fünfzehn Jahre später! — gibt es Männer, die sich selbst Historiker nennen und die es wagen, diese Angelegenheit in ihren Büchern als echt und unumstritten anzuführen, ohne dabei die Hochachtung und die Gunst der Weltpresse einzubüßen. Und die Geschichte ist auch noch beim Eichmannprozeß erwähnt worden. Natürlich sollte man sich über nichts mehr wundern. Bei diesem Eichmann-Prozeß haben die Richter Aussagen als wahr angenommen von Leuten, die behaupten, sie hätten in Bergen-Belsen Gaskammern in Betrieb gesehen — mit ihren eigenen Augen gesehen! — und dabei hat sogar ein solches Monument des Antinationalsozialismus wie das Institut für Zeitgeschichte in München, zugegeben . . . daß es dort nie Gaskammern gegeben hat. Als ob es noch nicht genug wirkliches Belastungsmaterial gegen den Nazismus gäbe.

Und jeden Tag wundert sich die große Presse erneut mit tremolierenden Federn über die Wiedergeburt des Nationalsozialismus, des Rassismus und des Judenhasses — wobei überhaupt kein Unterschied gemacht wird. Was *mich* wundert ist, daß die Urkundenverdrehungen der Poliakov und Kompanie bisher den anti-jüdischen Rassismus und die Judenfeindschaft nicht noch mehr angefacht haben.[118] Denn sie haben wirklich nichts unterlassen, um dazu beizutragen.

---

118 Man muß wirklich genau sagen, was man meint, wenn man von Rassismus und Antisemitismus spricht, denn es gibt leider auch Antigoyim, Antiaraber, Negerfeinde und Weißenfeinde. Das übersehen die federführenden Einfaltspinsel, wenn sie von diesen Fragen sprechen. Oder sie tun wenigstens so, als ob sie es übersähen.

Anlage 3

DAS DOKUMENT KASZTNER

Im Absatz D (Verbrechen gegen die Menschlichkeit) des 2. Kapitels des vorliegenden Buches ist von diesem Dokument die Rede (Bericht des Dr. Rezso Kasztner, der von 1942 bis 1945 Vorsitzender des Budapester Komitees zur Rettung der Juden war). In diesem Bericht wird die Deportation der ungarischen Juden (1944) in allen Einzelheiten geschildert. Er wurde von dem Anwalt des Standartenführers Kurt Becher zur Entlastung seines Klienten in einem der dreizehn Nürnberger Prozesse vorgelegt.

Der Bericht entlastete Kurt Becher — der, wie es scheint, ein Vorgesetzter Eichmanns gewesen ist (Eichmann war ja nur Obersturmbannführer), die entscheidende Figur für die ganzen Deportationen aus Ungarn, und derjenige der gegenüber Himmler die ganze Verantwortung dafür trug — kurz, dieser Bericht bedeutete eine solche Entlastung für Becher, daß er nicht angeklagt wurde.

Dr. Kasztner, ein überzeugter Zionist, ließ sich sofort nach dem Kriege in Israel nieder und gewann dort sehr bald großen Einfluß in der Mapai, der Partei Ben Gurions. 1954 wurde Dr. Kasztner als Präsident des Budapester Komitees unter der deutschen Besetzung, von einem anderen nach Israel emigrierten Ungarn, der dort als Journalist für die konservativ-religiöse Partei tätig war, angeklagt. Dieser Journalist (der übrigens von allen anderen Parteien in Israel als „Faschist" bezeichnet wird, dem man Beziehungen zu den neofaschistischen Parteien nachsagt) behauptete, Dr. Kasztner habe sich dem Nationalsozialismus verkauft und hätte seine Familie dadurch retten können, daß er sie nach Bergen-Belsen schicken ließ (war man dann also gerettet, wenn man nach Bergen-Belsen geschickt wurde? Wie war es doch mit den dortigen Gaskammern?) Dr. Kasztner hätte Menschen der Gestapo ausgeliefert und außerdem mit ihnen die Wertsachen geteilt, die den deportierten Juden weggenommen worden seien . . . usw., usw. Und weil Dr. Kasztners Bericht über die Tätigkeit des Budapester Komitees zur Entlastung Bechers vorgelegt worden ist, woraufhin letzterer dann auch freikam, behauptete der Journalist außerdem, Dr. Kasztner hätte „einen Kriegsverbrecher, mit dem er Geschäfte getätigt hatte", entnazifizieren lassen.

Dr. Kasztner erhob Anklage wegen Verleumdung. Der Prozeß fand 1955 in Jerusalem statt und nahm einen ungeahnten Umfang an: 73 Sitzungen, 2000 Seiten Gerichtsprotokolle — das ganze Land in Aufregung, die Parteien bekämpften sich bis aufs Blut, die Grundlagen des Staates wurden in Frage gestellt. In seinem Urteil gab das Gericht dem Journalisten Recht bis auf einen Punkt und sprach ihn frei. Die einzige Anschuldigung gegen Dr. Kasztner, die nicht für begründet erklärt wurde, war, daß er sich mit den Nationalsozialisten in den geraubten Besitz der Opfer geteilt hätte. Das war die Verurteilung Kasztners und seine Partei, die Ben Gurions, verlor an Ansehen: bei den folgenden Kammerwahlen büßte sie eine beträchtliche Anzahl Stimmen und Sitze ein, behielt freilich die absolute Mehrheit. Die nächsten Wahlen durften also nicht unter einem solchen Schatten stattfinden: Kasztner legte Berufung ein, das Oberste Gericht kassierte das Urteil am 20. Januar 1957. Der neue Prozeß wurde eine noch schlimmere Wiederholung des ersten . . .

Ob die Regierung Ben Gurions nun einen Druck ausübte oder nicht — weil die Anti-Ben-Gurion-Partei wuchs und durch die Debatten sich immer mehr verbreitete und immer genauer zielte — jedenfalls ließ das Oberste Gericht durchsickern, daß, seiner Ansicht nach, der Journalist verurteilt werden müsse, damit Ben Gurion nicht die Mehrheit einbüßte, und diese Haltung zog eine noch größere Aufregung der öffentlichen Meinung nach sich. Am 5. März 1957, zwei Monate nach der Eröffnung des Prozesses, dessen Debatten schon ins Uferlose zu schweifen und ein katastrophales Chaos hervorzurufen drohten, wurde Dr. Kasztner nach der Beendigung der 44. Sitzung auf den Treppen des Justizpalastes angeschossen und schwer verwundet. Täter war ein Terrorist, dessen Pistole von den maßlosen Angriffen gelenkt wurde, die die äußerste Rechte, die Rechte und die äußerste Linke in stillschweigendem Einvernehmen gegen Ben Gurion richteten. Dr. Kasztner starb einige Tage später.

So endete der Prozeß in einer Form, die für alle Seiten eine große Erleichterung bedeutete: Kasztners Mörder wurde weiter nicht belästigt. Im August 1958 wurde Dr. Kasztner dann rehabilitiert durch ein Urteil, das seinen Ankläger nicht verurteilte. Und in einer Atmosphäre, die vielleicht nicht als Ausdruck der nationalen Einigkeit bezeichnet werden konnte, die aber jedenfalls durch dieses „salomonische Urteil“ von ihren allergiftigsten Elementen gereinigt war, beschloß man, nicht mehr von der Sache zu sprechen. Um die Zwietracht nicht wieder heraufzubeschwören, einigte man sich auch leichten Herzens, aus Gründen der Staatsräson, den Kasztnerbericht nicht zu veröffentlichen, das heißt, ihn nicht allgemein zugänglich zu machen.

Dann kam der Eichmann-Prozeß: um Becher reinzuwaschen, hatte Kasztner Eichmann die ganze Verantwortung für die Deportation und ihre Schrecken aufgebürdet. Somit wurde Kasztner ein Hauptzeuge: im Einverständnis mit der israelischen Regierung ließen Kasztners Erben den Bericht im Verlag Kindler, München, veröffentlichen, mit einem Vorwort des Professor Carlo Schmid, eines Bundestagsabgeordneten der SPD. Es durfte nichts unterlassen werden, um die

Verurteilung Eichmanns in den Augen der Welt zu rechtfertigen. In der Form allerdings, in dem er vorlag, konnte der Kasztnerbericht von einem geschickten Anwalt doch zu Eichmanns Entlastung verwendet werden, denn er säte Zweifel an der Richtigkeit der offiziellen Angaben über die Behandlung der Juden in den Lagern, und über die Vergasungen, die im Lager Auschwitz stattgefunden haben sollten.

Der Bericht mußte also ein wenig geändert werden — und man schreckte nicht davor zurück.

Es ist mir nicht ohne List gelungen, Einblick in den Originalbericht zu erhalten. Ein Vergleich des Originals mit der deutschen Buchausgabe zeigt, daß Kasztners Worte in zahlreichen Fällen durch Streichungen und Änderungen verdreht worden sind. Ich möchte hier nur zwei solcher Fälle als Beispiel anführen:

1. Es wurde ein Brief ausgelassen, den sechs in Theresienstadt internierte Juden unter dem 24. Mai 1944 schrieben. Die Angaben dieses Briefes decken sich weder mit dem, was bis heute von den Leuten, die von dort zurückgekehrt sind, über dieses Lager berichtet worden ist, noch mit den Aussagen gewisser „Zeugen" im Jerusalemer Eichmann-Prozeß.

2. Ein Abschnitt über die Gaskammern in Auschwitz ist gefälscht. Ich bringe nachstehend eine Wiedergabe des Originals und der Fälschung:

> chen, vielleicht um Tage handeln. Meldungen aus Bratislava bestätigten auch diese Befürchtungen. Die dortige Waadah leitete uns die Meldungen ihres Nachrichtendienstes weiter. Demgemässe war die S S im Begriffe, die Gaskammern und Krematorien in Auschwitz, die seit dem Herbst 1943 ausser Gebrauch waren, auszubessern und zu renovieren. Man erhöhte die Zahl der Mannschaft, und einer der Unteroffiziere soll sich die Aeusserung geleistet haben: "Bald essen wir feine ungarische Salami". (Er dachte hier allerdings an die mitgebrachten Lebensmittel der Juden.)

> deln. Meldungen aus Preßburg bestätigten diese Befürchtungen. Das dortige Komitee leitete uns die Meldungen seines Nachrichtendienstes weiter. Demgemäß war die SS im Begriff, die Gaskammern und Krematorien in Auschwitz auszubessern und zu renovieren. Die Zahl der Mannschaften wurde erhöht, und einer der Scharführer soll sich die Äußerung geleistet haben: »Bald essen wir feine ungarische Salami.« Er dachte hierbei offenkundig an die mitgebrachten Lebensmittel der Juden.

Der in der deutschen Ausgabe des Kasztner-Berichts fehlende Brief ist auf den folgenden beiden Seiten faksimiliert wiedergegeben.

THERESIENSTADT 23.Mai 1944

Lieber Chawer,

mit herzlichem Dank bestätigen wir Ihr Schreiben vom 8.ds.Mts. Mit grosser Freude benutzen wir die Gelegenheit, Ihnen zu antworten und Sie zu bitten, allen Freunden Grüsse zu bestellen und dafür zu danken, dass sie sich unserer annehmen. Wir dürfen davon ausgehen, da Sie auch dessen in Ihrem Brief Erwähnung tun, dass die zahlreichen Sendungen aus Lissabon und Istambul ein Werk unserer Freunde sind. Auch die Freunde aus Wien, die hier mit uns zusammenleben, haben Sendungen aus den genannten Orten erhalten. Wenn unsere Verpflegsituation auch durchaus geordnet ist und zu keinerlei Sorge Anlass gibt, so freuen und doch diese Sendungen immer wieder, weil wir sie als ein Zeichen Ihrer Freundschaft ansehen.

In Theresienstadt ist eine richtige jüdische Stadt entstanden, in der alle Arbeiten von Juden besorgt werden, von der Strassenreinigung angefangen bis zu einem modernen Gesundheitswesen mit Krankenhäusern und einem durchorganisierten ärztlichen Betreuungsdienst mit einem grossen Stab von Pflegepersonal, von sämtlichen technischen Arbeiten bis zur Verpflegung in den Gemeinschaftsküchen, von der eigenen Polizei und Feuerwehr bis zu einem besonderen Gerichts-, Post- und Verkehrswesen, von einer Bank mit eigenem Siedlungsgeld und von Verkaufsläden für Lebensmittel, Kleidung und Hausrat bis zur Freizeitgestaltung, in deren Rahmen regelmässig Vorträge, Theateraufführungen und Konzerte stattfinden. Die Kinder, denen besondere Sorge gilt, sind in Kinder- und Jugendheimen, die nicht arbeitsfähigen Alten in Alters- und Siechenheimen unter ärztlicher Aufsicht und Pflege untergebracht. Die Arbeitsfähigen sind vor allem für den inneren Dienst eingesetzt. Aus allen Gebieten sind hervorragende Fachkräfte zusammengekommen. Dies kommt nicht nur der hier zu leistenden Facharbeit auf technischem, hygienischem und administrativem Gebiete zugute, auch in der Freizeit hat sich dadurch ein reiches kulturelles Leben auf jüdischem und allgemeinem Gebiet entwickeln können. Eine Bibliothek mit nahezu 50.000 Bänden mit mehreren Lesezimmern, ein Kaffeehaus mit ständigen Musikdarbietungen dienen der Zerstreuung, insbesondere für die älteren Menschen. Zentralbad und Zentralwäscherei fördern die allgemeine Hygiene, auf die naturgemäss besonderer Wert gelegt wird. So kann man sich hier, wenn man die äussere und innere

Umstellung und Einordnung vollzogen hat, durchaus wohlfühlen. Eine Ansicht der Stadt ersehen Sie aus dem Briefkopf.

Der Gesundheitszustand ist als durchaus günstig anzusehen, was neben der klimatischen Lage von Theresienstadt in erster Linie der hingebenden, unverdrossenen Arbeit unserer Aerzte, der ausreichenden Versorgung mit Lebensmitteln und mit Medikamenten zu danken ist. Zuwendungen, die wir erhalten, stehen uns im Rahmen der Jüdischen Selbstverwaltung zur Verfügung und können zusätzlichen Verwendungszwecken zugeführt werden. So haben wir jetzt von Ihrer Zuwendung Kenntnis erhalten und danken Ihnen und den Freunden herzlichst dafür.

Auch wir wären froh, wenn wir häufiger die Möglichkeit hätten, von Ihnen Nachricht zu erhalten. Wir denken oft an die Freunde, die uns durch Sie haben grüssen lassen. Auch unsere Gedanken bewegen sich oft um Möglichkeiten einer Alijah; mit besonderem Interesse haben wir aus Ihren Zeilen entnommen, dass auch Ihre Bemühungen einer wenn auch noch so bescheidenen Lösung dieses Problems gelten.

Wir danken Ihnen für Ihr freundschaftliches Gedenken und sind froh darüber, dass wir Ihrer Verbundenheit gewiss sein dürfen. Lassen Sie bald wieder von sich hören.

Mit herzlichem Schalom
Ihre

Dr.Franz Kahn | Dr.Erich Munk
Dr.Paul Eppstein | Ing.Otto Zucker
Dr.Erich Oesterreicher | Gert Körbel

Anlage 4

"GERMANY MUST PERISH!" - „DEUTSCHLAND MUSS STERBEN!"

von Theodore N. Kaufman

Um den Leser verstehen zu lassen, wie sehr dieses Buch das deutsche Volk gegen die Juden hat aufhetzen können, wird es genügen, wenn wir daraus die nachfolgend abgebildete Karte und die bezeichnendsten Abschnitte übernehmen und davon eine Übersetzung beifügen. Der Inhalt des Buches — das schon auf Seite 116 erwähnt wurde — ist von der Presse und dem Rundfunk des Dr. Joseph Goebbels allen Deutschen zur Kenntnis gebracht worden.

Die Karte zeigt, wie sich der Verfasser die Neugestaltung Europas **nach** einer deutschen Niederlage vorstellte:

Der Vollständigkeit halber muß noch hinzugefügt werden, daß dieser Theodore N. Kaufman sich trotzdem nicht vor dem Nürnberger Gericht hat verantworten müssen.

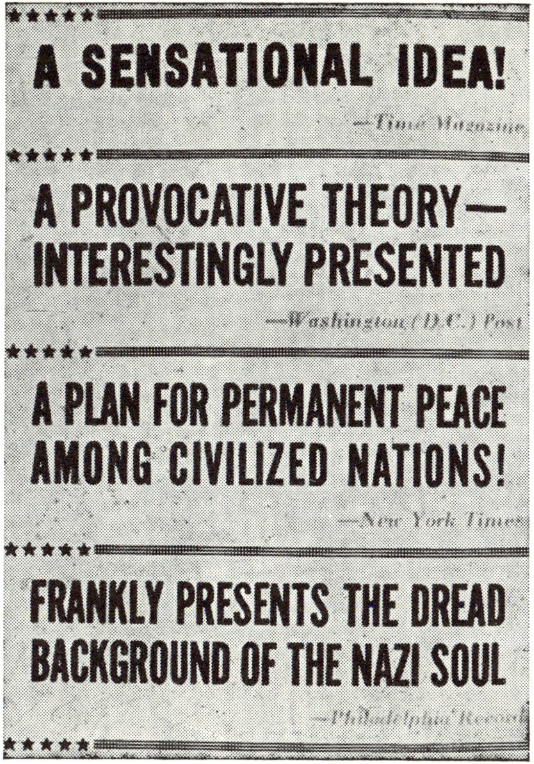

Faksimilewiedergaben des Umschlages der Kaufman-Schrift

DEUTSCHLAND MUSS STERBEN!

. . . .
Die Sterilisierung, die nicht mit Kastrierung verwechselt werden darf, ist eine einfache, gefahrlose Operation, harmlos und schmerzlos, die den Patienten weder verstümmelt, noch ihn zu einem geschlechtlosen Wesen macht. In den meisten Fällen sind die Nachwirkungen weniger unangenehm, als die einer Impfung und nicht schlimmer als die nach dem Ziehen eines Zahnes. Außerdem kostet die Operation nur sehr wenig Zeit — nicht mehr als zehn Minuten. Der Patient kann sofort danach wieder an die Arbeit gehen. Sogar bei Frauen, wo die Operation allerdings zeitraubender ist, kann sie ebenso gefahrlos und einfach durchgeführt werden. Sie wurde Tausende von Malen durchgeführt, ohne daß Komplikationen oder tödliche Folgen bekannt geworden wären. Wenn man bedenkt, daß gesundheitsfördernde Maßnahmen wie Impfungen und Serumbehandlungen als eine direkte Wohltat für die Bevölkerung betrachtet werden, muß man zu dem Schluß kommen, daß die Unfruchtbarmachung des deutschen Volkes eine großartige gesundheitsfördernde Maßnahme für die Menschheit darstellen würde, die sich dadurch *für immer* immun machen würde gegen den Virus des deutschen Wesens.

GERMANY MUST PERISH!

byword of science, as the best means of ridding the human race of its misfits: the degenerate, the insane, the hereditary criminal.

Sterilization is not to be confused with castration. It is a safe and simple operation, quite harmless and painless, neither mutilating nor unsexing the patient. Its effects are most often less distressing than vaccination and no more serious than a tooth extraction. Too, the operation is extremely rapid requiring no more than ten minutes to complete. The patient may resume his work immediately afterwards. Even in the case of the female the operation, though taking longer to perform, is as safe and simple. Performed thousands of times, no records indicate cases of complication or death. When one realizes that such health measures as vaccination and serum treatments are considered as direct benefits to the community, certainly sterilization of the German people cannot but be considered a great health measure promoted by humanity to immunize itself *forever* against the virus of Germanism.

The population of Germany, excluding conquered and annexed territories, is about 70,000,000, almost equally divided between male and female. To achieve the purpose of German extinction it would be necessary to only

• 87

Faksimilewiedergabe mit Übersetzung aus der Kaufman-Schrift

DEUTSCHLAND MUSS STERBEN!

Wenn man die Bewohner der eroberten oder annektierten Gebiete abzieht, zählt die deutsche Bevölkerung etwa 70 000 000 Personen, etwa zu gleichen Teilen männlichen und weiblichen Geschlechts. Um den Zweck ihrer völligen Auslöschung zu erreichen, müßten nur etwa 48 000 000 Menschen sterilisiert werden — die Männer über 60 und die Frauen über 45 bleiben außer Betracht, da deren Fortpflanzungsfähigkeit nur noch in sehr beschränktem Maße gegeben ist.

Was die unfruchtbarzumachenden Männer betrifft, so wäre die Behandlung der organisierten militärischen Einheiten am leichtesten und einfachsten durchzuführen. Wenn man, um nur eine Zahl zu nennen, davon ausgeht, daß 20 000 Chirurgen zur Verfügung stehen und daß jeder mindestens 25 Operationen am Tage durchführen könnte, so würde die Sterilisierung der in militärischen Einheiten zusammengefaßten Männern nicht mehr als einen Monat beanspruchen. Es braucht nicht betont zu werden, daß bei einer größeren Anzahl von Ärzten, und die Zahl würde sicher weit über 20 000 liegen, wenn man berücksichtigt, aus wievielen Völkern sie rekrutiert werden könnten, entsprechend weniger

GERMANY MUST PERISH!

sterilize some 48,000,000—a figure which excludes, because of their limited power to procreate, males over 60 years of age, and females over 45.

Concerning the males subject to sterilization the army groups, as organized units, would be the easiest and quickest to deal with. Taking 20,000 surgeons as an arbitrary number and on the assumption that each will perform a minimum of 25 operations daily, it would take no more than one month, at the maximum, to complete their sterilization. Naturally the more doctors available, and many more than the 20,000 we mention would be available considering all the nations to be drawn upon, the less time would be required. The balance of the male civilian population of Germany could be treated within three months. Inasmuch as sterilization of women needs somewhat more time, it may be computed that the entire female population of Germany could be sterilized within a period of three years or less. Complete sterilization of both sexes, and not only one, is to be considered necessary in view of the present German doctrine that so much as one drop of true German blood constitutes a German.

Of course, after complete sterilization, there will cease to be a birth rate in Germany. At the normal death rate of 2% per annum, German life will diminish at the rate 88•.

Faksimilewiedergabe mit Übersetzung aus der Kaufman-Schrift

DEUTSCHLAND MUSS STERBEN!

Zeit erforderlich sein würde. Die restliche männliche Bevölkerung Deutschlands könnte innerhalb von drei Monaten behandelt werden.

Wenn man berücksichtigt, daß für die Sterilisierung von Frauen etwas mehr Zeit benötigt wird, läßt sich errechnen, daß die gesamte weibliche Bevölkerung Deutschlands in drei Jahren oder noch kürzerer Zeit unfruchtbar gemacht werden könnte. Die vollständige Sterilisierung beider Geschlechter, und nicht nur eines Geschlechts, muß als notwendig angesehen werden angesichts der heutigen deutschen Lehre, daß ein einziger Tropfen deutschen Blutes einen Menschen zu einem Deutschen macht.

Natürlich wird es, nach erfolgter vollständiger Sterilisation keine Geburtenrate in Deutschland mehr geben. Bei der normalen Sterblichkeit von 2 Prozent im Jahr wird die Zahl der lebenden Deutschen alljährlich um 1 500 000 abnehmen. Demzufolge wäre das Ziel, das Millionen Leben und Jahrhunderte vergeblichen Mühens gekostet hat, nämlich die Ausschaltung des deutschen Wesens und seiner Träger, nach zwei Generationen eine vollendete Tatsache. Der deutsche Wille wird durch Atrophie verschwinden, da er nicht mehr übertragen werden kann und die Macht Deutschlands wird überhaupt keine Rolle mehr spielen.

. . . .

GERMANY MUST PERISH!

of 1,500,000 yearly. **Accordingly in the span of two generations that which cost millions of lives and centuries of useless effort, namely, the elimination of Germanism and its carriers, will have been an accomplished fact. By virtue of its loss of self-perpetuation German Will will have atrophied and German power reduced to negligible** importance.

Reviewing the foregoing case of sterilization we find that several factors resulting from it firmly establish its advocacy.

Firstly, no physical pain will be imposed upon the inhabitants of Germany through its application, a decidedly more humane treatment than they will have deserved. As a matter of fact it is not inconceivable that after Germany's defeat, the long-suffering peoples of Europe may demand a far less humane revenge than that of mere sterilization.

Secondly, execution of the plan would in no way disorganize the present population nor would it cause any sudden mass upheavals and dislocations. The consequent gradual disappearance of the Germans from Europe will leave no more negative effect upon that continent than did the gradual disappearance of the Indians upon this.

Here again, a German attests to this point. Spengler's

• 89

Faksimilewiedergabe mit Übersetzung aus der Kaufman-Schrift

Anlage 5

„ARZT IN AUSCHWITZ"

Im Zusammenhang mit dem Buch „Arzt in Auschwitz" das von der deutschen Illustrierten „Quick", im Januar 1961 veröffentlicht wurde und das in Frankreich von dem Verleger Julliard erneut herausgebracht wurde, der es schon 1951 in der Zeitschrift des Jean-Paul Sartre, *"Les Temps Modernes"* hatte erscheinen lassen, habe ich an den Verleger Julliaıd geschrieben. Mein Schreiben und seine Antwort folgen hier.

Den 16. November 1961

Monsieur René Julliard,
Direktor des Verlages "Editions Julliard"
P a r i s (7e)

Sehr geehrter Herr Direktor!
Ich habe soeben das Buch "Médecin à Auschwitz" von Dr. Miklos Nyiszli zu Ende gelesen, das im vorigen Monat bei Ihnen erschienen ist — von dem ich übrigens schon größere Teile unter dem Titel „SS-Obersturmführer Dr. Mengele" im März- und Aprilheft 1951 der Zeitschrift "Les Temps Modernes" gefunden hatte.
Ich habe mich damals als Historiker und als Deportierter aufgelehnt gegen die Neigung der Verleger, über die Konzentrationslager jede beliebige Geschichte aus jeder beliebigen Feder herauszubringen, ich habe mich dagegen aufgelehnt aus der Überlegung heraus, daß die Veröffentlichung von Geschichten, die über die politischen Handlungen des Nazismus Behauptungen aufstellen, die offensichtlich nicht den Tatsachen entsprechen, in der öffentlichen Meinung nur Zweifel säen können und schließlich — nachdem die Unwahrheit solcher Geschichten einige Male nachgewiesen wurde — die Überzeugung wekken, daß der ganze Nationalsozialismus nur eine Fabel gewesen sei.
Da diese Erzählung, wenn ich sie nach den Abschnitten beurteile, die "Les Temps Modernes" daraus gebracht hatten, voller Unwahrscheinlichkeiten und Widersprüchen steckte, die durch die Einleitung des Tibère Kremer noch vermehrt wurden — schrieb ich an Herrn Dr. Nyiszli und schickte den Brief an "Les Temps Modernes" mit der Bitte um Weiterleitung.
Über Herrn Tibère Kremer (11, rue des Moulins, Toulouse) erhielt ich eine Antwort, die Sie hier einsehen können; sie widerspricht dem von Ihnen veröffentlichten Bericht.
So spricht zum Beispiel Herr Tibère Kremer 1951 in seiner Einleitung

von 6 000 000 Juden und zwar so, daß die ganze Presse diese Information weiter verbreitete und sie auf das Konto der Auschwitzer Gaskammern setzte. Dr. Nyiszli hingegen nennt eine Zahl von 2 500 000; das Krakauer Gericht, das den Lagerkommandanten Hoess am 4. April 1947 zum Tode durch den Strang verurteilte, übernahm diese Zahl.

Ein weiteres Beispiel: Nyiszli war Ende Mai nach Auschwitz gekommen und gibt an, daß täglich 20 000 Juden in den Gaskammern umgebracht würden sowie 5000 in den Feuern im Freien. Er sagt weiter, daß das vier Jahre lang gedauert hätte — und Ihr Buch erwähnt die gleichen Zahlen auf Seite 50.

Falls es aber in Auschwitz Gaskammern gegeben hat, so geht aus den in Nürnberg vorgelegten Dokumenten hervor:

— daß diese am 8. August 1942 bei der Firma Topf in Erfurt bestellt wurden, wobei allerdings die Bezeichnungen „Leichenkeller" und „Badeanstalt" gebraucht wurden,

— daß sie im Februar/März 1943 im Lager aufgestellt wurden. Und der Kasztner-Bericht stellt dazu noch fest (dieser Bericht wurde vom Nürnberger Gericht akzeptiert), daß sie „vom Herbst 1943 bis Mai 1944" nicht in Betrieb gewesen sind. usw. . . . Ich könnte diese Liste noch wesentlich verlängern — da das aber sehr viel von meiner Zeit in Anspruch nehmen dürfte, werde ich es nur tun, wenn es Sie interessieren sollte.

Ich möchte aber unbedingt Ihre Aufmerksamkeit auf die deutsche Fassung des Buches „Arzt in Auschwitz" lenken, die von der Münchener Illustrierten „Quick" vom 15. Januar 1961 an in Fortsetzungen veröffentlicht wurde.

Diese Fassung widerspricht der Übersetzung des Herrn Tibère Kremer in nahezu allen Punkten. Ich habe *31* tatsächliche Widersprüche festgestellt, abgesehen von denen, die sich aus der mangelhaften Wiedergabe des Satzbaues ergeben oder die im Text selbst enthalten sind.

Als ein Beispiel dieser Widersprüche möchte ich anführen, daß nach dem deutschen Text die Verbrennungsöfen täglich 10 000 Leichen einäschern — nach der französischen Version 20 000.

Ein Beispiel für die Widersprüche in der Erzählung: auf einer Seite werden die Toten rasiert — zwanzig Seiten weiter wird gesagt, daß die Haare abgeschnitten werden bevor man die Menschen in die Gaskammern schickt.

Zudem hat Herr Kremer eine Anzahl der in der ersten Ausgabe enthaltenen Angaben korrigiert: in der ersten Fassung trifft ein Pistolenschütze von 40—50 Meter Abstand ins Schwarze — in der zweiten Fassung nur noch von 20 oder 30 Meter.

Ein Institut, das in der ersten Veröffentlichung das berühmteste des Dritten Reiches genannt wurde, heißt in der zweiten Ausgabe „das berühmteste der Welt", usw. . . . Nun eins von beiden: entweder handelt es sich hier um ein Dokument, das veröffentlicht wird, und dann muß die Fassung von 1951 identisch sein mit der von 1961 und die französische identisch mit der deutschen — oder aber es handelt sich um eine unglaubwürdige Erzählung. Und da die Beschreibung der Örtlichkeit weder in der französischen noch in der deutschen Fassung übereinstimmt mit den Angaben der in Nürnberg vorgelegten Dokumente, muß gesagt werden, daß die Stimmen, die behaupten, daß dieser Nyiszli Auschwitz nie betreten hätte, für ihre Behauptung recht triftige Gründe haben.
Noch ein Beispiel: Miklos Nyiszli erzählt uns, daß die Gaskammern *200* Meter lang wären und das in Nürnberg vorgelegte Dokument gibt an, daß die Fläche 210, 400 oder 580 Quadratmeter betragen hätte: dann wären sie also 1,05 oder 2 Meter oder 2,90 Meter breit gewesen und das gibt es nicht. Umsoweniger als 3000 Personen den Raum betreten und sich dort hätten bewegen können, als in der Mitte Pfeiler gestanden hätten und Bänke auf beiden Seiten.
Ein weiteres Beispiel: nach der französischen Fassung ist der Abstand von einem Ende zum anderen 500 Meter — nach der deutschen 3 Kilometer oder umgekehrt usw. . . .
Als diese deutsche Fassung in „Quick" erschien, wollte ich wieder an Herrn Tibère Kremer schreiben, aber der Brief kam zurück mit dem Vermerk: „wohnt nicht mehr an der angegebenen Adresse".
Ich habe an „Quick" geschrieben und erhielt zur Antwort, daß mein Brief nicht an Dr. Nyiszli weitergeleitet werden könne, da dieser gestorben sei (!).
Vielleicht können sie diese Bemerkungen Herrn Tibère Kremer zugehen lassen. Sie kennen sicher seine Anschrift, denn Sie haben ja von ihm die Übersetzung erhalten, die sie veröffentlichten.
Zum Schluß möchte ich Sie nur noch bitten, den Sinn der Anmerkungen, die ich mir gestatte, Ihnen zu senden, nicht falsch zu verstehen. Geschichtliche Dokumente haben ein Recht darauf, respektiert zu werden, und es dürfen nicht leichtfertigerweise Versionen veröffentlicht werden, für die man nicht geradestehen kann. Was diesen Bericht betrifft, so möchte ich Ihnen sagen, daß ich seit fünfzehn Jahren das Original suche, da ich es für meine Arbeiten brauche; kein Mensch hat mir je zu sagen vermocht, wo man es einsehen könnte. Die größten lebenden Historiker können überhaupt keine Angaben darüber machen. Die Fassungen, die bisher das Licht gesehen haben, stimmen nicht miteinander überein und widersprechen sich von einer Seite zur anderen. Der Autor spricht von Örtlichkeiten, die er offensichtlich nie

besucht hat, sonst würde er nicht behaupten, daß ein Raum 200 Meter lang wäre, da das bedeutete, daß er 1,05 Meter oder höchstens 2,90 Meter breit wäre, usw. . . .
Diese ganzen Punkte lassen den Schluß zu, daß es sich hierbei um ein *unechtes* Dokument handelt.
Wenn es Ihnen daher möglich sein sollte, mir solche Beweise zu liefern, daß ich in meiner Arbeitskartei die Karte des Dr. Nyiszli mit dem Vermerk „das Dokument ist echt" versehen könnte, so wäre ich Ihnen außerordentlich dankbar.

Mit vorzüglicher Hochachtung
P. R.

Julliards Antwort

Sehr geehrter Herr Rassinier!
Ich danke Ihnen für den Durchschlag Ihres Schreibens vom 16. 11. Ich werde ihn noch heute an Herrn Tibère Kremer, den Übersetzer des Buches "Médecin à Auschwitz" von Dr. Miklos Nyiszli weiterleiten, damit er Ihnen antwortet.
Ich kann Ihnen inzwischen schon sagen, daß Dr. Nyiszli tatsächlich gestorben ist — aber seine Frau lebt. Ich habe übrigens sein Buch mehreren Deportierten gezeigt, die mir die Richtigkeit bestätigt haben.

Hochachtungsvoll
Pierre Javet

•

Auf die Antwort des Herrn Tibère Kremer warte ich noch immer. Wahrscheinlich werde ich sie nie erhalten. Zuerst hat Herr Tibère Kremer mir eine vom 24. Oktober 1951 datierte Antwort des Dr. Nyiszli auf mein Schreiben zukommen lassen. Auf diesen Briefwechsel beziehe ich mich in meinem Schreiben an Herrn Julliard. Dann, als ich weitere Nachforschungen nach dem merkwürdigen Augenzeugen anstelle, hörte ich aus New York, wo das Buch 1951 in einer Übersetzung des Herrn Richard Seaver und mit einem Vorwort des Professor Bruno Bettelheim erschienen war, daß Dr. Nyiszli gestorben sei — und zwar lange bevor sein Erlebnisbericht zum ersten Mal veröffentlicht wurde.
Wenn das stimmen sollte, so würde sich dieser tote Augenzeuge — der wievielte wäre das eigentlich? — von den anderen dadurch unterscheiden, daß er mir noch nach seinem Tode geschrieben hätte.
Dann wird allerdings auch das Schweigen des Herrn Tibère Kremer verständlich.

Kommentar überflüssig.

Anlage 6

Aus: DOKUMENTATION ÜBER DIE BEMÜHUNGEN DES INTERNATIONALEN KOMITEES DES ROTEN KREUZES ZUGUNSTEN DER IN DEUTSCHLAND IN KONZENTRATIONSLAGERN GEFANGENGEHALTENEN ZIVILPERSONEN (1939–1945) III. AUSGABE, GENF, APRIL 1947;

übersetzt aus dem Französischen.

Seite 91: *I. Besuch des Lagerkommandanten von Auschwitz durch einen Vertreter des Internationalen Komitees des Roten Kreuzes (September 1944).*

Auf der ganzen Strecke, genau genommen längs der polnischen Straßen, die von *Teschen* nach Auschwitz führen, sind wir Männer- und Frauengruppen begegnet, die von SS begleitet waren, gestreifte Kleider trugen und die kleine Arbeitskommandos bildeten.
Die Kommandos arbeiten sowohl in der Landwirtschaft als auch in Bergwerken. Diese Leute haben alle, obwohl sie an der frischen Luft arbeiten, blasse, fahle Hautfarbe. Alle marschieren im Gleichschritt in Viererreihen; die Wachen, Gewehr unter dem Arm, sind SS-Leute der Division Totenkopf . . .
Wir kommen schließlich in Auschwitz an, und – nachdem wir die nötige Geduld aufgebracht haben – werden wir in das Innere des Kz-Lagers hereingelassen. Vom Lager selbst sehen wir nur sechs bis acht große, in roten Ziegelsteinen errichtete Kasernen. Die Gebäude scheinen neu zu sein; alle Fenster sind mit Gittern versehen. Das Lager ist mit einer sehr hohen, mit Stacheldraht beschickten Mauer aus Betonplatten umgeben.
Unterhaltung mit dem Lagerkommandanten: Wie in Oranienburg und in Ravensbrück sind hier die Offiziere freundlich, aber auch zur gleichen Zeit verschwiegen. Jedes Wort ist wohl überlegt und man merkt die Befürchtung, die geringste Auskunft zu geben.

1. Die Verteilung der RK-Pakete scheint gestattet und sogar durch eine für alle Kz's gültige Anordnung geregelt zu sein.
2. Der Kommandant sagt uns, daß die persönlich an einen Gefangenen gerichteten Pakete immer vollständig ausgehändigt werden.
3. Es gibt für jede Nationalität Vertrauensleute.
4. Es gibt einen Judenältesten, der für die gesamten jüdischen Interessen verantwortlich ist.
5. Die Vertrauensleute und der Judenälteste können Sammelpakete empfangen; diese Pakete werden frei nach ihrem Ermessen verteilt. Die persönlichen, mit unbekannten Namen versehenen Pakete werden dem

Vertrauensmann der entsprechenden Nationalität ausgehändigt.

6. Die Verteilung der vom Komitee abgesandten Pakete scheint uns gesichert. Wir haben keinen Beweis, aber unser Eindruck ist, daß der Lagerkommandant die Wahrheit sagt, wenn er erklärt, die Verteilung finde regelmäßig statt und jeder Diebstahl werde streng bestraft . . .

Wir hoffen, daß wir Ihnen bald Namen, Vornamen, Nummern und Nationalität der Auschwitz-Häftlinge zukommen lassen können. Ein Kommando von englischen Kriegsgefangenen arbeitet nämlich in einem Auschwitzer Bergwerk zusammen mit den Kz-Häftlingen. Wir haben den Hauptvertrauensmann von Teschen gebeten, sein Möglichstes zu tun, um vom Vertrauensmann des Auschwitz-Kommandos alle erforderlichen Auskünfte zu erhalten.

Der britische Vertrauensmann hat uns von sich aus gefragt, ob wir etwas über den „Brausesaal" wüßten. Es ginge nämlich das Gerücht um, daß im Lager ein sehr moderner Brausesaal bestünde, wo die Häftlinge reihenweise vergast würden.

Der britische Vertrauensmann hat durch sein Auschwitz-Kommando versucht, eine Bestätigung dieser Behauptung zu erlangen. Es war unmöglich, etwas zu beweisen.

Die Gefangenen selbst haben nicht darüber gesprochen. Als wir Auschwitz verließen, hatten wir jedenfalls den Eindruck, daß das Geheimnis sehr gehütet wird.

Dennoch nehmen wir die Gewißheit mit, daß Pakete geschickt werden sollten, und zwar so viel und so schnell wie möglich. Wir sagen es noch einmal, daß wir an die vollständige Aushändigung aller Sendungen an die Häftlinge glauben.

Analyse des Berichtes des RK-Vertreters über seinen Besuch im Kz-Auschwitz (September 1944)

1. Auf der Strecke von 50 km (Luftlinie) zwischen Teschen und Auschwitz – also weit ab vom Kz-Lager – hat der Beauftragte des RK zwar überall Kz-Arbeitskommandos angetroffen. Er berichtet aber nicht, ob er auf dieser langen Strecke den Versuch unternommen hat, die Häftlinge nach eventuellen Vergasungen zu fragen oder daß er von diesen darüber angesprochen worden sei.
2. Die Kz-Häftlinge waren durchaus nicht hermetisch abgeriegelt und somit für die Außenwelt nachrichtenmäßig abgeschnitten. Sie waren ganz im Gegenteil bis auf etwa 50 km außerhalb des Lagers im Bergbau und in der Landwirtschaft beschäftigt. Das bedeutet, daß die Häftlinge weitgehend mit der dortigen Bevölkerung und sogar mit englischen Kriegsge-

fangenen in Berührung kamen. Einer Weitergabe von Nachrichten aus dem Lager war damit Tür und Tor geöffnet. Wären der polnischen Bevölkerung und den englischen Kriegsgefangenen durch die Häftlinge über Grausamkeiten im Lager etwas zu Ohren gekommen, so darf man annehmen, daß diese für eine schnelle und ausgiebige Verbreitung dieser Meldungen, auch in der deutschen Bevölkerung und in der Wehrmacht, gesorgt hätten. Nichts von dem aber ist bekannt.

3. In dem etwa 50 km entfernt gelegenen englischen Kriegsgefangenenlager in Teschen ging das Gerücht um, in Auschwitz würden Häftlinge vergast.
   Das englische Außenkommando, das in Auschwitz tagtäglich mit den Häftlingen des Kz-Lagers zusammenarbeitete und sich somit aus erster Quelle über den Wahrheitsgehalt dieses Gerüchts Klarheit verschaffen konnte, war nicht in der Lage, das Gerücht als eine Tatsache bestätigt zu erhalten. Die Häftlinge des Lagers, die es ja hätten wissen müssen und die ihren englischen Arbeitskameraden gewiß Mitteilung gemacht hätten, haben ganz im Gegenteil bei der Arbeit vor Ort, wo sie zweifellos weitgehend unbeobachtet waren, nichts von Vergasungen erzählt.
4. Nach dem gescheiterten Klärungsversuch des englischen Hauptvertrauensmannes in Teschen durch sein Auschwitzer Außenkommando, wandte sich dieser an den Vertreter des RK. Genfs Abgesandter konnte erst recht nichts über Vergasungen berichten.
   Wenn der Vertreter des RK auch von dem Gerücht im Sinne „eines wohl behüteten Geheimnisses“ orakelt, so ist er den hierfür zu erwartenden Beweis schuldig geblieben.
5. Inwiefern mit Leichtigkeit alles Mögliche aus dem Lager nach außen gebracht werden konnte, geht daraus hervor, daß der Vertreter des RK nach Genf meldete, er hoffe, über die mit den Kz-Häftlingen zusammenarbeitenden englischen Kriegsgefangenen ganze Listen mit allen Einzelheiten über die Lagerinsassen zu erhalten.

THE TIMES WEDNESDAY SEPTEMBER 6 1939

Dr. Weizmanns Brief an Mr. Chamberlain

Die Jüdische Agentur für Palästina in London veröffentlichte gestern den Text eines Briefwechsels zwischen Dr. Chaim Weizmann, Präsident der Agentur, und dem Premierminister. Dr. Weizmann schrieb in seinem Brief an Mr. Chamberlain unter dem Datum des 29. August:

Lieber Herr Premierminister — In dieser Stunde äußerster Krise veranlaßt mich das Bewußtsein, daß die Juden einen Beitrag zur Verteidigung geheiligter Werte zu leisten haben, diesen Brief zu schreiben. Ich wünsche in nachdrücklichster Weise die Erklärungen zu bestätigen, die ich und meine Kollegen während des letzten Monats und besonders in der vergangenen Woche abgegeben haben: daß die Juden zu Großbritannien stehen und an der Seite der Demokratien kämpfen werden.

Es ist unser dringendes Begehren, diesen Erklärungen Wirksamkeit zu verschaffen. Wir wollen dies in einer Weise tun, die völlig mit dem allgemeinen Rahmen der britischen Aktion übereinstimmt, und wir wollen uns deshalb in großen wie in kleinen Dingen unter die koordinierende Leitung der Regierung Seiner Majestät stellen. Die Jüdische Agentur ist bereit, sofortige Vorkehrungen zu treffen, um das jüdische Menschenpotential, die technischen Fähigkeiten, Hilfsquellen usw. zu nutzen.

Die Jüdische Agentur hatte kürzlich politische Meinungsverschiedenheiten mit der Mandatsmacht. Wir möchten diese Differenzen zurückstellen gegenüber den größeren und dringenderen Erfordernissen der Stunde. Wir bitten Sie, diese Erklärung in dem Sinne anzunehmen, in dem sie gemacht wurde.

Die Antwort des Premierministers

Die Antwort des Premierministers, datiert vom 2. September, lautet:

Lieber Dr. Weizmann, — Ich möchte meine warme Dankbarkeit für den Inahlt Ihres Schreibens vom 29. August und den Geist, der es bewegt, zum Ausdruck bringen.

Es ist richtig, daß Meinungsverschiedenheiten zwischen dem Mandatarstaat und der Jüdischen Agentur hinsichtlich der Politik in Palästina bestehen, aber ich nehme erfreut die Zusicherungen an, die in Ihrem Brief enthalten sind.

Ich stelle mit Befriedigung fest, daß in dieser Zeit größten Ernstes, in der die Dinge, die uns teuer sind, auf dem Spiel stehen, England sich auf die aufrichtige Mitwirkung der Jüdischen Agentur verlassen kann. Sie werden nicht erwarten, daß ich in diesem Stadium mehr sage als daß Ihre um das Gemeinwohl besorgten Zusicherungen willkommen sind und beherzigt werden.

JEWS TO FIGHT FOR DEMOCRACIES

DR. WEIZMANN'S LETTER TO MR. CHAMBERLAIN

The Jewish Agency for Palestine in London yesterday issued the text of correspondence between Dr. Chaim Weizmann, president of the agency, and the Prime Minister. Dr. Weizmann in his letter to Mr. Chamberlain, dated August 29, wrote: —

Dear Mr. Prime Minister,—In this hour of supreme crisis the consciousness that the Jews have a contribution to make to the defence of sacred values impels me to write this letter. I wish to confirm, in the most explicit manner, the declarations which I and my colleagues have made during the last month, and especially in the last week, that the Jews stand by Great Britain and will fight on the side of the democracies.

Our urgent desire is to give effect to these declarations. We wish to do so in a way entirely consonant with the general scheme of British action, and therefore would place ourselves, in matters big and small, under the coordinating direction of his Majesty's Government. The Jewish Agency is ready to enter into immediate arrangements for utilizing Jewish man-power, technical ability, resources, &c.

The Jewish Agency has recently had differences in the political field with the Mandatory Power. We would like these differences to give way before the greater and more pressing necessities of the time. We ask you to accept this declaration in the spirit in which it is made.

PRIME MINISTER'S REPLY

The Prime Minister's reply, dated September 2, read: —

Dear Dr. Weizmann,—I should like to express my warm appreciation of the contents of your letter of August 29, and of the spirit which prompted it.

It is true that differences of opinion exist between the Mandatory and the Jewish Agency as regards policy in Palestine, but I gladly accept the assurance contained in your letter.

I note with pleasure that in this time of supreme emergency, when those things which we hold dear are at stake, Britain can rely upon the wholehearted cooperation of the Jewish Agency. You will not expect me to say more at this stage than that your public-spirited assurances are welcome and will be kept in mind.

Anlage 8

Sowohl die Anzahl der angeblich 5 Millionen in Deutschland umgekommenen sogen. Ostarbeiter als auch diejenige der 6 Millionen vernichteter Juden beruhen auf vagen Schätzungen, die meistenteils auf sowjetische Quellen zurückgeführt werden können, denen man im allgemeinen kein übermässiges Zutrauen entgegenzubringen pflegt.

Was insbesondere die letztere Zahl anbetrifft, so sind mir bisher nur die Berechnungen der Britisch-Amerikanischen Palästina-Kommission (am 1. Mai 1946 gleichzeitig in Washington und London veröffentlicht) und diejenigen des Institute of Jewish Affairs in New York vom Anfang 1953 zu Gesicht gekommen. Beide stimmen in ihrer Endsumme fast genau überein, weisen aber z. T. recht beträchtliche Unterschiede in den einzelnen Summanden auf (z. B. Polen 3 270 und 2 900 Tausend, Rumänien 515 und 425 Tausend etc.). Das angewandte Berechnungsverfahren besteht darin, dass die z. T. erhobene, z. T. nur geschätzte Anzahl der im betreffenden Lande in den Jahren 1945/1946 lebenden Juden von derjenigen der dort 1938/39 statistisch erfassten abgezogen und die Differenz als von Deutschen vernichtet postuliert wird. Es ist durchaus verständlich, dass bei diesem groben Verfahren weder der natürliche Zuwachs der jüdischen Bevölkerung im Laufe von rd. 7 Jahren, noch auch deren Auswanderung bzw. Flucht nach von Deutschen unbesetzten Gebieten berücksichtigt zu werden brauchen. Wesentlich bleibt aber der Umstand, dass von der 1953 geschätzten Zahl der vernichteten Juden (6 093 000) ganze 5 512 000, oder mehr als 90 %, auf Sowjet-Russland und die Satellitenstaaten fallen und folglich z. Z. unkontrollierbar sind. Die Zahlen sind die folgenden:

Polen	2 900 000
Sowjetrussland (besetzter Teil)	1 500 000
Litauen und Lettland	220 000
Rumänien	425 000
Tschechoslowakei	260 000
Ungarn	200 000
Bulgarien	7 000
	5 512 000

Es fragt sich, ob die soeben von der deutschen Besetzung befreiten Länder nicht nur gewillt, sondern auch imstande waren, bereits 1945/56 eine ordentliche Bevölkerungszählung nach denselben Prinzipien wie 1938/39 durchzuführen. In den Nationalstaaten des Ostens und Südostens von Europa gehört bekanntlich die Feststellung der völkischen Zugehörigkeit zu denjenigen Fragen, die traditionsmässig am meisten "manipuliert" werden. Es macht einen gewaltigen Unterschied, ob man über die Zugehörigkeit zum Judentum auf Grund des Mosaischen Glaubensbekenntnisses, der jiddischen Muttersprache, des Glaubensbekenntnisses der Eltern bzw. deren Muttersprache, oder der freien Zugehörigkeitserklärung des Befragten selbst entscheidet. Sogar die Definition der Muttersprache ist in Osteuropa schwankend: Sprache der Mutter, am besten beherrschte Sprache, usw. Es sind aber dort auch Fälle bekannt, wo nur derjenige einer völkischen Minorität zugezählt wurde, der die "Staatssprache" überhaupt nicht meistern konnte. Was insbesondere Polen anbetrifft, welchem allein beinahe die Hälfte aller getöteten Juden zugeschrieben wird, so darf man nicht vergessen, dass die schweren Pogrome, die dort 1946, also nach Abzug der Deutschen, in einer Reihe von Städten ausbrachen, keineswegs die Bereitschaft, sich als Jude offiziell zu erklären, besonders gefördert haben konnten.

Die Kritik an der statistischen Methode, die zur Errechnung der Gesamtzahl der durch den Nationalsozialismus getöteten Juden geführt hat, hat selbstverständlich nicht das geringste mit unserer absoluten Abscheu vor den an diesen begangenen bestialischen Massenmorden zu tun. Die Verurteilung der letzteren hängt nicht von der blossen Zahl der unschuldigen Opfer ab: Man denke etwa an Oradour oder an Lidice einerseits und Dresden oder Katyn andererseits. Die Erhaltung der völkischen Substanz des Judentums würde jedenfalls gesicherter erscheinen, wenn es sich herausstellen sollte, dass der Umfang der 1942 bis 1945 begangenen Massenmorde vielleicht doch wesentlich überschätzt worden ist.

Zur Millionen-Ziffer (lt. Anderson: Probleme der statistischen Methodenlehre)

Anlage 9

RÜCKSCHLUSS

Der Frankfurter Prozeß gegen das Wachpersonal des Lagers Ausschwitz und die Legende von Treblinka aus der Sicht von Paul Rassinier

Die Eröffnungssitzung dieses Prozesses fand am 20. Dezember 1963 in Frankfurt am Main statt. Aber am Vorabend des Weihnachtsfestes war dies nur eine formelle Sache. Die eigentliche Verhandlung begann erst am 16. Januar 1964. In einer künstlich geschaffenen Atmosphäre durch eine vorausgehende Bearbeitung der Öffentlichkeit, wie sie noch nie da war, und in seltener Unanständigkeit hat sich diese Verhandlung bis zum 19. August 1965 hingezogen. An diesem Tag fand sie ihren Abschluß durch Verurteilung von 18 von insgesamt 21 Angeklagten zu lebenslänglichen und zeitlichen Gefängnisstrafen und 3 Freisprüchen.

Es geht hier nicht darum, gegen den Prozeß grundsätzlich anzugehen. Man müßte wiederholen, was von den bedeutendsten Juristen der ganzen Welt anläßlich der Nürnberger Prozesse schon gesagt worden ist und auch anläßlich des Verfahrens, das in Jerusalem Eichmann verurteilte und das aus der Menge herausragte. Das wäre unnütz, denn so wie jene nicht gehört worden waren, würde es einem selbst ergehen. Seit zwanzig Jahren setzt eine zügellose Propaganda die öffentliche Meinung unter Druck, und man kann nur abwarten, daß sie von selbst unter der Wucht der Tatsachen aufwacht.

Wir haben indessen zwanzig Monate lang einer Justizkomödie beigewohnt, deren skandalöser Charakter im Hinblick auf die einfache geschichtliche Wahrheit unwiderstehlich den Vergleich mit den Hexenprozessen des Mittelalters herausfordert. So wie tatsächlich im Mittelalter Zeugen bestätigten, daß Hexen auf Besenstielen reitend, sich zur Walpurgisnacht begeben haben, wo Hüpfaufgeister und Nachtmahre Orgienfeste feierten, und ernste und fromme Richter diese Albernheiten als feste Tatsachen annahmen und die beschuldigten Unglücklichen schließlich gestanden, so erschienen auch in Frankfurt Zeugen, die zum größten Teil von einem Staat oder einer politischen Bewegung schamlos gekauft oder gezwungen wurden und dann bestätigten, daß Tausende von Menschen in Gaskammern geworfen worden sind, von denen einwandfreie Dokumente bewiesen haben, daß die Behörden des III. Reichs sie nie haben bauen lassen. Aber Richter, die ebenso ernst aber weniger fromm waren, haben diese Zeugenaussagen als wahr angenommen und die Angeklagten selbst haben, nachdem sie zunächst alles leugneten, schließlich die gegen sie erhobenen Beschuldigungen als im wesentlichen begründet anerkannt. Und auch ihre selbst wohl ge-

sinnten Anwälte haben nicht gewagt, mehr als mildernde Umstände zu beantragen.
In einer solchen Atmosphäre blieb den unglücklichen Angeklagten nur eine Art der Verteidigung übrig, nämlich einlenken, gestehen, wie die Hexen im Mittelalter, um sich die Gunst des Gerichts zu verschaffen und ein mildes Urteil zu erlangen.
Es war allerdings das übelste System der Verteidigung. Sie haben sicher nicht alles gestanden, vielleicht nur was ihnen geeignet erschien, um nicht zu schwere Folgen herbeizuführen. Aber deshalb waren es nicht weniger die unwahrscheinlichsten Dinge – ebenso unwahrscheinlich wie die Geständnisse der Hexen im Mittelalter. Da sie andererseits zunächst begonnen hatten, alles abzustreiten, so hat man daraus geschlossen, daß das, was sie nicht gestehen wollten, ebenso wahr ist wie das, was sie gestanden haben, so daß sie folglich schwer bestraft wurden.
Ein einziger Angeklagter weigerte sich hartnäckig, irgend etwas anzuerkennen, und da seine Geschichte diesem Prozeß eine völlig neue Note gab, verdient sie, erzählt zu werden.
Am 17. Dezember 1960 verhaftete die deutsche Polizei im Raum Hamburg einen Mann, der hier seit mehr als fünfzehn Jahren unter einem falschen Namen gelebt hat. Die Polizei stellte rasch fest, daß es kein anderer als der ehemalige SS-Obersturmbannführer Richard Baer ist, der vom 1. Dezember 1943 bis 25. Januar 1945 – dem Tag, an dem er sich vor den heranrückenden russischen Truppen absetzte – der zweite und letzte Kommandant des Konzentrationslagers Auschwitz war. Man weiß, daß vom 14. Juni 1940 an, als das Lager eröffnet wurde, bis zum 1. Dezember 1943 der erste Kommandant des Lagers Obersturmbannführer Rudolf Hoess gewesen ist[1]). Dieser ist heute weltweit bekannt durch die ebenso riesige wie skrupellose Hetzkampagne in der Öffentlichkeit, die wegen der Veröffentlichung seiner Erinnerungen in fünf Sprachen unter dem Titel „Der Kommandant von Auschwitz spricht“ (in franz. Sprache bei Julliard, 1959) entfacht wurde.
Nachdem im April–Mai 1946 vom Nürnberger Gerichtshof trotz zahlreicher Widersprüche die unwahrscheinlichsten Beschuldigungen gegen Deutschland in puncto Kriegsverbrechen und Verbrechen gegen die Menschlichkeit sorgsam als authentisch erwiesen aufgestellt worden waren, wurde Rudolf Hoess am 2. April 1947 vom höchsten polnischen Gericht zum Tode verurteilt, „weil er an der Ermordung . . . durch Erstickungstod in den Gaskammern, durch Verbrennung lebender Personen, Erschießungen,

---

[1] Nicht zu verwechseln mit Rudolf Hess, der immer noch im Gefängnis in Spandau sitzt.
[2] Im Frankfurter Prozeß hat Dr. Martin Broszat vom Institut für Zeitgeschichte in München die Opfer dieses Konzentrationslagers auf 1 500 000 geschätzt und das Geschichtsinstitut des Jüdischen Weltkongresses auf 900 000 (Eichmann confederates and the Third Reich Hierarchy, New York, 1961, S. 18).

tödliche Injektionen, medizinische Versuche, Hungerstod usw. von 2 812 000 Menschen, zum größten Teil Juden, teilgenommen habe."[2])

Am nächsten Tag, am 4. April, wurde Hoess in Auschwitz gehängt.

Seitdem suchte man seinen Nachfolger, dem die Anklage anlastete, diese schreckliche Vernichtungsaktion übernommen und die Gesamtzahl der Opfer auf eine unbestimmte Höhe erweitert zu haben, die man jedoch nach der Literatur über Konzentrationslager allgemein auf etwa vier Millionen Juden schätzt. Als man ihn schließlich fand, wurde er ins Gefängnis Frankfurt eingeliefert und die Voruntersuchung gegen ihn eingeleitet.
Dieses Verfahren war nicht leicht. Wir glauben zu wissen, daß der ehemalige Sturmbannführer von Anbeginn erklärte, daß es während seines Kommandos nie Gaskammern in Auschwitz gegeben hat, daß er davon erstmals durch das Echo aus Nürnberg gehört hat, das ihn in seiner Verborgenheit erreicht habe, und daß er nicht untergetaucht sei, weil er sich schuldig fühlte, sondern lediglich, um nicht gerade den Nürnberger Richtern in die Hände zu fallen . . . Generalstaatsanwalt Bauer, der die Voruntersuchung führte, legte ihm die Aussagen von Rudolf Hoess vor, die dieser in Nürnberg und in seinen Memoiren gemacht hat. Baer erwiderte, daß er nicht wisse, was unter dem Kommando von Hoess passiert sei und führte Zeugen an. Je nach Bedarf ließ Generalstaatsanwalt Bauer sie einsperren und erhob Anklage wegen Mittäterschaft. Es sind heute noch 22 Zeugen, die darauf warten, vor dem Schwurgericht in Frankfurt erscheinen zu können.

Baer hat jedoch bis zuletzt seinen Standpunkt vertreten, und nie konnte man ihn dazu bewegen, diesen aufzugeben. Ebenso gelang es nie, den geringsten Beweis gegen ihn beizubringen. Das war bitter. Sollte etwa Generalstaatsanwalt Bauer gezwungen sein, zugeben zu müssen, daß „die 434 351 ungarischen Juden, die in der Zeit vom 16. Mai bis 8. Juli 1944 in 147 Eisenbahnzügen nach Auschwitz verbracht worden sind", was Punkt 112 des Prozesses in Jerusalem festgehalten hat, nie durch Gas getötet worden sind? Von dieser Anklage ließ er nicht ab, er auch nicht, aber . . .
Nun, der Prozeß, der für Herbst 1961 angesetzt war, wurde erstmals auf Frühjahr 1962 vertagt, ein zweites Mal auf Herbst 1962, ein drittes Mal auf Frühjahr 1963 und ein viertes Mal auf Frühjahr 1964. Plötzlich, am 17. Juni 1963, verkündete Generalstaatsanwalt Bauer, daß völlig unvorhergesehen der ehemalige Obersturmbannführer Richard Baer den Entschluß gefaßt habe, an Herzschwäche zu sterben (Frau Baer hatte wenige Tage zuvor ihren Mann im Gefängnis besucht und ihn bei bester Gesundheit vorgefunden; er war voller Hoffnung, daß in allernächster Zeit das Verfahren gegen ihn eingestellt wird). Kaum eine Woche später hörte man von der gleichen Quelle ,daß der auf Frühjahr 1964 angesetzte Auschwitz-Prozeß auf Anfang Winter 1963 vorverlegt werden konnte.

Da der Hauptangeklagte tot war, war der Weg beachtlich frei geworden für die Betriebsamkeit des Generalstaatsanwalts Bauer. Wie einer seiner Vorgänger es bei einem namens Kurt Gerstein bezüglich der Gaskammern von Belzec, Chalmno, Sobibor, Maidanek und Treblinka deichselte, so konnte jetzt Generalstaatsanwalt Bauer ganz nach seinem Belieben alle nachträglichen Erklärungen, die er bezüglich Auschwitz brauchte, Richard Baer zuschreiben.

Nach diesen Eingangsbetrachtungen kommen wir zur Lage der Juden in Hitler-Deutschland und wollen sie in historischem Zusammenhang darstellen. Die Zeit bis 1940 kennen wir zur Genüge, so daß es unnötig ist, im einzelnen darauf zurückzukommen. Für die Folgezeit sind zwei Dinge zu unterscheiden, einerseits die Besonderheiten, welche der deutsch-französische Waffenstillstand 1940 mit sich gebracht hat, andererseits diejenigen, die mit dem Kriegsbeginn Deutschland - Rußland (22. Juni 1941) und mit dem Eintritt der USA in den Krieg (7. Dezember 1941) entstanden sind.

Die Lage der Juden nach dem Waffenstillstand 1940

Von 1933–1939 hatte die deutsche Diplomatie vergeblich versucht, von England das Recht zur Überstellung aller Juden des Großdeutschen Reiches nach Palästina zu erlangen. Seit 1895 hatte die internationale zionistische Bewegung durch die Stimme und die Feder Theodor Herzls diese Forderung vertreten, und Hitler dachte, daß eine geschickte Anwendung der Balfour-Deklaration (2. November 1917) die Verwirklichung herbeiführen könnte. Aber die englische Diplomatie setzte dem stets ein entschiedenes Nein entgegen, da es mit ihrer Politik im Mittleren Orient, für welche der Versailler Vertrag ihr freie Hand gegeben hätte, unvereinbar wäre. Auch würde eine solche Forderung den nationalen Bestrebungen der Araber zuwiderlaufen. Andererseits habe man seit dem 16. Mai 1918, dem Geburtstag des Staates Israel, täglich die Erfahrung gemacht, daß seine Gründung nicht vernünftig war.

Ab 10. Juli 1940 hat der Zusammenbruch der französischen Streitkräfte und der anschließende Waffenstillstand bei der Führung des III. Reiches die Hoffnung auf eine andere Lösung des Judenproblems erweckt. Die Regierung Pétain war stellvertretend für eine Meinungsströmung in Frankreich, die sich seit 1937 darüber beklagte, daß Madagaskar an Unterbevölkerung leide, so daß seine wirtschaftliche Entwicklung nachgerade unheilbar gefährdet sei. Warum sollte also die Regierung nicht zustimmen, daß alle Juden aus dem europäischen Raum, soweit er von deutschen Truppen besetzt ist, dorthin geschafft werden? Seit dem 10. Juli 1940 sondierte die deutsche Diplomatie in diesem Sinn in Vichy.

Die Geschichte dieses Vorgangs ist im einzelnen in einer Denkschrift niedergelegt, die das Datum vom 24. September 1942 und die Unterschrift Martin Luthers, des Staatssekretärs im Auswärtigen Amt des III. Reichs trägt; sie lag dem Nürnberger Gerichtshof am 2. April 1946 unter der Nummer P. S. 3688 vor. Man liest darin, daß Pierre-Etienne Flandin, der nach dem 13. Dezember 1940 Nachfolger von Pierre Laval im Ministerium für Auswärtige Angelegenheiten wurde, stets dagegen war, daß davon gesprochen wurde.

Da Otto Abetz Flandins geistige Einstellung in dieser Frage kannte, machte er Hitler schon am 13. Dezember 1940 davon Mitteilung; dieser regte sich jedoch darüber nicht auf. Er hatte den Plan, Marschall Pétain zu bewegen, sich von P. E. Flandin zu trennen, dessen Englandfreundlichkeit bekannt war. Hitler zweifelte nicht an seinem raschen Erfolg in dieser Hinsicht und änderte seine augenblickliche Politik bezüglich der europäischen Juden in keiner Weise; er hoffte, daß die Regierung in Vichy eines Tages doch noch Madagaskar zur Verfügung stellen werde.

Die Sondierungen in dieser Richtung wurden erneut aufgenommen, als P.-E. Flandin am 10. Dezember 1941 zurückgetreten war. Der europäische, von deutschen Truppen besetzte Raum, umfaßte zu dieser Zeit außer Deutschland, das mit Österreich zusammen Großdeutschland bildete im Osten: Böhmen-Mähren, aus welchem nach Auflösung der Tschechoslowakei ein Protektorat gebildet wurde mit Aussonderung der Slowakei, die einen unabhängigen Staat unter deutschem Einfluß bildete; ferner so gut wie die Hälfte von Polen.

Im Westen: Dänemark, Holland, Belgien, Luxemburg und Frankreich bis zur Demarkationslinie, die es in zwei Teile trennte.

Insgesamt wieviel Juden?

In Böhmen-Mähren sozusagen keine. Sie sind nahezu alle in die Slowakei geflohen, von wo aus sie, da sie sich in Reichweite des Nationalsozialismus nicht sicher fühlten, langsam donauabwärts über Ungarn, Rumänien und Bulgarien, die nicht besetzt und ihnen nicht feindlich gesinnt waren, nach Palästina entwichen. Es ging langsam, weil ein Devisenproblem auftrat, was wiederum zu einem Paßproblem führte.

Im April 1939 hatte England bestimmt, daß nur solchen Juden freier Zugang nach Palästina gestattet wird, die über 1000 £ Sterling in bar verfügen und bezüglich aller übrigen die Einwanderungsquote auf 1500 Personen pro Jahr beschränkt wird. Deutschland seinerseits wollte aus dem von ihm besetzten Europa, so weit sein Einfluß reichte, alle Juden ausreisen lassen, widersetzte sich jedoch hartnäckig, daß sie die geforderten 1000 £ Sterling mitnehmen. Aus was für einem Grund auch?

Immerhin, wenn es für irgend einen Juden noch leicht war, sich 1000 £ Sterling zu beschaffen (die jüdischen Gemeinden waren reich) so war es viel schwieriger, einen Paß zu bekommen. Man mußte erst einmal in Budapest sein, wo – wie uns Joel Brand in seinem Buch „Eine Million Juden gegen 10 000 Lastkraftwagen“ erzählt – das „Jüdische Wohlfahrtskomitee“ Pässe serienweise herstellte und flugs verteilte. Wenn man nackt wie ein Wurm nach Ungarn gelangen konnte, gab es kein Problem. Die Deutschen schlossen an der polnischen oder slowakisch-ungarischen Grenze die Augen. Wenn aber einer mit 1000 £ Sterling oder einem Gegenwert dahin kommen wollte, was gleichzeitig ein grundsätzliches und allgemeines Anliegen war, so mußte der Grenzübergang heimlich erfolgen, was lange Vorbereitung kostete und die Auswanderung verzögerte.

Als indessen diese erste Schwierigkeit überwunden war, zeigte sich eine andere, nämlich bei der Ankunft in Palästina. Hier tauchte das Problem der in Budapest erhaltenen falschen Pässe auf. Der Betrug wurde von den englischen Behörden entdeckt, und die Juden wurden zurückgewiesen, selbst wenn sie die 1000 £ Sterling vorzeigten. So blieb ihnen nichts übrig, als sich auf den Weg zu machen, um über Zentralasien Birobidjan zu erreichen, ein von Stalin in den dreißiger Jahren gegründeter jüdischer Staat der Sowjetunion. Von dort gelangten sie auch über Hongkong oder Schanghai nach USA, Kanada, Brasilien oder Argentinien. Die Zahl der europäischen Juden, die zwischen 1940 bis 1945 diesen Weg einschlugen und denen es gelang, den amerikanischen Kontinent zu erreichen, ist beachtlich.

In Polen sind die Juden vor den deutschen Truppen geflohen. Am 1. Mai 1961 haben zwei polnische Israeliten, Zwi Patcher und Jacob Goldfine vor dem Gericht in Jerusalem erzählt, daß die polnischen Juden nicht nur in Massen fliehen konnten, sondern daß auch solche, die nicht fliehen wollten, von den deutschen Soldaten gefangen und in Gruppen zur Demarkationslinie gebracht wurden, die im deutsch-russischen Vertrag vom 23. August 1939 festgelegt worden war. Die Statistik aus jüdischen Quellen, die genau geprüft wurde, gibt an, daß ungefähr eine Million Juden (von drei Millionen in Polen vor dem Krieg lebenden Juden) in der deutsch besetzten Zone geblieben sind.

Im Westen sind mit seltenen Ausnahmen alle französischen Juden in die nicht besetzte Zone geflohen und haben sich dort – wie im Prozeß in Jerusalem ausgesagt wurde – mit 40 000 holländischen Juden (von insgesamt 120 000), mit ebenso vielen belgischen Juden (von insgesamt 60 000) und mit ungefähr 250 000 polnischen und russischen Juden vereint, die alle versuchten, über Nordafrika nach Palästina zu gelangen. Der Deutsche Korherr, Generalinspekteur der Volkstumsstelle im III. Reich, behauptete einmal, daß es Ende 1940 in Frankreich ungefähr 750–800 000 europäische Juden aller Nationalitäten gegeben habe . . .

Schließlich berichtet uns die Statistik der „Weltzentrale für zeitgenössische jüdische Dokumentation“, daß von etwa 540 000 deutschen und 240 000

österreichischen Juden 510 000 Juden (330 000 deutsche und 180 000 österreichische) ihr Land vor dem 1. September 1939 verlassen konnten, was bedeutet, daß offenbar nur 270 000 Juden die Ausreise nicht gelang.
Totalbestand am 13. 12. 1940: Etwa 2,5 Millionen Juden im europäischen von deutschen Truppen besetzten Raum. Ich wiederhole: diese Juden waren in Auswanderung nach Palästina begriffen, denn die im Westen waren vom gleichen Wunsch beseelt wie die im Osten, nämlich so schnell wie möglich außer Reichweite der Maßnahmen des Nationalsozialismus zu gelangen, von denen sie befürchteten, daß sie auf sie zukommen werden. Über Spanien, Korsika und selbst Italien – das Regime Mussolinis war nicht rassistisch eingestellt – kamen sie nach Nordafrika, von wo aus sie Palästina zu erreichen versuchten. Als sie aber an der Grenze Ägyptens ankamen, verzichteten sie im allgemeinen auf die Weiterreise mit Rücksicht auf die Schwierigkeiten, die ihnen hier England bereitete. Sie sind indessen reicher als die Ostjuden, der Zionismus begeistert sie weniger. So nehmen sie dann das Flugzeug und das Schiff in Richtung amerikanischer Kontinent. Daher ist die Zahl der europäischen Juden, denen es gelang, die Vereinigten Staaten, Kanada, Brasilien oder Argentinien zu erreichen, beachtlich.
Mit Ausnahme des Geldtransfers, den die Deutschen an der Demarkationslinie genau überwachten, haben sie bis zum 13. Dezember 1940 genau wie im Osten keinerlei Maßnahmen gegen die Juden unternommen. Man war zufrieden, wenn diese in die nichtbesetzte Zone gingen. Die Demarkationslinie war leichter heimlich zu überschreiten als die polnische oder slowakisch-ungarische Grenze. Heute weiß man – das Urteil von Jerusalem erkennt dies ausdrücklich an – daß die Politik der Regierung in Vichy sich stets gegen alle Ausnahmemaßnahmen gewandt hat, die ihr von den Besatzungsstellen vorgeschlagen worden waren. Bis zum 8. November 1942, dem Tag, an welchem auch die Südzone von deutschen Truppen besetzt wurden, konnte man sagen, daß wer in die unbesetzte Zone gelangt war, als gerettet gelten konnte.[3])
Und man kam leicht dahin. Die Deutschen selbst erleichterten den Juden, die keine Devisen besaßen, den Zugang. In Punkt 77 des Urteils von Jerusalem wird Eichmann beschuldigt, er habe Millionen europäischer Juden – deren überwältigende Mehrheit nie im Befehlsbereich Eichmanns gelegen haben – in die problematischen Gaskammern von Auschwitz deportiert. Gleichfalls wird ihm auch angelastet – paradoxerweise – darunter hätte sich ein Eisenbahnzug mit 7400 Juden aus den Provinzen Baden und Pfalz befunden. Dieser fragliche Eisenbahnzug ist im Oktober 1940 nach Gurs (Untere Pyrenäen), also in Freiheit und Wohlergehen geleitet worden . . .

[3] Erinnern wir uns, daß Punkt 100 des Urteils von Jerusalem Eichmann vorwirft, er habe aus Frankreich 52 000 Juden deportiert, von denen, wie uns die Jüdin Dr. Hannah Arendt (»De la banalité, du mal«, Seite 185, Gallimard) mitteilt, 6000 französische Juden waren und nicht 120 000, wie offiziell die jüdischen Statistiken behaupten.

Man kam also sehr leicht aus der deutschen Einflußzone heraus und noch leichter über die französisch-schweizer Grenze als über Spanien, Korsika oder Italien. Viele Juden gelangten ganz offiziell in die Schweiz, wo in Genf Sally Meyer als „Verteilerkopf" in Zusammenarbeit mit den Schweizer Bundesbehörden alle diejenigen, die zu ihm kamen, unmittelbar zum amerikanischen Kontinent weiterleitete. Wenn der Flugplatz von Cointrain sprechen könnte . . . Mit Beginn des Krieges Deutschland gegen die Sowjetunion, der Verbündete vom Vorabend, nahm der Fall der europäischen Juden einen dramatischen Verlauf.

Die Lage der Juden nach Beginn des Ostfeldzugs und die Endlösung

Im Morgengrauen des 22. Juni 1941 begannen die deutschen Truppen auf einer Frontlänge von mehr als 700 km in die Weite Rußlands einzudringen. Die Soldaten trugen Sommeruniformen. Hitler und das OKW (Oberkommando der Wehrmacht) zweifelten nicht, daß sie vor Einbruch der Kälte Moskau erreicht und Stalin zur Kapitulation gezwungen haben werden.

Es gibt viele Juden in Rußland. Am Vorabend des Kriegs gab es dort nach der Statistik jüdischer Quellen drei Millionen Juden. Hinzurechnen muß man noch mehr als zwei Millionen polnischer Juden, die während des Polenfeldzugs vor den deutschen Truppen geflohen waren und in Rußland Zuflucht gefunden haben. Insgesamt also ungefähr fünf Millionen.

Während des Polenfeldzugs sind sicher viele geflohen. Am 5. Dezember 1942 schrieb der israelische Journalist David Bergelson in der in Moskau erscheinenden zionistischen Zeitschrift „Die Einheit" daß, ohne genaue Zahlen anzugeben, „dank der Evakuierung 80% der Juden gerettet werden konnten". Die restlichen 20%, die demnach in deutsche Hände gefallen waren, betrugen immerhin eine Million Juden. Mit den 2,5 Millionen, die schon dort waren, belief sich die Gesamtsumme der Juden, die sich im von deutschen Truppen besetzten europäischen Raum befanden, auf etwa 3,5 Millionen.

Aber wir haben erst den 22. Juni 1941 und Hitler wie auch das OKW und die mit dem Judenproblem beauftragten Dienststellen Himmlers befürchten, wie wir bald sehen werden, daß die doppelte Anzahl Juden erreicht wird. Noch läuft der Blitzkrieg, der zwar immer noch einer bedeutenden Anzahl, aber doch nur in begrenztem Umfang die Flucht ermöglicht.

Der Feldzug entwickelt sich zunächst planmäßig. Ende Juli läßt Hitler Göring zu sich kommen, setzt ihn von den Gegebenheiten des Problems in Kenntnis und beauftragt ihn, als Verantwortlichen für die deutsche Wirtschaft, eine passende Lösung für den wohl unwahrscheinlichen aber ins Auge zu fassenden Fall zu finden, daß Rußland, auch wenn Moskau eingenommen wird, nicht kapituliert.

Göring ruft Heydrich, den Chef des Reichssicherheitshauptamts (RSHA) zu sich und läßt ihn eine Ministerkonferenz mit dem Ziel, eine zweckdienliche Lösung zu finden, vorbereiten. Zur Bestätigung dieses Auftrags überreicht er ihm einen schriftlichen Befehl mit dem Datum vom 31. Juli 1941. Dieser liegt später dem Nürnberger Gerichtshof unter der Nummer P.S. 710 (C. R. des débats, Tome XXVI, Seite 267) vor. Es ist darin nicht die Rede von dieser „Endlösung“ die so mörderisch klingt, sondern von der „Gesamtlösung der Judenfrage“. Dieser Ausdruck stammt aus der letzten Ziffer des Befehls in der Form einer „endgültigen Lösung“ und nicht „Endlösung“. Dieser Ausdruck wurde übrigens 1895 erstmals von Theodor Herzl in seinem berühmten Buch „Der Judenstaat“ verwendet.

Heydrich wandte sich an Müller, den Chef der Gestapo, von dem die Presse jetzt berichtet, daß er einen bedeutenden Posten bei der DDR-Polizei innehat. Damals führte er die bekannte Abt. IV b, 4, das Judenreferat. Müller schickte Eichmann . . . Heydrich unterrichtete ihn vom Schriftverkehr über Vorbereitung und Einberufung dieser Ministerkonferenz, die heute in die Geschichte des Dramas der europäischen Juden unter dem Namen „Konferenz von Wannsee“ (das Berliner Stadtviertel, wo sie stattfand) eingegangen ist.

Die Konferenz von Wannsee

Sie war auf den 9. Dezember 1941 einberufen worden. Pearl-Harbour und der Eintritt Japans in den Krieg gegen die Vereinigten Staaten sowie der Beitritt Deutschlands an der Seite Japans (Abkommen der Achse Berlin - Rom - Tokio) nötigten zur Verlegung der Konferenz auf den 20. Januar 1942.

An diesem Tage waren die Teilnehmer (es waren 30), die von den interessierten Ministerien entsandt worden waren, mit folgender Lage konfrontiert: Die deutschen Truppen stehen vor Moskau (sie sind festgefahren, was nicht vorgesehen war). Nach der von dem Deutschen Korherr, dem Inspekteur der Volkstumsstelle des III. Reichs, erstellten Statistik kann gefolgert werden, daß es im von deutschen Truppen besetzten oder unter deutschem Einfluß stehenden europäischen Raum, der beachtliche Ausmaße angenommen hat, zwischen 4 und 4,5 Millionen Juden gibt. Streng genommen entsprach diese Zahl derjenigen der wirklich festgestellten.

Welche Folgerungen sind gezogen worden? Einerseits ist der Plan Madagaskar, dem Frankreich immer noch nicht zugestimmt hat, seit Kriegseintritt der Vereinigten Staaten strategisch unanwendbar geworden (die deutsche Flotte kann die Sicherheit großer Transporte mit Juden zu einer so entfernten Insel nicht mehr gewähren – man müßte um das Kap der Guten Hoffnung herumfahren). Andererseits befinden sich von diesen 4–4,5 Millionen Juden dreiviertel im europäischen Osten. Daher kam ihnen der Gedanke, daß es im offenen Krieg leichter und auch wirtschaftlicher ist, die eine Million Juden im Westen in den Osten zu schaffen, als umgekehrt die 3,5 Millionen im Osten in den Westen (z. B. in das unbesetzte Frankreich) zu verlegen. Aus diesem Grund beschloß die Konferenz von Wannsee die Zurückdrängung (dies ist das Wort, das sich in der Niederschrift der Konferenz findet und das mit „elimination" im Sinn von „physischer Elimination" = Auslöschung übersetzt wurde) aller Juden aus dem deutschen Lebensraum. Sie sollten nach Osten in Marsch gesetzt, dort zur Arbeit eingesetzt werden und das Ende des Krieges abwarten müssen, das dann über ihr weiteres Los entscheiden soll.

Im Gegensatz zu allem, was bisher skrupellose Historiker gesagt haben, existieren in den Unterlagen Worte wie „Vernichtung" oder „Ausrottung" nicht. Dr. Kubory, der Direktor des zeitgenössischen jüdischen Dokumentenzentrums in Tel-Aviv, hat übrigens laut der Zeitschrift „La terre retrouvée" vom 15. 12. 1960 anerkannt, „daß es kein Dokument gibt, das von Hitler, Himmler oder Heydrich unterzeichnet ist und das von Auslöschung der Juden spricht, und daß das Wort „Vernichtung" in dem Brief Görings an Heydrich über die Endlösung der Judenfrage nicht vorkommt."

Osteuropa, von dem in Wannsee gesprochen wurde, ist zunächst der Raum Auschwitz, wo seit 14. Juni 1940 ein Konzentrationslager bestand, in welchem Himmler 100 000 Kriegsgefangene einsammelte; sodann die Umgebung: Chelmno, Belzec, Sobibor, Maidanek und Treblinka, Orte, an denen die kämpfenden deutschen Truppen ab 22. Juni 1941 notdürftig ausgerüstete Konzentrationslager errichten, um darin gefangene Partisanen und besonders Juden zu sammeln.

Nachdem man ab 13. Dezember 1940 die Überzeugung gewonnen hatte, daß der Plan Madagaskar so gut wie gescheitert war, hat Eichmann vorgeschlagen, in diesem Raum einen Judenstaat nach den von Theodor Herzl 1895 erstellten Grundsätzen zu schaffen. Mit Einwilligung Himmlers hat er ab Frühjahr 1941 begonnen, mehrere hunderttausend Juden zusammenzuziehen. Dieser Vorgang, „Nisko" genannt, wurde ihm in Punkt 72 der Urteile in Jerusalem besonders heftig zur Last gelegt.

Die Gaskammern

Nach dem 21. Januar 1942 wurden die Beschlüsse der Konferenz von Wannsee allen interessierten Dienststellen mitgeteilt mit dem Auftrag, alle Lager und Lagerbaustellen rund um Auschwitz fertig zu machen und einzurichten und mit Auschwitz selbst zu beginnen. Es ging darum, das darf man nicht vergessen, Einrichtungen für die Aufnahme von Millionen von Menschen zu schaffen.

Um es genau zu sagen: Die Dienststellen des R.S.H.A. und besonders die Bauleitung war schon vorher an der Arbeit. Aber zu dieser Zeit war eine viel geringere Anzahl Internierter vorgesehen. Jetzt mußten sie ihre Projekte auf die neuen Dimensionen ausdehnen.

Im Dokument N. 4.401 (das zum Prozeß der nationalsozialistischen Organisationen in Nürnberg gefertigt wurde) findet man unter dem Namen Bauleitung mit Datum vom 28. Januar 1942 bei N. 932 und 938 Konstruktionspläne von vier Verbrennungsöfen mit je 15 Kammern, die im Untergeschoß namentlich aufgeführte Räume enthalten, davon zwei Leichenkeller und zwei Baderäume. Unter N.N. 11; 450/42/B/I. H. findet man auch eine Bestellung vom 3. August 1942 über diese Verbrennungsöfen, gerichtet an die Firma Topf & Söhne in Erfurt. Schließlich steht in einem weiteren Dokument mit der Nummer N.O. 4463, das für den Prozeß gefertigt wurde, daß diese Verbrennungsöfen am 20. Februar 1943 an das Lager Auschwitz ausgeliefert worden sind. Rechnet man die Installationszeit hinzu, so konnten sie Anfang März zum Gebrauch bereit gestanden haben . . . Diese Leichenkeller und Baderäume sind also, wie gesagt, nach der Gesetzessprache Gaskammern.

Das wenigste, was man hierzu sagen kann, ist, daß man doch ein wenig stark aufgetragen hat.

Dies gilt um so mehr, als, wie Dr. Kubovy, der Direktor der zeitgenössischen jüdischen Dokumentenzentrale in Tel-Aviv behauptet, von den Dienststellen des III. Reiches niemals irgend ein Befehl zur Ausrottung der Juden gegeben worden ist.

Die Zahl der Opfer

Es waren also insgesamt sechs Millionen. Dies behauptet wenigstens die internationale zionistische Presse. Und die andere Presse, in welcher die Geldleute der Diaspora genügend beteiligt sind, um sie dazu zu bringen, sich gefügig ihrer Meinung anzuschließen, tritt in die gleichen Fußstapfen. Also sechs Millionen mit allen Mitteln Vernichtete, durch Gaskammern, schlechte Behandlung, Erschießungen, oder nach Gefangennahme durch die Einsatzgruppen erschlagen.

Bei der Untersuchung dieses Punktes in Nürnberg am 21. November 1945 war der amerikanische Hauptankläger Jackson etwas bescheidener: „Von 9 600 000 Juden, die in dem von den Nazis beherrschten Europa lebten", sagte er, „schätzt man nach Sachlage die Zahl der Umgekommenen auf 60%. 5,7 Millionen Juden fehlen in den Ländern, wo sie vorher lebten, und mehr als 4,5 Millionen können weder als normal Verstorbene noch als in andere Länger Ausgewanderte betrachtet werden".

Wieviel waren in Auschwitz?

Von Seiten der Historiker und Statistiker der zeitgenössischen jüdischen Weltdokumentenzentrale sind die unterschiedlichsten Zahlen – auch die fantastischsten – behauptet worden. „Birkenau war“, schreibt eiskalt einer namens Henri Michel, „die internationalste europäische Todesfabrik, und seine Erde ist mit der Asche von vier Millionen durchsetzt“.

Mister Jackson hat also in Nürnberg fast die Gesamtheit aller europäischen Juden als fehlend erklärt!

In seinen Erinnerungen gibt Hoess jedoch folgende Einzelheit über die Gesamtzahl der in Auschwitz internierten Juden bekannt.

Von Oberschlesien oder vom Generalgouvernement in Polen	250 000
Von Deutschland und Theresienstadt	100 000
Von Holland	95 000
Von Belgien	20 000
Von Frankreich	110 000
Von Griechenland	65 000
Von Ungarn	400 000
Von der Slowakei	90 000
insgesamt	1 130 000

Es ist offensichtlich, daß wenn es insgesamt nur 1 130 000 Juden gab, die dorthin gebracht worden sind, die Deutschen unmöglich mehr vernichten konnten. Sicherlich sagt auch aus diesem Grund das „Institute of Jewish Affairs of World Jewish Congress“ in einer 1961 in New-York veröffentlichten Broschüre, daß „in diesem Lager 900 000 Juden umgekommen sind (Eichmann Confederates and the Third Hierarchy, Seite 18).

Bedeutung der Frage

Es war bestimmt nützlich, in dieser kurzen Abhandlung alle wesentlichen Vorgänge, die im Lauf dieser Studie da und dort auftauchten, zusammenzustellen. Dadurch wird dem Leser alles klarer. Welche Bedeutung hat nun diese Arbeit?

Jedesmal, wenn in Westeuropa die Beziehungen zwischen Deutschland und den anderen Völkern sich zu normalisieren scheinen, hält Chrustschow (oder Breschnew, d. Übs.) einen Vortrag, in welchem die Rede von dem rachsüchtigen, neo-nazistischen Deutschland ist, von der Wiedergeburt des deutschen Militarismus, von der Alleinschuld Deutschlands am II. Weltkrieg usw. . . . und als Kommunisten, die mit jenen befreundet sind, die nicht wagen, ihren Namen zu sagen, stimmen alle Zeitungen, denen die zionistische Presse den Ton angibt, das gleiche Lied an, indem sie die Gaskammern von Auschwitz, die Vernichtung von 6 Millionen Juden, vorsätzlicher Völkermord usw. aufzählen.

Man täusche sich nicht. Diese Hetze dringt in die Volksmassen ein, ohne die ein Europa, ganz gleich in welcher Form, nicht möglich ist. Jedesmal, wenn ein bedeutender Historiker die Alleinschuld Deutschlands am II. Weltkrieg in Frage stellt und jedesmal, wenn ein Politiker von der Notwendigkeit einer Einigung Europas spricht, sofern man nicht will, daß die Kosakenpferde des Panslawismus am Rhein Wasser saufen und die steinernen Augen der Heiligen Odilie zum Weinen bringen (nach einem alten elsäßischen Volksglauben), dann wirft man jedem die Gaskammern von Auschwitz und die 6 Millionen Juden an den Kopf. Solange aber die öffentliche Meinung überzeugt ist, daß ein Volk, das solcher Übeltat fähig war, zu allem fähig ist und nicht verdient, daß man sich um seinen Fall bemüht, so lange kommt sie beim Studium der Frage nicht weiter.

Und Europa bleibt zur höchsten Zufriedenheit Chruschtschows (bzw. Breschnews, d. Übs.), dem Wortführer des Panslawismus' in sich selbst gespalten, weil es sich weigert, Deutschland ganz zu integrieren; oder es zeigt sich nur in der karikierten Form, wie sie die Ältestenherrschaft des Gespanns De Gaulle - Adenauer geträumt hat. Es ist also dringend nötig, diesem Argument, das verhindert, daß die Geschichte wieder einen normalen Gang nimmt, die Flügel zu stutzen und, ich möchte sagen, was die zwingende Notwendigkeit des 20. Jahrhunderts ist, Europa von dieser unsinnigen Leidenschaft, die sich bald 20 Jahre unaufhörlich über Deutschland austobt, freizumachen.

Oder man muß die andere Alternative annehmen, was bedeutet, daß nicht nur die Kosakenpferde am Rhein Wasser saufen, sondern auch ihre Panzer in der Sahara stehen und ihre Flugzeuge zwischenlanden, um ihre Bomben auf die USA zu werfen.

Diese Aussichten scheinen die internationale zionistische Bewegung nicht abzuschrecken. Sie verlangt zur fortgesetzten Beweiserhärtung für die Entschädigungspflicht Deutschlands gegenüber dem Staat Israel (46 Milliarden bis zur Stunde) die Verlängerung der Verfolgungsfrist für Kriegsverbrechen bis 1969 und die Eröffnung von 500 weiteren Prozessen da und dort, ähnlich wie in Frankfurt.

Im Gegenteil.

Und dies zwingt uns, selbst einige Fragen zu stellen, besonders folgende: Wenn sich die internationale zionistische Bewegung den Stellungen der Russen in Europa anpaßt, das heißt, ihnen den Weg zum Atlantik durch Aufopferung Deutschlands öffnet, sucht sie dann etwa damit zu erreichen, daß jene der Expansionspolitik des Staates Israel im Mittleren Orient – wegen des Erdöls – zustimmen?

Über die Deportationen und die Schrecken in den deutschen Konzentrationslagern habe ich mehrere Bücher geschrieben, die, ganz bescheiden gesagt, Sensation hervorgerufen haben. Die darin aufgestellten Thesen haben nichts gemein mit denen, welche die Akkordarbeiter einer sogenannten Kz-Literatur verfertigt haben, die eines Tages zur Schande unserer Zeit gereichen wird. Ich habe besonders hervorgehoben, daß die Greuel weitaus mehr die Taten von Kommunisten waren, die in allen Lagern die Verwaltung und die Polizeigewalt innehatten, als die der SS, der sie angelastet worden sind.

Ich habe beweisen können, was ich von allen Lagern dieseits bis zum Eisernen Vorhang in dem damals von den Deutschen besetzten Europa behauptet habe, insbesondere von Buchenwald und Dora, wohin ich selbst für beinahe zwei Jahre gebracht worden war. Ich ging von den Beobachtungen aus, die ich in diesen beiden Lagern gemacht habe und konnte zu einer Zeit (1948), als alle alten Lagerinsassen angaben, daß in allen deutschen Konzentrationslagern Gaskammern gewesen seien, nachweisen, daß es solche in keinem dieser Lager dieseits bis zum Eisernen Vorhang gegeben hat. Nach einer Vortragsreise, die ich 1960 in Deutschland gemacht habe, in deren Verlauf ich diesen Punkt hervorhob, was einen großen Widerhall hervorrief, habe ich sogar Dr. Broszat vom Institut für Zeitgeschichte in München genötigt, diese Tatsache anzuerkennen, was in nachstehender Form durch einen Presseartikel vom 19. August 1960 geschah:

„. . . weder in Buchenwald noch in Dachau oder Bergen-Belsen noch in einem andern im Gebiet des III. Reichs gelegenen Lager gab es Gaskammern, sondern nur in einigen im Ostraum, besonders im besetzten Polen gelegenen“ („Die Zeit“ 19. 8. 1960).

Gegen alle Zeugenaussagen der Deportierten bestätigen sodann die Dokumente von Nürnberg, daß die Dienststellen des III. Reiches nie Gaskammern in irgendeinem Kz errichten ließen (vergl. Dokumente Nr. 4403 und 4463), und selbst Dr. Kubovy, Direktor der zeitgenössischen jüdischen Dokumentenzentrale in Tel-Aviv, anerkennt, „daß es kein Dokument gibt mit der Unterschrift Hitlers, Himmlers oder Heydrichs, welches die Vernichtung der Juden anordnete, und daß das Wort „Vernichtung“ auch nicht in dem Brief Görings an Heydrich vom 31. Juli 1941 vorkommt, in welchem die Endlösung des jüdischen Problems verfügt wurde“ „Terre Retrauvée“ 15. 12. 1962). Ich wollte wissen was eigentlich an den Gaskammern im besetzten Polen wahr war.

Der Prozeß der Wachmannschaft des Lagers Auschwitz kam wie gerufen, um meine Neugierde zu stillen, die auch zwei amerikanische historische Gesellschaften teilten, die sich für meine Arbeiten interessierten und mir dringend rieten, diesem Prozeß beizuwohnen, um ihnen dann zu berichten, was ich sehen und hören würde.

Unter Ausweisung meiner Person habe ich, auch in ihrem Namen, beim Präsidenten des Frankfurter Gerichts eine Pressekarte beantragt, damit ich den Verhandlungen beiwohnen konnte. Sie wurde mir bewilligt und ich wurde eingeladen, sie ab 18. 12. 1963 bei der Kanzlei des Gerichts abzuholen.

Auf diese Nachricht hin habe ich am 18. Dezember 1963 den Zug nach Frankfurt genommen. Bei der Ankunft in Saarbrücken wurde ich jedoch von der deutschen Polizei angehalten und ohne die geringsten Erklärung nach Frankreich abgeschoben.

Ich habe dann die deutsche Regierung unmittelbar und auch auf diplomatischem Weg um eine Erklärung gebeten. Associated Press und dpa taten das gleiche. Sie bekamen Antwort, ich nicht.

Am 19. Dezember 1963 veröffentlichte Bundesinnenminister Höcherl „daß Herrn Rassinier das Betreten deutschen Gebiets wegen seiner Zugehörigkeit zu einer internationalen faschistischen Gruppe seit langen Jahren verboten sei. Das war unwahr, da ich von 1960–62 völlig ungehindert drei Vortragsreisen in Deutschland gemacht hatte.

Da er dann genötigt war, sagen zu müssen, welcher internationalen faschistischen Gruppe ich angehöre, antwortete Höcherl, „daß er aus guten Gründen auf die Frage keine Antwort geben würde". Aber er war sich im klaren, daß er ein wenig zu weit gegangen war. Daher gab er am 20. Dezember der Presse eine neue Erklärung, die nur besagte, „daß die Anwesenheit von Herrn Paul Rassinier auf deutschem Boden eine ernste Störung der öffentlichen Ordnung hervorrufen würde und er für meine Sicherheit nicht garantieren könnte".

Diese zweite Erklärung war ebenso unwahr wie die erste. Keine meiner Reden hat in Deutschland die geringste Störung der öffentlichen Ordnung erzeugt, und meine Sicherheit war nie bedroht. Im Gegenteil, man hat sich um mich bemüht und mir immer große Sympathie entgegengebracht.

In Wirklichkeit hat die Regierung Erhard dem auf sie ausgeübten Druck der kommunistischen und zionistischen Internationale nachgegeben und mir das Betreten deutschen Bodens verweigert, damit ich im Prozeß in Frankfurt nicht auftreten konnte und keinen Zugang zu den Auschwitz betreffenden Beweisstücken bekam mit der Möglichkeit, den hinterlistigen Betrug durch Zeugenbeweis aufdecken zu können. Das war kindisch; man dachte wohl, die Dokumente würden genügen. Ich habe trotzdem Verbindung bekommen und kann mich heute trotzdem über ihren Wert äußern, denn die Post ist eine internationale Einrichtung, die sehr gut funktioniert, trotz aller Fallen, die die Regierungen stellen.

Aber ich kann mich nur nach dem Schlag äußern. Eine französische Zei-

tung meinte damals: „Auf diese Weise kann die Anklagebehörde die fantasievollsten Zeugen vor die Schranken des Gerichts laden und ihre Aussagen auf Dokumente stützen, die ebenso schmählich falsch sind wie jenes Dokument, auf dem die Argumentation des Stückes von Herrn Hochhuth beruht, das augenblicklich in Paris jeden Abend unter dem Schutz der Polizei Staub aufwirbelt" („Rivarol", 1. 1. 1964).
Sicher, man war ganz unter sich[4]).

„Ganz unter sich" ist wohl das richtige Wort. Mir war es untersagt, dem Prozeß beizuwohnen, der ostdeutsche Kommunist, Rechtsanwalt Kaul, wurde zugelassen . . . als Nebenkläger!
Aus den obigen Ausführungen erklärt sich, daß ich dem Prozeß in Frankfurt nur von weitem habe folgen können. Wenn ich sagte, daß ich ihn nur durch die Zeitung verfolgt habe, könnte man mir vorwerfen, daß dies nicht ausreicht, um eine Meinung zu vertreten, die unverdächtig ist. Ich habe mich jedoch bemüht, laufend Kopien der Urkunden zu bekommen, die beim Gericht gefertigt worden sind, sowie vollständige Zeugenaussagen, die dort gemacht wurden.
Ich kann daher in Kenntnis der Sache über das Geschehene sprechen.
Ich muß gleich bemerken, daß ich nicht die Absicht habe, hier ein Stenogramm der Verhandlungen wiederzugeben. Ein Deutscher, Bernd Naumann, der dies gemacht und sich nur an die Anklage gehalten hat und alle ihre Ausdrücke verwendete, brauchte dazu ein Buch von 552 Seiten. Was wäre entstanden, wenn er noch die Beweisführung, die Urkunden und die Zeugenaussagen der Verteidigung berücksichtigt hätte. Die These der Verteidigung findet der Leser ebenso gut und reichlich ausgeführt in dem Buch, das Dr. Laternser, ein Hauptverteidiger der Angeklagten, über diesen Pro-

---

[4] Meine Freunde haben mir oft vorgeworfen, ich würde nicht tatkräftig genug auf die „profaschistischen" oder „neo-nazistischen" Anschuldigungen anworten, die fast täglich von nahezu der gesamten Presse gegen mich erhoben werden, mit Ausnahme der rechtsgerichteten Presse, der des Namens würdigen pazifistischen Presse und ein Jahr lang der anarchistischen Presse. Ich meinte, daß dies nicht so nötig sei. Ich bin seinerzeit von der Polizei des III. Reichs wegen meiner Gegnerschaft zum Nationalsozialismus nach Deutschland deportiert worden. Ich habe andererseits fast 40 Jahre lang in sogenannten Linksparteien gekämpft und bin sogar sozialistischer Abgeordneter gewesen. Ich bin noch bis heute ein anerkannter, kämpfender Pazifist, was alle meine Schriften beweisen. Anläßlich meiner Zurückweisung aus Deutschland habe ich dennoch eine Ausnahme gemacht. Ich habe nämlich alle deutschen und französischen Zeitungen, welche die gegen mich erhobenen Beschuldigungen des Ministers Höcherl veröffentlicht haben, gezwungen, Berichtigungen zu bringen. Ich muß anerkennen, daß sie es alle hochanständig getan haben, mit einer einzigen Ausnahme. Dies war „Die Rheinische Post", genau die Zeitung des Herrn Höcherl. Ich habe aber erreicht, daß sie zur Berichtigung verurteilt wurde und zu einer hohen Geldstrafe.
In Frankreich habe ich nicht das gleiche Glück gehabt. Herr Bernard Lecache, Direktor der jüdischen Zeitung „Le droit de vivre", hatte behauptet, ich wäre ein Agent der Nazi-Internationalen. Die 17. Kammer des Seine-Strafgerichts unter Vorsitz von Herrn Monzein hatte entschieden, daß „Herr Bernard Lecache keinen Beweis für seine gegen mich vorgetragene Behauptung erbracht hat", aber „er hat im guten Glauben gehandelt". Meine Klage wurde abgewiesen. Aus was für einem Grund? Nun, wie der Müller von Sanssouci sagte, haben wir immer noch Richter in Berlin.

zeß unter dem Titel „Die andere Seite des Problems" geschrieben hat. Man wird also hier nur die Überlegungen finden, die mir bei den wichtigsten Anomalien einfielen, die ich im Lauf des Prozesses entdeckte, und die Urkunden und Zeugen der Anklage betreffen, sowie das Verhalten des Gerichts, der Angeklagten und der Staatsanwälte.

Ehre, wem Ehre gebührt. Zuerst das Gericht.

Den Vorsitz hatte ein Mann, der übel gelaunt zu sein schien, und dies ist zu verstehen. Er ist gleich alt wie der Angeklagte Hans Stark. Im Jahr 1943 waren sie beide 17 Jahre alt und gehörten der NSDAP an. Der eine kam zur SS nach Auschwitz (Hans Stark), der andere, Hofmeyer, zu einem Gebirgsjägerregiment nach Italien. Der eine ist heute Universitätsprofessor (Agrarwissenschaft) und Angeklagter, der andere Ratsherr und – Richter. Jetzt stehen sie einander gegenüber, nachdem sie lange Seite an Seite standen . . .

Der Zweite hatte das Glück, daß er nicht zu einem Erschießungskommando abgestellt worden war, soweit bis heute bekannt ist.

Am 14. Februar 1964 vertraute er dem Korrespondenten von „France-Soir" an: „Zum Glück mußte ich nie an einer dieser Handlungen teilnehmen".

Nebenbei gesagt, Glück hatten auch Eugen Gerstenmaier (s. Zt. Bundestagspräsident) und Heinrich Lübke (s. Zt. Bundespräsident), die unter Hitler auch bedeutende Persönlichkeiten waren. Der erste war Parteimitglied und während des Kriegs an einer Universität. Was den Letzteren betrifft, so war sein Fall ernsterer Natur. Er war Chef eines industriellen Unternehmens, das mit Hilfe von hungrigen Deportierten aus dem Kz Peenemünde (Ostsee) am Bau der V 1 und V 2 arbeitete.

Er saß nie auf einer Anklagebank in irgendeinem Prozeß wie dem in Frankfurt wegen . . . Teilnahme an Greueln im Kz Peenemünde.

„Es gibt Unterschiede, man sagt es Ihnen!

Diese Sachlage zwingt den Vorsitzenden zur Vorsicht.

Bei Vernehmung der Angeklagten zur Sache fragte er sie zum Beispiel nicht, ob sie Millionen von Juden in die Gaskammern geschickt haben, oder ob sie an Vernichtungsaktionen teilgenommen haben, sondern nur ob sie Befehle zu Selektionen gegeben oder an solchen teilgenommen hätten.

Die Antwort war unvermeidlich: Ja.

In Verfolg der weiteren Vernehmung stellte man jedoch fest, daß keiner von ihnen wußte, daß es in Auschwitz Gaskammern gab und daß es Zweck der Selektionen war, die Juden dorthin zu schicken.

Und das aus guten Gründen! Die Selektionen wurden vorgenommen, um die kranken Arbeitsunfähigen von den gesunden Einsatzfähigen zu trennen. Die ersteren wurden in für sie bestimmte Sonderlager geschafft. Dies ergibt sich aus der Vernehmung von Robert Mulka (heute eine der größten

Export-Import-Firmen in Hamburg) und von Höcker. Beide waren Gehilfen, der eine beim ersten Kommandanten des Lagers, Hoess (in Auschwitz von den Polen am 4. April 1947 gehenkt), der andere beim zweiten, Baer (gestorben im Lauf der Untersuchung).

Insgesamt haben sie Leute ausgesucht, die in besondere Lager geschickt werden mußten (z. B. Bergen-Belsen). Über die Behandlung dieser Leute wissen sie nichts. Das ist gut möglich, obwohl sie der SS angehört haben, die das Lager bewachte und über die sie das Kommando hatten. Aber sie waren am Lagereingang und wußten nicht, was im Innern vor sich ging – dies gilt wenigstens für die beiden – oder sie versicherten überdies, daß sie nie einen Fuß bewegen brauchten, da ihnen keine bösen Zwischenfälle gemeldet wurden, was auch möglich war. Man muß eben bei dem bestehenden allgemeinen Aufbau der Konzentrationslager zwei Lagerarten unterscheiden: dasjenige der SS-Wache am Eingang und dasjenige der Häftlinge. Wir haben eine Erklärung des großen Nazifressers (nachträglich) Eugen Kogon vorliegen, der auch deportiert wurde und der in offiziellen Kreilen schlechthin als Spezialist für Konzentrationslager gilt: „Die SS-Wache am Lagereingang (Seite 275 seines Buches „Die organisierte Hölle“) wußte nicht, was hinter dem Stacheldraht wirklich passierte“. Man muß wissen, daß alle Konzentrationslager unter der Selbstverwaltung der Häftlinge standen.

Des weiteren fußt die Anklage bezüglich des Lagers Auschwitz auf die Entdeckung von Rechnungen für ein tödliches Gas, das Cyclon B. Aber Cyclon B war von den NS-Dienststellen nicht vorgesehen, um damit Leute zu ersticken. Es war ein Insektizid, das seit 1924 in der deutschen Wehrmacht im Gebrauch war. Während des II. Weltkriegs wurde es nicht nur in der Wehrmacht, sondern auch bei den Gesundheitsdienststellen des III. Reichs und in allen Konzentrationslagern verwendet. In Nürnberg hatte man am 30. Januar 1946 den Angeklagten zwei Rechnungen über dieses Gas vom 30. Mai 1944 vorgehalten, die eine für Auschwitz, die andere für Oranienburg. In Oranienburg gab es überhaupt keine Gaskammern (Niederschrift der Verhandlung, Bd. 27, Seite 740–42).

Frage: Was machte man mit Cyclon B in Oranienburg, da ja dort niemand erstickt wurde. Es scheint nicht, daß man darin etwas anderes finden kann als den unwiderlegbaren Beweis dafür, daß die Regierung des III. Reichs Cyclon B nie dazu verwandt hat, um die Juden zu vernichten.

Übrigens hat ein Mann namens Breitwieser (einer von 22 Angeklagten), der angeklagt war, er habe an der Vernichtung von 850 Sowjetkommissaren durch Cyclon B teilgenommen, erklärt:

„Ich? Jawohl, ich habe Cyclon B gebraucht, jedoch zur Desinfektion von Bekleidung und nicht, um damit Menschen zu ersticken“.

Und er beschreibt uns gleichzeitig das Cyclon B und seine Verwendungsweise. So erfahren wir, daß dieses berühmte Gas, das man uns bisher vorgestellt hat „als Tablette, aus der bei Berührung mit Luft Gas austritt" (so die einen in Nürnberg) oder „bei Berührung mit Wasserdampf" (so die anderen vor dem gleichen Gericht) in Wirklichkeit „flüssig in großen Flaschen" geliefert wird und sich rasch verflüchtigt.

Wenden wir uns nun den Zeugen der Anklage zu.

Wir wollen nicht alle aufführen. Viele von ihnen sind gekommen und haben bedeutungslose Dinge ausgesagt; andere haben in der Hauptverhandlung das Gegenteil von dem gesagt, was sie in der Voruntersuchung erklärt hatten. Weitere haben nicht gewagt, vor der Reaktion der Angeklagten oder ihrer Verteidiger ihre niederdrückende Aussage aufrecht zu erhalten . . . Diejenigen, die wir aufführen, sind nur solche, deren Zeugenaussagen in unmittelbarer Beziehung zur Hauptursache der Greuel stehen, die das Lager Auschwitz betreffen, und die ohne ihr Wissen die Greuel anders als mit Gaskammerberichten geschildert haben. Unter ihnen sind zwei, die besondere Aufmerksamkeit verdienen: Herr Hermann Langbein, Generalsekretär des internationalen Komitees ehemaliger Auschwitz-Häftlinge und Dr. Münch, der ehemalige SS-Arzt des Lagers.

Am 27. Februar ist der erste gehört worden. Seine Zeugenaussage wurde mit großem Getöse vorbereitet, besonders durch einen von ihm in der Frankfurter Allgemeinen Zeitung vom 26. 1. 1964 geschriebenen Artikel, der nach meiner Meinung die Sensation der Woche gewesen war.

Zunächst durch die Überschrift „Die Kapazität der Verbrennungsöfen von Auschwitz: 4756 Leichen täglich". Das war genau. Unglücklicherweise wurde im Jahr 1951 diese Kapazität von den Gerichten auf 20 000 Leichen pro Tag geschätzt. Damals stützte man sich auf die Angaben eines verstorbenen Zeugen, eines jüdischen Arztes aus Ungarn, namens Miklos Nyiszli[6]). Seine Aussage wurde im einzelnen in Frankreich in „Les Temps modernes" (Ausgaben März und April 1951) veröffentlicht und in der Folgezeit in einem Buch in vier oder fünf Sprachen herausgegeben. Im Jahr 1951 bin ich von der kommunistischen und zionistischen Presse reichlich beleidigt worden, weil ich die Ansicht vertrat, daß die von Dr. Miklos Nyiszli angegebenen Zahlen offensichtlich übertrieben seien. Im Jahr 1964 hat der Prozeß in Frankfurt diese Ziffer von 20 000 auf 4756 gekürzt. Es gab keinen Protest. Das war ein Fortschritt.

Aber dieser Artikel in der FAZ war noch überraschender durch seinen Inhalt. Es wurde darin gesagt, daß Hermann Langbein zwei Jahre lang in Auschwitz interniert war, wo er die Stelle eines Sekretärs des SS-Arztes

---

[6] Um eine Vorstellung von der Leichtigkeit zu geben, mit welcher man in unserer Zeit authentische Zeugenaussagen herstellt, muß ich hier besonders erwähnen, daß ich in meinen Archiven einen Brief sorgfältigst aufbewahre, den dieser Zeuge mir geschrieben hat, und zwar einige Jahre — nach seinem Tod.

Dr. Wirths innehatte, des unmittelbaren Chefs der Vernichtungen durch Gas, und daß in diesem Lager die Verpflegung so unzureichend war (1800 Kalorien täglich vom RSHA vorgesehen), daß man dort nicht länger als vier Monate überleben konnte, wenn man nichts „organisierte". Im Jargon der Lagersprache heißt „organisieren" links und rechts stehlen, Brot hier, Margarine dort, Suppe sonstwo – auf Kosten der Rationen der Lagerinsassen.

Hermann Langbein selbst hat zwei Jahre überlebt. Folgerung: Er hat Verpflegung „organisiert" – Verpflegung, die anderen Häftlingen weggenommen wurde. Nicht erstaunlich. Als Sekretär von Dr. Wirth gehörte er der Lagerselbstverwaltung an – dieser Bande von Häftlingen, welche die Verwaltung und die Polizei in Händen hatte – und deren Hauptbeschäftigung darin bestand, sich zuerst aus der Masse der Rationen von 1800 Kalorien pro Mann, die täglich ins Lager kamen, zu bedienen und unter sich so 3000 oder 4000 Kalorien aufzuteilen, wodurch die Masse der Häftlinge verdammt war, mit 600, 800 oder 1000 Kalorien auszukommen, das heißt nach und nach an Hunger zu sterben.

Nicht ich, sondern Herr Hermann Langbein hat solches eingestanden. Wenn er nun zwei Jahre in einem Lager durchgestanden hat, in welchem man mit den angewiesenen Rationen nur vier Monate überleben kann, es sei denn, man entschließt sich, die Verpflegung seiner Leidensgefährten zu stehlen, so drängt sich die Folgerung auf, daß er selbst unter den Dieben war, daß er eine Anzahl seiner Mithäftlinge an Hunger sterben ließ, daß er zu den Lagergreueln beigetragen hat und daß er demnach auf der Anklagebank sitzen müßte, statt als Anklägergehilfe aufzutreten.

„Le Monde" hat einen andern Zeugen angeführt, der die weibliche Kehrseite Langbeins darstellt, eine Frau Hacha Speter-Ravine, die im Auschwitzer Spital Krankenschwester war (er selbst war ja Sekretär eines der Hauptärzte des Lagers); sie hat 26 Monate überlebt. Frau Dominique Auclères vom „Figaro" hat eine weitere Zeugin erwähnt, Frau Lindgens, die drei Jahre durchgestanden hat. Diese Frau Lingdens war auch Krankenschwester im Spital und erwähnt selbst einen weiblichen Häftling, der vier Jahre überlebt hat . . . betont aber gleichfalls, daß „wenn man keine Lebensmittel stahl, man nicht mehr als vier Monate durchhalten konnte" . . .

Wenn man jetzt das Protokoll des Prozesses von Nürnberg heranzieht, so sieht man (tome VI, Seite 211–237), daß auch dort eine Frau Vaillant-Couturier, geb. Vogel, als Krankenschwester im Spital ebenso wie die Genannten zwei Jahre durchgehalten hat.

Was meinen zweiten Zeugen betrifft, so ist Dr. Münch am 4. März erschienen, um vor den Schranken des Gerichts das zu bekräftigen, was schon Hermann Langbein am 27. Februar gesagt hat, nachdem er es am 26. Januar in der FAZ geschrieben hatte. Und Dr. Münch war noch ausführlicher:

„Um das menschliche Leben zu erhalten, braucht man im Zustand völliger Ruhe in 24 Stunden 1500 Kalorien. Jede Art Betätigung fordert 300 Kalorien mehr. Der Mehrbedarf wächst rasch mit der Härte der Arbeit, so daß ein guter Arbeiter etwa 4000–5000 Kalorien täglich braucht" (zitiert von Léon Poliakow in seinem Buch „Auschwitz", Seite 202). Etwas weiter (a.a.O. Seite 214–215) sagt er „die Diebe unter den Häftlingen stellten 25% der Lagerinsassen dar" und er bezeichnet sie als „leichte Arbeiter" oder als „alte Häftlinge". Dr. Wellers vom C.N.R.S. Paris bezeichnet sie als „Stamm" (a.a.O. Seite 200).

„Stamm" . . . „alte Häftlinge" . . . „leichte Arbeiter", es ist alles das gleiche, wenn man es richtig verstehen will, nämlich daß die „alten Häftlinge", das heißt in allen Lagern diejenigen, die zuerst eintrafen, sich herausnahmen, der Stamm" zu sein. Sie beanspruchten daher für sich die leichtesten Arbeiten oder gar keine. Da die ersten Eingelieferten in allen Lagern Kommunisten waren, so bestand also der „Stamm" aus Kommunisten und hatte daher in jedem Lager das unbegrenzte Vorrecht, die Verwaltung und die Polizei zu führen.

Man wird also nachstehende Folgerung ziehen müssen: Wenn in einer Gemeinschaft, in der jeder Anspruch auf 1500 Kalorien pro Tag hat, 25% der Angehörigen, die die Oberherrschaft besitzen, 4–5000 Kalorien an sich nehmen, also 3 Rationen statt einer, so haben die 75% Restlichen nur noch Anspruch auf ein Drittel der Ration, das sind 500 Kalorien pro Tag, was tatsächlich so gut wie ein Todesurteil aus Entkräftung in wenigen Monaten, maximal in 3–4 Monaten bedeutet.

Das ist auch die Schlußfolgerung, die Dr. Münch am 17. März 1964 vor dem Gericht gezogen hat. Darüber schwieg aber die gesamte Presse bei ihren Berichten.

Also, zum Tod verurteilt, aber durch wen? Durch die SS oder durch die kommunistischen Häftlinge, welche die Herren des Lagers waren? So fragte auch Professor Gilbert Dreyfus, der in Mauthausen saß, in seinem Buch „Die großen Friedhöfe ohne Gräber".

Während des Prozesses habe ich diese Dinge in den nichtkonformistischen Zeitungen geschrieben, während alle anderen Zeitungen schwiegen. Hermann Langbein hat mich nicht wegen Verleumdung verklagt. Weil ich aber gesagt habe, daß die Damen Vaillant-Couturier und Speter-Ravine (siehe oben), beides Kommunistinnen und Jüdinnen, im Lager Auschwitz überlebt haben, die eine 22, die andere 26 Monate, und dabei an die Aussage von Hermann Langbein erinnerte, dafür wurde ich wegen Verleumdung zu 5000 Frs Geldstrafe und 4 Monate Gefängnis mit Bewährung verurteilt.

Ich muß daraus schließen, daß die von Hermann Langbein ausgehende Beschuldigung sich auf alle alten Häftlinge des Lagers Auschwitz bezieht – einschließlich auf ihn selbst, da er nicht protestiert hat – mit Ausnahme der Damen Vaillant-Couturier und Speter-Ravine.

Es bleibt jetzt übrig, den Fall der Angeklagten und ihre psychische Einstellung zu prüfen.

Um ihr Verhalten zu verstehen, empfehle ich dem Leser, aufmerksam das beachtenswerte Buch von Meister Maurice Carçon zu studieren: „Das erbärmliche Leben der Guillemette Babin". Diese Hexe hatte im Mittelalter gestanden, daß sie jeden Abend um Mitternacht auf einem Besenstiel zu Orgienfesten des Hexensabbats reiten und dort Geister und Nachtmahre treffen würde. Sie hatte das Geständnis gegen das Versprechen abgegeben, daß man sie dann nicht als Hexe verbrennen würde. Man verbrannte sie auch nicht, man richtete sie mit dem Beil hin, eine im Prinzip weniger grausame Strafe. Aber man hatte der Unglücklichen auch nicht verraten, daß man sie statt verbrennen mit dem Beil hinrichten würde.

Das gleiche ist in einer etwas menschlicheren Form im Prozeß in Frankfurt vor sich gegangen. Mit Rücksicht auf das Geständnis der Angeklagten sind sie zu schweren Strafen verurteilt worden, aber zu weniger schweren, als wenn sie nichts gestanden hätten.

Um es klar auszudrücken: Nach der dritten Sitzung im Prozeß, nachdem die Angeklagten bislang mit letzter Energie alles geleugnet hatten, haben sie verstanden, daß sie auf Bewährung verurteilt werden. So mußten sie sich nach und nach sagen, daß es das beste für sie wäre, zu versuchen, die Milde des Gerichts zu verdienen. Daher sind dann auch nach und nach ihre Erklärungen weniger kategorisch geworden. So haben z. B. die beiden Gehilfen des Lagerkommandos schließlich ausgesagt, wobei sie sich an ihr allgemeines Verteidigungskonzept auch weiterhin hielten, daß sie im Lager „sagen gehört haben", daß im Innern des Lagers Birkenau „schreckliche Dinge" passieren würden. Dabei verschanzten sie sich hinter den Hinweis, daß es sich um eine „geheime Reichssache" gehandelt habe, die von den höchsten Stellen des III. Reichs befohlen worden sei, sie „dagegen nichts hätten tun können", qa, „es sogar gefährlich gewesen wäre, sich da einzumischen".

Der Gerichtspräsident erwartete nun nichts mehr, denn: außer den Angeklagten gab es noch einen Schuldigen. Nicht jene waren zu verurteilen, sondern Deutschland selbst, um eine Rechtsgrundlage zu schaffen für die astronomischen Ziffern von Reparationen, zu welchen Deutschland verpflichtet wurde – hauptsächlich zugunsten des Staates Israel – nämlich DM 5000 pro jüdisches Opfer. Man führte den Beweis, daß alle den Angeklagten zur Last gelegten Grausamkeiten und Verbrechen auf Befehl der Regierung begangen worden sind.

Nachdem sie einmal auf dieses Gleis gebracht worden waren, erklärten sie, was es auch sei. Bei der Verhandlung am 14. Januar erklärte der Angeklagte Klaus Dylewsky, er habe gesehen, daß an der Verladerampe des Lagers Birkenau 70 Transportzüge mit Juden eingetroffen waren. Ich rechnete innerlich nach: In Punkt 112 des Prozesses in Jerusalem wird uns gesagt, daß jeder der Züge ungefähr 3000 Personen enthielt. Das waren demnach 210 000 Menschen pro Tag. Ich überlasse es dem Leser, die Gesamtzahl der Juden auszusprechen, die zwischen März 1942 (Zeit der Ankunft der ersten Transporte der systematischen Verschickung) und dem 8. Juli 1944, an welchem der letzte Transport eingetroffen zu sein scheint, in das Lager Auschwitz eingeliefert worden sind. Niemand – nicht einmal die Verteidigung – hat diesen Blödsinn gerügt. Am nächsten Tag stellte ich fest, daß er in Paris von „France-Soir“ ohne mit der Wimper zu zucken in 1 500 000 Exemplaren den Lesern mitgeteilt wurde.

Der Angeklagte Klaus Dylewsky war ganz bestimmt nicht für die Einlieferungen ins Lager verantwortlich. Es war die Regierung, die diese massierte Konzentration befohlen hatte, und der Schuldige war Deutschland insgesamt, das sich diese Regierung gegeben hatte. Welch zufriedenes Lächeln im Gesicht des Präsidenten. Endlich hatte er sie – die Verurteilung Deutschlands!

Ein anderer Angeklagter hatte anerkannt, im Oktober 1941 an der Vernichtung von sowjetischen Kommissaren teilgenommen zu haben. Aber dies hatte nicht, wie man behauptet, in den Gaskammern des Lagers Birkenau stattgefunden, sondern im Krematorium.

Ein anderer, Hans Starke, heute Professor für Agrarwissenschaft, war bestimmt worden, an einem Erschießungskommando teilzunehmen, das Leute hinrichtete, die von den Gerichten des III. Reiches in einem regelrechten Verfahren veruteilt worden sind. Der besondere Fall war die Erschießung des Oberleutnants Degueldre. Wir brauchen nicht darauf zurückzukommen.

Ein Dritter, der Unteroffizier Klaehr, hat anerkannt, daß er mit Phenolspritzen ins Herz 200–300 jüdische Häftlinge getötet hat. Ich empfehle nochmals dem Leser die gründliche Lektüre des Buches von Meister Maurice Gackrçon „Das erbärmliche Leben der Guillemette Babin“ (siehe oben). Der genannte Klaehr war also angeklagt worden, am Weihnachtsabend 1942 mit Herzspritzen 200–300 jüdische Häftlinge getötet zu haben. Er leugnete. Im Verlauf des Verfahrens entdeckte man zwei Dinge: am Weihnachtsabend 1942 war er nicht in Auschwitz, und 200–300 Personen an einem Abend zu spritzen und von einem einzigen Mann ausgeführt, das war doch ein wenig zuviel. Man möge den ersten besten Medizinstudenten fragen. Nach dieser Feststellung hat er gestanden, daß er dieses Ergebnis in zwei Monaten erreicht hat, bei je 12–15 Personen pro Termin. Ein vierter hat ebenfalls gestanden, an der Tötung sowjetischer Kommissare durch Gaskammern beteiligt gewesen zu sein. Das Pech war, daß dieser schon 1948 im Dachauer Prozeß wegen dieser Sache angeklagt war und dort „zugegeben" hatte, daß es im Dachauer Lager eine Gaskammer gab, er jedoch keinesfalls an einer Vernichtung beteiligt war. Nun, seit 1948 hat man gewußt, daß es in Dachau nie eine Gaskammer gegeben hat (siehe a.a.O. Erklärung des Instituts für Zeitgeschichte in München). Wenn seine Geständnisse vor dem Gericht in Frankfurt den gleichen Wert haben wie diejnigen im Fall Dachau . . . aber warum nicht?

Und alles im Verhältnis entsprechend.

Je nun, nur nicht nachgeben.

In Wirklichkeit muß ich Ihnen sagen: Lesen Sie nochmals „Das erbärmliche Leben der Guillemette Babin" und Sie werden verstehen, wie es möglich war, der öffentlichen Meinung beizubringen, daß Millionen von Juden in Gaskammern vernichtet worden sind, nachdem doch die Dienststellen des III. Reichs nie die Vernichtung der Juden befohlen haben (siehe oben, Erklärung Dr. Kubovy, Direktor der jüdischen Dokumentenzentrale in Tel-Aviv) und die in Nürnberg gefertigten Dokumente bestätigen, daß in keinem Konzentrationslager Gaskammern gebaut worden sind.

Zu diesem Punkt kann man mindestens sagen, daß der Frankfurter Prozeß die Lösung des Rätsels nicht weiter gebracht hat.

Werden die 500 Fälle, die noch Gegenstand des Untersuchungsverfahrens sind, was sich bis 1969 hinziehen wird, zur Lösung beitragen? Oder wird man eines Tages erkennen, daß diese Verfahren sowohl vom Bolschewismus ins Werk gesetzt worden sind, damit er Deutschland weiter entehren und seine Ächtung bei den Nationen und sein Verschwinden von der Karte Europas erreicht wird, als auch von der internationalen zionistischen Bewegung, um damit weiterhin Reparationen zu erlangen und sie zu rechtfertigen ad vitam eternam, zum ewigen Wohl des Staates Israel?

Anlage 10

DIE JUDEN UND DIE KONZENTRATIONSLAGER

Das Buch von J. F. Steiner „Treblinka" hat schon viel Tinte gekostet. Was das Golgatha angeht, da die Häftlinge in den Nazi-Konzentrationslagern mitgemacht haben, so sind zu der tragischen Wahrheit Fabeln hinzugekommen. Paul Rassinier, Widerstandskämpfer und selbst ehemaliger Kz-Häftling, stellt hier richtig.

Treblinka war ein deutsches Konzentrationslager in Polen, etwa 128 km von Warschau entfernt. Es ist am 23. Juli 1942 speziell für Juden aufgemacht und am 2. August 1943 geschlossen worden. Es hat also ein Jahr bestanden. Gründe, warum die Deutschen es geschlossen haben? Am 20. Januar 1942 hatten sie bei einer interministeriellen Konferenz in Berlin-Wannsee beschlossen, alle europäischen Juden in einer großflächigen Konzentration zusammenzufassen, wo sie das Ende des Krieges abwarten und inzwischen zum Ruhm des Großdeutschen Reiches arbeiten sollten. Die Deutschen waren überzeugt, den Krieg zu gewinnen. Sie würden der Welt dann eine Lösung des Problems vorlegen, die Europa von allen Schwierigkeiten, die nach ihrer Meinung die Juden bereiten, befreien würde.

Eine Sofortlösung

Bis Ende 1941 hatte man auf eine Sofortlösung gehofft: Madagaskar. Im Januar-Februar dieses Jahres hatte die Regierung Flandin das Projekt noch torpediert. Aber diese Regierung verschwand und die Deutschen hofften, daß der Nachfolger (Darlan) auf die getroffene Entscheidung zurückkommen werde.

Am 7. Dezember 1941 trat plötzlich Japan in den Krieg gegen die Vereinigten Staaten ein, was seinen Verbündeten Deutschland verpflichtete, ihm zur Seite zu stehen. Der Seeweg nach Madagaskar über das Kap der Guten Hoffnung, der bisher einzige freie Zugang, blieb der deutschen Flotte versagt. Die Überstellung der europäischen Juden auf die Insel, ein riesiges Unternehmen bei ungefähr 4 Millionen Juden, wurde unmöglich. Demzufolge waren die Deutschen am 20. Januar 1942 in Berlin-Wannsee auf Polen angewiesen. Der größte Teil der Juden befand sich schon dort, was das Transportproblem zu einer Zeit vereinfachte, als alle Transportmittel, über die Deutschland verfügte, mit Vorrang militärischem Bedarf zugeteilt werden mußten (es war genau der Zeitpunkt, als die Pläne der Offensive auf Stalingrad entworfen wurden, die ja das Schicksal des Kriegs entscheiden sollten). So wurde der Komplex Auschwitz, den Himmler (April 1941) für 100 000 Kriegsgefangene vorgesehen hatte, für die Juden bestimmt.

Auschwitz war jedoch nicht für 4 Millionen Menschen aufnahmebereit; es mußte erst vorbereitet werden. Man schickte also nur Juden hin, soweit sie Platz hatten (die Verschickung in Polen, die am 20. Januar 1942 beschlossen wurde, begann im Frühjahr; der erste Transport traf am 20. 6. 1942 im Lager ein), die andern wurden in Notlager gebracht, die in aller Eile und nur oberflächlich hergerichtet wurden, so in Chelmno, Belzec, Sobibor, Maidanek und Treblinka. Ab Frühjahr 1943, als das Lager Auschwitz fertig war, wurden alle Juden Europas unmittelbar dorthin geleitet, und diejenigen, welche in den kleinen Notlagern lagen und im Ghetto von Warschau usw. sollten dazustoßen. Im August 1943 war Treblinka an der Reihe zur Evakuierung. Jedes Lager wurde nämlich der Reihe nach geräumt, da die Deutschen, wie gesagt, nur in begrenztem Umfang Transportmittel hatten (das Kommando Eichmann, das mit dieser Aufgabe betraut war, verfügte nur über 150 Mann und 1000 Eisenbahnwagen).

Man weiß, daß die Juden des Warschauer Ghettos sich weigerten, wegzugehen. Im Oktober 1941 zählte man in diesem Ghetto 500 000 Juden. Als 1943 entschieden wurde, sie zu evakuieren, blieben noch ungefähr 200 000 zurück. Diese weigerten sich, zu den von der Besatzungsmacht bezeichneten Sammelstellen zum Abtransport zu gehen und versteckten sich in Kellern, Kanalisationen, Dachstühlen usw. Das Ghetto war groß, ungefähr im Umfang von zwei Pariser Arrondissements. Es war zuerst eine wahre Menschenjagd, und da nicht viel dabei herauskam, befahlen die Deutschen schließlich, um die Juden zu fangen, die sich wie Dachse im Bau versteckten, die Zerstörung des Ghettos. Das war schrecklich.

Es ist jedoch nicht erwiesen – mit Ausnahme des Augenblicks der Befreiung, als die alliierten Truppen (es waren in den Ostlagern gelegentlich Russen) sich näherten – daß in andern jüdischen oder nichtjüdischen Lagern Revolten stattgefunden hätten.

Dies ist die geschichtliche Wahrheit. Sie ist dramatisch, aber einfach.

Wenig Urkundenmaterial

Bei dieser Geschichte hat man viel hinzugedichtet. In seinem Buch über Treblinka hat der junge Jean-François Steiner bis zum Exzeß gedichtet, bis zu einem Punkt, daß selbst manche seiner Glaubensgenossen ihm Vorwürfe gemacht haben. Es ist in der Tat so: wenn man zu viel beweisen will, beweist man gar nichts mehr.

Jean-François Steiner ist Jude. Er wurde 1938 geboren und war zwei Jahre alt, als Hitlers Heere Frankreich eroberten. Er hat also die Ereignisse nicht erlebt, von denen er erzählt. Er war zu jung, um sie zu erfassen und hatte dazu das Glück, nicht deportiert worden zu sein (vielleicht ist er von einer dieser religiösen Organisationen des so oft schlecht gemachten Pius XII. gerettet worden), kann also als Zeuge nicht mitreden.

Im Gegensatz dazu sind sein Vater und seine Mutter in Auschwitz gestorben. Dieses Verschwinden verfolgt ihn wie besessen, was ganz natürlich ist. Daß er zu erfahren versucht hat, wie sie gestorben sind, ist also völlig in Ordnung. Aber dann hätte er in Auschwitz suchen müssen. Er hat aber Treblinka aufgesucht und hatte daher keinerlei Chance, etwas zu finden.

Wenn er andererseits das Leben im Lager Treblinka hätte rekonstruieren wollen, so hätte es zwei sich ergänzende Methoden dafür gegeben; zunächst das Studium von Urkunden, die den Aussagen der Überlebenden gegenübergestellt werden. Aber Urkunden gibt es nicht oder nur wenige (David Rousset hat sie in „Candide" aufgezeigt). Blieb die Aussage von Überlebenden übrig. Steiner hat etwa 40 befragt und hat alles für bare Münze genommen, was sie ihm erzählt haben. Er vergaß, daß Fustel de Coulanges den Erzählungen von Zeugen einer Tat kein Zutrauen mehr schenkte, nachdem er festgestellt hatte, daß Hérodot, der betont als Zeuge aussagte, die unwahrscheinlichsten Dinge berichtet hat. Auch Rousset bestätigt dies: „Steiner scheint sich wenig um die nötige Kritik an Urkunden und Zeugenaussagen gekümmert zu haben. Die Zeugen verlieren sich oft ins Dichten, auch dann, wenn sie wirklich erstaunliche Abenteuer erlebt haben. Schließlich bringt es auch manchmal der Zeitabstand mit sich, daß etwas seine echte Gestalt verliert oder übertrieben wird."

Eine ansehnliche Maffia

Steiners Buch würde also von geringem Interesse sein, da es mehr Roman als ernste historische Studie ist, wenn sich nicht darin bezüglich der Struktur und des Wesens der deutschen Konzentrationslager und ihres Betriebs eine These befinden würde, die ich in allen meinen seit mehr als zwanzig Jahren veröffentlichten Schriften vertreten habe, besonders in „Die Lüge des Odysseus", in „Der Prozeß Eichmann oder die unverbesserlichen Sieger", in „Odysseus von den seinigen verraten" und in „Das Drama der europäischen Juden. Diese These lautet: Man muß wissen, daß die Kz-Häftlinge, welche in Verwaltung und Geschäftsbetrieb saßen und die Lagerpolizei führten, im wesentlichen Kommunisten und deren Spießgesellen waren. Sie brachten über die Massen der Häftlinge das Elend, mißhandelten sie, plünderten ihre Verpflegung, schickten sie in den Tod, gleichgültig ob Juden oder nicht. Sie waren nur darauf bedacht, sich selbst und ihre Sympathisanten zu retten. Kapos, Blockwalter, Stubendienst, Sanitäter und bevorzugt Beschäftigte, sie bildeten in allen Lagern eine beachtliche Maffia (d. s. 25% der Insassen, nach dem, was im Prozeß in Frankfurt von Angehörigen der Wachmannschaft des Lagers Auschwitz ausgesagt worden ist).

Sie teilten sich die Verpflegung unter sich auf, die sie an alle gleichmäßig hätten austeilen müssen. Sie schickten andere in den Tod usw. Und da von den anderen Häftlingen, bis auf Ausnahmen wie ich, nur diejenigen zurückgekehrt sind, die erst später deportiert worden waren, so ist es offensichtlich, daß die Wahrheit nur schwerlich ans Licht dringt.

Steiner stellt fest: Die Juden haben mit ihren Henkern zusammengearbeitet." Er fügt hinzu: „Die Juden sind wie die Hammel zum Schlachthof gegangen" und er bezeichnet es als seine „Schande", diesem Volk anzugehören.

Daß die Juden wie Hammel zum Schlachthof gegangen sind, ist eine in der israelischen Jugend „Sabra" (in Palästina entstanden) ziemlich verbreitete Ansicht. Sie ist sogar derart verbreitet, daß sie schon ein Regierungsproblem geworden ist. Sie ist kürzlich seitens des Herrn Levy Eskhol in einer offiziellen Erklärung behandelt worden, die sich empört gegen solche Betrachtung der Vorgänge auflehnt.

Nun, wenn es offenbar wahr ist, daß die Juden wie die Hammel zum Schlachthof gegangen sind, so kann Steiner beruhigt sein, daß sie nicht die einzigen waren. Wir alle, Widerständler, Jude oder Nichtjude, haben uns gefügig verhaften und ins Lager schicken lassen. Einmal eingesperrt war gegen die Gewalt kein Widerstand möglich und jedes Lebensopfer wäre in der damaligen Lage völlig nutzlos gewesen. Ich, der ich selbst Widerständler war, empfinde es keineswegs als Schande, dies einzugestehen.

Die Statistiken sind deutlich

Es ist leicht begreiflich, daß das jüdische Volk diese Wahrheiten nicht anerkennen kann, insbesondere daß er sich gefügig in den Schlachthof habe führen lassen. Der Gott Israels hat sein Volk nicht für solche Denkart auserwählt. Aber man kann dieses Volk an unserem Beispiel trösten und am Beispiel von Léon Blum, der kein beliebiger Jude war, den man auf jeden Fall nicht mit der Masse der Juden gleichsetzen kann. Auch er hat sich sehr gefügig verhaften und in ein Konzentrationslager bringen lassen, das er nicht weniger gefügig mehrere Jahre erlebt hat. Dies geschah zu Bedingungen, die – in seinem Fall sehr erträglich – von den Deutschen festgesetzt worden waren, und er hat nie Widerstand geleistet und nie verlangt, das gemeinsame Schicksal zu teilen. „Lieber aufrecht sterben als auf den Knien leben" war einer seiner Grundsätze schon vor Hitler. Wir haben in der Folgezeit gesehen, daß es nur eine Stilblüte war.

Weder vor dem Krieg noch während des Krieges haben die Juden – von ein paar Ausnahmen abgesehen, die die Regel bestätigen – Hitler Widerstand geleistet. Sie sind vor ihm geflohen. Als Sachkenner kann ich mitreden, da ich von 1933 bis zu meiner Verhaftung durch die Gestapo 1943 ein Stützpunkt auf ihrem Fluchtweg war. Ich habe ihnen die „Wegzehrung" verschafft – falsche Kennkarten und Lebensmittelkarten ab 1940 – die es ihnen ermöglichte, die Schweiz zu erreichen, wo Sally Meyer, der Agent der „Verteilerstelle" sie nach mir in die Hände nahm und über Nordafrika nach Möglichkeit nach Palästina (die Engländer hatten die Einwanderung in dieses Land beschränkt) und nach Nord- oder Südamerika usw. weiterleitete.

Die Statistiken zu diesem Punkt sind deutlich: Von 1933 bis 1939 sind 480 000 deutsche und österreichische Juden aus Europa (mit etwa 750 000) geflohen und etwa 100 000 nach 1939. Zwei Millionen polnische Juden (lt. Aussage des jüdischen Journalisten David Bergelson) sind nach Rußland gelangt, sei es, daß sie sich sowieso schon in der sowjetischen Zone befanden, als Polen von Hitler und Stalin aufgeteilt worden war, sei es, daß sie ab 1941 vor den deutschen Truppen geflohen sind. Im übrigen hat der ungarische Jude Kasztner die Zahl der Juden aller Nationalitäten, die in Ungarn bis zum 19. März 1944[2]) Asyl gefunden haben, auf 500 000 geschätzt. Diese sind ebenfalls Menschen, die glücklich dem Tod entronnen sind (gewisse skrupellose Historiker mischen sie dennoch unter die Opfer der Konzentrationslager oder der Einsatzgruppen).

Diejenigen, die nicht fliehen konnten, sind also wie Hammel in die Schlachthöfe gegangen. Und ich wiederhole: wie wir alle, wie auch ich. Man kann ihnen somit keinen Vorwurf machen.

Nur eine Minderheit hat zusammengearbeitet

Noch ein Wort zur Zusammenarbeit mit ihren Henkern und zur Zusammenarbeit im Prinzip. Zunächst ist es insgesamt gesehen nicht wahr, daß die Juden die Komplizen ihrer Mörder gewesen seien. Dies waren nur jene in der Verwaltung und in der Polizei der Konzentrationslager, jene die also mitgemacht haben bei der Lagerselbstverwaltung, welche die Deutschen mit „Häftlingsführung" bezeichneten. Jene haben alles angenommen, um ihre Haut zu retten, und ich wiederhole, daß sie sich in der Mehrheit aus Kommunisten und deren Spießgesellen zusammengesetzt haben. Da die Kommunisten als erste verhaftet worden waren, hatten sie schon alle Stellen besetzt, als die andern ankamen. Wir andere der Masse, wir halten sie für übler als die SS selbst. Denn nach dem Eifer, den sie an den Tag legten und wie sie den Wünschen der Wächter vorauseilten und von uns mehr verlangten als ihnen aufgegeben war, waren sie für uns wirklich viel schrecklicher und mörderischer als die SS. Aber die anderen waren nur Opfer,

[2] Bei Eintreffen der deutschen Truppen in Ungarn am 19. 3. 1944 befanden sich 850 000 Juden im Land. Das Gericht in Jerusalem schätzte, daß 437 000 nach Auschwitz gebracht worden waren, demnach müßten 413 000 gerettet worden sein.

keine Komplizen und verdienen unendliche Achtung. Und nochmals: Dies gilt für alle Lager, nicht nur für jüdische.

Kollaboration haben nur die betrieben, die es wirklich wollten. Ich, der ich 19 Monate im Konzentrationslager war, tat es nicht. Ich hätte es wohl leicht tun können, denn ich sprach genügend deutsch, wenn auch schlecht. Ich bin auch nicht durch die Kommunisten gerettet worden, mit denen ich nicht einmal im Widerstand etwas gemein haben wollte (sie hatten mich zum Tod verurteilt, weil ich ein antikommunistischer Sozialist war!). Ich bin auch nicht von ihnen ermordet worden, da es mir gelang, mich ganz klein zu machen und ihren Augen zu entschlüpfen. Schlicht gesagt, reiner Zufall. Und vielleicht war es auch meine damalige robuste Bauernnatur, der ich es auch heute noch immer verdanke, den Gebrechen, die ich im Lager erlitten habe, zu trotzen.

Was die Generallinie der Kollaboration betrifft, so ist es übrigens sehr pikant, die Leute zu betrachten, die in den Lagern mit der SS zusammengearbeitet haben, wie sie Marschall Pétain das Recht absprachen, mit den Dienststellen des III. Reichs zusammenzuarbeiten, ebenso denjenigen, die ihm auf diesem Weg gefolgt sind. Und zu behaupten, daß ihre Kollaboration für die Gesamtheit der Deportierten vorteilhaft, im Fall des französischen Staatsoberhaupts aber für Frankreich schädlich gewesen sei . . .

Meine persönliche Überzeugung ist die, daß die Kollaboration des Marschalls Pétain für mich ein Unglück, aber für Frankreich gut war. Schaut doch, was in Belgien und Holland passierte, die keinen Marschall Pétain hatten.

Wer zuviel beweisen will . . .

Um nochmals auf das Buch Steiners zurückzukommen. Ich muß wiederholen, was ich oben gesagt habe: wer zuviel beweisen will, beweist nichts. Ein Beispiel: „Man vergaste in Treblinka", so schrieb er, „täglich durchschnittlich 15 000 Juden". Das ist offensichtlich falsch. In einem Jahr würde das 5 475 000 Tote ausmachen . . . Aber man wird merken, daß diese Zahl von täglich 15 000 Opfern diejenige ist, die in dem berühmten Dokument Gerstein auftaucht, das nie jemand gefertigt haben konnte, das aber manche festgehalten haben, um die Geschichte der Konzentrationslager der Nazi zu schreiben. Übrigens sagen die jüdischen Statistiken selbst, daß zwischen 1933–1945 die Deutschen zu keiner Zeit 6 Millionen Juden in der Hand hatten.

Im Interesse der Sache selbst, der zu dienen Jean-François Steiner angibt, hat er schlechte Arbeit geleistet[3]). Bevor er sein „Treblinka" schrieb, hätte er über jenes Wort eines bedeutenden jüdischen Schriftstellers, Manès Sperber, nachdenken sollen: „Die Waffen des Feindes sind nicht mörderischer als die Lügen, mit denen die Wortführer der Opfer die Welt füllen" („Der brennende Busch"), „La Terre retrouvée" hat übrigens am 15. April 1966 geschrieben: „Durch ein Mißverständnis, für das der Verfasser verantwortlich ist, wird „Treblinka", das geschrieben wurde, um freizusprechen und zu rechtfertigen, dazu dienen, die Opfer zu besudeln und die Henker zu entschuldigen."

Die Opfer, ein. Sie bleiben stets achtbar und ewig des Mitleids würdig. Aber sicher ihre Chefs, von den Manès Sperber spricht. Die geschichtliche Wahrheit war dramatisch genug, ohne daß es nötig war, wie man es seit zwanzig Jahren getan hat, sie bis zur Groteske zu übertreiben.

PAUL RASSINIER

Zusatz zum Artikel in „Le Charivari"

Trotz des Umfangs der Diskussionen, die das Buch in der Presse entfacht hat wegen der unzähligen geschichtlichen Irrtümer, hervorgerufen durch die Manie zu übertreiben, durch die Deutschenfurcht und die Unehrlichkeit des Verfassers, sowie durch die Zwietracht, die es in das Widerständlerlager von Agramant gelät hat (David Dousset gegen Simone Beauvoir und Edmond Michelet, Widerständler gegen Widerständler, Juden gegen Juden usw. . . .) ist es dennoch der bedeutendste Fortschritt zur geschichtlichen Wahrheit, der uns seit zwanzig Jahren vom Himmel gefallen ist.

---

[3] Was ihn nicht hinderte, den Preis der Widerstandsbewegung zu empfangen (!! . . .)